MEISTERWERKE DER WELTLITERATUR

Arthur Conan Doyle

Studie in Scharlachrot
Der Hund von Baskerville

MEISTERWERKE DER WELTLITERATUR

Ins Deutsche übertragen von Beatrice Schott und
Heinz Kotthaus
Mit einem Nachwort von Zeus Weinstein
Illustrationen von Greg Spalenka

Reader's Digest

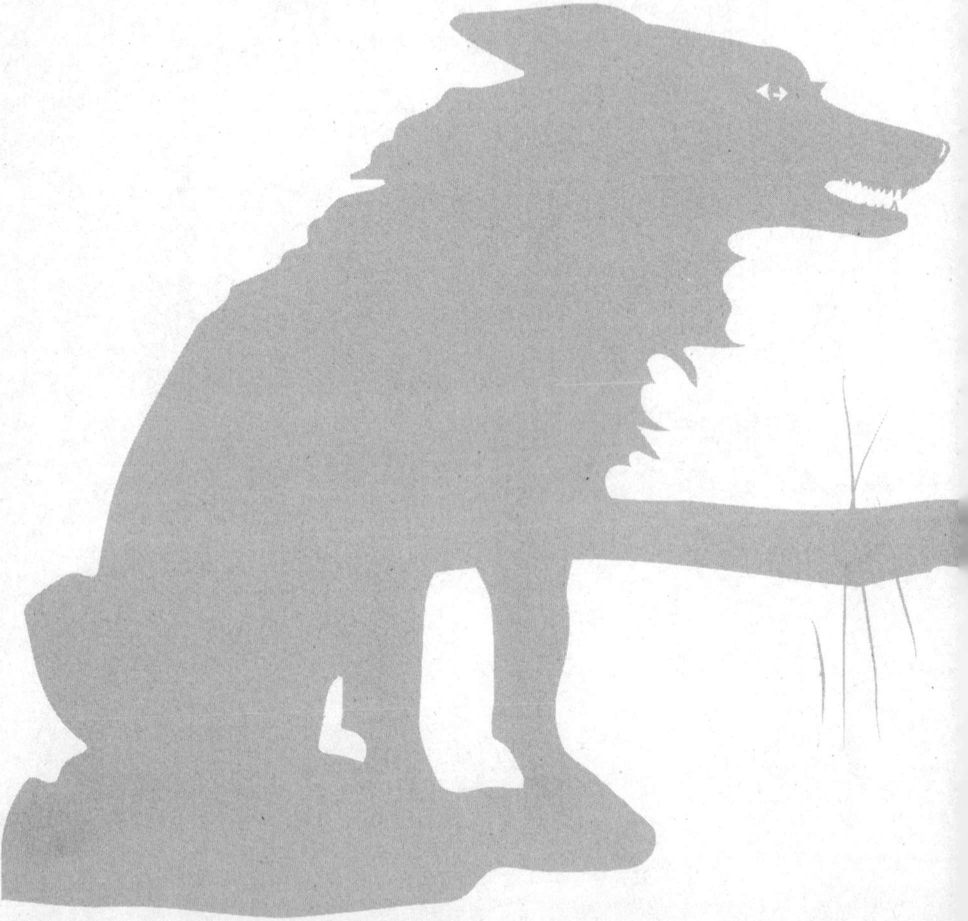

Inhalt

Studie in Scharlachrot

Erster Teil:

Aus Dr. John H. Watsons Erinnerungen

Ein gewisser Herr Sherlock Holmes

Nachdem ich 1878 an der Londoner Universität promoviert hatte, vervollständigte ich meine medizinischen Studien an der militärärztlichen Akademie in Netley. Vom fünften Füsilierregiment Northumberland, das damals in Indien stand, erhielt ich meine Einberufung zur Armee als chirurgischer Assistent. Noch vor meiner Ankunft war der zweite afghanische Krieg ausgebrochen, und bei meiner Landung in Bombay erwartete mich die Nachricht, meine Einheit habe die Gebirgspässe überschritten und sei bereits tief in Feindesland eingedrungen. Etlichen Offizieren erging es ebenso wie mir. Indessen gelang es uns, ohne Zwischenfälle hinter dem Regiment herzureisen und es bei Kandahar einzuholen, wo ich bald meinen anstrengenden Dienst antrat.

Es gab mancherlei Ehren und Beförderungen während dieses Feldzugs. Nichts dergleichen wurde mir zuteil, sondern nur Unheil und Missgeschick. Man versetzte mich zu einer anderen Brigade, den Berkshires. Und so geriet ich in die verhängnisvolle Schlacht von Maiwand. Eine Kugel traf mich in die Schulter, zerschmetterte das linke Schlüsselbein und streifte die Schlagader unmittelbar darunter. Hätte Murray, mein treuer Bursche, nicht so viel Mut und Geistesgegenwart bewiesen, ich wäre den mörderischen Ghazis in die Hände gefallen. Er lud mich kurz entschlossen auf ein Packpferd und ritt mit mir in die Obhut der britischen Linien zurück. Von Schmerzen zermartert und durch die ausgestandenen

Strapazen gänzlich erschöpft, wurde ich in einem großen Verwundetenzug nach Peshawar gebracht und ins Lazarett eingeliefert. Hier erholte ich mich wieder einigermaßen. Als ich schon so weit hergestellt war, dass ich ein wenig auf den Fluren umhergehen und mich sogar auf der Veranda sonnen konnte, befiel mich Unterleibstyphus, dieser Fluch unseres Kolonialreiches. Monatelang schwebte ich in Lebensgefahr; als ich dann endlich wieder zu mir kam und langsam die Genesung einsetzte, war ich so geschwächt und abgezehrt, dass ich auf ärztlichen Beschluss umgehend nach England zurückgeschickt werden sollte. Die Fahrt auf dem Truppentransportschiff Orontes dauerte vier Wochen, und meine Gesundheit war für immer geschädigt. Immerhin gewährte mir eine väterliche Regierung für den Versuch, mich einer Besserung zu widmen, ganze neun Monate.

Da ich weder Verwandte noch sonstigen Anhang in England hatte, war ich aller Pflichten ledig; so frei und ungebunden eben, wie der Tagessold von elf Shilling Sixpence es einem einsamen Junggesellen gestattet. Unter solchen Umständen strebte ich natürlich aus dem langweiligen Portsmouth fort und nach London, in jenes Sündenbabel, das alle Tagediebe und Faulenzer unseres britischen Empire so magisch anzieht. Dort hauste ich eine Zeit lang in einem minderen Hotel im Zentrum, nahe dem „Strand“, wo ich ein recht unbehagliches und zweckloses Dasein führte. Mit meinem bisschen Geld ging ich freilich verschwenderischer um, als ich mir leisten konnte. Dabei wurde der Zustand meiner Finanzen bald derart beängstigend, dass ich mich vor die Alternative gestellt sah, entweder die Metropole schleunigst wieder zu verlassen und irgendwo auf dem Land zu versauern – oder meinen Lebensstil von Grund auf umzukrempeln.

Diese zweite Möglichkeit leuchtete mir eher ein, und so beschloss ich zunächst, mein Hotelzimmer aufzugeben und mir eine anspruchslosere, weniger kostspielige Wohngelegenheit zu suchen.

Am Tag, da ich mir dieses vorgenommen, stand ich gerade an der Bar eines kleinen Theaterrestaurants, als mir jemand auf die Schulter klopfte. Und siehe an, neben mir erblickte ich Stamford, der ehedem im Bartholomäusspital mein Assistenzarzt gewesen war. Schon das Auftauchen eines bekannten Gesichts in dieser

Londoner Wildnis ist für einen so verlassenen Menschen, wie ich es damals war, ein Glücksfall. Dieser Stamford war während unserer Praktikantenzeit durchaus nicht mein Intimus gewesen. Doch begrüßte ich ihn jetzt mit stürmischer Begeisterung. Und auch er schien über unser Wiedersehen entzückt zu sein. Im Überschwang meiner Freude lud ich ihn gleich zum Mittagessen ein. Wir nahmen uns eine Droschke und fuhren zu „Holborn".

„Wo steckst du nur immer, und was ist mit dir geschehen, Watson?", erkundigte sich mein Begleiter mit unverhohlener Neugier, als wir durch den emsigen Straßenverkehr ratterten. „Dürr bist du ja und braun wie ein Indianer!"

Ich gab ihm eine kurze Schilderung meiner Abenteuer und war gerade damit fertig, als wir am Ziel angelangt waren und uns zunächst einmal gemütlich niederließen.

„Armer Kerl!", meinte Stamford mitleidig, als er von meinem Pech gehört hatte. „Und was hast du jetzt vor?"

„Ich versuche mein Wohnungsproblem zu lösen", erwiderte ich. „Glaubst du, dass sich hier eine bequeme Unterkunft zu erschwinglichen Preisen auftreiben lässt?"

„Also, ist das nicht merkwürdig?", wunderte sich mein Gast. „Bist du doch heute schon der Zweite mit dieser Frage! Ein Bekannter nämlich, der im Laboratorium unserer Klinik arbeitet, ist von ganz ähnlichen Sorgen geplagt. Zwar hat er eine nette Wohnung aufgestöbert, kann sie aber allein nicht bezahlen, und bisher suchte er vergeblich nach einem Mietgenossen."

„Himmel!", rief ich voller Eifer. „Wenn er wirklich jemanden brauchte, der sich mit ihm die Räume und Kosten teilen will, dann bin doch ich der gegebene Mann, ganz abgesehen davon, dass ich viel lieber mit einem Gefährten zusammen hause."

Der junge Stamford blickte mich über sein Glas hinweg etwas sonderbar an. „Du kennst diesen Sherlock Holmes noch nicht", sagte er. „Vielleicht wäre dir seine Gesellschaft auf die Dauer doch nicht so angenehm."

„Warum sollte ich etwas gegen ihn haben? Was gibt es denn an ihm auszusetzen?"

„Ich wollte damit gar nicht andeuten, dass viel an ihm auszusetzen wäre. Soweit ich unterrichtet bin, ist er sogar ein hochanständiger

Mensch. Nur – er hat so merkwürdige Einfälle. Ein Enthusiast, weißt du, auf manchen Gebieten der Wissenschaft."

„Medizinstudent, vermutlich?"

„Nein – eigentlich habe ich keine Ahnung, was er treibt. In Anatomie ist er, glaube ich, ganz groß. Und ein ausgezeichneter Chemiker. Aber soviel ich weiß, hat er nie Vorlesungen der medizinischen Fakultät belegt. Seine Studien sind ziemlich planlos und ausgefallen. Doch scheint er sich eine Menge von Spezialkenntnissen angeeignet zu haben, die seine Professoren in Erstaunen versetzen würden."

„Hast du ihn denn nie gefragt, welchen Beruf er ergreifen will?", fragte ich.

„Nein. Er ist nicht der Mann, aus dem man leicht etwas herausbekommt. Trotzdem kann er sehr gesprächig sein, wenn ihn die Lust dazu anwandelt."

„Ich möchte ihn unbedingt kennenlernen", drängte ich. „Ein Geistesarbeiter, der still seinen Studien nachgeht, ist mir für eine Wohngemeinschaft am liebsten. Denn ich bin noch nicht kräftig genug, Aufregungen und lärmende Betriebsamkeit zu ertragen. Davon habe ich in Afghanistan so viel mitbekommen, dass es mir bis ans Ende meiner Tage reicht. Wann und wo kann ich mit deinem Freund zusammentreffen?"

„Sicher ist er im Laboratorium", gab mein Gefährte zurück. „Entweder meidet er wochenlang diese Umgebung, oder er arbeitet dort von morgens bis abends. Wenn du magst, fahren wir nach Tisch gleich hin."

„Gewiss, gern!", erwiderte ich. Und wir wandten uns einem anderen Gesprächsthema zu.

Auf dem Weg zur Klinik erzählte mir Stamford noch einiges über meinen künftigen Wohngefährten.

„Gib aber nicht mir die Schuld, wenn du mit ihm nicht zurechtkommst", warnte er. „Ich weiß nicht mehr über Holmes, als ich aus unseren gelegentlichen Gesprächen im Laboratorium entnehmen konnte. Du selbst hast den Vorschlag gemacht, und ich übernehme keinerlei Verantwortung."

„Wenn wir uns nicht vertragen, so besteht ja wohl keine Schwierigkeit, die Gemeinschaft wieder zu lösen", versetzte ich. „Aber ich habe den Eindruck, Stamford, du verschweigst mir irgendetwas. Warum sonst wäschst du deine Hände so betont in Unschuld? Was ist an dem Knaben nicht geheuer? Hat er vielleicht ein jähzorniges Temperament? Raus mit der Sprache!"

„Ach, das ist es nicht. Es lässt sich so schwer ausdrücken!", entgegnete er lachend. „Für meinen Geschmack ist Holmes einfach etwas zu wissenschaftlich – geradezu kaltblütig. Ich könnte mir vorstellen, dass er seinem Freund eine winzige Dosis vom neuesten Pflanzenalkaloid unters Essen mischt, nur um die Wirkung zu erproben. Aber genauso – das muss der Gerechtigkeit halber ausgesprochen werden – würde er in seinem Forschungsdrang auch das Zeug selber hinunterschlucken. Offenbar geht er mit wahrer Leidenschaft allen Dingen, mit denen er sich befasst, auf den Grund."

„Das ist sein gutes Recht."

„Gewiss, aber man kann es auch übertreiben. Wenn einer beispielsweise die Leichen im Seziersaal mit einem Stock schlägt, so mutet das doch ein bisschen eigentümlich an."

„Was, er schlägt Leichen?"

„Ja, um festzustellen, was für Spuren davon auf der toten Haut zurückbleiben. Ich habe es mit eigenen Augen gesehen."

„Und du bleibst dabei, er sei kein Mediziner?"

„Bestimmt ist er das nicht. Weiß der liebe Gott, worauf er hinauswill. Übrigens sind wir angelangt. Du kannst dir selbst gleich deine Meinung über ihn bilden."

Wir bogen gerade in eine enge Gasse ein und betraten durch eine Seitenpforte das große Krankenhaus. Diese Umgebung war mir vertraut, und ich bedurfte keines Führers, als wir die kahle Steintreppe hinaufgingen und dann über den schier endlosen weiß getünchten Korridor an den vielen hellbraunen Türen entlangwanderten, bis schließlich ein niedriger Bogengang zum Laboratorium abzweigte. Ein großer, luftiger Raum tat sich vor uns auf, angefüllt mit Flaschen, wohin das Auge sah. Auf breiten, niedrigen Tischen standen überall Retorten, Gestelle mit Reagenzgläsern und blau flackernden Bunsenbrennern herum. Im Hintergrund sahen wir eine menschliche Gestalt in gebückter Haltung. Sie schien in irgendein Experiment vertieft.

„Hallo!“, rief der Mann, der offenbar unsere Schritte gehört hatte, vergnügt und sprang von seinem stelzbeinigen Stuhl auf die Füße.

„Ich hab's, ich hab's!“, frohlockte er und lief uns mit einer Retorte in der Hand entgegen. „Ich habe ein Reagenz gefunden, das Hämoglobin als Einziges zur Fällung bringt.“

Die Entdeckung einer Goldmine hätte kein helleres Entzücken in seine Züge malen können.

„Herr Dr. Watson – Herr Holmes“, stellte Stamford vor.

„Guten Tag!“, sagte der Experimentator herzlich und drückte meine Hand so fest, dass ich die Engel im Himmel singen hörte. „Ich sehe, Sie kommen aus Afghanistan“, war seine nächste Feststellung.

„Woher, in aller Welt, wissen Sie das?“, fragte ich verblüfft.

„Ach, das tut jetzt nichts zur Sache“, meinte er. „Wichtig ist nur das Hämoglobin. Sie sind sich doch klar über die Bedeutung dessen, was ich da herausgeknobelt habe?“

„Für die chemische Forschung ist es zweifellos interessant“, antwortete ich wohlwollend. „In der Praxis jedoch –“

„Aber Menschenskind“, fiel er mir ins Wort, „gerade für die Praxis ist dies die wichtigste Entdeckung seit Jahren. Sind Sie nicht darauf gekommen, dass sich hieraus ein unfehlbarer Nachweis für Blutflecken ergibt? Kommen Sie doch bitte einmal her!“

In seinem Eifer fasste er mich am Rockärmel und zog mich zu seinem Arbeitstisch hin.

„Nehmen wir ein wenig frisches Blut“, begann er sachlich, stach sich mit einer langen Nadel in den Finger und fing den Blutstropfen in einer Pipette auf. „Dieses Quäntchen füge ich einem Liter Wasser bei. Sie werden sehen, dass die Flüssigkeit hiervon unverändert und klar bleibt. Das Verhältnis ist ja auch nur eins zu einer Million. Trotzdem bin ich überzeugt, dass wir die charakteristische Reaktion erreichen werden.“ Er warf, während er sprach, einige weiße Kristalle in das Gefäß und goss etwas von einer durchsichtigen Flüssigkeit hinzu. Im Nu färbte sich das Ganze dunkelbraun, und ein bräunlicher Niederschlag senkte sich auf den Boden des Glases.

„Haha!“, schrie er, klatschte in die Hände und sah so selig

drein wie ein Kind mit seinem neuen Spielzeug. „Was sagen Sie nun?“

„Dass Ihnen der Beweis offensichtlich geglückt ist.“

„Ist es nicht herrlich? Das alte Guaiacumverfahren war plump und ungewiss. Auch eine mikroskopische Untersuchung wird schon wertlos, wenn die Flecken nur wenige Stunden alt sind, weil keine Blutkörperchen mehr festgestellt werden können. Aber mein Experiment lässt sich immer durchführen, ganz gleich, ob die Blutflecken frisch oder alt sind. Wäre man schon eher auf diesen Test gekommen, so hätten bereits Hunderte von Menschen, die frei umherspazieren, längst ihre Schuld abgebüßt.“

„Höchstwahrscheinlich“, murmelte ich.

„Wie viele Kriminalfälle drehen sich um ebendiesen Punkt. Ein Mann wird des Verbrechens verdächtigt, vielleicht Monate erst, nachdem es begangen wurde. Bei der Prüfung seiner Wäsche und Kleider entdeckte man bräunliche Flecken. Was hat sie verursacht: Schmutz, Rost, Obst – oder Blut? Diese Frage trieb schon so manchen Experten zur Verzweiflung. Und warum? Weil es keinen zuverlässigen Beweis gab. Jetzt haben wir Sherlock Holmes' Methode, und jede Schwierigkeit ist beseitigt.“

Wie die Augen blitzten, als er das sagte! Er legte die Hand aufs Herz und verneigte sich, als stünde er vor einer Beifall klatschenden Menge.

„Man muss Sie beglückwünschen!“, bemerkte ich, leise verwundert.

„Da gab es im vergangenen Jahr den Fall Bischoff in Frankfurt. Sicher hätte man den Kerl aufgehängt, wäre dieser Beweis schon in Umlauf gewesen. Oder Mason aus Bradford und der berüchtigte Müller; dann Lefèvre in Montpellier und Samson in New Orleans! Ach, ich könnte noch eine ganze Reihe von Fällen aufzählen, bei denen diese Untersuchung sich entscheidend bewährt hätte.“

„Sie kommen mir vor wie ein wandelnder Kriminalalmanach!“, scherzte Stamford. „Wollen Sie nicht eine Zeitschrift darüber herausgeben und sie ‚Verbrechen von anno dazumal‘ nennen?“

„Eine sicher sehr fesselnde Lektüre“, bestätigte Holmes ernsthaft und klebte sich ein Pflaster über die Stelle, wo er sich in den Finger gestochen hatte. „Ich muss nämlich vorsichtig sein", wandte er sich lächelnd an mich, „weil ich doch beständig mit Giften herumpansche." Dabei streckte er seine Hand aus, und ich sah, dass sie mit derlei Pflästerchen übersät und stellenweise von ätzenden Säuren verfärbt war.

„Wir kommen aus geschäftlichen Gründen", ließ Stamford sich jetzt hören. Er setzte sich auf einen der hohen dreibeinigen Hocker und zog einen zweiten mit dem Fuß für mich heran. „Mein Freund hier ist auf Wohnungssuche. Und da Sie sich Ihrerseits beklagten, keinen Partner zu finden, der sich mit Ihnen in Ihre Zimmerflucht teilt, wollte ich Sie beide zusammenbringen."

Sherlock Holmes schien von der Idee, mit mir ein gemeinsames Heim zu beziehen, sehr angetan. „Ich habe ein Auge auf ein Apartment in der Baker Street geworfen", sagte er, „welches genau das richtige für uns wäre. Hoffentlich macht Ihnen starker Tabakgeruch nichts aus?"

„Ich rauche selbst wie ein Schlot", gab ich zurück.

„Fein. Aber es stehen bei mir immer Chemikalien herum, und gelegentlich experimentiere ich damit. Stört Sie das?"

„Ganz und gar nicht."

„Warten Sie – was für Mängel habe ich sonst noch? Ach ja. Manchmal werde ich trübsinnig. Ich tue dann tagelang den Mund nicht auf. Sie müssen deshalb nicht denken, ich sei schlecht gelaunt. Wenn man mich einfach in Ruhe lässt, geht es ganz schnell wieder vorbei. Jetzt beichten Sie mir Ihre Schwächen! Wenn zwei sich zusammentun, müssen sie gleich im Vorhinein das Schlimmste voneinander wissen."

Wie sollte man sich bei diesem Kreuzverhör das Lachen verbeißen? „Ich habe eine junge Bulldogge", gestand ich. „Und meiner zerrütteten Nerven wegen kann ich keinen Krach vertragen. Aufstehen tu ich zu den unmöglichsten Zeiten, weil ich ungeheuer faul bin. In gesunden Tagen hatte ich noch eine ganze Menge anderer Laster, aber im Augenblick genügen mir diese."

„Ist Geige spielen auch ‚Krach' für Sie?", fragte Holmes besorgt.

„Das hängt vom Spieler ab“, lenkte ich ein. „Gutes Geigenspiel ist ein Ohrenschmaus für Götter, schlechtes …“

„In Ordnung!“, unterbrach er mich fröhlich. „Wir werden bestimmt einig – vorausgesetzt, dass Ihnen die Wohnung gefällt.“

„Wann sehen wir sie uns an?“

„Holen Sie mich morgen Mittag hier ab. Dann wollen wir alles in die Wege leiten.“

„Schön; also Punkt zwölf Uhr bin ich hier“, sagte ich und schüttelte ihm die Hand.

Wir überließen ihn seiner Alchimistenküche und gingen noch miteinander ein Stück zu Fuß.

Plötzlich blieb ich mit einer Wendung zu Stamford stehen: „Woher zum Teufel kann er wissen, dass ich in Afghanistan war?“

Mein Gefährte lächelte. „Ja, das ist so eine seiner Besonderheiten“, erwiderte er. „Schon manch einer hat sich den Kopf zerbrochen, wie dieser Bursche so etwas ausfindig macht.“

„Ah, ein Geheimnis also“, sagte ich schmunzelnd und rieb mir die Hände. „Das wird ja immer spannender. Ich bin dir riesig dankbar, dass du uns miteinander bekannt gemacht hast. In einem solchen Menschen lernt man die Menschheit kennen.“

„Dann studiere ihn nur gründlich!“, riet Stamford mir beim Abschied. „Er wird dir eine harte Nuss zu knacken geben. Wetten möchte ich, dass er über dich viel rascher Bescheid weiß. Auf Wiedersehen!“

„Auf Wiedersehen!“, nickte ich geistesabwesend und schritt, ganz in Gedanken an meinen neuen Mitbewohner, langsam auf mein Hotel zu.

Die Kunst der Kombination

Am darauffolgenden Tag trafen wir uns wie verabredet und machten uns auf in die Baker Street Nummer 221 B. Die Wohnung bestand aus zwei behaglichen Schlafzimmern und einem luftigen, hell und freundlich ausgestatteten Wohnzimmer, dessen große Fenster viel Licht hereinließen. Dieses Heim schien uns in jeder Weise so verlockend und preiswert, dass wir es auf der Stelle mieteten. Meine paar Habseligkeiten holte ich noch am selben Abend aus dem Hotel. Und am nächsten Morgen kam Sherlock Holmes mit allerlei Koffern, Kisten und Kästen hinterher. Beinahe zwei Tage waren wir vollauf damit beschäftigt, auszupacken und unsere Siebensachen zu verstauen. Dann machten wir es uns gemütlich und wurden bald mit unserem neuen Zuhause vertraut.

Holmes war durchaus nicht schwierig im Umgang; es lebte sich gut in seiner Gesellschaft. Er gab sich ruhig und gelassen, und sein Tagesablauf war geregelt. Selten blieb er abends länger als bis zehn Uhr auf. Und morgens hatte er stets schon gefrühstückt, ja, er war bereits unterwegs, ehe ich aus den Federn kroch. Er ging dann meist ins Laboratorium oder in den Sezierraum, wo er den ganzen Tag beschäftigt war. Zuweilen auch unternahm er ausgedehnte Spaziergänge, die ihn meist in die Elendsviertel der Stadt führten. Wenn er von Arbeitswut ergriffen war, konnte nichts seine Energie eindämmen. Doch befiel ihn, was manchmal vorkam, eine Art Schwermut, so lag er teilnahmslos von morgens bis abends auf dem Sofa, ohne ein Glied zu regen oder ein Wort zu sagen. Bei dieser Gelegenheit zeigten seine Augen dann den träumerisch leeren Ausdruck eines Rauschgiftsüchtigen. Aber seine sonst so maßvolle und sauber geordnete Lebenshaltung schloss einen derartigen Verdacht aus.

Mein Interesse an diesem Menschen wurde im Laufe der

nächsten Wochen immer größer; mussten ja schon seine Persönlichkeit wie seine äußere Erscheinung die Aufmerksamkeit jedes ganz zufälligen Beobachters auf sich ziehen. Er maß mindestens einen Meter achtzig und war zudem außerordentlich schlank, sodass er noch beträchtlich größer wirkte. Der Blick aus seinen hellen Augen war scharf und durchdringend, außer in den Stunden jener seltsamen Entrücktheit, von denen ich eben sprach. Seine schmale Hakennase verlieh ihm einen wachsam entschlossenen Ausdruck. Und auch sein kantig hervorstehendes Kinn zeugte von seiner Willenskraft, kennzeichnete den Mann der Tat. Seine Finger wiesen ständig Tintenspuren und Säureflecken auf. Indessen handhabte er seine empfindlichen Instrumente mit so viel Zartheit und Behändigkeit, dass es eine Lust war, ihm zuzusehen.

Der Leser hält mich vielleicht für einen ziemlich aufdringlichen Wichtigtuer, wenn ich gestehe, dass dieser Mann in seiner Undurchschaubarkeit beständig meine Neugier reizte und mich aufstachelte, ihn aus seiner Reserve herauszulocken. Zu meiner Rechtfertigung darf ich aber auf mein sonst so inhaltloses Leben hinweisen, das mir keinerlei Abwechslung gewährte. Meine schwache Gesundheit verbot mir auszugehen, wenn das Wetter nicht gerade strahlend war; und Freunde, deren Gegenwart die Eintönigkeit meines Daseins unterbrochen hätte, besaß ich nicht. Also ließ ich meine Gedanken ausgiebig um den geheimnisumwitterten Hausgenossen kreisen und hatte ja auch Zeit genug, an ihm herumzurätseln.

Medizin studierte er wirklich nicht. Er selbst beantwortete meine diesbezügliche Frage mit einem ganz freimütigen Nein. Er schien auch keine anderen Vorlesungen belegt zu haben, die eine wissenschaftliche Laufbahn vorschrieben, keine Examina vorzubereiten, durch die er den Zutritt in die Gelehrtenwelt erlangt hätte. Doch entwickelte er einen beachtlichen Eifer für mancherlei Studien und kannte sich in ganz abgelegenen Bereichen manchmal so vorzüglich und bis in die verwickeltsten Einzelheiten aus, dass er mich immer wieder in größtes Erstaunen versetzte. Ganz gewiss, niemand ist mit dieser Hingebung und hartnäckigen Ausdauer bei der Arbeit und erwirbt sich dabei solch umfangreiches Spezialwissen – so sagte ich mir –, wenn er nicht ein bestimmtes

Ziel damit verfolgt. Planlose Studien sind selten von Gründlichkeit begleitet. Und wenn einer seinen Verstand mit solch minutiösen Kleinigkeiten belastet, muss er seine guten Gründe dafür haben.

War sein Wissen auf etlichen Gebieten auch höchst bemerkenswert, so zeigte er auf anderen wieder eine geradezu haarsträubende Unkenntnis. Von moderner Literatur verstand er so gut wie gar nichts. Auch in Philosophie und Politik war er wenig bewandert. Als ich einmal Thomas Carlyle erwähnte, fragte er in aller Naivität, wer das denn sei. Ihren Höhepunkt erreichte meine Überraschung jedoch, als ich zufällig dahinterkam, dass er weder von Kopernikus noch von unserem Sonnensystem etwas wusste. Dass ein einigermaßen gebildeter Mensch des 19. Jahrhunderts von der Bewegung unserer Erde um die Sonne keine Ahnung haben sollte, schien mir unbegreiflich.

„Was verwundert Sie daran?“, meinte er lächelnd. „Sehen Sie, jetzt, wo ich das weiß, werde ich mein Möglichstes tun, es rasch wieder zu vergessen.“

„Zu vergessen?“

„Ja. Ich will es Ihnen erklären“, begann er bereitwillig. „Das menschliche Gehirn ist ursprünglich so eine Art leere Dachstube, die sich jeder nach eigenem Willen und Ermessen einrichten kann. Nur ein Narr wird sie mit all dem Plunder, der ihm ins Gehege kommt, vollstopfen und sich damit den Platz für nützliche Dinge rauben – oder das Wichtige so hinter lauter Gerümpel vergraben, dass er es im geeigneten Augenblick nur unter größten Schwierigkeiten hervorholen kann. Ein geschickter Arbeiter jedoch überlegt sich sorgfältig, was er in seiner Gehirnkammer unterbringen möchte. Er beschafft nur Werkzeuge, die ihm bei seiner Arbeit dienlich sind. Hiervon jedoch hält er sich eine reichhaltige und wohlgeordnete Auswahl. Wir dürfen nicht annehmen, dieses Stübchen habe Gummiwände, die sich nach Belieben ausdehnen ließen. Sie können mir glauben, dass, sobald die Kammer einmal voll ist, jede Wissenserweiterung zu einem Gedächtnisverlust an anderer Stelle führt: Wir verlernen etwas, was wir früher einmal gewusst oder gekonnt haben. Daher ist es so wichtig, nicht durch nutzlose Kenntnisse die wertvollen zu verdrängen.“

„Aber das Sonnensystem …“, beharrte ich, von seiner Theorie nicht sonderlich überzeugt.

„Ach, was soll ich damit?“, fiel er mir ungeduldig ins Wort. „Sie sagen, wir drehen uns um die Sonne. Meinetwegen. Und wenn wir um den Mond kreisten: Ergäbe sich daraus für meine Arbeit und mich ein Unterschied?“

Ums Haar hätte ich ihn gefragt, was für eine Arbeit dies eigentlich sei, aber etwas in seinem Verhalten hielt mich zurück. Ich grübelte noch lange über diese kleine Auseinandersetzung nach und versuchte, meine Schlüsse zu ziehen. Wenn er sich keine Kenntnisse anzueignen wünschte, die, wie er behauptete, seinem Beruf im Wege waren, so setzte das doch voraus, dass er einen Beruf ausübte und das erworbene Fachwissen für seine Arbeit brauchte. Ich stellte im Geist nochmals all die Gebiete zusammen, auf denen er beschlagen war. Ja, ich nahm sogar schmunzelnd einen Bleistift und schrieb alles auf. Meine Liste sah folgendermaßen aus:

Sherlock Holmes’ Fähigkeiten:

1. Literatur: Null
2. Philosophie: Null
3. Astronomie: Null
4. Politik: Mangelhaft
5. Botanik: Unterschiedlich. Kennt sich aus mit Belladonna und Giften aller Art. Von Gärtnerei und Pflanzenkunde versteht er nichts.
6. Geologie: Praktische Erfahrung, aber beschränktes theoretisches Wissen. Unterscheidet auf den ersten Blick Erd- und Gesteinsarten. Zeigt mir nach Spaziergängen die Spritzer auf seinen Hosen. Aufgrund ihrer Farbe und Beschaffenheit stellt er fest, aus welchen Stadtteilen sie stammen.
7. Chemie: Umfassendes Wissen
8. Anatomie: Kenntnisse gründlich, aber systemlos
9. Kriminalgeschichte: Hervorragende Kenntnisse. Scheint bis in jede Einzelheit sämtliche Gräueltaten zu kennen, die in unserem Jahrhundert verübt worden sind.
10. Musikalisch. Spielt gut Geige

11. Ist ein vorzüglicher Boxer und Fechter
12. Verfügt über eine gründliche Kenntnis des britischen Rechts und seiner praktischen Anwendung.

Als ich mit meiner Aufstellung so weit gediehen war, warf ich sie, der Verzweiflung nah, ins Feuer.

„Könnte ich mir bloß zusammenreimen, was der Bursche mit diesen seinen mehr oder minder exzentrischen Fertigkeiten bezweckt und für welchen Beruf sie nötig sein sollen!“, sagte ich zu mir selbst. „Aber meine Versuche, ihm auf die Spur zu kommen, sind ganz fruchtlos. Ich lasse sie lieber bleiben.“ Auf sein gewandtes Geigenspiel habe ich hingewiesen. Doch muss ich bemerken, dass er sich auch hierin so eigentümlich zeigte wie in allem anderen, was er betrieb.

Er war imstande, schwierige und brillante Passagen zu spielen, das wusste ich. Hatte er mich doch, auf mein Bitten hin, schon mehrmals mit Mendelssohnschen Liedern und anderen meiner Lieblingsweisen erfreut. War er indessen sich selbst überlassen, so verwandte er sein Talent selten auf bekannte und wohlklingende Kompositionen. Er lehnte zuweilen den ganzen Abend hindurch mit geschlossenen Augen in seinem Großvatersessel und hatte die Fiedel über den Knien liegen, auf der er unmotiviert herumkratzte. Manchmal zupfte er ein tiefes und melancholisches Stakkato, dann wieder eilten seine Finger in skurrilen und lustigen Läufen über die Saiten. Offensichtlich äußerte sich seine jeweilige Gemütsstimmung darin. Ob diese seltsame Musik seinen Gedanken auf die Sprünge half oder nur das Ergebnis irgendwelcher Grillen und Fantasiegespinste war, vermochte ich nicht herauszuhören. Sicher hätte ich mir diese nervenaufreibenden Soli verbeten, wäre meine Geduld nicht dadurch belohnt worden, dass er mir zum Schluss meist all das vorspielte, was mein Herz gerade zu hören begehrte.

Während der ersten Wochen zeigte sich kein Besucher bei uns zu Hause. Und ich war schon geneigt anzunehmen, mein Wohnkamerad sei ein ebenso einsamer Geselle wie ich selbst. Dem war nicht so. Nach und nach stellte sich heraus, dass er eine Menge Bekannte in allen Schichten der Gesellschaft hatte. Da ließ sich zum Beispiel eine Zeit lang mindestens jeden zweiten Tag ein kleiner blässlicher

Mann mit dunklen Äuglein in einem Rattengesicht bei uns sehen, der mir als Mr Lestrade vorgestellt wurde. Eines Morgens kam eine modisch gekleidete junge Dame und wünschte Herrn Holmes zu sprechen. Sie blieb mindestens eine halbe Stunde. Am gleichen Nachmittag noch erschien ein verwahrloster Graukopf, der wie ein jüdischer Hausierer aussah. Er schien sehr aufgeregt, und eine abgetakelte Alte folgte hinterdrein. Ein andermal hatte ein weißhaariger, vornehmer Herr eine längere Unterredung mit meinem Gefährten, dann wieder ein Gepäckträger in Dienstuniform. Immer wenn eines dieser schwer in die menschliche Gesellschaft einzuordnenden Individuen aufkreuzte, bat Holmes mich, ihm für seine Besprechungen den Wohnraum zu überlassen, und ich zog mich in mein Schlafzimmer zurück. „Ich brauche so etwas wie ein Büro für meine geschäftlichen Angelegenheiten", entschuldigte er sich. „Diese Leute sind alle meine Kunden."

Wieder lag mir die Frage nach seinem Metier auf der Zunge, und wieder verbot mir mein Taktgefühl, etwas aus ihm herauszulocken, was er mir nicht freiwillig anvertraute.

Es war am 4. März – an das Datum erinnere ich mich aus triftigem Grund –, da ich einmal früher als sonst aufstand und Sherlock Holmes noch beim Frühstück im Wohnzimmer antraf. Unsere Wirtin war an mein spätes Erscheinen am Morgen gewöhnt, sodass weder für mich gedeckt noch mein Kaffee fertig war. Unberechtigterweise läutete ich ungeduldig und gab zu verstehen, dass ich auf mein Frühstück wartete. Dann nahm ich, um die Zeit totzuschlagen, eine Illustrierte vom Tisch und blätterte darin. Holmes kaute schweigend seinen Toast. Ein Artikel in der Zeitschrift war angekreuzt, weshalb ich ihn natürlich sofort zu lesen begann. Die etwas anspruchsvolle Überschrift lautete: DAS BUCH DES LEBENS. Der Verfasser wies darauf hin, wie ungeheuer viel man bei allem, was einem über den Weg laufe, allein durch scharfsichtige und gründliche Beobachtung in Erfahrung bringen könne. Das Ganze mutete mich so recht als eine Mischung aus Klugheit und Albernheit an. Zwar war der Duktus klar und einleuchtend, die Folgerung jedoch übertrieben und manchmal geradezu an den Haaren herbeigezogen. So traute sich der Schreiber zu, aus flüchtigem Mienenspiel, einer Veränderung im Blick oder dem Zucken eines Mundwinkels die innersten Gedanken eines Menschen ablesen zu können. Er ging sogar so weit zu behaupten, bei einem in dieser Weise geschulten Analytiker sei jede Täuschung ausgeschlossen; denn seine Folgerung komme der Unfehlbarkeit Euklidischer Lehrsätze gleich. Freilich zeitige sie meist so verblüffende Ergebnisse, dass diese dem Uneingeweihten wie Hellseherei erscheinen müssten.

„Aus der Beschaffenheit eines Wassertropfens“, so hieß es weiter,

> kann ein logischer Kopf ableiten, ob dieser dem Atlantischen Ozean oder den Niagarafällen entnommen wurde, und dies ohne jede geografische Kenntnis der beiden Begriffe. Alles Leben ist in eine große Kette verflochten, deren Wesen sich in jedem einzelnen Glied offenbart, wenn wir nur richtig hinsehen. Trotzdem lässt sich die Wissenschaft von Ursache und Wirkung wie alle anderen Künste nur durch ausgedehntes und geduldiges Studium ganz ausschöpfen. Ein Leben ist nicht lang genug, als dass der Sterbliche je höchste Vollkommenheit darin erreichte. Doch ehe der Suchende sich an dieses geistig sittliche Problem, das die größten Schwierigkeiten aufweist, heranwagt, mag er sich erst einmal einfacheren Aufgaben und Gedankengängen zuwenden. Ohne Weiteres kann er ‚sehen‘ lernen, das heißt sein Augenmerk auf scheinbare Kleinigkeiten im Habitus der Leute lenken, die oft sehr wichtige Kennzeichen sind. Mögen ihm derlei Übungen zunächst als kindliche Spielerei vorkommen, sie schulen gleichwohl entscheidend seine Beobachtungsgabe. Führt er sie folgerichtig durch, so wird er über kurz oder lang in der Lage sein, Geschichte, Milieu und Beruf eines ihm gänzlich fremden Menschen auf den ersten Blick festzustellen. Fingernägel und Manschetten, ein Paar Schuhe oder Hosenbeine, Handschwielen wie der Gesichtsausdruck und genauso der Schnitt eines Anzugs: All diese Komponenten verraten dem fähigen Beschauer augenblicklich eine Menge vom Wesen und Umgang seines Gegenübers und machen einen Trugschluss nahezu unmöglich.

„Was für ein Gewäsch!“, rief ich und warf die Zeitung auf den Tisch. „So einen hanebüchenen Unsinn habe ich mein Lebtag noch nicht gelesen!“

„Worum handelt es sich denn?“, fragte Holmes ruhig.

„Ach, um diesen Artikel da“, erwiderte ich und deutete geringschätzig mit meinem Eierlöffel auf das Blatt. „Sie werden ihn ja kennen, da Sie ihn angestrichen haben. Zugeben muss ich, er ist mit Eleganz hingeschrieben. Aber der Inhalt ärgert mich. Er ist vermutlich das Fantasiegebilde irgendeines weltfremden Schöngeistes, der sich dergleichen daheim im Lehnstuhl zwischen den Wänden seiner Bibliothek ausdenkt. Praxis steht überhaupt keine dahinter. Dem möchte ich mal in der Untergrundbahn begegnen. Dann soll er mir auf Anhieb die Berufe sämtlicher Mitfahrenden nennen. Eine Fünfpfundnote will ich wetten, dass er es nicht herausbringt!“

„Und würden Ihr Geld verlieren“, bemerkte Holmes. „Übrigens habe ich diese Abhandlung geschrieben.“

„Sie?“

„Ja, ich. Ich habe von jeher einen Hang, zu beobachten und zu kombinieren. Die hier vertretenen Theorien scheinen Ihnen aus der Luft gegriffen. Ich kann Ihnen versichern, dass sie lediglich auf praktischer Erfahrung beruhen. Einer Erfahrung, die mir sogar zu meinem Broterwerb verholfen hat.“

„Wieso denn das?“, entfuhr es mir wider Willen.

„Nun ja. Meine Tätigkeit ist etwas ausgefallen. Möglicherweise bin ich sogar der Einzige in der Welt, der dieses Metier ausübt. Können Sie sich unter einem ‚Detektivberater‘ etwas vorstellen? Sehen Sie, es gibt eine Menge Detektive hier in London, staatlich angestellte und private. Wenn nun einer dieser Herren in eine Sackgasse geraten ist, dann wendet er sich an mich. Und ich kann ihm meist auf die richtige Fährte helfen. Sie legen mir Akten und Indizien vor, und aufgrund meiner kriminalgeschichtlichen Kenntnisse habe ich es verhältnismäßig leicht, Zusammenhänge aufzuspüren. Alle Delikte sind sich irgendwo ähnlich wie die Sprösslinge einer Familie. Wenn man nun tausend Fälle bis in jede Einzelheit kennengelernt hat, dann dürfte es nicht allzu schwer sein, auch den Fall tausendundeins zu entwirren. Lestrade ist ein bekannter Detektiv. Er suchte mich unlängst mehrmals auf, weil er bei einer Fälschungsaffäre im Dunkeln tappte.“

„Und all die anderen Leute?“

„Sie werden meistens von privaten Auskunftsbüros zu mir geschickt. Jeder von ihnen hat irgendwelchen Ärger. Sie wollen sich in ihren Schwierigkeiten von mir beraten lassen. Ich höre mir ihre Geschichte an, gebe meine Erläuterungen dazu – und kassiere mein Honorar."

„Wollen Sie damit sagen", versetzte ich ungläubig, „Sie seien, ohne sich vom Fleck zu rühren, imstande, die verzwickten Situationen wildfremder Personen zu klären und ihnen sogar herauszuhelfen?"

„Genau das. Meine Intuition weist mir dabei den Weg. Dann und wann taucht natürlich auch ein Fall auf, der nicht gleich durchschaubar ist. Dann muss ich viel herumlaufen, die Gegend abgrasen und mir alles an Ort und Stelle ansehen. Wissen Sie, ich besitze eine gediegene Anzahl von Spezialkenntnissen, die meine Nachforschungen sehr vereinfachen. Und Regeln für die Kombination, wie sie mein Artikel enthält, der bei Ihnen auf solche Verachtung stieß, sind von unschätzbarem Wert für meine praktischen Untersuchungen. Im Geiste zu notieren, was meine Sinne wahrnehmen, ist mir zur zweiten Natur geworden. Sie waren überrascht, als ich Ihnen bei unserer ersten Begegnung auf den Kopf zusagte, Sie kämen aus Afghanistan."

„Das wird Ihnen jemand erzählt haben."

„Keineswegs; ich wusste es. Durch ständige Schulung ist mein Denkapparat so daran gewöhnt, blitzschnell zu reagieren, dass ich zu meinem Ergebnis gelange, ohne mir der einzelnen Gedankenstufen voll bewusst zu werden. Diese waren bei Ihrem Anblick freilich da und berichteten etwa Folgendes: Dieser Mann sieht wie ein Arzt aus, hat aber etwas Soldatisches in der Haltung. Er wird also Militärarzt sein. Sein dunkles Gesicht deutet darauf hin, dass er eben aus den Tropen zurückgekehrt ist. Den dunklen Teint hat er nicht von Natur, denn an den Handgelenken ist seine Haut fast weiß. Dass er viel mitgemacht hat und nicht gesund ist, verraten seine eingefallenen und abgehärmten Gesichtszüge. Er muss am linken Arm, den er steif und ungelenk hält, verletzt sein. In welchem Teil der Tropen kann sich ein englischer Militärarzt eine solche Verwundung zugezogen haben? Doch nur in Afghanistan. Keine Sekunde dauerten all diese Überlegungen. Daher stellte ich im Handumdrehen fest, Sie kämen aus Afghanistan, was Sie sehr verwunderte."

„Wenn man Ihnen so zuhört, ist es das Selbstverständlichste von der Welt!“, erwiderte ich lächelnd. „Sie erinnern mich an Edgar Allan Poes Dupin. Ich wusste nicht, dass so schlaue Burschen wirklich herumlaufen.“

Sherlock Holmes stand auf und zündete sich eine Pfeife an. „Sie glauben wahrscheinlich, es sei schmeichelhaft für mich, mit diesem Dupin verglichen zu werden“, versetzte er. „Aber nach meiner Ansicht war er eigentlich ein Stümper. Sein Trick, in die Gedanken seines Freundes nach einer Viertelstunde plötzlich mit einer ganz beiläufigen Bemerkung einzubrechen, ist so brillant wie oberflächlich. Sicher war er ein geschickter Analytiker, wenn auch bei Weitem nicht ein solches Phänomen, wie Poe annahm.“

„Haben Sie Gaboriaus Werke gelesen?“, fragte ich. „Kommt Lecoq Ihrer Vorstellung von einem Detektiv näher?“

Sherlock Holmes schnaubte sardonisch. „Lecoq war ein erbärmlicher Stümper, sagte er mit Ärger in der Stimme; „er hatte nur eins, das für ihn spricht, und zwar seine Energie. Das Buch hat mich wirklich krank gemacht. Es ging darum, einen unbekannten Häftling zu identifizieren. Ich hätte es in vierundzwanzig Stunden tun können. Lecoq brauchte ungefähr sechs Monate. Man könnte daraus ein Lehrbuch darüber schreiben, was Detektive vermeiden sollten.“

Diese Überheblichkeit stimmte mich etwas verdrießlich. Ich ging zum Fenster und sah dem Straßentreiben zu. Zwar gestand ich mir ein, dass ich es mit einem sehr klugen Menschen zu tun hatte, aber es gefiel mir nicht, dass er sich augenscheinlich gar so viel darauf einbildete.

„Es gibt heutzutage überhaupt keine richtigen Verbrechen mehr, zu deren Aufklärung man einen scharfen und verfeinerten Verstand haben muss“, setzte Holmes die Unterhaltung mit einem resignierten Seufzer fort. „Ich weiß sehr gut, dass ich das Zeug dazu hätte, mir in der ganzen Welt einen berühmten Namen zu machen. Es hat bisher noch keinen gegeben, der mein angeborenes Talent, diese Spürnase für alles Verdächtige, besessen und mit ähnlich gewissenhaften Studien auf dem Gebiet der Kriminalkunde vereinigt hätte. Aber wo gibt es denn noch einen wirklich aufregenden und interessanten Fall? Nur schmutzige Gaunereien allenthalben, deren Motive so sonnenklar zutage treten, dass selbst ein Holzkopf von Scotland Yard dahinterkommen muss."

Ich wurde immer gereizter durch diese aufgeblasene Redeweise und zog es vor, das Thema zu wechseln.

„Was macht wohl der Kerl da unten?", lenkte ich ab und deutete auf einen vierschrötigen, einfach gekleideten Mann, der langsam auf der gegenüberliegenden Straßenseite dahinschritt und suchend zu den Hausnummern empor sah. Er hatte einen großen blauen Brief in der Hand und sollte wohl eine Botschaft überbringen.

„Sie meinen den ehemaligen Infanteriesergeanten der Marine?", gab Sherlock Holmes zurück.

Spiel dich nicht so auf!, dachte ich bei mir. Er konnte mir ja irgendetwas weismachen, wie es ihm gerade in den Sinn kam. Wie sollte ich das nachprüfen? In der gleichen Sekunde fiel der Blick dessen, von dem wir sprachen, auf unsere Hausnummer, und raschen Schrittes überquerte er den Fahrdamm. Wir hörten ein festes Klopfen, dann eine tiefe Stimme im Treppenhaus. Gleich darauf polterten schwere Schritte die Stiege herauf.

„Für Mr Sherlock Holmes", sagte er, stapfte ins Zimmer und händigte meinem Freund den Brief aus.

Das war nun die Gelegenheit, Holmes von seiner Überheblichkeit zu heilen. Daran hatte er wohl kaum gedacht, vorhin, als er seinen Schuss ins Blaue abgab. Und so wandte ich mich an den Besucher. „Darf ich fragen, mein Bester, was Ihr Beruf ist?"

„Dienstmann, Sir!", erwiderte er kurz. „Uniform in Reparatur."

„Aha. Und darf ich wissen, was Sie früher waren?"

„Sergeant, Sir. In der Königlichen Marineinfanterie. – Keine Frage sonst? Sehr wohl, Sir."

Er schlug die Hacken zusammen und hob die Hand zum Gruß. Und mit einer scharfen Wendung ging er zur Tür hinaus.

Das Geheimnis von Lauriston Gardens

So fand ich meines Freundes Theorie abermals in der Praxis bestätigt.

Ich muss gestehen, dass mir diese letzten fünf Minuten ziemlich zu schaffen machten. Mein Respekt vor solchen Fähigkeiten ließ sich nicht mehr zurückhalten, wenn ich auch den Verdacht immer noch nicht los wurde, das Ganze sei ein aufgelegter Schwindel und Holmes wolle mich nur mit seinem abgekarteten Spiel hereinlegen. Was er davon haben mochte, war mir allerdings schleierhaft. Er hatte das Schreiben bereits zu Ende gelesen, als ich zu ihm hinübersah. Und in seinen Augen war jener geistesabwesende Ausdruck, den sie anzunehmen pflegten, wenn er sich stark auf eine Sache konzentrierte.

„Wie haben Sie das nun wieder herausgefunden?", unterbrach ich seine Überlegung.

„Was meinen Sie?", fragte er unwirsch.

„Nun, dass er Sergeant der Marine war."

„Ich habe jetzt keine Zeit für solche Nebensächlichkeiten!", fuhr er mich an, meinte aber gleich darauf lächelnd: „Verzeihen Sie meine Heftigkeit! Sie haben mir mit Ihrer Frage meinen Gedankenfaden abgeschnitten. Aber vielleicht ist es ganz gut so. – Es wäre Ihrem Blick also tatsächlich entgangen, dass der Mann ein alter Marinesergeant war?"

„Wie sollte ich denn darauf kommen?"

„Es zu erkennen fiel mir leichter als nun die nachträgliche Erklärung, warum ich es wusste. Wenn man Sie fragt, warum zwei mal zwei vier ist, so kostet der Beweis Sie sicher einige Schwierigkeiten, obwohl Sie genau wissen, dass es so ist. Schon als unser Mann da drüben auf der anderen Straßenseite ging, konnte ich von hier aus den großen blauen Anker sehen, der auf seinen Handrücken tätowiert war. Das ließ mich den Seebären wittern. Und nun dazu sein strammes militärisches Gebaren und der vorschriftsmäßige Backenbart. Also: Marine, dachte ich bei mir. Den Rang, den er innehatte, zeigte mir sein gewichtiges Selbstbewusstsein. Auch war etwas Gebieterisches in seiner Art. Ist Ihnen seine aufrechte Kopfhaltung nicht aufgefallen und wie er seinen Rohrstock schwang? Sein Gesicht war das eines zuverlässigen und angesehenen älteren Mannes. Nun, all dies musste mich darauf bringen, dass ich es mit einem ehemaligen Sergeanten zu tun hatte."

„Großartig!", rief ich begeistert aus.

„Nichts von Belang", sagte Holmes wegwerfend.

Gleichwohl spiegelten seine Züge die Freude über mein Erstaunen und meine Bewunderung wider.

„Sie hörten mich vorhin erst sagen, es gäbe keine Verbrechen mehr. Offenbar war das ein Irrtum. Sehen Sie sich das an!" Er schob mir das Schreiben zu, das der Dienstmann gebracht hatte.

„Mein Gott, wie furchtbar!", rief ich aus, während ich die Zeilen überflog.

„Nicht ganz alltäglich zumindest", war seine sachliche Antwort. „Wären Sie so freundlich, mir den Brief laut vorzulesen?"

Ich folgte seiner Aufforderung:

„Sehr geehrter Mr Holmes!
Es hat sich da eine scheußliche Geschichte in Lauriston Gardens Nummer 3, nächst der Brixton Road, ereignet. Einer unserer wachhabenden Polizisten sah dort ein Licht gegen zwei Uhr früh. Das besagte Haus steht leer, und so musste er annehmen, dass etwas nicht in Ordnung sei. Er trat durch die offen stehende Haustür ein und sah in einem der unmöblierten Vorderzimmer auf dem Boden ausgestreckt die Leiche eines gut gekleideten Herrn. Den Visitenkarten, die man in seiner Rocktasche fand, ist zu entnehmen, dass es sich vermutlich um einen gewissen Herrn Enoch J. Drebber, Cleveland, Ohio, USA, handelt. Beraubt wurde er nicht. Auch weisen keinerlei Wunden oder sonstige Merkmale auf die Todesursache hin. Zwar ließen sich Blutspuren im Raum feststellen, nicht aber an dem Opfer. Wie und aus welchem Anlass der Mann in das unbewohnte Haus gelangte, ist

unerfindlich. Wir stehen überhaupt vor einem Rätsel in der ganzen Angelegenheit. Wenn es Ihnen möglich ist, so kommen Sie doch bitte vor zwölf Uhr vormittags an den Tatort, wo ich mich auch einfinden werde. Ich will alles im ‚Status quo' belassen, bis ich Nachricht von Ihnen habe. Sollten Sie verhindert sein, persönlich zu erscheinen, dann werde ich Ihnen unsere näheren Untersuchungen sogleich mitteilen. Ich wäre Ihnen sehr zu Dank verpflichtet, wenn Sie mich Ihre Ansicht wissen ließen.

Hochachtungsvoll
Ihr Tobias Gregson"

„Gregson ist der gewiefteste Vertreter von Scotland Yard!", erklärte mein Freund. „Er und Lestrade sind die Auslese in diesem traurigen Verein von Holzköpfen. Beide sind sie unerschrocken und flink bei der Hand, nur leider noch ganz alte Schule. Schrecklich! Auch sind sie aufeinander eifersüchtig wie zwei Primadonnen und hassen sich gegenseitig gründlich. Wenn die auf den gleichen Fall losgelassen werden, wird das wieder ein Hauptspaß!"

Die unerschütterliche Ruhe des Herrn „Detektivberaters" befremdete mich.

„Sie dürfen doch sicher keine Minute verlieren!", rief ich. „Soll ich eine Droschke holen lassen?"

„Es ist noch gar nicht ausgemacht, ob ich hingehe. Mich grässliches Faultier kann nichts aus dem Bau locken, wenn ich gerade meine müde Zeit habe. Freilich werde ich unversehens dann auch wieder quicklebendig."

„Aber ist das nicht ein Fall, wie Sie ihn seit Langem ersehnt haben?"

„Mein Bester – was hilft das schon? Angenommen, ich entwirre das Knäuel: Sie können sich darauf gefasst machen, dass Gregson, Lestrade und Konsorten den Lorbeer dafür ernten. Ich bin eben nicht in Amt und Würden. Das kommt davon!"

„Er bittet Sie doch um Hilfe!"

„Natürlich. Weil er weiß, dass ich ihm überlegen bin; und er gesteht mir das auch ein. Aber eher würde er sich die Zunge abbeißen, als es einem Dritten gegenüber zuzugeben. Wie auch immer, wir können uns den Kuddelmuddel ja mal ansehen. Ich finde mich auf meine Weise darin zurecht. Wenn schon sonst nichts für mich herausspringt, so habe ich doch wenigstens meinen Spaß dabei gehabt, ihnen in ihrer Beschränktheit ein Schnippchen zu schlagen. Also, auf in den Kampf!"

Hastig zog er sich den Mantel über und hatte es mit einem Mal sehr eilig fortzukommen. Zweifellos war eine Welle von Energie und Tatendrang drauf und dran, alle Trägheit in ihm wegzufegen.

„Nehmen Sie doch schon Ihren Hut!", drängte er ungeduldig.

„Ja, soll ich denn mitkommen?"

„Selbstverständlich, wenn Sie nichts Besseres vorhaben."

Eine Minute später saßen wir in der Droschke und fuhren in Windeseile zu unserem Bestimmungsort.

Es war ein neblig trüber Morgen. Über den Dächern hing ein fahler Schleier, grau in grau und schmutzig wie die Straßen darunter. Dessen ungeachtet war mein Gefährte bester Laune. Er schwatzte von Cremoneser Instrumenten und erklärte mir den Unterschied zwischen einer Stradivari und einer Amatigeige. Ich selber verharrte in Schweigen. Das unfreundliche Wetter wie die schaurige Angelegenheit, der wir entgegensteuerten, stimmten mich gleichermaßen düster.

„Ich habe nicht den Eindruck, dass der Fall Ihre Gedanken sehr beschäftigt", unterbrach ich schließlich streng seine musikalischen Ausführungen.

„Wozu auch? Bisher fehlt jede Unterlage", entgegnete er. „Ein ganz grundlegender Fehler, Erwägungen anzustellen, ehe man sich auf dem Boden der Tatsachen befindet. Es ergäben sich nur Fehlurteile daraus."

„Den Boden der Tatsachen werden wir gleich unter uns haben!", rief ich, plötzlich munter geworden. „Wenn mich nicht alles täuscht, sind wir bereits in der Brixton Road. Und sehen Sie, dort drüben, das müsste das Haus sein."

„Wahrhaftig – halt, Kutscher, wir sind da!" Zwar waren wir noch ungefähr hundert Meter weit entfernt, aber er wollte unbedingt aussteigen. Und so gingen wir das letzte Stück zu Fuß. Lauriston Gardens Nummer 3 sah finster und anrüchig aus. Es gehörte zu einer Gruppe von vier Häusern, die, etwas von der Straße abgerückt, für sich standen. Zwei waren bewohnt, die beiden anderen leer. Aus ihnen sahen drei Fensterreihen kahl und trübselig zu uns her. Die Scheiben wirkten wie vom Star erblindete Augen, welchen Eindruck die Pappschilder ZU VERMIETEN, die über einigen hingen, noch verstärkten. Ein kleiner Vorgarten, in dem ein paar kränkliche Pflanzen ihr Dasein fristeten, trennte jedes dieser Häuser von der Straße. Quer hindurch führte ein lehmiger, mit spärlichem Kies bedeckter Fußpfad. Er war von schmutzig gelber Farbe und, wie das ganze Gelände, aufgeweicht von den Regengüssen der vergangenen Nacht. Die Backsteinmauer, welche den Garten einfasste, war knapp einen Meter hoch und trug noch ein niedriges Holzgatter. An dieser Mauer lehnte ein stämmiger Schutzmann, von einer kleinen Schar müßiger Vorstadtbummler umringt. Alle reckten die Hälse und machten Stielaugen in der vergeblichen Hoffnung, etwas von den Vorgängen da drinnen zu erhaschen.

Ich hatte erwartet, Sherlock Holmes werde sich nun schnurstracks in das unheimliche Haus begeben und sich dort in die Untersuchung des Geheimnisses stürzen. Aber ganz im Gegenteil. Mit unbekümmerter Miene – die ich in Anbetracht der ernsten Umstände für nicht ganz echt hielt – spazierte er zunächst gemütlich den Gehsteig hinauf und wieder hinunter. Dabei starrte er ausdruckslos bald aufs Pflaster, bald zum Himmel empor, bald auf die umliegenden Häuser oder die Lattenzäune. Nach dieser eingehenden Prüfung schritt er langsam den Gartenpfad entlang – oder, genauer gesagt, auf dem Grünstreifen längs des Pfades – mit gesenkten Augen. Zweimal blieb er sinnend stehen. Und einmal sah ich ein Lächeln auf seinen Lippen, wobei er einen befriedigten Laut von sich gab. Auf dem durchnässten Erdboden gewahrte ich zahlreiche Fußspuren. Aber da die Polizisten mehrmals darauf hin und her gegangen waren, konnte ich mir nicht denken, was diesen zu entnehmen sei. Da Holmes jedoch schon so außerordentliche Proben von seinem Adlerblick und seiner Kombinationsgabe abgelegt hatte, zweifelte ich nicht, dass er so manches sah, was mir verborgen blieb.

Mit einem Notizbuch ausgerüstet, empfing uns auf der Schwelle ein großer bleicher und flachsblonder Mann. Überschwänglich drückte er Holmes die Hand und begrüßte ihn: „Wie äußerst liebenswürdig von Ihnen, dass Sie gekommen sind! Ich habe alles noch unangetastet gelassen.“

„Nur da draußen nicht!“, erwiderte mein Freund mit leiser Ironie und deutete auf den Gartenweg. „Wäre eine Büffelherde darüber hinweggetrampelt, es könnte nicht wüster aussehen. Gewiss hatten Sie aber Ihre Untersuchungen bereits vorgenommen, ehe Sie so etwas zuließen.“

„Es wartete im Hausinnern zu viel auf mich“, antwortete der Detektiv ausweichend. „Mein Kollege, Mr Lestrade, ist ja ebenfalls hier. Ich verließ mich darauf, dass er sich darum kümmern würde.“

Holmes hob die Augenbrauen und warf mir einen sarkastischen Blick zu. „Na, wenn zwei Fachleute wie Sie die Sache in Angriff genommen haben, bleibt für einen dritten ja wohl kaum etwas zu tun.“

Selbstzufrieden rieb sich Gregson die Hände.

„Ich darf wohl sagen, dass von uns aus nichts versäumt und alles Notwendige in die Wege geleitet wurde. Immerhin ist es ein eigentümlicher Fall. Und ich weiß, Sie haben eine Schwäche für dergleichen.“

„Sind Sie mit der Droschke hergefahren?“, fragte Holmes unvermittelt. Gregson verneinte. „Lestrade auch nicht?“

„Nein.“

„Gut. Gehen wir also und sehen uns das Zimmer an.“

Gregson verstand den Zusammenhang zwischen dieser Aufforderung und den vorherigen Fragen so wenig wie ich und folgte achselzuckend, als wir ins Haus gingen.

Ein staubiger Gang mit rohem Holzboden führte zur Küche und zu den Wirtschaftsräumen. Rechts wie links befand sich je eine Tür. Die eine davon war offenkundig seit Wochen verschlossen. Durch die andere gelangte man in das Wohnzimmer, wo sich die sonderbare Begebenheit zugetragen haben sollte. Holmes trat ein, und ich folgte mit jener Beklemmung in der Magengegend, die einen in Gegenwart Toter überkommt.

Es war ein großer quadratischer Raum ohne irgendwelche Möbel, weshalb er umso riesiger wirkte. Eine geschmacklose, unruhig gemusterte Tapete zierte die Wände nur noch an den Stellen, wo sie nicht verblichen war oder so in Fetzen herunterhing, dass der nackte Verputz darunter zum Vorschein kam. Der Tür gegenüber befand sich ein protziger, mit falschem Marmor verkleideter Kamin, auf dessen einer Ecke der Stumpf einer roten Wachskerze klebte. Das einzige Fenster war so von Schmutz überkrustet, dass kaum Licht hereindrang. Das ganze Zimmer schien in muffiges Grau getaucht. Dieser Eindruck wurde durch eine dicke Staubschicht noch verstärkt.

Die äußeren Begleiterscheinungen wurden mir erst später bewusst. Während der ersten Minuten fesselte die abstoßende reglose Gestalt, die da auf dem Boden ausgestreckt vor uns lag, ganz meine Aufmerksamkeit. Weit aufgerissen und blicklos stierten ihre Augen zu der kalkigen Decke hinauf. Der Mann mochte dreiundvierzig oder vierundvierzig Jahre zählen. Er war mittelgroß, breitschultrig, hatte schwarzes Kraushaar und einen kurz geschnittenen Bart. Er trug einen Gehrock aus schwarzem Tuch und eine Weste aus dem gleichen Material, dazu helle Hosen. Kragen und Manschetten waren blendend weiß. Sein tadellos und glänzend gebürsteter Zylinder stand neben ihm auf dem Boden. An seinen weit ausgebreiteten Armen ballten sich die Fäuste. Die Beine hingegen waren angezogen und ineinander verschlungen, was die Vermutung nahelegte, dass er einen harten Todeskampf gehabt hatte. Auf seinem erstarrten Gesicht stand noch das Entsetzen. Ja, ich las sogar solchen Hass darin wie in keines Menschen Antlitz je zuvor. Diese wütende, schreckliche Verzerrung, dazu eine niedere Stirn, eine dicke aufgestülpte Nase und ein plumpes Kinn gaben dem Toten das Aussehen eines bösen Affen; eine Ähnlichkeit, die durch die zusammengekrümmte Haltung noch mehr hervortrat. Ich bin dem Tod schon in mancherlei Gestalt begegnet. Aber nie erschien er mir so grausig wie in jener finsteren Behausung nächst einer Hauptverkehrsstraße der Londoner Außenbezirke.

Auf einmal stand Lestrade, mager und rattenhaft wie stets, in der Tür, uns zu begrüßen.

„Dieser Fall wird ungeheures Aufsehen erregen, Mr Holmes!“, grinste er. „Der übertrifft alles, was mir bis jetzt vorgekommen ist. Und ich bin ja, weiß Gott, kein Säugling mehr.“

„Und keine Spur bisher?“, wollte Gregson wissen.

„Nicht die mindeste!“, erwiderte achselzuckend der Gefragte.

Holmes kniete bei der Leiche nieder und unterzog sie einer sorgfältigen Prüfung.

„Sind Sie ganz sicher, dass er nicht verwundet ist?“, fragte er und zeigte auf die Blutspritzer ringsum.

„Ganz sicher!“, erwiderten einstimmig die beiden Detektive.

„Dann muss das Blut hier von einem anderen menschlichen Wesen herrühren, dem Mörder wahrscheinlich, sofern ein Mord stattgefunden hat. Das Ganze erinnert mich an die Todesursache im Fall van Jensen in Utrecht, 1834. Entsinnen Sie sich des Berichts, Gregson?“

„Nein.“

„Dann sollten Sie ihn unbedingt nachlesen. Es gibt nichts Neues unter der Sonne. Ist alles schon einmal dagewesen.“

Während er sprach, waren seine behänden Finger unaufhaltsam am Werk. Sie fassten bald hierhin, bald dorthin, drückten, befühlten, tasteten ab, knöpften auf und zu. Seine Augen hatten dabei immer den von mir schon erwähnten abwesenden Ausdruck. So rasch vollzog sich diese Prüfung, dass man nicht ahnte, mit welch peinlicher Genauigkeit er sie durchführte. Zuletzt beroch er die Lippen des Toten und musterte die Sohlen der Lackstiefel.

„Er ist noch nicht bewegt worden?“, fragte er abschließend.

„Nicht weiter, als es unsere Untersuchung erforderte.“

„Dann können Sie ihn jetzt ins Leichenhaus bringen lassen. An ihm ist nichts mehr festzustellen.“

Gregson hatte eine Bahre und vier Träger bestellt. Auf seinen Wink traten sie ein, legten den Leichnam auf die Bahre und trugen ihn hinaus. Dabei ereignete sich ein kleiner Zwischenfall. Ein Ring fiel herunter und rollte über den Boden. Lestrade nahm ihn verdutzt auf und betrachtete das Kleinod.

„Eine Frau!“, rief er aus. „Sie muss hier gewesen sein. Es ist der Trauring einer Frau!“

Auf seiner flach ausgestreckten Handfläche hielt er ihn uns hin. Es konnte kein Zweifel darüber bestehen: Dieser glatte Goldreif hatte einst den Finger einer Braut geschmückt.

„Himmel, das macht die Sache noch undurchsichtiger“, entsetzte sich Gregson. „Und sie ist doch wahrhaft schon vertrackt genug.“

„Vereinfacht es sie nicht möglicherweise sogar?“, wandte Holmes ein. „Damit, dass wir nun fortwährend den Ring beäugen, ist uns allerdings nicht gedient. Sagen Sie mir lieber, was Sie in den Taschen des Toten gefunden haben!"

„Es liegt alles hier", antwortete Gregson und zeigte uns eine Ansammlung von Gegenständen, die er auf die unterste Treppenstufe gelegt hatte. „Eine goldene Uhr, Nummer 97163, von Barraud, London; eine Albert-Kette aus schwerem, massivem Gold. Eine goldene Krawattennadel: Bulldoggenkopf mit Rubinaugen. Visitenkarten mit dem Namen Enoch J. Drebber, Cleveland, in einem Juchtentäschchen. Die gleichen Initialen E. J. D. finden sich als Monogramm in der Wäsche. Keine Geldbörse, sondern lose Scheine und Silbergeld im Wert von insgesamt sieben Pfund und dreizehn Shilling. Taschenausgabe von Boccaccios ‚Decamerone', auf der Titelseite der Name Joseph Stangerson. Außerdem zwei Briefe – einer an A. J. Drebber, der andere an Joseph Stangerson."

„Welche Anschrift?"

„‚P. A. American Exchange, Strand; werden abgeholt.' Beide sind von der Guion-Dampfschifffahrts-Gesellschaft und beziehen sich auf Schiffskarten ab Liverpool. Daraus geht hervor, dass der Beklagenswerte im Begriff war, nach New York zurückzukehren."

„Haben Sie irgendwelche Informationen über diesen Stangerson?"

„Ich habe sofort in allen Zeitungen Annoncen aufgegeben!", erwiderte Gregson. „Und einer meiner Leute war beim American Exchange, ist aber noch nicht zurück."

„Haben Sie nach Cleveland telegrafiert?"

„Gewiss, heute Morgen."

„Der Wortlaut Ihrer Anfrage?"

„Eine kurze Mitteilung des Tatbestandes und die Bitte um jede mögliche Information, die uns weiterhelfen könnte."

„Haben Sie nicht um genauere Angaben über einen kritischen Punkt gebeten?"

„Ich erkundigte mich nach Stangerson."

„Nichts weiter? Ist da nicht irgendein Angelpunkt, um den sich die ganze Geschichte zu drehen scheint? Wollen Sie nicht noch einmal telegrafieren?"

„Ich habe in meinem Kabel alles Notwendige gesagt!", gab Gregson gekränkt zurück.

Sherlock Holmes kicherte in sich hinein und schien gerade eine boshafte Bemerkung auf der Zunge zu haben, als Lestrade, der während dieses Frage-und-Antwort-Spiels im Vorderzimmer geblieben war, auf der Bildfläche erschien und sich mit selbstzufriedener Miene die Hände rieb.

„Mr Gregson", begann er stolz, „ich habe da eben eine recht wichtige Entdeckung gemacht. Und zwar bin ich auf etwas gestoßen, das, hätte ich nicht nachträglich die Wände so gründlich abgesucht, bestimmt übersehen worden wäre."

In den Augen des schmächtigen Polizeibeamten funkelte die Schadenfreude darüber, dass er seinem Kollegen eine Runde voraus war.

„Kommen Sie doch bitte!", forderte er uns auf und lief geschäftig in das Zimmer zurück, dessen Atmosphäre nach der Entfernung des gespenstischen Insassen nicht mehr ganz so schaurig war. „Stellen Sie sich bitte hierhin!"

Er entzündete ein Streichholz an seiner Schuhsohle und hielt die Flamme gegen die Wand. „Schauen Sie sich das an!", sagte er triumphierend.

Ich erwähnte schon, dass die Tapete großenteils abgeblättert war. In dieser Zimmerecke hatte sich ein umfangreiches Stück losgelöst und ließ stattdessen die nackte gelbe Wand sehen. Quer über die kahle Stelle waren fünf blutrote Buchstaben gekritzelt:

RACHE

„Was sagen Sie dazu?", rief der Detektiv mit der Miene eines Schaubudenbesitzers, der eine Attraktion anpreist.

„Das hat man übersehen, denn gerade diese dunkelste Ecke ist nicht untersucht worden, weil niemand auf den Gedanken kam. Der Mörder muss es mit seinem eigenen Blut geschrieben haben. Sehen Sie den Streifen, wo es an der Wand heruntergesickert ist? Die Hypothese, es könne hier ein Selbstmord vorliegen, ist damit wohl hinfällig. – Warum nun hat sich der Schreiber diesen finsteren Winkel ausgesucht? Ich will Ihnen diese Frage beantworten. Sehen Sie dort den Kerzenstummel auf dem Kaminsims? Er zündete die Kerze an, und ihr Schein verwandelte die dunkelste Stelle der Wand in die hellste."

RACHE

„Und was soll das Ganze zu bedeuten haben?“, erkundigte sich Gregson gehässig.

„Was es bedeutet? Nun, dass der Täter den Frauennamen Rachel schreiben wollte, aber gestört wurde, bevor das Wort zu Ende war. Behalten Sie das gut im Gedächtnis! Es wird sich herausstellen, dass ein weibliches Wesen namens Rachel mit dem Mord etwas zu tun hatte. Lachen Sie ruhig, Mr Sherlock Holmes! Mögen Sie noch so klug und gerissen sein, ein alter Hund spürt am Ende doch immer die richtige Fährte auf.“

Mein Freund bat den kleinen Mann, den er durch seinen Lachanfall verärgert hatte, um Verzeihung. „Es kommt Ihnen in der Tat das Verdienst zu, vor uns allen dieses blutige Wort entdeckt zu haben“, besänftigte er den sehr erregten Lestrade. „Und Ihre Annahme, es sei von dem anderen Teilnehmer der geheimnisvollen Nacht geschrieben worden, beruht auf großer Wahrscheinlichkeit. Bisher fand ich ja noch nicht Zeit, das Zimmer zu untersuchen. Aber wenn Sie gestatten, will ich das jetzt tun.“

Er hatte währenddessen ein Zentimetermaß und ein umfangreiches Vergrößerungsglas aus seiner Tasche hervorgeholt. Mit diesen zwei Geräten in der Hand ging er lautlos im Raum umher. Dann und wann blieb er stehen, kniete auch nieder oder legte sich sogar in seiner ganzen Länge platt auf den Fußboden. So sehr war er in seine Aufgabe vertieft, dass er unsere Anwesenheit vollkommen vergessen zu haben schien. Auch redete er fortwährend leise mit sich selbst, pfiff oder stöhnte ein bisschen. Und dazwischen stieß er kleine anfeuernde Rufe aus, wie um sich Mut zuzusprechen. In diesem seinem Gebaren erinnerte er mich lebhaft an einen vorzüglichen Jagdhund edler Rasse, der im Wald umherstreift und das ganze Gelände durchstöbert, wobei er dann und wann vor Eifer aufheult, bis er endlich die verlorene Spur wiedergefunden hat. Zwanzig Minuten oder länger verharrte Holmes in seiner sorgfältigen Tätigkeit, maß mit größter Genauigkeit die Entfernung zwischen zwei für mich unsichtbaren Merkmalen oder legte seinen Maßstab an die Wand, von welchen Vorkehrungen ich ebenfalls durchaus nichts begriff. An einer Stelle des Fußbodens nahm er ein Häufchen grauen Staubs weg, den er vorsichtig in einen Briefumschlag beförderte. Schließlich unterzog er die Inschrift an der

Wand einer eingehenden Prüfung, indem er jeden Buchstaben mit der Lupe untersuchte. Danach schien er endlich zufrieden, da er das Vergrößerungsglas und den zusammengelegten Maßstab wieder zu sich steckte.

„Man hört manchmal, Genie sei die Fähigkeit, sich unaufhörlich abzumühen. Das ist zwar eine nur beschränkt richtige Definition, aber für die Arbeit des Detektivs lässt sie sich bestens anwenden“, erklärte er schmunzelnd.

Mit unverhohlener Neugier und doch etwas geringschätzig hatten die beiden Detektive ihrem Amateurkollegen bei seinen Manipulationen zugeschaut. Offenbar entging ihrem Beurteilungsvermögen etwas, das auch mir erst zu dämmern begann: nämlich, dass Sherlock Holmes immer, selbst bei den geringfügigsten Verrichtungen, auf sein klar umrissenes, greifbares Ziel zusteuerte.

„Nun, Mr Holmes, was halten Sie davon?“, fragte Gregson, und fast gleichzeitig rief Lestrade: „Ihre Meinung?“

„Ein voreiliges Eingreifen meinerseits hieße Ihre Verdienste um den Fall schmälern!“, bemerkte mein Freund taktvoll, obgleich sich ein ganzes Geschwader Spottteufelchen in dieser Rede verbarg. „Sie haben das ja alles so prächtig eingefädelt, dass es ein Jammer wäre, wollte Ihnen jemand dazwischen pfuschen. Wenn Sie mich trotzdem über die Ergebnisse Ihrer Nachforschungen weiterhin auf dem Laufenden halten wollen, so werde ich mich glücklich schätzen, Ihnen mit meinen bescheidenen Hilfeleistungen gelegentlich unter die Arme zu greifen. Mittlerweile möchte ich nur gern mit dem Polizisten sprechen, der die Leiche gefunden hat. Darf ich höflichst um Namen und Adresse des Mannes bitten?“

Lestrade sah in seinem Notizbuch nach: „John Rance. Er hat jetzt keinen Dienst. Seine Wohnung ist Audley Court 46, Kennington Parc Gate.“

Holmes schrieb sich die Adresse auf. „Kommen Sie, Doktor“, sagte er. „Gehen wir zu ihm.“ Dann wandte er sich nochmals an die beiden Beamten. „Was den Fall betrifft, so wollte ich Sie noch auf einiges hinweisen, was zu seiner Klärung beitragen könnte. Es wurde hier ein Mord begangen. Der Mörder, ein Mann, mindestens einen Meter achtzig groß, steht in den besten Jahren. Im

Verhältnis zu seiner Länge hat er kleine Füße, er trug schwere und breite vierkantige Schuhe und rauchte eine Trichinopolyzigarre. Er kam mit seinem Opfer in einer vierrädrigen Kutsche hierher, gezogen von einem Pferd, das drei alte Hufeisen und nur an seinem einen Vorderfuß ein neues trug. Aller Wahrscheinlichkeit nach ist der Mörder von blühender Gesichtsfarbe, und die Fingernägel seiner rechten Hand waren ziemlich lang. Das sind nur ein paar Angaben. Vielleicht können Sie etwas damit anfangen?"

Mit ungläubigem Grinsen tauschten Gregson und Lestrade einen Blick.

„Wenn es also Mord war, auf welche Weise wurde der Mann umgebracht?", lautete Lestrades Frage.

„Vergiftet!", erwiderte Holmes kurz und schon im Weggehen. In der Tür drehte er sich nochmals um und fügte hinzu: „‚Rache' ist ein deutsches Wort, Lestrade, das mit Ihrer Miss Rachel nichts zu tun hat. Vergeuden Sie also keine Zeit damit, nach einem Frauenzimmer dieses Namens zu suchen!"

Nach diesem Meisterschuss ging er rasch davon und ließ die beiden Rivalen, denen vor Staunen der Mund offen blieb, stehen.

Der Bericht des Polizisten

Punkt ein Uhr verließen wir Lauriston Gardens. Sherlock Holmes' erster Gang war zum nächsten Postamt, wo er ein langes Telegramm aufgab. Dann winkte er eine Droschke herbei, und wir fuhren zu der Wohnung des Polizisten.

„Es geht nichts über eine Aussage aus erster Hand", erklärte mein Freund. „Zwar trage ich bereits ein recht klares Bild in mir, wie die Angelegenheit sich abgespielt haben muss, aber zur Bestätigung wollen wir uns doch alle erdenklichen Informationen einholen."

„Sie verwirren mich immer mehr, Holmes", versetzte ich. „Sie können doch unmöglich schon so genau über alle diese Einzelheiten Bescheid wissen, wie Sie behaupten."

„O ja!", war seine schlichte Antwort. „In dem Gewebe ist keine falsche Masche. Als Erstes bemerkte ich bei meinem Eintreffen zwei Rillen im Boden, die von Wagenrädern herrührten. Da es nun gestern Abend zum ersten Mal seit einer Woche wieder geregnet hat, mussten diese tiefen Spuren vergangene Nacht in den feuchten Grund eingepresst worden sein. Auch die Eindrücke von Pferdehufen waren unverkennbar. Aus dem so viel deutlicheren Umriss des einen Vorderhufs schloss ich, dass dieser neu beschlagen war. Gregsons Aussage (er sowohl wie sein Kollege seien zu Fuß gekommen) hat es mir bestätigt: Die besagte Droschke kann nur in der Nacht, während es noch regnete, dorthin gefahren sein und hat also die beiden an der Mordgeschichte Beteiligten zu dem Haus gebracht."

„Wie einfach sich das aus Ihrem Munde alles anhört!", gab ich zu. „Aber woraus konnten Sie ersehen, wie groß der zweite Mann war?"

„Nun, in neunzig von hundert Fällen lässt sich aus der Schrittlänge eines Menschen auf seine Körpergröße schließen. Es ist eine ganz simple Rechnung. Mit den Zahlen will ich Sie nicht langweilen. Ich sah die Schrittspuren des Burschen draußen im Lehm so gut wie auf dem staubigen Boden im Zimmer. Sie waren ganz leicht abzumessen. Zudem gab es noch eine Probe auf mein Rechenexempel. Wenn ein Mann etwas an die Wand schreibt, wird er den Text unwillkürlich etwa in seiner Augenhöhe anbringen. Die Inschrift befindet sich genau einen Meter achtzig über dem Boden. Also war die Bestimmung der Körperlänge ein Kinderspiel."

„Und nun sein Alter?", wollte ich weiter wissen.

„Wenn ein Mann mit Leichtigkeit über ein Hindernis von einem Meter fünfzig springt, dann muss er noch gut in Form sein. Genau diese Breite hatte eine Pfütze im Garten, über die er mit seinen derben Schuhen hinwegsetzte, während die Lackstiefel außen herumgingen. Daran ist nichts Geheimnisvolles. Ich wende bloß bei Gelegenheit einige der Regeln an, für die ich in meinem Artikel eintrat. Ist Ihnen noch etwas unverständlich?"

„Die Fingernägel – und die Trichinopolyzigarre ..."

„Ein in Blut getauchter Finger schrieb das Wort an die Wand. Mein Vergrößerungsglas half mir erkennen, dass der Kalk leicht geritzt war, was bei kurz geschnittenen Nägeln nicht möglich gewesen wäre. Ja – dann sammelte ich ein wenig verstreute Asche vom Boden auf. Sie war dunkel und flockig – wie es die Asche der Trichinopolyzigarre kennzeichnet. Ich habe mich einst ausgiebig mit einer Untersuchung der verschiedenen Aschensorten befasst. Sogar eine Abhandlung schrieb ich darüber. Darauf verstehe ich mich und darf mir zutrauen, jede gängige Zigarrenmarke oder Tabaksorte aus ihrer Asche zu ermitteln – und dies auf den ersten Blick. Derlei differenzierte Kleinigkeiten eben sind es, die den wahrhaft geschulten Detektiv ausmachen und ihn aus der Klasse eines Gregson und Lestrade herausheben."

„Ach – und nun noch die blühende Gesichtsfarbe!" Ich konnte in meinem Wissensdurst nicht genug kriegen.

„Das war schon ein etwas gewagterer Schluss, obschon ich sicher sein darf, dass auch er ins Schwarze traf. Trotzdem verbietet mir der augenblickliche Stand der Dinge, Ihnen darüber Auskunft zu geben."

Ich fasste mich an die Schläfen. „Mir schwirrt der Kopf", gestand ich. „Je mehr man darüber nachdenkt, um so unergründlicher wird das Ganze. Wie gelangten die zwei Männer – wenn es wirklich zwei waren – in das leere Haus? Was ist aus dem Kutscher geworden, der sie fuhr? Wie konnte der eine den anderen zwingen, Gift zu nehmen? Woher kam das Blut? Aus welchem Beweggrund handelte der Mörder, da er auf keinerlei Wertsachen erpicht war? Was hatte der Frauenring dabei zu suchen? Und vor allem, weshalb schrieb der zweite Mann das deutsche Wort ‚Rache' an die Wand, ehe er sich aus dem Staub machte? Ich sehe schon, dass ich all diese Fakten nicht unter einen Hut bringen kann."

Zustimmend lächelte mein Lehrmeister.

„Sie haben die Schwierigkeiten gut und bündig erfasst", sagte er anerkennend. „Es ist noch vieles dunkel, obschon ich mir über die wesentlichen Punkte des Verlaufs im Klaren bin. Was indessen die fabelhafte Entdeckung des armen Lestrade angeht, so war das bloß eine Finte des Täters, um die Polizei auf eine falsche Fährte zu bringen. Es sollte vielleicht nach sozialistischem Aufruhr oder einem Geheimbund aussehen. In Wirklichkeit kann es kein Deutscher gewesen sein. Vielleicht haben Sie bemerkt, dass das A an die alte gotische Schreibweise erinnert. Ein waschechter Deutscher hätte jedoch, genau wie wir, das ganze Wort in lateinischen Druckbuchstaben wiedergegeben. Wir können also mit Sicherheit annehmen, dass der Schreiber nur plump etwas nachzuahmen versuchte, wobei er seine Verstellung übertrieb. Es war eine schlecht gewählte List, die Nachforschungen in eine falsche Bahn zu leiten. Mehr kann ich Ihnen jetzt nicht über den Fall erzählen, Doktor. Sie wissen ja, ein Zauberkünstler bringt sich um jede Wirkung, wenn er seinen Trick preisgibt. Und verrate ich Ihnen zu viel von meiner Arbeitsmethode, werden Sie zu dem Schluss gelangen, ich sei letztlich ein ganz gewöhnlicher Mensch."

„Niemals!", verneinte ich mit Überzeugung. „Was Sie aus der Kriminalistik gemacht haben, ist ja nahezu eine exakte Wissenschaft."

Mein Freund errötete vor Freude über diese Worte und darüber, dass ich es so ernst meinte. Es war mir schon manchmal aufgefallen, dass er für bewundernde Anerkennung empfänglich war, wie ein Mädchen um seiner Schönheit willen gepriesen werden möchte.

Und so ließ er sich herbei, mir doch noch etwas mehr Einblick zu gewähren, indem er fortfuhr: „Die Lackstiefel und die Vierkantschuhe, sie kamen in der gleichen Droschke an und wanderten dann einträchtig – wahrscheinlich sogar Arm in Arm – den Gartenweg entlang. Drinnen gingen sie im Zimmer auf und ab, oder vielmehr die Vierkantschuhe taten es, während die Lackschuhe stillstanden. Das konnte ich alles aus dem Staub lesen; und ich entnahm ebenfalls dem Staub, dass der Mann mit den Vierkantschuhen im Gehen sich immer mehr erregte. Das ergab sich aus der zunehmenden Länge seiner Schritte. Er redete fortwährend, ereiferte sich sichtlich und geriet ohne Zweifel allmählich in Zorn. Und dann geschah es, das Drama. Nun habe ich Ihnen alles gesagt, was ich selber weiß. Das Übrige sind nur Ahnungen und Vermutungen. Wir haben jedoch schon eine gute Grundlage geschaffen, von der auszugehen sich lohnen wird … Wir müssen uns nun wirklich beeilen, denn ich möchte Norman-Nerudas Konzert heute Nachmittag nicht versäumen."

Während er mir all dies erzählte, war unsere Droschke kreuz und quer durch lauter trübselige und schmutzige Straßen gefahren. In der hässlichsten und düstersten hielt unser Kutscher endlich an. „Das da ist Audley Court", sagte er und wies mit seiner Peitsche auf eine enge, zwischen Reihen trauriger Backsteinbauten eingeklemmte Gasse. „Ich warte hier auf Sie."

Audley Court war ein ziemlich abstoßender Häuserblock. Ein schmaler Durchgang führte zu einem viereckigen Hof, den ärmliche, verwahrloste Wohnungen einrahmten. Zwischen einer Schar schmutziger Kinder und unter Seilen hindurch, an denen reihenweise ausgelaugte Wäsche hing, bahnten wir unseren Weg bis zu Nummer 46. An der Tür prangte ein kleines Messingschild, auf dem der Name RANCE eingraviert war. Wir fragten nach dem Polizisten. Da dieser noch im Bett lag, wurden wir in das kleine Wohnzimmer geführt und gebeten, einen Augenblick zu warten. Wenige Minuten später erschien der Mann auf der Schwelle – etwas unwirsch, weil man ihn aus dem Schlaf gerissen hatte. „Ich habe doch meinen Meldebericht auf der Wache hinterlassen", brummte er.

„Den eben hätten wir gern aus Ihrem Mund gehört“, meinte Holmes, indem er einen halben Sovereign aus der Tasche zog und scheinbar gedankenlos damit spielte.

„Mit Vergnügen will ich Ihnen alles sagen, was ich weiß“, erklärte der Polizist nun sogleich und heftete seine Blicke begeistert an die kleine Goldmünze.

„Erzählen Sie uns mit Ihren Worten, was sich zugetragen hat.“

Rance setzte sich auf das Rosshaarsofa, zog die Brauen zusammen, als dächte er angestrengt nach, und begann gemächlich: „Lassen Sie mich ganz von vorn anfangen. Also, ich habe meine Dienstzeit von zehn Uhr abends bis sechs Uhr früh. Um elf Uhr soundso viel ist irgendwo eine Schlägerei, sonst alles ruhig im Umkreis. Um eins fängt es zu regnen an. Ich treffe mit Harry Murcher zusammen. Der hat den Holland-Grove-Bezirk. Wir stehen an der Ecke Henrietta Street und schwatzen ein bisschen. So gegen zwei, oder etwas später, fällt mir ein, ich muss mal wieder die Runde machen und schauen, ob in der Brixton Road und da herum alles stimmt. Ist ganz hübsch dreckig und verlassen dort. Keine Menschenseele weit und breit, nur zwei Droschken fahren an mir vorbei. Ich trotte so weiter und denke mir: Jetzt wäre ein Schnaps recht. Da sehe ich plötzlich in einem Fenster, da, wo die unbewohnten Häuser sind, ein Licht flimmern. Dass die zwei Häuser in Lauriston Gardens leer stehen, hab ich gewusst. Der, dem sie gehören, lässt die Kanalisation nicht reparieren, dabei ist unlängst der letzte Mieter in dem einen Haus an Typhus gestorben. Ich bin ganz schön erschrocken über das Licht da drin. Also, geheuer ist mir das nicht, und wie ich zur Haustür komme …“

„… machten Sie schleunigst kehrt und gingen wieder zum Gartentor zurück“, unterbrach ihn mein Freund. „Warum?“

Rance fuhr zusammen und sah bestürzt auf Holmes.

„Himmel, Sir, ja, das stimmt!“, rief er erschrocken. „Aber wie können Sie das denn wissen?“ Und stammelnd fuhr er in seiner Erzählung fort: „Wie ich vor der Haustür stehe, ist da alles so totenstill und unheimlich, dass ich denke, es wäre wohl besser, ich hätte jemanden bei mir. Es gibt an sich nichts auf der Welt, wovor ich Angst habe; ein Hasenfuß bin ich nicht. Ich hab mir nur vorgestellt, der Mann, der an Typhus gestorben ist, spukt vielleicht in dem Haus und untersucht die Kanalröhren, die ihn um die Ecke gebracht haben. Und da ist mir doch leise mulmig geworden. Deshalb bin ich zur Gartentür zurückgelaufen, ob ich vielleicht Murcher mit seiner Laterne sähe. Da war aber niemand und nichts."

„Sie sahen niemanden auf der Straße?"

„Nein, Sir, kein lebendes Wesen. Nicht mal 'nen Hund. Ich reiße mich aber zusammen, gehe wieder zurück und mache die Tür auf. Da drin ist's mucksmäuschenstill, und ich schleiche mich zu dem Zimmer, wo ich das Licht gesehen habe. Eine Kerze flackert auf dem Kamin, so 'n roter Wachsstumpf – und da sehe ich …"

„Ja, was Sie sahen, weiß ich. Sie sind ein paarmal um die Leiche herumgegangen und haben sich dann hingekniet. Gleich danach liefen Sie wieder hinaus und versuchten die Küchentür zu öffnen …"

Rance sprang entsetzt hoch. Furcht und Argwohn malten sich in seinen Zügen. „Aus welchem Versteck haben Sie denn das alles mit angesehen?", rief er misstrauisch. „Mir scheint, Sie wissen von der Sache viel mehr, als mit rechten Dingen zugeht!"

Holmes warf lachend seine Visitenkarte auf den Tisch. „Sie brauchen mich nicht festzunehmen. Ich war's nicht, der ihn umgebracht hat", beteuerte er scherzhaft. „Mr Gregson und Mr Lestrade werden dafür einstehen, dass ich einer von den Hunden bin und nicht der Wolf. Also, erzählen Sie ruhig weiter. Was haben Sie als Nächstes getan?"

Rance fiel erschöpft auf seinen Sofasitz, doch die Befangenheit wich nicht von ihm, als er in seinem Bericht fortfuhr: „Ich bin zum Tor zurückgegangen und habe gepfiffen, worauf Murcher und noch zwei Kameraden angelaufen kamen."

„War da die Straße immer noch leer?"

„Na ja, so gut wie leer!"

„Was soll das heißen?"

Jetzt verzog sich das Gesicht des Schutzmannes zu einem breiten Grinsen. „Meine Güte! Ich hab schon genug Besoffene gesehen in meinem Leben, aber noch keinen bisher, der so sternhagelvoll war wie der Kerl heute Nacht. Lehnt da am Gitter, wie ich aus dem Garten komme, und grölt irgendeinen blöden Schlager: ‚O Susanna, wie ist das Leben doch so schön' oder so ähnlich. Und dabei kann er sich kaum auf den Beinen halten. Vernehmungsfähig war der überhaupt nicht."

„Aha! Was war das denn für ein Mann?"

John Rance schien etwas ungehalten über diese Abschweifung. „Ach, irgend so ein Kerl eben, der stockvoll war. Wir hätten ihn ja auf die Wache geschleppt, aber dafür blieb uns jetzt keine Zeit …"

„Wie er ausgesehen hat, frage ich Sie!", unterbrach ihn Holmes ungeduldig. „Sein Gesicht, seine Kleider, können Sie sich nicht daran erinnern?"

„Freilich, wieso denn nicht? Wo wir ihn doch wieder auf die Füße gestellt haben, der Murcher und ich. Einer allein hätte das gar nicht zuwege gebracht. Ein langer Lulatsch war's, mit einem roten Gesicht und bis an die Ohren eingemummt …"

„Soso – und was habt ihr mit ihm gemacht?"

„Ach, ist doch klar, dass wir uns nicht weiter um ihn kümmern konnten!", erwiderte unser Polizeimann gekränkt. „Der wird schon irgendwie heimgefunden haben."

„Was hatte er denn an?"

„Einen braunen Mantel."

„Hatte er eine Peitsche in der Hand?"

„Eine Peitsche? Nein."

„Dann muss er die irgendwo gelassen haben", murmelte mein Freund. „Haben Sie danach nicht irgendwo eine Kutsche gesehen oder vorfahren hören?"

„Nein."

„Da, nehmen Sie die zehn Shilling!", sagte Holmes seufzend und griff nach seinem Hut. „Ich bezweifle, dass Sie es in Ihrer Laufbahn je zu etwas bringen werden, Rance! Seinen Kopf hat man vom lieben Herrgott eigentlich nicht nur als Schmuckstück mitbekommen. In dieser Nacht hätten Sie sich einen Orden verdienen und Polizeiwachtmeister werden können. Dieser Mann, der Ihnen durch die Lappen ging, ist es, den wir suchen. Und er trägt sozusagen den Schlüssel zu dem ganzen Geheimnis bei sich. Na, es hat keinen Sinn, jetzt darüber zu debattieren. Ich sage Ihnen lediglich, dass es so ist. Kommen Sie, Doktor!"

Wir gingen wieder zu unserer Droschke und ließen den Mann ungläubig, doch ziemlich betreten zurück.

„Oh, der verdammte Narr!“, sagte Holmes auf der Heimfahrt verbittert. „Hält die Trumpfkarte in der Hand und merkt es nicht!“

„Ich finde mich da auch noch nicht durch“, gestand ich. „Die Beschreibung des Mannes passt zwar genau zu dem Bild, das Sie sich von dem Täter machten. Aber warum sollte der noch einmal ins Haus zurückgelaufen sein? So würde sich ein Verbrecher doch nie verhalten!“

„Der Ring, Menschenskind, der war schuld. Deshalb ist er zurückgekommen. Und solange wir keinen besseren Weg sehen, den Fisch zu fangen, können wir erst einmal den Ring an unsere Leine binden. Ich kriege ihn schon, Doktor! Um was Sie wollen, wette ich mit Ihnen, dass ich ihn erwische. Und Ihnen verdanke ich das alles! Bloß um Ihretwillen bin ich gegangen, mir den ganzen Zauber anzuschauen. Und ohne Sie hätte ich daher wohl das schönste Lehrobjekt meines Lebens versäumt: eine ‚Studie in Scharlachrot‘, wie? Warum sollen wir sie nicht ein bisschen poetisch benennen? Da ist irgendwo in unser Alltagsgrau der blutrote Faden des Mordes hineinverwoben. Wir haben die Pflicht, ihn aufzuspüren und freizulegen, Stück für Stück ... Jetzt gehen wir aber zu Mittag essen. Und dann zu Norman-Neruda. Welch wunderbaren Strich sie hat – und wie prachtvoll ist die Bogenführung! Wie heißt noch dies kleine Stück von Chopin? Sie spielt es hinreißend: Tralalaliralirala.“

Er lehnte sich im Wagen zurück, und aus dem Jagdhund war mit einem Mal eine Lerche geworden, die lieblich vor sich hin trällerte, während ich über die Vielfältigkeit der menschlichen Seele nachsann.

Seltsamer Besuch

Die morgendlichen Anstrengungen hatten meiner klapprigen Gesundheit zu viel zugemutet, und ich fühlte mich am Nachmittag wie gerädert. Holmes ließ ich allein in sein Konzert gehen und streckte mich auf dem Sofa aus, um ein paar Stunden zu schlafen. Fruchtloses Beginnen! Mein Geist war von all den Ereignissen so aufgewühlt, dass ich von den merkwürdigsten Vorstellungen heimgesucht wurde und irgendwelche Schreckensbilder nicht mehr loswerden konnte. Jedes Mal wenn ich die Augen schloss, sah ich die verzerrte pavianähnliche Miene des Ermordeten vor mir. Dieser Eindruck war so grässlich, dass ich mich mühen musste, für ihn, der diese Fratze aus der Welt geschafft hatte, etwas anderes als Dankbarkeit zu empfinden. Wenn je menschliche Züge das Laster in seiner niederträchtigsten Gestalt zu spiegeln imstande sind, dann waren es die von Enoch J. Drebber aus Cleveland. Dennoch erkannte ich an, dass der Gerechtigkeit Genüge getan werden musste und dass des Opfers Verruchtheit in den Augen des Gesetzes noch keine Sühne für den Mörder darstellte.

Je mehr ich darüber nachdachte, desto unverständlicher schien mir meines Mitbewohners Annahme, der Mann sei vergiftet worden. Was allerdings sonst seinen Tod hätte herbeirufen sollen, war mir nicht minder schleierhaft, da weder Wunden noch Würgemale an der Leiche festgestellt wurden. Auch erinnerte ich mich, dass Holmes an den Lippen des Toten gerochen hatte. Dabei musste er wohl etwas wahrgenommen haben, was ihm zu seiner außergewöhnlichen Vermutung Anlass gab. Andererseits: Wessen Blut war es, das sich in so dicken Spritzern auf dem Boden verriet? Weder deuteten irgendwelche Anzeichen auf einen Kampf hin, noch führte das Opfer eine Waffe bei sich, mit der es den Gegner hätte verwunden können. Ach, wie sollte ich meinen Schlaf wiederfinden, solange all diese Fragen ungelöst waren? Und Holmes, erging es ihm nicht ähnlich wie mir? Doch da fielen mir seine Gelassenheit und sein Selbstvertrauen wieder ein, und ich gelangte zu der Überzeugung, dass er bereits eine recht deutliche Vorstellung von dem wahren Sachverhalt in sich trage. Nur, welcher Art die sein mochte, davon hatte ich freilich keinen Schimmer.

Er kehrte erst sehr spät zurück. So spät, dass ich wusste, nicht das Konzert allein hatte ihn so viele Stunden ferngehalten. Das Abendessen stand schon bereit, als er endlich kam.

„Das war herrlich“, sagte er und setzte sich zu Tisch. „Ist Ihnen zufällig im Gedächtnis geblieben, was Darwin über die Musik sagt? Er behauptet, der Mensch habe die Gabe, Musik hervorzubringen und sich an ihr zu ergötzen, längst besessen, ehe er zu sprechen anfing. Vielleicht übt sie deshalb solch erhabene Macht über uns aus. Im Unterbewusstsein unserer Seele lebt noch das Andenken an jene fernen Zeiten ihrer Urkindheit.“

„Das ist aber eine ziemlich weit ausholende Idee“, wagte ich einzuwenden, wovon Holmes sich durchaus nicht beirren ließ. „Unsere Ideen müssen so groß angelegt sein wie die Natur selbst, wenn wir sie begreifen sollen“, gab er zurück. „Aber was ist denn mit Ihnen los? Sie sehen recht angegriffen aus. Hat Ihnen diese Brixton-Road-Affäre denn so zugesetzt?“

„Aufrichtig gesagt, das hat sie“, gestand ich. „Nach meinen Erlebnissen in Afghanistan sollte man meinen, ich hätte eine härtere Schale. In Maiwand musste ich mit ansehen, wie man meine Kameraden in Stücke schlug – und da versagten meine Nerven nicht.“

„Oh, ich verstehe gut, dass Sie das jetzt aufregt. Gerade das Mysteriöse dieser Sache reizt die Fantasie. Und die Fantasie ist der eigentliche Nährboden des Grauens. Haben Sie schon einen Blick in die Abendzeitung geworfen?“

„Nein.“

„Sie enthält einen ziemlich ausführlichen Bericht über den Fall. Doch ohne Erwähnung des Frauenrings, der zur Erde fiel, als man den Mann auf die Bahre hob … umso besser.“

„Wieso?“

„Lesen Sie diese Bekanntmachung!“, forderte mich mein Freund auf. „Die habe ich heute Morgen gleich in sämtliche Zeitungen setzen lassen.“

Er reichte mir das Blatt herüber, und ich sah mir die Notiz an. Es war die erste Annonce in der Spalte GEFUNDEN:

> Heute Vormittag wurde in der Brixton Road zwischen dem Gasthaus zum „Weißen Hirsch“ und Holland Grove ein goldener Trauring gefunden. Abzuholen heute Abend von acht bis neun Uhr bei Dr. Watson, Baker Street 221 B.

„Entschuldigen Sie, dass ich vorsichtshalber Ihren Namen angab. Hätte ich meinen eigenen genannt, so würden sich bestimmt wieder diese Dussel von der Polizei einmischen.“

„Schon recht“, antwortete ich. „Nur, ich habe ja keinen Ring, wenn jemand danach fragen sollte.“

„O doch“, berichtigte Holmes und gab mir einen. „Der hier tut’s ohne Weiteres. Er ist täuschend ähnlich.“

„Und wer wird sich auf diese Anzeige hin melden?“

„Nun ja, unser Mann mit dem braunen Mantel; der mit dem frischen Gesicht und den Vierkantschuhen. Und wenn er nicht selber kommt, dann schickt er zumindest einen Komplizen.“

„Wird er das nicht für gefährlich halten?“

„Ganz und gar nicht. Wenn ich den Fall richtig überschaue, und ich habe allen Grund, das zu glauben, dann wird der Bursche lieber alles Mögliche aufs Spiel setzen, als den Ring zu verlieren. Nach meinem Dafürhalten ließ er ihn fallen, ohne es zu merken, als er sich über Drebbers Leiche beugte. Erst als er das Haus schon verlassen hatte, vermisste er das Kleinod und lief zurück. Unterdessen hatte sich jedoch die Polizei bereits eingefunden, herbeigelockt vom Schein der Kerze, die er unbedachterweise brennen ließ. Um keinen Argwohn zu erregen, als er so mir nichts, dir nichts am Gartentor auftauchte, musste er den Betrunkenen spielen. Versetzen Sie sich einmal in die Lage des Mannes! Als er sich später das ganze Abenteuer, wie er es erlebt hatte, durch den Kopf gehen ließ, mag ihm der Gedanke gekommen sein, er könne den Ring vielleicht erst nachher auf der Straße verloren haben. Was wird er demnach tun? Doch sicher die Abendzeitungen auf eine entsprechende Anzeige hin untersuchen. Natürlich war er überglücklich, als er die unsrige fand. Warum sollte er eine Falle fürchten und annehmen, dass die Auffindung des Schmuckstücks mit dem Mord in Zusammenhang gebracht werden könnte? Warum also sollte er nicht kommen? Er wird kommen! Spätestens in einer Stunde ist er da."

„Und was dann?", fragte ich.

„Oh, das lassen Sie meine Sorge sein! Sind Sie im Besitz einer Waffe?"

„Ich habe noch meinen alten Dienstrevolver und ein paar Patronen."

„Dann wäre es gut, ihn jetzt zu reinigen und zu laden. Zwar wird dieser Mann, wenn ich ihn unversehens verhafte, die Aussichtslosigkeit seiner Lage erkennen und sich kaum zur Wehr setzen. Immerhin ist es besser, sich auf alles gefasst zu machen."

Ich ging in mein Schlafzimmer und befolgte meines Freundes Rat. Als ich mit der Pistole zurückkam, war der Tisch abgedeckt, und Holmes gab sich seiner Lieblingsbeschäftigung hin. Er strich über die Saiten seiner Violine.

„Die Sache nimmt Gestalt an", sagte er bei meinem Eintreten. „Soeben erhielt ich die Antwort auf mein Telegramm nach Amerika. Meine Vermutungen waren richtig."

„Nämlich?", erkundigte ich mich aufgeregt.

„Meiner Geige täten neue Saiten not", erklärte Holmes, ohne auf meine Frage einzugehen. „Stecken Sie Ihre Pistole in die Tasche. Wenn der Knabe kommt, unterhalten Sie sich mit ihm. Alles andere überlassen Sie mir. Und sehen Sie ihn nicht böse an, damit er nicht erschrickt."

Nervös sah ich auf meine Uhr. „Es ist jetzt acht", sagte ich.

„Ja – wahrscheinlich wird er in wenigen Minuten hier sein. Öffnen Sie einen Spaltbreit die Tür – so! Und nun stecken Sie den Schlüssel nach innen. Danke! Da habe ich gestern im Antiquariat ein merkwürdiges altes Buch aufgetrieben. ‚De jure inter gentes', auf Lateinisch, erschienen in Lüttich 1642. König Karls Kopf saß noch fest auf seinen Schultern, als dieser kleine braunrückige Band herausgegeben wurde."

„Bei wem ist es gedruckt?"

„Einem gewissen Philippe de Croy. Nie gehört. Auf der ersten Seite steht ‚Ex libris Gulielmi Whyte'. Wer dieser Wilhelm Whyte wohl gewesen sein mag? Sicher so ein eingefleischter, stocksteifer Jurist aus dem 17. Jahrhundert. Seine Schrift zeigt auch die vorschriftsmäßigen Schnörkel ... Ah, ich glaube, da ist er schon, unser Gast."

Im selben Augenblick ertönte schrill die Klingel.

Sherlock Holmes stand leise auf und schob seinen Sessel zur Tür hin. Wir hörten, wie das Dienstmädchen über den Flur ging und öffnete.

„Wohnt hier Herr Dr. Watson?", fragte jemand mit deutlicher, aber ziemlich rauer Stimme. Die Antwort des Mädchens drang nicht bis zu uns; die Haustür wurde geschlossen, und schlurfende Schritte kamen unsicher die Treppe herauf. Bei diesem Geräusch glitt ein Schimmer von Überraschung über meines Gefährten Gesicht. Dann wurde zögernd an die Tür geklopft. „Herein!", rief ich, und anstatt des gewalttätigen Mannes, den wir erwartet hatten, humpelte ein bejahrtes Hutzelweibchen ins Zimmer. Die Alte schien von der plötzlichen Helligkeit geblendet und blinzelte etwas blöde aus ihren trüben Augen. Sie machte einen tiefen Knicks und fummelte nervös mit zittrigen Fingern in ihrer Tasche herum. Ich sah verstohlen zu meinem Freund hinüber, vor dessen komisch verdutzter Miene ich nur mit äußerster Mühe ernst bleiben konnte.

Unterdessen hatte die alte Frau eine Zeitung hervorgekramt und deutete auf unsere Annonce.

„Deshalb komme ich zu Ihnen, meine Herren", erklärte sie mit einem neuerlichen Knicks. „Wegen des Eherings, der in der Brixton Road verlorenging. Er gehört der Sally, meiner Tochter, die sich genau vor einem Jahr verheiratet hat. Ihr Mann ist Steward auf einem Union-Schiff. Wenn der heimkommt und findet sie ohne ihren Ring – es ist gar nicht auszudenken, was dann passiert. Im nüchternen Zustand kann der schon reichlich grob sein. Wenn er getrunken hat, wird er ganz unausstehlich. Bitte, meine Herren, sie ist gestern Abend in den Zirkus gegangen mit ..."

„Ist das ihr Ring?", fragte ich.

„Gott sei Dank!", quäkte die Alte. „Wird meine Sally sich freuen! Meiner Treu, ja, das ist er."

„Wollen Sie mir bitte Ihre Adresse dalassen?", bat ich mit gezücktem Bleistift.

„Duncan Street 13, in Houndsditch. Ein ganzes Ende bis dorthin!“

„Die Brixton Road liegt nicht auf dem Weg zwischen Houndsditch und irgendeinem Zirkus“, wandte Holmes in scharfem Ton ein.

Die alte Mutter drehte den Kopf zu ihm hin und sah ihm mit ihren rot umränderten Augen unbefangen ins Gesicht. „Der Herr hat mich nach meiner Adresse gefragt“, erklärte sie. „Meine Sally wohnt in Untermiete, Peckham, Mayfield Place 3.“

„Und wie heißen Sie?“

„Sawyer, wenn's gefällig. Der Familienname von Sally ist Dennis, weil der Mann Tom Dennis heißt. An sich ein hübscher, sauberer Bursche, solange er auf See ist, und bei der Reederei ist keiner so beliebt wie er. Nur an Land, wenn es dann mit den Weibern und Kneipen losgeht …“

„Da haben Sie Ihren Ring, Mrs Sawyer“, unterbrach ich auf ein Zeichen meines Freundes ihren Wortschwall. „Natürlich gehört er Ihrer Tochter. Und ich freue mich, ihn seiner rechtmäßigen Eigentümerin wiedergeben zu dürfen.“

Unter dem Gemurmel von Segenswünschen und heißen Dankesworten ließ die Alte den Ring in ihre Tasche gleiten und schlurfte die Treppe hinunter. Kaum aber war sie draußen, da sprang Sherlock Holmes auf und verschwand in seinem Zimmer. Wenige Sekunden später stand er schon wieder mit Krawatte und Mantel vor mir. „Ich muss ihr auf den Fersen bleiben“, erklärte er hastig. „Das ist seine Komplizin. Durch sie muss ich ihn finden. Warten Sie auf mich!“

Kaum war hinter unserer Besucherin die Tür ins Schloss gefallen, als Holmes ihr schon über die Treppe nachstürmte. Vom Fenster aus sah ich sie auf der gegenüberliegenden Straßenseite davonhumpeln. Ihr Verfolger kam in kurzem Abstand hinterdrein. Entweder stimmt seine ganze Hypothese nicht, dachte ich bei mir, oder er dringt jetzt in medias res vor. Seiner Bitte, ich solle auf ihn warten, hätte es nicht bedurft. Es wäre mir unmöglich gewesen einzuschlafen, ehe ich über den Ausgang dieses Abenteuers Bescheid wusste.

Kurz vor neun Uhr war er aufgebrochen. Ich hatte keine Ahnung, wie lange er ausbleiben werde. Doch saß ich geduldig in meinem Sessel, schmauchte meine Pfeife und hatte mir sogar Henri Murgers „Vie de Bohème“ als Lektüre vorgenommen. Als es zehn geschlagen hatte, hörte ich den Trippelschritt unseres Dienstmädchens, das sein Nachtlager aufsuchte. Um elf Uhr vernahm ich den schleppenden Gang der Wirtin auf der Diele; sie ging ebenfalls zu Bett. Es musste fast Mitternacht sein, als Holmes die Haustür aufschloss. Im Augenblick, wo er ins Zimmer trat, sah ich es ihm an der Nasenspitze an: Das Unternehmen war missglückt. Belustigung und Ärger stritten in seinem Gesicht miteinander, bis schließlich die gute Laune die Oberhand behielt und er fröhlich auflachte.

„Nein, so etwas Verrücktes!“, rief er aus und ließ sich in seinen Lehnstuhl fallen. „Um keinen Preis dürfen die von Scotland Yard das erfahren. Ich habe die maßgeblichen Herren dort schon so oft verulkt, dass sie nun nach einem solchen Reinfall meinerseits den Mund nicht mehr zubekämen. Ich selber kann es mir leisten zu lachen, denn zu guter Letzt werde ich sie doch überrunden.“

„Was hat es denn gegeben?“, wollte ich endlich wissen.

„Na ja, Ihnen erzähle ich gern die tolle Geschichte, auch wenn ich darin der Dumme war. Also, diese Weibsperson hat noch keine hundert Schritte hinter sich gebracht, da fängt sie an zu hinken, als täten ihr jämmerlich die Füße weh. Sie bleibt stehen und winkt einer vorbeifahrenden Kutsche. Auf leisen Sohlen schleiche ich heran, um besser zu verstehen, welche Adresse sie angeben wird. Die Mühe hätte ich mir schenken können, denn sie kreischt in einer Lautstärke, dass man es bis auf die andere Straßenseite hinüber hören kann: ‚Duncan Street 13, Houndsditch!‘ Das klingt zumindest vertrauenerweckend, denke ich mir, warte, bis sie behäbig in der Kutsche sitzt, und springe dann hinten auf. Dies ist eine Kunst, die jeder Detektiv beherrschen sollte. Nun, wir rumpeln davon, und fort geht's ohne Aufenthalt bis zu der bewussten Straße. Noch ehe wir beim Haustor angelangt sind, hüpfe ich herunter und wandle lässig über den Bürgersteig. Ich sehe, wie die Droschke hält und der Kutscher vom Bock springt. Er öffnet den Wagenschlag und wartet, aber niemand steigt aus! Wie ich näher herankomme, sucht der Kutscher wutschnaubend das Wageninnere ab und lässt dabei eine Tirade von Flüchen los, wie sie mir schöner nie zu Ohren gekommen ist. Denn unser Fahrgast war sang- und klanglos verschwunden. Auf sein Fahrgeld, so fürchte ich, kann der Droschkenkutscher lange warten. Wie man uns auf unsere Anfrage bedeutete, ist das Haus Nummer 13 übrigens Eigentum eines angesehenen Tapezierers. Von dem Namen Sawyer jedoch, oder Dennis, hat dort noch kein Mensch je etwas gehört."

„Wollen Sie etwa behaupten", rief ich mit ungläubigem Staunen, „diese tüttelige Alte habe es fertiggebracht, aus der fahrenden Kutsche herauszuspringen, noch dazu, ohne von dem Kutscher oder von Ihnen bemerkt zu werden?"

„Ach, zum Teufel mit ihr!", stöhnte Holmes grimmig. „Die alten Weiber sind wir, weil wir uns so übertölpeln ließen. Die da aber, die war bestimmt ein junger Mann, schlau und gewiegt. Ein hervorragender Schauspieler obendrein; geradezu fabelhaft die Verkleidung und wie er seine Rolle meisterte. Als er dann merkte, er wird verfolgt, machte er sich dünn. Dies Zwischenspiel ist ein Beweis dafür, dass der Mann, hinter dem wir her sind, keineswegs so allein ist, wie ich glaubte. Er hat Freunde, die einen hohen Einsatz für ihn wagen. Aber Doktorchen, Sie sehen aus, als wären Sie völlig am Ende. Folgen Sie meinem wohlgemeinten Rat, und legen Sie sich schleunigst schlafen!"

Ich war wirklich hundemüde und folgte also seinem Vorschlag. Ihn ließ ich beim verglimmenden Feuer zurück. Und bis tief in die Nacht hinein hörte ich die leisen und schwermütigen Wimmertöne seiner Geige. Da wusste ich, dass er noch immer auf saß und über dem seltsamen Problem brütete, das zu lösen er nie und nimmer aufgeben würde.

Tobias Gregsons Geniestreich

Am nächsten Tag waren alle Zeitungen voll vom sogenannten „Brixton-Verbrechen“. In jeder stand ein langer Bericht darüber, und manche widmete sogar ihren Leitartikel dem Mordfall. Ich lernte auch Verschiedenes daraus, was mir noch neu war. In meinem Sammelbuch habe ich zahlreiche Notizen und Zeitungsausschnitte, die sich mit der Angelegenheit befassten, aufgehoben, wovon ich einige Auszüge hier wiedergeben möchte.

Daily Telegraph bemerkte, es habe sich in der Kriminalgeschichte selten eine Tragödie, die so eigenartige Züge aufweise, ereignet. Der deutsche Name des Opfers sowie das Fehlen jedes greifbaren Motivs und die Inschrift an der Wand, all dies weise auf eine politische Aktion von Emigranten oder Revolutionären hin. Die Sozialisten hätten weitverzweigte Verbindungen in Amerika. Wahrscheinlich habe der Ermordete eines ihrer ungeschriebenen Gesetze übertreten und dadurch sein Leben verwirkt. Es wurde noch auf das Femegericht, die Aqua tofana, die Carbonari, die Marquise de Brinvilliers, die Darwinsche Theorie, die Malthusschen Gesetze und die Ratcliff-Highway-Morde* angespielt. Zum Schluss forderte der Schreiber des Artikels die Regierung zu einer strengeren Überwachung der Ausländer auf.

Standard stützte sich auf die Tatsache, dass gesetzlose Übergriffe solcher Art sich häufig unter einer liberalen Regierung ereigneten. Sie rührten von dem ungezügelten Sinn der Massen her, wobei auch jegliche Autorität untergraben würde. Bei dem

---

* Femegericht: mittelalterliche Strafjustiz; Aqua tofana: tödliches Gift; Carbonari: italienischer Geheimbund; Marie-Madeleine Marguerite d'Aubray (1630–1676), auch Marquise de Brinvilliers, war eine der bekanntesten Giftmörderinnen der Kriminalgeschichte; Darwinsche Theorie: natürliche Auslese (Selektion) der Arten; Malthussche Gesetze: (mittlerweile widerlegte) These, derzufolge die Bevölkerungszahlen der Erde exponentiell ansteigen; Ratcliff-Highway-Morde: Londoner Kriminalfall mit sieben Morden in zwei Nächten, Dezember 1811

Ermordeten handle es sich um einen amerikanischen Herrn, der sich seit einigen Wochen in der englischen Hauptstadt aufgehalten habe. Er sei in der Pension von Madame Charpentier, Torquay Terrace in Camberwell, abgestiegen und habe seinen Privatsekretär, Mr Joseph Stangerson, als Reisebegleiter bei sich gehabt. Die beiden hätten sich am Dienstag, dem 4. des Monats, von ihrer Wirtin verabschiedet und seien zum Bahnhof Euston aufgebrochen, da sie den Schnellzug nach Liverpool zu nehmen beabsichtigten. Danach habe man nichts mehr von ihnen gehört, bis Mr Drebbers Leiche, wie bereits erwähnt, in einem leeren Haus an der Brixton Road, viele Meilen von Euston entfernt, gefunden wurde. Über den Fragen, wie er dorthin gelangt sei und auf welche Weise ihn sein Schicksal ereilt habe, liege noch immer der Schleier des Geheimnisses. Gar nichts wisse man bisher über den Verbleib Stangersons. Zum Glück seien die Herren Lestrade und Gregson von Scotland Yard mit der Untersuchung des Falles betraut. Und zuversichtlich dürfe man damit rechnen, dass durch diese beiden rühmlich bekannten Kriminalisten bald Licht in die Finsternis der Affäre gebracht werde.

Daily News erklärte, es handle sich hier zweifellos um ein politisches Verbrechen. Viele Flüchtlinge vom Kontinent, die ohne ihre bitteren Erfahrungen in Ländern der Unterdrückung und Gewaltherrschaft ausgezeichnete Staatsbürger geworden wären, hätten vor dem Hass gegen den Liberalismus auf unserer Insel Zuflucht gesucht. Unter diesen Leuten herrsche ein sehr strenger Ehrenkodex, dessen Verletzung mit dem Tode bestraft werde. Man müsse alle Kräfte in Bewegung setzen, sich umfassende Aufklärung über die Person des Toten zu verschaffen, und daher vornehmlich den Sekretär Stangerson ausfindig machen. Ein bedeutender Schritt nach vorn sei schon durch die Ermittlung des Privathotels, wo der Ermordete gewohnt habe, getan. Ebendieses Ergebnis habe man ausschließlich Mr Gregsons Scharfsinn und Tatkraft zu verdanken.

Diese Berichte lasen Holmes und ich gemeinsam beim Frühstück, und er schien sich königlich darüber zu ergötzen.

„Ich habe es Ihnen ja gesagt: Was auch immer geschieht, Lestrade und Gregson schöpfen den Rahm ab."

„Es kommt immer noch sehr darauf an, wie die Geschichte ausgeht“, protestierte ich.

„Oh, Sie Unschuldslamm! Als ob das im Mindesten etwas zu sagen hätte. Wird der Mann geschnappt, so sieht man darin eine Folge ihrer Bemühungen. Entwischt er – dann trotz ihrer Anstrengungen. Es läuft alles auf dasselbe hinaus. Sie bringen ihr Schäfchen schon ins Trockene. ‚*Un sot trouve toujours un plus sot qui l'admire.*‘*“

„Was ist denn da los, um Himmels willen?“, rief ich, als plötzlich auf der Diele das Getrappel vieler Füße dröhnte, wogegen die empörten Rufe unserer Wirtin offenbar nur wenig vermochten.

„Das ist die Baker-Street-Gruppe der Kriminalpolizei“, verkündete mein Freund feierlich, als auch schon die Tür aufsprang und ein halbes Dutzend unvorstellbar verwahrloster und dreckiger Gassenbuben hereingestürmt kam.

„Achtung, haalt!“, rief Holmes in zackigem Kommandoton, und die sechs Schmutzfinken standen still in Reih und Glied.

„In Zukunft erstattet Wiggins allein seine Meldung. Die anderen warten solange schön brav auf der Straße, verstanden? – Hast du eine Spur, Wiggins?“

„Nein, Sir, leider nicht!“, erwiderte einer der Lausebengel.

„Na, das war ja auch kaum zu erwarten. Aber macht nur brav weiter, bis es klappt. Da habt ihr euren Obolus!“ Er gab jedem einen Shilling. „Und nun raus mit euch! Hoffentlich habt ihr nächstes Mal etwas Gescheiteres zu melden!“

Auf seinen Wink machte die Bande kehrt und jagte wie ein Rudel Vierbeiner über die Stiege hinunter. Sofort danach hörten wir schon wieder ihr gellendes Stimmengewirr auf der Straße.

„Ein solcher Lausejunge richtet oft mehr aus als ein ganzes Dutzend von Polizisten“, erklärte mir Holmes. „Allein der Anblick einer Uniform oder das übliche Beamtengehabe versiegelt den Leuten meist schon die Lippen. Aber diese kleinen Burschen gelangen überallhin und schnappen jeden Laut auf. Freilich sind sie Racker, aber, wenn man sie richtig im Zaum hält, die besten Spürhunde.“

* (franz.) „Ein Narr findet immer einen größeren Narr, der ihn bewundert.“

„Können Sie die Bengel denn im Brixton-Fall gebrauchen?“, fragte ich verwundert.

„Gewiss; es gibt da noch einen Punkt, über den ich mir Klarheit verschaffen muss. Es ist lediglich eine Zeitfrage. – Schau, schau! Gleich kriegen wir eine hübsche kleine Retourkutsche. Und die bringt uns Mr Gregson. Er strahlt ja übers ganze Gesicht. Das gilt uns, ich weiß. Natürlich; er macht halt vor unserer Tür.“

Im selben Augenblick wurde heftig geklingelt, und schon kam der flachsblonde Detektiv eiligen Schrittes die Treppe herauf, indem er immer drei Stufen auf einmal nahm. Ohne anzuklopfen, platzte er in unser Wohnzimmer und schüttelte Holmes' schlaff herunterhängende Hand. „Mein lieber Freund“, rief er, „beglückwünschen Sie mich! Ich habe die ganze Sache mit einem Schlag aufgeklärt.“

Den Bruchteil einer Sekunde schien es mir, als gleite ein Schatten über meines Hausgenossen Gesicht. „Sie wollen damit sagen, Sie seien auf der richtigen Spur?“, fragte er vorsichtig.

„Ha, die richtige Spur! Hinter Schloss und Riegel haben wir den Mann!“

„Und wer soll es gewesen sein?“

„Arthur Charpentier, Leutnant in der Königlichen Marine!“ Gregson warf sich in die Brust und rieb sich die Hände.

Sherlock Holmes seufzte erleichtert auf, und ein Lächeln entspannte seine Züge.

„Ah! – Nehmen Sie doch bitte Platz, und probieren Sie eine von diesen Zigarren“, sagte er. „Wir sind begierig zu hören, wie Sie das fertiggebracht haben ... Einen Whisky mit Soda?“

„Ich bin so frei“, dankte der Detektiv. „Die Leistung dieser letzten zwei Tage hat meine Kräfte reichlich in Anspruch genommen! Wissen Sie, es war weniger die körperliche Anstrengung als die geistige und eine ungeheure Nervenanspannung. Sie werden das am ehesten ermessen können, da wir ja beide Geistesarbeiter sind.“

„Sie tun mir zu viel Ehre an“, erklärte mein Freund mit würdevollem Ernst. „Erzählen Sie uns nur gleich, wie Sie zu Ihrem erfreulichen Ergebnis gelangt sind!“

Der Detektiv hatte sich behaglich im Sessel niedergelassen und sog selbstzufrieden an seiner Zigarre. Plötzlich schlug er sich ausgelassen auf den Schenkel.

„Das Köstlichste an der Geschichte ist“, rief er, „dass der neunmalkluge Lestrade, dieser Narr, hinter einem ganz falschen Fisch herjagt. Er sucht nämlich den Sekretär Stangerson, und der hat mit diesem Verbrechen so wenig zu schaffen wie ein neugeborenes Kind; aber sicher ist er ihm schon ins Netz gegangen!“ Diese Vorstellung reizte Gregson so zum Lachen, dass er nahezu erstickte.

„Und was haben Sie herausgeknobelt?“

„Ah, das will ich Ihnen ja alles der Reihe nach berichten. Natürlich muss es ganz unter uns bleiben, Doktor Watson! Also, die erste Schwierigkeit, mit der wir uns auseinanderzusetzen hatten, war, etwas in Erfahrung zu bringen über die Bedingungen und Begleitumstände, unter denen dieser Amerikaner hier lebte. Andere hätten an meiner Stelle vielleicht ruhig abgewartet, bis man ihre Anfragen beantwortete oder sie auf ihre Anzeigen hin irgendwelche Hinweise erhielten. Doch das ist nicht die Art, wie Tobias Gregson zu Werke geht. Erinnern Sie sich, dass neben dem Toten ein Hut lag?“

„O ja“, sagte Holmes, „er war von John Underwood & Sons, Camberwell Road 129.“

Bestürzung malte sich in Gregsons Zügen.

„Ach, das haben Sie auch bemerkt?“, fragte er. „Waren Sie schon dort?“

„Nein“, antwortete Holmes lakonisch.

„Ha!“, rief Gregson triumphierend aus. „Sie sollten jede solche Gelegenheit beim Schopf packen, mag sie erst noch so unbedeutend erscheinen.“

„Einem großen Geist ist nichts gering!“, entgegnete mein Freund gewichtig.

„Nun, mein erster Gang war zu diesem Underwood. Ich erkundigte mich, ob er einen Hut von dieser Größe und Fasson verkauft habe und an wen. Er prüfte daraufhin seine Bücher und stieß sogleich auf den Posten. Er hatte den Hut einem Herrn namens Drebber in die Pension Charpentier nach Torquay Terrace gesandt. Und damit hatte ich also die Adresse.“

„Wie klug von Ihnen!“, murmelte Sherlock Holmes.

„Ich suchte nun ohne Verzug Mrs Charpentier auf“, fuhr der

Detektiv fort. „Sie sah sehr blass und verstört aus. Ihre Tochter war gleichfalls zugegen, ein ungewöhnlich hübsches und feines Mädchen. Sie hatte rot verweinte Augen, und ihre Lippen zitterten, als ich mit ihr sprach. Das konnte mir nicht entgehen, und ich begann Lunte zu riechen. Sicher kennen Sie das Gefühl, Mr Holmes, wenn man auf die richtige Fährte gerät. Es geht einem durch und durch. ‚Ist Ihnen schon etwas über das Ableben Ihres Untermieters, Mr Enoch J. Drebber aus Cleveland, zu Ohren gekommen?‘, fragte ich.

Die Mutter nickte. Sie schien unfähig, ein Wort über die Lippen zu bringen. Die Tochter brach in Tränen aus. Immer mehr wurde es mir zur Gewissheit, dass diese Menschen in die Angelegenheit verwickelt waren.

‚Um wie viel Uhr hat Mr Drebber Ihr Haus verlassen, um zum Bahnhof zu fahren?‘, wollte ich wissen.

‚Um acht‘, stieß die Mutter hervor und schluckte, um ihre Erregung niederzukämpfen. ‚Sein Sekretär, Mr Stangerson, hatte gesagt, es kämen zwei Züge infrage, einer um 9 Uhr 15 und einer um elf Uhr. Er brach zeitig genug für den ersten auf.‘

‚Und Sie haben seither nichts mehr von ihm gesehen?‘

Bei dieser Frage nahm ich eine erschreckende Veränderung im Gesicht der alten Dame wahr. Buchstäblich aschfahl wurde sie; und es dauerte mehrere Sekunden, bis sie das einzige Wort ‚Nein‘ in unnatürlich gepresstem Ton hervorstieß. In das Stillschweigen jedoch, das hierauf folgte, fiel die klare, ruhige Stimme der Tochter: ‚Es kann niemals gut sein, wenn man die Unwahrheit sagt, Mutter. Wir wollen diesem Herrn nichts verheimlichen. Ja, wir haben Mr Drebber noch einmal gesehen.‘

‚Gott verzeih dir!‘, rief Madame Charpentier und rang verzweifelt die Hände. ‚Du tötest deinen Bruder!‘

‚Arthur ist es bestimmt lieber, wenn wir die Wahrheit sagen‘, entgegnete das Mädchen fest.

‚Am besten ist wohl, wenn Sie mir jetzt alles erzählen‘, sagte ich. ‚Halbe Geständnisse sind schlimmer als gar keine. Außerdem wissen Sie ja nicht, wie viel uns von der Wahrheit bereits bekannt ist.‘

‚Es ist deine Schuld, Alice!‘, rief die Mutter. Und dann wandte sie sich an mich. ‚So will ich Ihnen in Gottes Namen alles sagen,

Sir. Glauben Sie bitte nicht, dass die Erregung im Hinblick auf meinen Sohn einer Furcht entspringt, er könnte an dieser grauenhaften Geschichte beteiligt sein. Er ist ganz und gar unschuldig. Ich habe nur solche Angst, ihn vor Ihnen oder anderen Leuten bloßzustellen, in dem Sinn, dass er verdächtig erschiene, obwohl das eigentlich unmöglich ist. Sein nobler Charakter, sein Beruf, sein untadeliges Vorleben bürgen für ihn.'

‚Bekennen Sie mir doch frei und ohne Umschweife, wie sich alles zugetragen hat. Verlassen Sie sich darauf; wenn Ihr Sohn unschuldig ist, wird ihm nichts geschehen!'

‚Lass uns lieber allein, Alice!', sagte die Mutter, und das Mädchen ging aus dem Zimmer. ‚Gut also, mein Herr. Zwar hatte ich von mir aus nicht die Absicht, Sie in das Ganze einzuweihen. Aber da meine arme Tochter nicht darüber schweigen konnte, bleibt mir keine Wahl mehr. Und da ich mich nun einmal zum Sprechen entschlossen habe, sollen Sie ausnahmslos alles erfahren.'

‚So ist es bestimmt am besten', sagte ich.

‚Mr Drebber wohnte fast drei Wochen hier bei uns. Er und sein Sekretär Mr Stangerson hatten vorher den Kontinent bereist. Auf ihrer beider Koffer sah ich Etikette mit dem Aufdruck Kopenhagen. Dort müssen sie sich zuletzt aufgehalten haben. Stangerson war ein stiller, zurückhaltender Mann; völlig anders dagegen, das muss ich leider sagen, sein Brotherr. Er hatte ein grobes, rohes Wesen und unfeine Sitten. Am Abend nach seiner Ankunft schon war er betrunken und benahm sich dementsprechend unflätig. Und nach zwölf Uhr Mittag war er dann meistens überhaupt nicht mehr nüchtern anzutreffen. Mit den Dienstmädchen pflegte er in abstoßender Weise einen freien und vertraulichen Umgang. Was indessen das Schlimmste ist, er verhielt sich meiner Tochter gegenüber bald ebenso zudringlich und ohne Anstand. Und er machte mitunter in ihrer Gegenwart Anspielungen, die sie glücklicherweise in ihrer Unschuld nicht verstand. Einmal besaß er sogar die Unverschämtheit, sie zu packen und zu umarmen, worauf sein Sekretär, selbst peinlich berührt, ihm Vorhaltungen machte.'

‚Warum nur ließen Sie sich das alles gefallen?', fragte ich. ‚Man sollte doch meinen, dass Sie sich Ihrer Mieter, wenn sie Ihnen nicht zusagen, entledigen können!'

Bei dieser unverblümten Frage errötete Mrs Charpentier bis unter die Haarwurzeln. ‚Ich wünschte zu Gott, dass ich das noch am gleichen Tag, da er hier eintraf, getan hätte. Aber die Versuchung war zu groß. Jeder von ihnen zahlte mir täglich ein Pfund, das macht vierzehn Pfund in der Woche – und das jetzt, außerhalb der Saison. Ich bin Witwe, und mein Junge bei der Marine hat mich schon viel gekostet. Ich glaubte auf das Geld nicht verzichten zu können. Doch was er sich da zum Schluss herausnahm, war zu viel, und ich kündigte ihm sofort. Deshalb zog er dann ja auch aus.‘

‚Und weiter?‘

‚Ein Stein fiel mir vom Herzen, als er davonfuhr. Mein Sohn ist zurzeit auf Urlaub hier bei uns, aber ich ließ ihn unbehelligt von alledem. Denn er hat ein hitziges Temperament und ist seiner Schwester innig zugetan. Als ich die Tür hinter diesen Mietern schloss, glaubte ich, dass eine große Last von mir genommen sei. Leider jedoch läutete es kaum eine Stunde später, und ich hörte, dass Mr Drebber zurückgekommen war. Er schien sehr aufgeregt und war offenbar stark angetrunken. Ohne viel Federlesens drang er in mein Wohnzimmer ein, wo er mich und meine Tochter antraf. Seinem zusammenhanglosen Gestammel war zu entnehmen, dass er den Zug versäumt hatte. Unvermittelt wandte er sich gleich darauf an meine Tochter und machte ihr in meiner Gegenwart den Vorschlag, sie solle mit ihm fliehen. »Sie sind volljährig«, sagte er. »Es gibt kein Gesetz, das Sie hindern könnte. Geld habe ich in Hülle und Fülle. Die Alte hier braucht Sie nicht zu kümmern. Kommen Sie einfach mit. Sie werden wie eine Prinzessin bei mir leben.« Die arme Alice war so erschrocken, dass sie vor ihm zurückwich. Er aber packte sie am Handgelenk und zerrte sie zur Tür hin. Vor Entsetzen schrie ich laut auf, und im selben Augenblick erschien auch schon mein Sohn Arthur im Zimmer. Was dann geschah, drang nicht mehr bis zu meinem Bewusstsein vor; denn eine Weile war ich vor Schreck wie gelähmt und außerstande, den Kopf zu heben. Ich hörte nur Flüche und die wirren Laute eines Handgemenges. Als ich schließlich aufblickte, stand Arthur mit einem Stock in der Hand lachend im Türrahmen. »Ich glaube nicht, dass dieser saubere Herr uns weiterhin belästigen wird«, sagte er. »Aber ich will ihm nachgehen und in Erfahrung bringen, was er vorhat.« Dann nahm er seinen Hut und lief auf die Straße hinunter. Am nächsten Morgen lasen wir, dass Mr Drebber auf geheimnisvolle Weise ums Leben gekommen sei.'

So legte mir Mrs Charpentier schwer atmend und stockend den Sachverhalt dar. Zeitweise sprach sie so leise, dass ich nur mit Mühe ihre Worte verstand. Dennoch stenografierte ich alles, was sie sagte, mit, sodass mir in der Wiedergabe unmöglich ein Fehler unterlaufen konnte."

„Das ist wirklich sehr aufregend", meinte Sherlock Holmes gähnend. „Und was geschah dann?"

„Als Mrs Charpentier mit ihrer Erzählung endete", fuhr der Detektiv in seinem Bericht fort, „war mir völlig klar geworden, um welchen Kernpunkt sich das Ganze drehte. Ich heftete in einer Weise, die sich mir im Umgang mit Frauen immer als sehr wirksam herausgestellt hat, den Blick auf sie und fragte sie geradeheraus, wann ihr Sohn denn zurückgekehrt sei.

‚Das weiß ich nicht', sagte sie.

‚Sie wissen es nicht?'

‚Nein. Er hat einen Hausschlüssel und schloss selbst auf.'

‚Als Sie schon zu Bett gegangen waren?'

‚Ja.'

‚Wann gingen Sie denn schlafen?'

‚Gegen elf Uhr.'

‚So war Ihr Sohn wohl mindestens zwei Stunden außer Haus?'

‚Ja.'

‚Vielleicht auch vier oder fünf?'

‚Das ist möglich.'

‚Und was tat er die ganze Zeit über?'

‚Ich weiß nicht', antwortete sie und erbleichte bis in die Lippen. Nun blieb kein Zweifel mehr, wie ich zu handeln hatte. Es gelang mir, ausfindig zu machen, wo sich dieser Leutnant Charpentier herumtrieb, und in Begleitung zweier Polizeibeamter verhaftete ich ihn. Als ich ihm auf die Schulter klopfte und ihn ersuchte, unauffällig mit uns zu kommen, antwortete er unverfroren: ‚Vermutlich nehmen Sie mich fest, weil dieser Schuft, der Drebber, um die Ecke gebracht worden ist.' Da wir ihm gegenüber nichts davon erwähnt hatten, warf diese Bemerkung ein höchst verdächtiges Licht auf ihn."

„Durchaus", bestätigte Holmes.

„Er hatte noch immer den schweren Stock bei sich, mit dem er nach Aussage seiner Mutter Drebber gefolgt war – einen dicken Eichenknüppel."

„Und was schließen Sie daraus?"

„Nun, ich nehme an, er ging Drebber nach bis zur Brixton Road. Dort gerieten die beiden abermals aneinander. Im Laufe dieser Rauferei wird der Amerikaner einen Stockschlag – sagen wir in die Magengrube – erhalten haben, der tödlich wirkte, ohne dass er irgendwelche Anzeichen hinterließ. Bei dem unwirtlich nassen Wetter jener Nacht war niemand unterwegs. So gelang es Charpentier, die Leiche seines Opfers in das leere Haus zu schleppen. Was Kerze, Blutspritzer und die Schrift an der Wand angeht oder auch den Trauring, so sind das meines Erachtens alles nur Täuschungsmanöver für die Polizei gewesen."

„Ausgezeichnet, nur so weiter!", ermunterte Holmes den Detektiv. „Wirklich, Gregson, Sie machen das sehr wacker. Sie werden es zu etwas bringen."

„Ich darf mir schmeicheln, recht ordentliche Arbeit geleistet zu haben", erwiderte voll Stolz der Beamte. „Der junge Mann wollte vernommen werden. Beim Verhör gab er zu, Drebber gefolgt zu sein. Nach einiger Zeit habe dieser es gemerkt und sei in eine Droschke gestiegen, um ihn, Charpentier, loszuwerden. Danach – so sagte der junge Mann von sich aus – habe er einen alten Schiffskameraden getroffen und mit ihm einen langen Spaziergang gemacht. Die Frage nach der Wohnung des alten Matrosen konnte Charpentier nicht zufriedenstellend beantworten. Ich glaube, dass sich bei unserem Fall nun glatt Steinchen für Steinchen fügt. Was mich am meisten dabei ergötzt, ist der Gedanke an Lestrade, wie der in seiner verkehrten Richtung weitersucht. Ich fürchte nur, viel herauskommen wird dabei nicht … Ach, du meine Güte, da ist er ja schon!"

Tatsächlich war Lestrade während der letzten Sekunden die Treppe zu uns heraufgestiegen und öffnete soeben die Tür. Es gebrach ihm jedoch an all der Sicherheit und Flottheit, die er für gewöhnlich an den Tag legte. Sein Gesicht sah verstört und sorgenvoll aus; die Sauberkeit und Korrektheit seiner sonst stets untadeligen Kleidung ließ zu wünschen übrig. Offenbar war er gekommen, sich mit Sherlock Holmes zu beraten. Er wurde ziemlich verlegen, als er unser ansichtig wurde. Die Gegenwart seines Kollegen schien ihn vollends zu verwirren und aus der Fassung zu bringen. Mitten im Zimmer blieb er stehen und fingerte nervös an seinem Hut herum. „Also, dieser Fall ist wirklich sonderbar!", stieß er endlich hervor. „Eine unbegreifliche Geschichte."

„Aha, zu diesem Schluss sind Sie nun gekommen, Mr Lestrade, ich hätte es mir eigentlich denken können!", rief Gregson triumphierend. „Haben Sie ihn nicht aufgestöbert, Ihren Sekretär, diesen Joseph Stangerson?"

„Der Sekretär, Mr Joseph Stangerson", erwiderte Lestrade ernst, „ist heute früh gegen sechs Uhr im Halliday-Hotel ermordet worden."

Das Dunkel lichtet sich

Bei dieser höchst bedeutsamen und so unerwarteten Eröffnung Lestrades waren wir alle drei zunächst sprachlos. Gregson fuhr so heftig vom Stuhl hoch, dass er das Glas mit dem Rest seines Whiskys umstieß. Ich blickte schweigend zu Holmes hinüber, der die Lippen aufeinanderpresste und die Brauen zusammenzog.

„Nun auch noch Stangerson", murmelte er. „Feines Komplott, das sich da zusammenbraut."

„Verdammt, die Suppe war doch schon dick genug", knurrte Lestrade und zog sich einen Sessel heran. „Ich breche hier wohl in eine Art Kriegsrat ein?"

„Sind Sie – sind Sie sicher, dass es – – kein Irrtum ist?", konnte Gregson nur stammeln.

„Ich komme ja gerade aus seinem Zimmer", entgegnete Lestrade. „Mit eigenen Augen und als Erster habe ich gesehen, was geschehen ist."

„Wir waren eben dabei, Gregsons Version von der Mordgeschichte anzuhören. Hätten Sie nun die Güte, uns von Ihren diesbezüglichen Taten und Erlebnissen zu berichten?", bat Sherlock Holmes.

„Dagegen habe ich nichts einzuwenden", erwiderte Lestrade und setzte sich. „Ich war, offen gestanden, der Meinung, Stangerson sei in den Mord an Drebber verwickelt. Die jüngsten Ereignisse belehrten mich darüber, dass ich mich auf dem Holzweg befand. Solange ich aber von dieser meiner Idee erfüllt war, wollte ich vorwiegend etwas über den Verbleib des Herrn Sekretärs in Erfahrung bringen. Die beiden wurden miteinander zuletzt auf dem Bahnhof Euston gesehen. Um zwei Uhr morgens fand man dann Drebber tot in der Brixton Road. Mich beschäftigte demzufolge die Frage: Was tat Stangerson zwischen 8 Uhr 30 und dem Zeitpunkt des Verbrechens? Und was ist hinterher aus ihm geworden?

Ich telegrafierte nach Liverpool mit der Bitte, die amerikanischen Schiffe zu überwachen, und gab eine Personenbeschreibung des Mannes durch. Dann ließ ich in sämtlichen Hotels und Pensionen von Euston Nachforschungen anstellen. Denn, sehen Sie, Mr Holmes, ich sagte mir, Stangerson werde, nachdem sich Drebber von ihm getrennt hatte, am ehesten irgendwo in der Gegend des Bahnhofs übernachtet haben, um am nächsten Morgen wieder dort aufzukreuzen."

„Höchstwahrscheinlich hatten die beiden sich sogar verabredet", bemerkte Holmes.

„Eben", fuhr Lestrade fort. „Nun habe ich gestern den ganzen Abend vergeblich damit zugebracht, Stangersons Unterkunft zu erkunden. Heute begann ich in aller Frühe von Neuem damit und war um acht Uhr bereits im Halliday-Hotel in der Little George Street. Als ich dort abermals nach einem Mr Stangerson fragte, hieß es sofort, ja, er sei hier abgestiegen.

‚Sie sind gewiss der Herr, den er erwartet', sagte man mir. ‚Seit zwei Tagen wartet er auf jemanden.'

‚Wo ist er jetzt?', fragte ich.

‚Wahrscheinlich schläft er noch. Er wollte um neun Uhr geweckt werden.'

‚Ich muss sofort zu ihm', sagte ich, denn ich hoffte, dass er, durch mein plötzliches Auftauchen aus der Fassung gebracht, sich die eine oder andere unbedachte Äußerung entlocken lassen werde. Der Hausknecht erbot sich, mir den Weg zu zeigen. Das Zimmer lag im zweiten Stock, ein schmaler Gang führte darauf zu. Der Hausdiener hatte eben auf die betreffende Tür gedeutet und wollte sich entfernen, als ich etwas erblickte, was mich trotz meiner zwanzigjährigen Praxis erschreckte. Unter der Tür hervor rieselte ein dünnes Blutband, schlängelte sich quer über den Korridor und hatte auf der anderen Seite an der Scheuerleiste entlang bereits eine kleine Lache gebildet. Bei meinem leisen Aufschrei kehrte der Mann um und fiel, als er das viele Blut sah, beinahe in Ohnmacht. Die Tür war von innen verschlossen, aber wir stemmten uns mit der Schulter dagegen und drückten sie ein. Das Fenster stand offen, und daneben lag, in sich zusammengesunken, die Leiche eines Mannes im Nachthemd. Er musste schon eine Zeit lang tot sein, denn seine Glieder waren steif und kalt. Als wir ihn mit dem Gesicht nach oben drehten, erkannte ihn der Hausknecht sogleich als den Herrn, der unter dem Namen Joseph Stangerson das Zimmer gemietet hatte. Die Todesursache war eine tiefe Stichwunde unter der linken Brust. Der Dolch musste bis in das Herz gedrungen sein. Und nun kommt das Seltsamste von der ganzen Geschichte. Was, glauben Sie, sah ich plötzlich über dem Ermordeten?"

Mir lief es kalt über den Rücken, noch ehe Sherlock Holmes das Entsetzliche aussprach.

„Das Wort ‚Rache' war mit Blut an die Wand geschrieben."

„Genau dies", bestätigte Lestrade mit bebender Stimme. Und für Minuten waren wir alle verstummt.

Je methodischer dieser unbekannte Mörder bei seinen Verbrechen vorzugehen schien, umso unbegreiflicher wurden sie. Und der bloße Gedanke daran verursachte mir solches Grauen, dass meine Nerven, die dem Schlachtfeld so wacker standgehalten hatten, zu vibrieren begannen.

„Der Täter war gesehen worden", berichtete Lestrade weiter. „Ein Milchjunge kam gerade auf seinem Weg zur Meierei das schmale Gässchen, das auf der Rückseite des Gasthofs entlangführt, heruntergelaufen. Es fiel ihm auf, dass eine Leiter, die dort gewöhnlich auf der Erde liegt, gegen ein Fenster im zweiten Stock lehnte, das weit offen stand. Als er im Weitergehen noch einmal zurückschaute, sah er einen Mann die Leiter heruntersteigen – so ruhig und selbstverständlich, dass der Junge ihn für einen Tapezierer oder Tüncher hielt, der irgendwelche Ausbesserungsarbeiten im Hotel vornahm. Er schenkte dem keinerlei Beachtung, dachte nur bei sich, dass der Mann ja reichlich früh am Werk sei. Wenn er sich recht erinnert hat, dann war der Betreffende groß, hatte ein rötliches Gesicht und trug einen langen braunen Mantel. Der Mensch muss sich nach dem Mord noch eine ganze Weile im Zimmer aufgehalten haben. Wir fanden im Waschbecken blutgetränktes Wasser; offensichtlich hat er sich die Hände gewaschen. Auch am Bettbezug, an dem er wohlweislich sein Messer abgewischt hatte, fanden sich Blutstreifen."

Bei der Beschreibung des Mörders sah ich zu Holmes hinüber,

weil sie so haargenau mit der seinigen übereinstimmte. Doch fand sich kein Zeichen der Freude oder der Befriedigung auf seinem Gesicht.

„Haben Sie nichts in dem Zimmer gefunden, was auf den Mörder hinwies?", erkundigte er sich.

„Nichts. Stangerson hatte Drebbers Brieftasche eingesteckt. Aber es scheint, dies war ganz in der Ordnung, da er ja sämtliche Zahlungen regelte. Der Inhalt von etwa achtzig Pfund war unangetastet geblieben. So undurchschaubar die Motive für diese seltsamen Verbrechen auch sind, um Raubmord kann es sich bestimmt nicht gehandelt haben. Papiere oder Dokumente trug der Ermordete nicht bei sich, mit Ausnahme eines Telegramms, das folgenden Wortlaut hatte: ‚J. H. ist in Europa.' Es wurde vor vier Wochen in Cleveland ohne Absender aufgegeben."

„Und sonst haben Sie nichts gefunden?", beharrte Holmes.

„Ach, nichts von Bedeutung. Ein Roman, in dem der Mann wohl vor dem Einschlafen gelesen hatte, lag auf dem Bett, seine Pfeife auf dem Stuhl daneben. Ein Glas Wasser stand auf dem Tisch und auf dem Fensterbrett ein flaches Döschen, das zwei Pillen enthielt."

Mit einem Jubelruf sprang Sherlock Holmes von seinem Sessel hoch: „Das letzte Glied!", rief er selig. „Jetzt ist die Kette vollständig."

Verdutzt sahen die beiden Detektive einander an.

„Nun habe ich alle Fäden in der Hand", sagte mein Gefährte voll Zuversicht. „Sie sind entwirrt. Natürlich bleiben noch ein paar Kleinigkeiten einzuflicken. Aber über jeden wesentlichen Vorgang habe ich jetzt Gewissheit. Vom Augenblick an, wo Drebber sich am Bahnhof von seinem Sekretär trennte, bis zur Entdeckung der Leiche Stangersons sehe ich im Geiste alles so deutlich vor mir, als wäre ich selbst dabei gewesen. Warten Sie, ich will es Ihnen sogleich beweisen. Haben Sie die Pillen an sich genommen?"

„Ja, hier sind sie." Mit diesen Worten brachte Lestrade ein weißes Schächtelchen zum Vorschein. „Ich nahm sie mit der Brieftasche und dem Telegramm an mich, in der Absicht, alles bei der Polizei sicher zu verwahren. Dass ich auch nach diesem Pillenkästchen griff, ist eigentlich reiner Zufall. Denn ich muss sagen, ich messe ihm keinerlei Wichtigkeit bei."

„Geben Sie es mir, bitte“, sagte Holmes und wandte sich dann mir zu: „Sind das gewöhnliche Pillen, Doktor?“

Das konnte man wirklich nicht behaupten. Klein waren sie, rund, von perlgrauer Farbe und fast durchsichtig, wenn man sie gegen das Licht hielt. „Nach ihrer Helligkeit und Durchsichtigkeit zu urteilen, möchte ich annehmen, dass sie in Wasser löslich sind“, stellte ich fest.

„Richtig“, bestätigte Holmes. „Wären Sie jetzt bitte so freundlich, mir den armen kleinen Terrier von unten heraufzuholen? Der ist nämlich so lange schon krank, dass unsere Wirtin uns gestern gebeten hat, ihn von seiner Qual zu erlösen.“

Ich ging hinunter und kam mit dem Tier in meinen Armen zurück. Sein mühsames Atmen und die glasigen Augen zeigten wie der weiße Schaum auf seiner Schnauze an, dass seinem Hundeleben das letzte Stündlein bald schlagen würde. Ich legte ein Kissen auf die Fußmatte und ließ den kleinen Patienten darauf nieder.

„Ich werde nun eine dieser Pillen mitten entzweischneiden“, erklärte Holmes, nahm sein Taschenmesser und tat es. „Die eine Hälfte stecken wir wieder in die Schachtel zurück, die andere lasse ich in dieses Glas fallen, in dem sich ein Teelöffel voll Wasser befindet. Sie werden bemerken, dass unser Freund, der Doktor, recht hatte – sie löst sich ohne Weiteres auf.“

„Das mag ja äußerst interessant sein“, sagte Lestrade im beleidigten Ton eines Menschen, der glaubt, man wolle sich über ihn lustig machen. „Ich verstehe nur nicht, was es mit Stangersons Tod zu schaffen hat.“

„Geduld, mein Freund, Geduld! Gleich sind wir so weit, und Sie werden sehen, dass es sogar sehr viel damit zu tun hat. Ich gieße jetzt noch etwas Milch hinzu, um die Lösung, die ich dem Hund vorsetze, etwas schmackhafter zu machen. Sie werden sehen, dass er das Ganze begierig ausleckt.“

Er hatte mittlerweile den Inhalt des Glases auf ein Tellerchen gegossen und dieses dem Tier hingestellt. Es schleckte die Flüssigkeit eilig auf.

Holmes’ gewissenhafter Ernst bei diesem Experiment hatte uns alle so überzeugt, dass wir nun schweigend dasaßen und gespannt den Hund beobachteten. Doch nichts geschah. Das Tier streckte sich wieder auf seinem Lager aus und schnaufte – sein Zustand schien nach dem Trunk weder gebessert noch verschlechtert.

Holmes stand da, mit seiner Taschenuhr in der Hand; und da eine Minute um die andere verging, ohne dass sich etwas ereignete, drückten sich Enttäuschung und Besorgnis auf seinem Gesicht aus. Er nagte an der Unterlippe, trommelte mit den Fingern auf den Tisch, worin sich seine heftige Ungeduld kundtat. Dabei sah er so unglücklich aus, dass er mir aufrichtig leidtat, während die beiden Detektive nur spöttisch grinsten und offenbar an diesem Misserfolg noch ihre Freude hatten.

„Es ist aber kein Irrtum möglich!“, rief er schließlich, sprang hastig aus seinem Sessel auf und rannte im Zimmer hin und her. „Ausgeschlossen, dass mir da ein Fehler unterlaufen ist. Genau solche Pillen, wie ich sie als Drebbers Todesursache erkannte, sind nun nach Stangersons Ermordung gefunden worden. Und trotzdem sollten sie wirkungslos bleiben? Was kann das bedeuten? Bestimmt nicht, dass meine ganze Beweiskette falsch war. Das ist unmöglich. Und doch geht es dem verflixten Köter keinen Deut schlechter als zuvor. – Ah, ich hab's, ich hab's!“ Mit einem Entzückensschrei stürzte mein Freund sich auf die Schachtel, entnahm ihr die zweite Pille, die er in der Mitte durchschnitt und in Wasser auflöste. Mit etwas Milch gab er wieder das Gemisch dem Hund zu trinken. Das Unglücksgeschöpf hatte kaum die Zunge angefeuchtet, als ihm auch schon ein krampfähnliches Zucken durch alle Glieder lief. Gleich danach lag es so steif und leblos da, als hätte es der Blitz getroffen.

Sherlock Holmes tat einen tiefen Atemzug und wischte sich den Schweiß von der Stirn. „Ich müsste größeres Selbstvertrauen haben“, sagte er. „Schließlich sollte ich ja wissen, dass eine Tatsache, die sich innerhalb einer langen Reihe von kausalen Zusammenhängen einer Erklärung scheinbar entzieht, unweigerlich eine andere Auslegung in sich trägt. Von den beiden Pillen in dieser Schachtel enthielt nur die eine das tödliche Gift, während die andere gänzlich harmlos war. Daran hätte ich denken müssen, ehe ich überhaupt die Schachtel zu sehen bekam.“

Diese letzte Behauptung hörte sich so unglaublich an, dass ich versucht war zu zweifeln, ob mein Freund klar bei Sinnen sei.

Allein, da lag der tote Hund und bewies, dass die Gleichung aufging. Nach und nach schwanden sogar die Nebel vor meinem eigenen Geist, und ich begann einen Schimmer der Wahrheit zu ahnen.

„Es erscheint Ihnen dies alles so seltsam“, fuhr Holmes mittlerweile in seiner Rede fort, „weil Sie zu Anfang der Untersuchung den einzigen richtigen Schlüssel übersahen. Ich dagegen hatte das Glück, ihn zu erspähen; und alles, was seither geschehen ist, bestärkte nur meine ursprüngliche Vermutung, indem es sich als ihre logische Folge erwies. Daher verhalfen gerade die Dinge und Begebenheiten, die Sie verwirrten und den Fall in Ihren Augen immer mehr in Dunkel hüllten, mir zur Klärung und zur Festigung meiner Kombination. Es ist ein Fehler, Merkwürdigkeit mit Geheimnis zu verwechseln. Am geheimnisvollsten ist oft das ganz gewöhnliche Verbrechen, weil es keine neuartigen oder besonderen Merkmale trägt, aus denen sich Schlüsse ziehen ließen. Es wäre unendlich viel schwieriger gewesen, diese Mordgeschichte zu entwirren, wenn die Leiche ohne jeden Begleitumstand einfach am Straßenrand gelegen hätte, ohne die vielen Spuren, die unseren Fall scheinbar rätselhaft umgaben. In Wirklichkeit haben sie ihn nicht kompliziert, sondern vereinfacht.“

Gregson, der sich diese Ausführungen ziemlich ungeduldig angehört hatte, konnte sich nun nicht mehr länger beherrschen. „Das ist ja alles schön und gut, Mr Holmes“, warf er ein, „und wir sind gern bereit anzuerkennen, dass Sie ein schlauer Fuchs sind, und auch, dass Sie Ihre eigenen Arbeitsmethoden haben. Im Augenblick tut uns jedoch etwas anderes not als Theorien und Lehrvorträge. Es geht jetzt darum, dass wir den Mörder fassen. Ich tat das Meinige dazu, ihn ausfindig zu machen. Leider habe ich mich in meinem Verdacht geirrt. Mit dem zweiten Mord zumindest kann der junge Charpentier bestimmt nichts zu tun haben. Stangerson wieder war der Mann, den Lestrade fälschlich aufs Korn nahm. Und Sie, Sie begnügen sich mit Andeutungen, mal hier, mal dort. In der Tat scheinen Sie mehr zu wissen als wir. Aber allmählich ist es wohl an der Zeit, und wir haben ein Recht darauf, Sie zu fragen: Können Sie uns den Namen des Schuldigen nennen?“

„Ich muss Gregson recht geben, Mr Holmes“, ließ sich nun

auch Lestrade vernehmen. „Wir haben es beide versucht und sind gescheitert. Sie erwähnten mehrfach, seit ich in diesem Zimmer bin, dass Sie nun sämtliche Beweise besitzen. Warum wollen Sie uns die Wahrheit noch immer vorenthalten?"

„Jeder Aufschub könnte dem Mörder die Gelegenheit zu neuen Gräueltaten geben", wagte ich zu bemerken.

Obwohl wir ihm alle so zusetzten, zeigte Holmes sich noch unentschlossen. Mit gesenktem Kopf und zusammengezogenen Brauen ging er weiter im Zimmer auf und ab, wie so oft, wenn er in Gedanken versunken war. Plötzlich blieb er stehen und sah uns an.

„Es wird keine weiteren Morde mehr geben", sagte er ernst. „Diese Furcht dürfen Sie getrost ausschalten. Sie fragten mich, ob ich den Namen des Mörders weiß. Ja, ich kenne ihn. Der Name allerdings tut dabei wenig zur Sache. Ihn zu ermitteln war eine Kleinigkeit, verglichen mit der Aufgabe, den Mann zu ergreifen. Auch das wird mir, so darf ich hoffen, binnen Kurzem gelingen. Freilich bedarf es behutsamsten Vorgehens; denn wir haben es mit einem sehr geschickten und intelligenten Menschen zu tun, der zum Äußersten entschlossen ist. Auch hat er einen ebenso gewandten Helfershelfer, wie ich feststellen konnte. Solange unser Mann nicht ahnt, dass man ihm auf der Spur ist, besteht die Möglichkeit, ihn zu erwischen. Hegt er jedoch nur den leisesten Argwohn, so wird er augenblicklich seinen Namen ändern und in unserem Großstadtmeer mit seinen vier Millionen Einwohnern untertauchen. Ich möchte Ihre Gefühle nicht verletzen, aber ich muss Sie darauf aufmerksam machen, dass die Macht der Polizei kaum ausreicht, mit diesem gewiegten und schlauen Burschen fertig zu werden. Und gerade das ist der Grund, warum ich Ihre Hilfe nicht in Anspruch nahm. Sollte ich bei meinem selbstständigen Verfahren einen Fehlschlag erleiden, so trage ich natürlich alle Konsequenzen. Ich bin auch darauf vorbereitet. Zunächst kann ich Ihnen nur versprechen, dass ich mich sofort mit Ihnen in Verbindung setzen werde, wenn der Ablauf meiner systematischen Vorbereitungen davon nicht mehr gefährdet wird."

Die Herren Gregson und Lestrade schienen von dieser Zusicherung bei Weitem nicht befriedigt. Auch die geringschätzige

Anspielung auf die Polizei behagte ihnen wenig. Gregson war bis zu seinen blonden Haarwurzeln errötet, während die schwarzen Mausaugen des anderen unruhig und ärgerlich funkelten. Doch blieb ihnen zu einer Entgegnung keine Zeit mehr; denn es klopfte, und zur Tür herein schob sich die wenig anziehende, ungehobelte Gestalt des jungen Wiggins. Der Wortführer von Holmes' jugendlicher Hilfstruppe fuhr sich mit der Hand an den Wuschelkopf und meldete stramm: „Die Droschke steht unten, Sir!"

„Fein gemacht, mein Junge!", lobte Holmes. Dann zog er ein Paar Handschellen aus der Tischschublade und wandte sich im gleichen freundlichen Ton an die Detektive: „Warum führen Sie dieses neue Muster in Scotland Yard nicht ein, meine Herren? Sehen Sie doch, wie hübsch die Feder einschnappt!"

„Unsere alten Modelle sind gut genug", versetzte Lestrade gereizt. „Wenn wir nur endlich den Kerl hätten, damit wir sie ihm anlegen könnten."

„Ausgezeichnet!", sagte Holmes lächelnd. „Der Kutscher kann mir helfen, das Gepäck hinunterzutragen. Hol ihn mir doch bitte herauf, Wiggins."

Ich war ganz überrascht, da mein Freund offenbar im Begriff war abzureisen, wovon bisher nie die Rede gewesen war. Erst jetzt fiel mein Blick auf einen Handkoffer, den er aus der Ecke hervorzog und der schon gepackt dastand. Als Holmes eben dabei war, die Riemen zu verschnüren, trat der Kutscher ins Zimmer.

„Ach, bitte, helfen Sie mir doch, das Schloss springt immer wieder auf!", rief Holmes dem Mann, über seinen Koffer gebückt, zu, ohne sich umzuwenden.

Der Kutscher trat mit etwas verdrießlicher und trotziger Miene näher und streckte die Hände aus, um zuzupacken. Im selben Augenblick hörten wir ein scharfes metallisches Klirren – und wie der Wind sprang Holmes wieder auf die Füße.

„Meine Herren, darf ich Ihnen Mr Jefferson Hope, den Mörder Enoch Drebbers und Joseph Stangersons, vorstellen?", rief er uns mit blitzenden Augen zu.

Das Ganze spielte sich in Sekundenschnelle ab, sodass ich gar nicht erfasste, was geschehen war. Und doch habe ich eine sehr lebhafte Erinnerung an diesen Augenblick: an Holmes' triumphierenden Ausdruck, den Klang seiner Stimme und an des Kutschers wildes, verblüfftes Gesicht, als er auf die glänzenden Handschellen niedersah, die sich wie durch einen Zaubertrick um seine Gelenke gelegt hatten. Wir drei anderen waren zunächst wie zu Stein erstarrt. Dann entwand sich der Gefangene mit einem Wutschrei seinem Widersacher und stürzte auf das Fenster zu. Holz und Glas barsten unter seinem Ansturm, aber ehe er auf die Straße hinunterspringen konnte, warfen sich Holmes und die beiden anderen Männer auf ihn und rissen ihn ins Zimmer zurück. Gleich darauf begann ein furchtbares Ringen. Der Mann verteidigte sich wie rasend und mit solcher Kraft, dass er uns alle vier immer wieder abschüttelte. Er schien die übermenschliche Stärke eines Tobsüchtigen zu besitzen. Gesicht und Hände waren zwar zerschunden und blutüberströmt, doch verminderte das nicht im Mindesten seinen Widerstand. Erst als Lestrade sein Halstuch zu fassen bekam und ihn halb erwürgte, gab der Bursche den Kampf auf. Aber einigermaßen sicher durften wir uns erst fühlen, als wir ihm auch noch die Füße gefesselt hatten. Danach richteten wir uns atemlos und keuchend auf.

„Wir haben seine Droschke", sagte Sherlock Holmes. „Es wird gut sein, wenn wir ihn gleich nach Scotland Yard bringen … Und nun, meine Herren", fuhr er mit seinem gewinnenden Lächeln fort, „sind wir am Ende unserer Rätselraterei angelangt. Fragen Sie mich jetzt, was Sie wollen. Ich verspreche, dass ich Ihnen keine Antwort mehr schuldig bleiben werde."

Zweiter Teil:

Das Land der Heiligen

Die große Salzwüste

Im mittleren Teil des großen amerikanischen Kontinents liegt eine Wüste. Diese dürre und Grauen einflößende Region bildete Jahre hindurch einen Wall gegen jede fortschreitende Zivilisation. Von der Sierra Nevada bis Nebraska, vom Yellowstonestrom im Norden bis zum Colorado im Süden breitet sich dieses Reich der Totenstille und Verlassenheit aus. Nun zeigt auch in solch grimmiger Einöde die Natur durchaus nicht immer gleiche Beschaffenheit: Riesige Gebirgsmassive, in denen reißende Flüsse durch zerklüftete Schluchten stürzen, wechseln mit finsteren Tälern. Dazwischen wieder dehnen sich ungeheure Ebenen aus, weiß von Schnee im Winter, im Sommer grau von Salzstaub. Aber all diesen Landschaften sind ihre Weltabgeschiedenheit und Trostlosigkeit gemeinsam.

In der Ungastlichkeit solcher Wildnis können keine Menschen gedeihen. Vereinzelte Gruppen von Pawnees oder Schwarzfußindianern durchstreifen sie gelegentlich auf der Suche nach neuen Jagdgründen. Aber auch die verwegensten der tapferen Krieger sind froh, wenn sie dieses qualvolle Ödland wieder aus den Augen verlieren und in die Prärie zurückfinden.

Der Kojote lauerte im Busch. Mit schweren Schwingen rauscht der Bussard durch die Lüfte, und der plumpe Grislybär torkelt durch dunkle Schluchten, seine karge Nahrung zu suchen. Sie sind die einzigen Bewohner.

Auf der ganzen Welt kann es keinen traurigeren Ausblick als den vom Nordhang der Sierra Blanco geben. So weit das Auge reicht, erstreckt sich dieses riesige, mit einer dichten Salzschicht bedeckte Flachland. Dazwischen reckt dann und wann ein verkümmerter

Dornstrauch sein kahles Geäst ins Leere. Am fernen Horizont zieht sich die lange Bergkette mit ihren Schneegipfeln hin. Nichts deutet hier auf Leben und lebendige Wesen hin. Kein Vogel am stahlblauen Himmel, nichts, was sich regt auf der grauen Erde, und kein Laut unterbricht das fürchterliche, herzbeklemmende Todesschweigen.

Wenn wir gesagt haben, dieser weite Landstrich sei gänzlich ohne menschliche Spuren, so ist das nur bedingt richtig. Ein einsamer Pfad windet sich durch die Wüste und verliert sich irgendwo in weiter Ferne. Er ist zerfurcht von unzähligen Rädern, die darüber hinfuhren, und ausgetreten von den Füßen vieler Abenteurer. Aber was glänzt da und dort so eigentümlich weiß im Sonnenlicht? Das sind die Knochen derer, die am Wegrand zusammenbrachen. Die großen und klobigen gehörten wohl Zugtieren, die feinen, kleineren den Menschen, denen die Wüste ihr Leben abforderte. Über eine Strecke von fünfzehnhundert Meilen kennzeichnen solche gespenstischen Überreste die schaurige Karawanenstraße.

Am 4. Mai 1847 blickte ein einsamer Wanderer auf dieses vom Tod gezeichnete Land hinab. Man hätte ihn in seiner seltsamen Erscheinung für einen Berggeist oder den Dämon dieser Region halten können, so unnatürlich brannten seine dunklen Augen tief in den Höhlen; und die Hand, mit der er sein Gewehr umklammerte, war dürr wie die eines Skeletts. Es wäre schwer zu erkennen gewesen, ob er nur vierzig oder bereits die sechzig Jahre überschritten hatte. In seinem hageren und eingefallenen Gesicht traten die Backenknochen stark hervor, und eine pergamentartige Haut spannte sich darüber. Das lange Haupthaar und der Bart waren von vielen Silberfäden durchsetzt. Als er so dastand, musste er sich auf seine Waffe stützen. Und doch wies seine große, breitschultrige Gestalt auf einen massiven Knochenbau und eine widerstandskräftige Konstitution hin. Seine Kleider endlich, die ihm wie Säcke um seine ausgemergelten Glieder schlotterten, verrieten, was an diesem Verfall die Schuld trug: Auch dieser Mann war ein Sterbender. Hunger und Durst hatten ihm wahrscheinlich sein Grab gegraben.

Mühsam war er erst die Schlucht hinabgeklettert, hatte sich dann wieder auf den Hügel hinaufgeschleppt in der vergeblichen

Hoffnung, ein Anzeichen dafür zu entdecken, dass es in dieser Gegend irgendwo Wasser gab. Nur eine schier endlose Ebene mit dem Gebirgsgürtel am fernen Horizont breitete sich vor seinen Augen aus. Kein Baum, kein Strauch weit und breit, noch sonst etwas, dessen Wachstum auf Feuchtigkeit schließen ließ. Nach Norden, Osten und Süden hin hielt er verzweifelt Ausschau und ward sich bewusst, dass er auf diesem öden Flecken Erde am Ziel seiner Wanderung angelangt sei, wo ihm nur noch bestimmt war, den Tod zu erwarten. „Und warum nicht hier statt zwanzig Jahre später in einem Federbett?“, murmelte er vor sich hin und setzte sich im Schatten eines Felsblocks nieder.

Vorher hatte er noch sein unnützes Gewehr auf den Boden gelegt und desgleichen ein großes, in ein graues Umschlagtuch gehülltes Bündel, das über seiner rechten Schulter gehangen hatte. Die Last war wohl zu schwer für ihn gewesen, denn sie landete ein wenig unsanft auf der Erde. Und aus dem Innern des Tuches drang ein leiser Klagelaut. Plötzlich guckte ein Kindergesicht mit einem Paar klarer brauner Augen aus dem Bündel.

„Du hast mir wehgetan“, wimmerte ein helles Stimmchen.

„Wirklich?“, fragte der Mann bedauernd. „Das tut mir leid.“

Bei diesen Worten schlug er die Verschalung auseinander und holte ein reizendes kleines Mädchen von etwa fünf Jahren hervor, dessen zierliche Schuhe und hübscher rosa Rock, mit der kleinen Leinenschürze darüber, von der liebenden Sorgfalt einer Mutter erzählten. Das Kind sah blass und elend aus. Aber seine gesunden Glieder zeigten, dass es weniger als sein Betreuer gelitten hatte.

„Ist es noch nicht besser?“, fragte er besorgt, da sich die Kleine noch immer den Kopf rieb, und er fuhr sachte über die kastanienbraunen Locken.

„Gib einen Kuss drauf, dann wird es wieder gut“, erwiderte das Kind und wies mit bedeutsamem Ernst auf die Stelle, wo es sich gestoßen hatte. „Das tut Mama auch immer. Wo ist sie denn, die Mama?“

„Deine Mutter ist fortgegangen. Aber ich glaube, es dauert nicht lang, bis du sie wiedersiehst.“

„Fort ist sie?“, fragte die Kleine erstaunt. „Komisch, sie hat gar nicht Auf Wiedersehen gesagt. Das hat sie doch immer getan, auch wenn sie nur zur Tante Tee trinken gegangen ist. Jetzt sind es schon drei Tage, und sie kommt nicht wieder! Bist du auch so schrecklich durstig? Gibt es denn kein Wasser und gar nichts zu essen?"

„Nein, hier nicht, Liebling! Du musst noch ein bisschen Geduld haben, dann wird alles gut. Komm und lehne dein Köpfchen an mich. Sitzt du so besser? Weißt du, es fällt einem zwar schwer, wenn die Zunge so am Gaumen klebt, aber ich glaube, ich muss mit dir reden … Was hast du denn da?"

„Was Schönes, ganz was Feines!", rief die Kleine und zeigte dem Freund beglückt ihren Fund: zwei glitzernde Glimmerschieferstücke. „Das bringe ich meinem Bruder Bob mit."

„Bald wirst du noch viel hübschere Dinge sehen", erklärte der Mann zuversichtlich. „Nur ein wenig dauert es noch. Ja, was wollte ich dir eben erzählen? Wie wir vom Fluss fortgingen – erinnerst du dich?"

„Ei, freilich."

„Nun, da glaubten wir, es sei nicht weit bis zum nächsten Fluss, siehst du. Aber es stimmte etwas nicht mit dem Kompass – oder auf der Landkarte oder sonst wo. Der Fluss kam und kam nicht. Das Wasser ging uns aus. Nur für dich waren noch ein paar Tropfen übrig – und dann, dann …"

„Konntest du dich nicht waschen?", unterbrach ihn ernsthaft die Kleine und betrachtete sein staubbedecktes Gesicht.

„Nein, auch nicht trinken. Mr Bender war dann der Erste, der von uns gegangen ist. Dann der Indianer Peter, dann Mrs McGregor und Johnny Hones und zuletzt, mein Herz, deine Mutter."

„Dann ist Mama auch tot!", schrie das kleine Mädchen auf und fing bitterlich zu schluchzen an.

„Ja, alle sind fort, außer uns beiden. Ich glaubte dann, in dieser Richtung könnte ich vielleicht etwas Wasser finden. Da hab ich dich auf die Schulter genommen und hierhergebracht. Aber mir scheint, es ist nichts besser geworden. Wir haben nur noch sehr wenig Aussicht."

„Du meinst, wir müssen auch sterben?", fragte das Kind. Es hatte zu schluchzen aufgehört und hob sein tränenüberströmtes Gesicht zu dem Beschützer auf.

„Ja, kann schon sein."

„Warum hast du denn das nicht gleich gesagt?", rief da das Mädelchen fröhlich und lachte beinahe. „Du hast mir solche Angst gemacht. Jetzt, wo wir sterben, sind wir ja bald wieder bei der Mama."

„Natürlich bist du das, mein Liebling."

„Und du auch. Dann erzähle ich ihr gleich, wie lieb und gut du zu mir warst. Sicher wartet sie schon an der Himmelstür auf uns mit einem großen Krug Wasser und vielen heißen Buchweizenkuchen, auf beiden Seiten geröstet, wie Bob und ich sie so gern mögen. Wie lange dauert's noch?"

„Ich weiß nicht – nicht mehr lange."

Des Mannes Augen sahen gebannt zum nördlichen Horizont hin. Am Firmament waren drei kleine Flecken aufgetaucht, die rasch größer und größer wurden. Bald waren sie als drei mächtige Vögel zu erkennen, die über den Köpfen der beiden Menschenwesen kreisten. Dann ließen sie sich auf dem Felsen gegenüber nieder. Sie waren es: Bussarde! Die Geier des Westens, Vorboten des Todes.

„Hühner und Hähne!", rief die Kleine vergnügt und deutete auf die Unheilkünder. Und sie klatschte in die Hände, um die Tiere aufzuscheuchen. „Sag, hat der liebe Gott dies Land hier auch gemacht?"

„Natürlich", erwiderte ihr Begleiter, etwas betroffen von dieser unerwarteten Frage.

„Er hat das Land in Illinois gemacht und den Missouri", fuhr das kleine Mädchen fort. „Aber ich glaube, die Gegend hier herum muss jemand anders gemacht haben. Da stimmt vieles gar nicht so recht. Das Wasser haben sie vergessen und die Bäume."

„Vielleicht möchtest du jetzt beten?", fragte der Mann zaghaft.

„Es ist ja noch nicht Abend", antwortete das Kind.

„Das macht nichts, wenn es nicht genau um die richtige Zeit ist. Er hat bestimmt nichts dagegen. Du kannst dasselbe beten wie sonst immer abends im Planwagen."

„Und du, warum sagst du kein Gebet?", fragte die Kleine erstaunt.

„Ich hab es verlernt. Seit ich halb so groß war wie das Gewehr hier, hab ich keins mehr gesprochen. Aber ich glaube, dazu ist es nie zu spät. Du betest, und ich spreche die Worte nach."

„Dann müssen wir aber beide niederknien", erklärte das Kind und breitete zu diesem Zweck das graue Tuch auf dem Boden aus. „Schau, falte die Hände so wie ich. Dann fühlt man sich fromm und gut."

Niemand außer den Totenvögeln war Zeuge des rührenden Schauspiels, wie die beiden Erdenwanderer einträchtig nebeneinander auf dem schmalen Schal knieten, die andächtige Kleine und der hagere Abenteurer. Das weich gerundete Kinderantlitz und das abgezehrte, kantige Männergesicht waren zum wolkenlosen Himmel emporgerichtet, während beide Stimmen, die eine fein und hell, die andere tief und rau, Gnade und Vergebung von Ihm, dem Allmächtigen, erflehten. Nach dem Gebet setzten sie sich wieder in den Schatten des Felsvorsprungs, und die Kleine kuschelte sich an die breite Brust ihres Beschützers, bis sie einschlief. Er bewachte noch einige Zeit ihren Schlummer. Doch bald überwältigte auch ihn, der sich drei Tage und drei Nächte weder Rast noch Ruhe gegönnt hatte, die Müdigkeit. Langsam fielen die Lider über seine Augen. Der Kopf sank ihm tiefer und tiefer auf die Brust herab, bis der grau melierte Bart des Mannes sich mit den Locken seines Schützlings vermischte und beide in tiefen, traumlosen Schlaf sanken.

Wäre der Wanderer noch eine halbe Stunde länger wach geblieben, dann hätte sich ihm ein seltsamer Anblick geboten. In weiter Ferne, dort, wo sich das Ende der Einöde erahnen ließ, stieg ein kleines Gebilde hoch, das zunächst wie eine Rauchfahne aussah und sich kaum vom dunstigen Horizont abhob. Doch wurde es größer und größer und war schließlich als eine gediegene Staubwolke erkennbar. Allmählich stellte sich heraus, dass ebendiese Wolke von einer großen Schar sich fortbewegender Lebewesen hervorgerufen wurde. Fruchtbarere Gefilde hätten den Gedanken an eine Bisonherde, wie sie auf den Prärien grasen, nahegelegt. Aber angesichts dieser dürren Wildnis wurde jede solche Vermutung hinfällig. Langsam begannen sich indessen die Formen hinter dem aufgewirbelten Staub deutlicher abzuzeichnen. Planwagen und die Gestalten bewaffneter Reiter schälten sich heraus, und die Erscheinung entpuppte sich als eine Karawane, die gen Westen zog. Doch was für eine Riesenkarawane! Ihre Spitze langte schon fast am Fuße des Berges an, als ihr Ende am Horizont noch nicht abzusehen war. Quer durch die weite, weite Salzebene ging dieser schier endlose Zug, zu Fuß, zu Pferd und auf Rädern. Die Frauen, wie sie unter ihren schweren Lasten dahinwankten, waren nicht mehr zu zählen. Ebenso wenig die neben den Karren dahintrottenden Kinder, von denen die kleineren oft unter den weißen Zeltplanen hervorlugten. Das war keine gewöhnliche Wandertruppe, sondern ein ganzes Nomadenvolk, das ungünstige Lebensbedingungen gezwungen hatten, sich eine neue Heimat zu suchen. Rattern, Rumpeln, Getrappel und Stimmengewirr erschallten in der klaren Luft und mischten sich mit dem Wiehern der Pferde. Dennoch weckte der tosende Lärm die beiden müden Wanderer nicht auf.

An der Spitze der Kolonne ritten etwa zwei Dutzend Männer mit eisenharten Gesichtern. Sie trugen dunkle, handgewebte Gewänder und waren mit Gewehren bewaffnet. Am Fuße der Erhebung angelangt, hielten sie zu kurzer Beratung an.

„Wir müssen uns rechts halten, meine Brüder, da liegen die Quellen", sagte ein Grauhaariger mit glatt rasiertem Gesicht und schmalen Lippen.

„Rechts von der Sierra Blanca – da kommen wir zum Rio Grande", meinte ein anderer.

„Keine Furcht vor Wassermangel!", rief ein dritter in die Menge. „Er, der es aus dem Felsen schlug, wird sein auserwähltes Volk nicht verlassen."

„Amen! Amen!", antwortete die gesamte Schar.

Sie wollten sich eben wieder in Trab setzen, als einer der Jüngsten, der wohl die schärfsten Augen hatte, mit einem Ruf des Staunens auf den zackigen Gipfel wies. Dort oben flatterte etwas Rosafarbenes im Wind und hob sich leuchtend hell gegen die graue Felswand dahinter ab. Kaum aber waren die Berittenen des Farbflecks ebenfalls ansichtig geworden, als sie allesamt die Zügel fester anzogen und ihr Gewehr von der Schulter nahmen. Andere sprengten noch hinzu, um die Vorhut zu verstärken, und das Wort „Rothäute" war plötzlich in aller Munde.

„Hier in der Gegend können es kaum Indianer sein“, sagte der Grauhaarige; er war offensichtlich der Anführer. „Bei den Pawnees sind wir schon vorbeigekommen, und bis wir das große Gebirge hinter uns haben, gibt es weit und breit keine anderen Stämme.“

„Soll ich einmal hinaufgehen und nachsehen, Bruder Stangerson?“, fragte ein junger Bursche.

„Ich auch – ich auch“, ertönten noch etwa ein Dutzend anderer Stimmen.

„Lasst eure Pferde unten, wir warten hier auf euch“, antwortete ihr Anführer.

Im Nu saßen die jungen Burschen ab, banden ihre Pferde fest und kletterten den Steilhang zu dem Gegenstand ihrer Neugier hinauf. Rasch und lautlos schlichen sie sich heran mit der zuverlässigen Gewandtheit geübter Pfadfinder. Die Zuschauer unten sahen, wie sie von Fels zu Fels glitten, bis sich ganz oben ihre Gestalten klar vor dem Himmel abzeichneten. Immer vorneweg sprang der junge Mann, der das rosa Tuch erspäht hatte. Da warf er mit einem Mal überrascht die Arme hoch. Auch die anderen, die hinterdrein kamen, wunderten sich nicht wenig über die unerwartete Szene: Mitten auf dem kleinen Hochplateau stand ein einzelner mächtiger Felsblock, an dem ein großer, langbärtiger und außerordentlich hagerer Mann lehnte. Sein friedliches Gesicht und die regelmäßigen Atemzüge verrieten, dass er fest schlief. Neben ihm lag ein kleines Mädchen und umschlang mit runden weißen Ärmchen seinen braunen, sehnigen Hals, und ihr Lockenköpfchen ruhte auf seiner samtverkleideten Brust. Zwischen den rosigen halb geöffneten Lippen des Kindes schimmerten glatt und regelmäßig in zwei Reihen die schneeweißen Zähne, und ein Lächeln spielte um die lieblichen Züge. Die stämmigen kleinen Beine staken in weißen Socken und hübschen, mit glänzenden Schnallen verzierten Schühchen. Das bildete einen seltsamen Gegensatz zu den übermäßig langen und ausgemergelten Gliedern des großen Gefährten. Auf dem Felsvorsprung zu Häupten des ungleichen Paares thronten drei Bussarde, die bei ihrem Anblick heisere Schreie der Enttäuschung ausstießen und das Weite suchten.

Das Krächzen der Raubvögel weckte die beiden Schläfer, die

verwirrt um sich blickten. Taumelnd richtete der Mann sich auf und schaute in die Ebene hinab, die, noch öde und verlassen, als der Schlaf ihn überwältigte, nun plötzlich bevölkert war mit Scharen von Menschen und Tieren. Mit der mageren Hand fuhr er sich über seine Augen, denen er nicht traute. „Es wird wohl das sein, was sie Delirium nennen", flüsterte er vor sich hin. Die Kleine stand neben ihm, hielt sich an seinem Rockschoß fest und schwieg still. Nur ihre Augen wanderten mit großem fragendem Kinderblick von einem der vielen Unbekannten zum anderen.

Es gelang den Befreiern indessen bald, die beiden Verirrten zu überzeugen, dass ihr Erscheinen keine Sinnestäuschung war. Einer von ihnen nahm das Mädchen und setzte es sich auf die Schultern, während zwei andere seinen abgezehrten Begleiter stützten und ihn zu den Wagen hinuntergeleiteten.

„Mein Name ist John Ferrier", erklärte der Fremdling. „Ich und die Kleine dort, das ist alles, was von einundzwanzig Menschen übrig blieb. Die anderen sind drunten im Süden vor Hunger und Durst umgekommen."

„Ist sie Euer Kind?", wollte einer wissen.

„Ich möchte wohl meinen, dass sie das jetzt ist", versetzte John Ferrier herausfordernd. „Mein ist sie, weil ich sie gerettet habe, und niemand kann sie mir mehr wegnehmen. Von heute an heißt sie Lucy Ferrier – aber wer seid ihr?", fuhr er fort und blickte seine kräftigen, sonnenverbrannten Retter der Reihe nach an. „Ihr seid ja ungeheuer viele."

„Beinahe zehntausend", verkündete einer der jungen Leute stolz. „Wir sind die verfolgten Kinder Gottes – die Auserwählten des Engels Merona."

„Von dem hab ich noch nie etwas gehört", sagte der Wanderer. „Scheint ja eine Riesenmenge auserwählt zu haben!"

„Spottet nicht über das, was heilig ist", entgegnete der andere streng. „Wir alle glauben an jene heiligen Schriften in ägyptischen Lettern auf goldenen Tafeln, die dem heiligen Joseph Smith in Palmyra ausgehändigt wurden. Wir kommen aus Nauvoo im Staate Illinois, wo unser Tempel errichtet wurde. Wir suchen Zuflucht vor den gewalttätigen und gottlosen Menschen – und wenn es im Herzen der Wüste sein sollte."

Bei dem Namen Nauvoo wurden in John Ferrier offensichtlich Erinnerungen wach. „Ach so, dann seid ihr Mormonen“, sagte er.

„Ja, wir sind Mormonen“, ertönte von allen Seiten einstimmig die Antwort.

„Und wohin zieht ihr?“

„Wir wissen es nicht. Uns führt Gottes Hand in der Gestalt unseres Propheten. Vor ihn müsst ihr treten; und er wird entscheiden, was mit euch geschehen soll.“

Mittlerweile war die Gruppe mit den beiden Fremdlingen unten angelangt und wurde von den mormonischen Pilgern umringt. Überall erhoben sich Rufe des Mitleids und Erstaunens. Aber die Eskorte ließ sich nicht aufhalten, sondern bahnte sich energisch ihren Weg durch die Menge bis hin zu einem Wagen, der durch stattliche Größe, Eleganz und ein geradezu festliches Gepränge hervorstach. Sechs Pferde standen im Geschirr, während vor die übrigen Fahrzeuge nur zwei, allerhöchstens vier Zugtiere gespannt waren. Neben dem Kutscher saß ein Mann, der etwa dreißig Jahre zählen mochte. Sein imponierendes Haupt jedoch und seine entschlossene Miene kennzeichneten ihn als Führer und Herrscher.

Er las in einem braun gebundenen Buch. Als die Gruppe sich näherte, legte er die Lektüre beiseite und lauschte aufmerksam dem ungewöhnlichen Bericht. Dann wandte er sich den beiden Fremden zu.

„Wenn wir euch bei uns aufnehmen“, verkündete er feierlich, „dann nur, so ihr unseren Glauben annehmt. Wir dulden keine Wölfe in unserer Schafherde. Weit besser wär’s, euer Gebein verbliche in dieser Wildnis, als dass ihr euch als der kleine Wurm erwieset, der nach und nach die ganze Frucht zum Faulen bringt. Wollt ihr unter dieser Bedingung mit uns kommen?“

„Ich glaube, unter jeder Bedingung käme ich mit“, erklärte Ferrier mit solchem Nachdruck, dass selbst die würdigen Ältesten in der Runde ein Lächeln nicht unterdrücken konnten. Nur der Führer behielt seinen unbewegten und strengen Ausdruck.

„So nimm ihn also, Bruder Stangerson!“, befahl er. „Gib ihm Essen und Trinken, dem Kind ebenso. Es soll auch deine Aufgabe sein, ihn unser Glaubensbekenntnis zu lehren … Nun haben wir uns lange genug aufgehalten. Vorwärts! Auf, auf nach Zion!“

„Auf nach Zion!“

Das Wort pflanzte sich fort von Mund zu Mund; die ganze Karawane hindurch wurde es der Refrain von tausend Stimmen, bis es, zuletzt nur noch ein dumpfes Murmeln, in weiter Ferne erstarb. Mit Peitschenknallen und Räderknarren setzten die großen Wagen sich in Bewegung, und gleich darauf wand sich der ganze lange Zug wieder wie eine riesige Schlange durch das Gelände. Der Älteste, dessen Obhut die beiden Heimatlosen anvertraut waren, führte sie zu einem Wagen, wo schon ein Mahl für sie bereitet war.

„Hier sollt ihr bleiben“, sagte er. „In einigen Tagen werdet ihr euch von euren Strapazen erholt haben. Einstweilen macht euch darauf gefasst, dass ihr von nun an und für immer Angehörige unserer Religion seid. Brigham Young hat es gesagt; aus ihm spricht Joseph Smith, dessen Stimme die Stimme Gottes war.“

Die Blume von Utah

Es ist hier nicht der Ort, von den zahllosen Prüfungen und Entbehrungen zu sprechen, welche den wandernden Mormonen auferlegt waren, bis sie endlich an ihrem Ziel anlangten. Von den Ufern des Mississippi bis zu den Westhängen der Rocky Mountains kämpften sie sich mit einer Ausdauer und Standhaftigkeit voran, die in der Geschichte ihresgleichen kaum findet. Wilde Menschen und Tiere, Hunger, Durst, Erschöpfung und Krankheit – jedes Hindernis, das ihnen eine unerbittliche Natur in den Weg legte, hatten sie mit angelsächsischer Hartnäckigkeit überwunden. Doch die lange Reise und so viele ausgestandene Schrecken erschütterten auch die Herzen der Wackersten. Da gab es keinen Einzigen, der nicht auf die Knie gesunken wäre, um voller Inbrunst ein Dankgebet zu sprechen, als sie das weite Tal von Utah im Sonnenlicht vor sich liegen sahen. Dies sei nun das Gelobte Land, vernahmen sie aus dem Munde ihrer Führer, und diese jungfräulichen Äcker sollten für immer die ihren sein.

Wie er ein ausgezeichnetes Oberhaupt für ein Nomadenvolk gewesen war, so erwies sich Young bald auch als vorzüglich begabter Staatsmann. Er ließ Landkarten zeichnen, Vermessungen vornehmen und einen Plan der künftigen Stadt entwerfen. Farmen und Grundbesitz verteilte er je nach Größe und Lebensstandard unter die einzelnen Familien. Kaufleuten und Gewerbetreibenden wurde ihr Handelsgebiet, Handwerkern ihre Wirkungsstätte zugewiesen. Wie durch ein Wunder wuchsen erst Häuser, dann Straßen und Plätze aus dem Boden. Das Land wurde urbar gemacht, indem man es entwässerte, rodete und einhegte. Es gedieh schlechthin alles in der neuen glücklichen Ansiedlung. Und in ihrer Mitte, im Stadtzentrum, erhob sich der große Tempel. Immer noch höher und mächtiger wurde er, und von der ersten Morgenröte bis tief in die Dämmerung hörte man es dort hämmern, klopfen und sägen, denn es galt ja, Ihm, der die Einwanderer sicher durch so viele Fährnisse geleitet hatte, ein Denkmal zu errichten.

Die beiden unterwegs Aufgelesenen, John Ferrier und sein kleines Mädchen – er hatte es ja als seine Tochter angenommen –, begleiteten die Pilger bis ans Ende ihrer großen Wallfahrt. Die kleine Lucy überstand die Reise so angenehm wie möglich in Stangersons Wagen, den sie mit den Frauen des Mormonen und seinem Sohn, einem eigensinnigen, frühreifen Bengel von zwölf Jahren, teilte. Mit der Lebenskraft und Anpassungsfähigkeit des Kindes genas sie allmählich von dem tiefen Schmerz, den ihr der Tod der Mutter zugefügt hatte. Bald wurde sie das Nesthäkchen der drei Frauen, ja fühlte sich nach und nach ganz zu Hause in ihrem fahrenden Zelt.

Auch Ferrier kam wieder zu Kräften. Er wurde ein vorzüglicher Wegweiser und unermüdlicher Jäger. So sehr gewann er die Achtung und Wertschätzung seiner neuen Gefährten, dass am Ende der Wanderung einmütig beschlossen wurde, er solle ein ebenso großes und fruchtbares Stück Land erhalten wie jeder andere Siedler – mit Ausnahme der führenden Ältesten: Young, Stangerson, Kemball, Johnston und Drebber.

Auf seinem Grundstück baute nun Ferrier ein gediegenes Blockhaus und vergrößerte es im Laufe der Zeit nach allen Seiten hin, sodass eine geräumige Villa daraus wurde. Dieser Mann war klug und besonnen in all seinen Handlungen. Er entwickelte viel praktischen Sinn und besaß geschickte Hände, mit denen er fest zupackte. Seine stählerne Konstitution befähigte ihn, täglich von morgens bis abends zu arbeiten. Unentwegt war er dabei, seine Ländereien zu bebauen, umzupflügen und zu verbessern. So kam es, dass seine Farm und alles, was dazugehörte, blühte und gedieh. Innerhalb kurzer Zeit ging es ihm schon besser als seinen Nachbarn, und nach sechs Jahren war er bereits wohlhabend. Nach neun Jahren war er als reicher Mann bekannt, und nach zwölfen gab es kein halbes Dutzend Menschen in Salt Lake City, die sich an Besitz und Ansehen mit ihm messen konnten. Vom großen Binnensee bis zu den fernen Wahsatch-Bergen hatte kein Name besseren Klang als der John Ferriers.

Nur in einem Punkt schied er sich von seinen Glaubensbrüdern, ohne Rücksicht auf ihre Gefühle. Keine Überredungskunst noch Kritik brachten ihn dazu, sich zu verheiraten oder gar mit mehreren Frauen zu umgeben, wie es bei den Mormonen der Brauch war. Einige warfen ihm darob Lauheit in Fragen der Religion vor. Andere hielten ihn sogar für eigennützig und habgierig, als wolle er nur Schätze anhäufen und alle Ausgaben vermeiden. Wieder andere hielten ihn für romantisch und sprachen von einer Jugendliebe, einem blonden Geschöpf, das an der atlantischen Küste seinetwegen verschmachtet sei und das er nicht vergessen könne. Er selber gab für seine hartnäckige Weigerung nie einen Grund an, sondern führte nur bestimmt und unbeugsam seinen Entschluss durch: Er blieb Junggeselle. Sonst aber bekannte er sich in jeder Beziehung zur Religion der jungen Siedlung und stand im Ruf eines untadeligen, gottesfürchtigen Mannes.

Lucy wuchs im Haus ihres Adoptivvaters auf und half ihm bei all seinen Unternehmungen. Hatte sie auch keine Mutter mehr, so ersetzten ihr die frische, kräftige Gebirgsluft und der köstliche Kieferndurft doch die beste Kinderfrau der Welt. Von Jahr zu Jahr wurde sie größer und geschmeidiger. Ihre lieblichen Wangen und ihr federnder Gang begannen die Blicke auf sich zu ziehen. Und mancher Wandersmann, der auf der Landstraße an Ferriers Farm vorüberkam, fühlte lang vergessene Sehnsüchte in sich aufsteigen, wenn er die schlanke, anmutige Gestalt durch die Weizenfelder schreiten sah. Noch mehr Behändigkeit und Grazie entfaltete sie, wenn sie, ein echtes Kind des Westens, auf dem Mustang ihres Vaters daher geritten kam.

So reifte die Knospe zur Blume, und etwa um die gleiche Zeit, da Ferrier zum reichsten Farmer der Umgegend geworden, war sie zum schönsten Mädchen weit und breit erblüht.

Selten nehmen die Angehörigen eher als die anderen diese Wandlung an heranwachsenden Menschenwesen wahr. Die geheimnisvolle Veränderung vollzieht sich so behutsam und unmerklich, dass man sie nach Daten gewiss nicht messen kann. Am wenigsten wird sie dem jungen Geschöpf selbst bewusst. Erst wenn zum ersten Mal der Ton einer Stimme oder die Berührung einer Hand sein Herz erbeben lässt und in ihm diese seltsame Empfindung, gemischt aus Unruhe, Stolz und Glück, entfacht, weiß es, dass seine Natur zu einem neuen und schöneren Leben erwacht ist. Und wenige werden den Tag, an dem diese kleine Begebenheit stattgefunden hat, je wieder vergessen. Auch Lucy Ferriers Vater entdeckte nicht als Erster, dass aus dem Kind eine junge Frau geworden war. Bei ihr allerdings nahm das eben erwähnte Ereignis ernste Gestalt an und beeinflusste nicht nur entscheidend ihre eigene Zukunft, sondern auch das Schicksal anderer Menschen.

An einem warmen Junimorgen waren die „Heiligen vom Jüngsten Gericht" emsig wie die Bienen – die sie sich auch als Wappentiere ausgesucht hatten – am Werk. Auf den Feldern wie im Stadtinnern herrschte das gleiche Getöse menschlicher Geschäftigkeit. Über die staubige Landstraße kamen in langen Zügen schwer beladene Maulesel, unterwegs nach Kalifornien, wo das Goldfieber ausgebrochen war und die Menschen aus aller Welt anlockte. Ihr Weg führte sie durch die Stadt der „Auserwählten". Und zugleich mit den großen Karawanen ermatteter Einwanderer, die sich samt ihren müden Pferden nach der langen Reise nur noch mühsam weiterschleppten, sah man mächtige Schaf- und Ochsenherden, die ihre weit abgelegenen Weideplätze hinter sich gelassen hatten, durch die Straßen laufen.

Gewandt und unbekümmert kam mitten durch dieses bunte Gewimmel Lucy Ferrier auf ihrem Hengst daher gesprengt. Das lange kastanienbraune Haar flatterte wie eine Fahne hinter der kühnen Reiterin her, und ihr hübsches Gesicht war von der Bewegung gerötet. In der frohen Ausgelassenheit ihrer Jugend ritt sie wie stets in vollem Galopp, denn sie hatte für ihren Vater etwas in der Stadt zu besorgen und war nur darauf bedacht, ihren Auftrag rasch und pünktlich auszuführen.

Reisemüde Abenteurer blieben stehen und schauten ihr bewundernd nach. Ja, selbst einige Indianer, die mit ihren erjagten Pelzen handelten und nicht so leicht aus ihrer stoischen Ruhe zu bringen waren, blickten sich nach der schönen weißen Squaw um.

Als sie den Stadtrand erreicht hatte, fand sie die Ausfallstraße von einer mächtigen Rinderherde versperrt. Ungeduldig versuchte Lucy an dem lästigen Hindernis vorbeizukommen und galoppierte in die erste beste Lücke hinein, die sich öffnete. Doch schloss sich der Ring der nachdrängenden Tiere sofort wieder um sie, und sie war vollständig zwischen wild dreinblickenden Ochsen eingekeilt. Der Umgang mit gehörntem Vieh war dem jungen Mädchen von jeher vertraut. Es hätte sich durch diese Blockierung gewiss nicht schrecken lassen. Nur geriet der Mustang unglücklicherweise in allzu heftige Berührung mit einem jungen Stier, der ihm folglich seine Hörner in die Flanke stieß. Sofort begann das Pferd zu scheuen und sich aufzubäumen. Vor Schmerz und Wut gebärdete es sich wie rasend, sodass es jeden weniger geübten Reiter aus dem Sattel geworfen hätte. Auch für Lucy wurde, obwohl sie alle ihr zu Gebote stehende Kunst, das Tier zu bändigen, anwandte, die Lage äußerst gefährlich. Von der beständigen Annäherung der Hörner stets von Neuem gereizt, tänzelte der Hengst, noch immer steil emporgerichtet, auf den Hinterbeinen. Verlor das Mädchen nur für den Bruchteil einer Sekunde die Gewalt über sein Pferd, so drohte ihm abgeworfen und von den Hufen der aufgestörten Rinder totgetrampelt zu werden. In dem plötzlichen Tumult wurde ihr von dem aufgewirbelten Staub und dem heißen Atem der aufgeregten Tiere schwindlig. Ihre Hand, die den Zügel hielt, erschlaffte. Das Mädchen hätte ums Haar alle Geistesgegenwart verloren und den Kampf aufgegeben. Da erscholl eine freundlich beruhigende Stimme an ihr Ohr, die Hilfe und Rettung versprach. Zugleich fasste eine sehnige braune Hand nach dem Zügel und führte mit energischem Griff den Hengst durch die gehörnte Schar, sodass seine schöne Reiterin wohlbehalten am Straßenrand anlangte.

„Ich hoffe, Sie sind unversehrt, mein Fräulein“, sagte der Retter ehrerbietig.

Sie sah zu ihm auf und in ein gebräuntes, kühnes Gesicht. Froh lächelte sie, als sie antwortete: „Ich bin ja so erschrocken! Wer hätte auch gedacht, dass Poncho vor ein paar Kühen scheuen würde?“

„Gott sei Dank, dass Sie sich im Sattel halten konnten“, versetzte der junge Mann ernst. Groß war er, kräftig, und saß auf einem mächtigen Rotschimmel. Er trug einen rauen Jägerkittel und hatte eine lange Flinte über der Schulter hängen. „Sind Sie nicht John Ferriers Tochter?“, fragte er. „Ich sah Sie aus seinem Hause kommen. Wenn Sie wieder bei ihm sind, fragen Sie ihn doch bitte, ob er sich noch an Jefferson Hope in St. Louis erinnert. Wenn er der Ferrier ist, den ich meine, dann waren mein Vater und er dicke Freunde."

„Wollen Sie nicht kommen und ihm das selbst sagen?", lud sie ihn artig ein.

Die dunklen Augen des jungen Burschen funkelten vor Freude. „Gern", sagte er. „Zwar waren wir jetzt zwei Monate lang in den Bergen. Ich bin etwas verwildert und noch nicht ganz gesellschaftsfähig. Aber wenn er mich so empfangen will, wie ich bin –"

„Er hat wohl – genau wie ich – allen Grund, Ihnen dankbar zu sein", fiel Lucy dem jungen Mann ins Wort. „Weil er mich nämlich sehr gern mag. Wenn mich die Kühe zertrampelt hätten – er wäre nicht darüber hinweggekommen."

„Ich auch nicht", sagte ihr Begleiter schlicht.

„Sie? Ja, wieso denn das? Sie gehören doch gar nicht zu unseren Freunden!"

Ein Schatten glitt über des jungen Jägers Gesicht bei dieser Bemerkung.

Doch sie lachte hellauf und bat: „Nicht böse sein! So hab ich es ja nicht gemeint. Natürlich sind Sie von jetzt an unser Freund. Besuchen Sie uns nur recht bald! Jetzt muss ich aber weiter. Sonst wird mir mein Vater keine Besorgung mehr anvertrauen. Auf Wiedersehen!"

„Auf Wiedersehen!", sagte auch er, lüftete seinen breitrandigen Sombrero und beugte sich über ihre kleine Hand. Mit einem leichten Schenkeldruck brachte sie ihren Poncho in Schwung und versetzte ihm zur Ermunterung noch einen kleinen Schlag mit der Reitgerte. Schon stürmten die beiden die Landstraße entlang, wo sie gleich darauf hinter einer hochwogenden Staubwolke verschwanden.

Auch der junge Jefferson machte sich wieder auf den Weg. Nachdenklich und schweigsam ritt er neben seinen Kameraden her. Er war mit ihnen auf der Silbersuche in den Nevada-Bergen gewesen. Nach Salt Lake City kehrten sie nun in der Hoffnung zurück, genügend Kapital zur Ausbeutung der Adern, die sie gefunden hatten, aufzutreiben. Bis jetzt war Hope, genau wie alle anderen, auf derlei Geschäfte versessen gewesen. Doch dies neue Erlebnis lenkte seine

Gedanken jäh in andere Bahnen. Der Anblick der jungen Schönheit, die so frisch und erquickend wie eine Sierrabrise wirkte, hatte sein vulkanisch ungestümes Herz zutiefst angerührt. Kaum war sie seinen Blicken wieder entschwunden, da wusste er, dass er an einem Wendepunkt seines Lebens angekommen war. Und weder Silberminen noch irgendetwas sonst auf der Welt konnte fortan für ihn von ebenso großer Bedeutung sein wie dieses neue, überwältigende Gefühl. Was da in ihm erwachte, war nicht mehr die launenhafte Verliebtheit eines Jünglings, sondern die wilde, glühende Leidenschaft eines Mannes von ausgeprägtem Charakter und starker Willenskraft, eines Mannes, der gewohnt war, dass gelingen musste, was er unternahm. Er gelobte sich in seinem Herzen, all seine Kräfte einzusetzen, um dieses höchste Gut zu erringen.

Am gleichen Abend machte er John Ferrier einen Besuch, und bald darauf wieder. Es währte nicht lange, da war er ein vertrauter und gern gesehener Gast in diesem Haus.

Ferrier lebte ganz zurückgezogen und für sich in seinem Tal. Er wurde seit zwölf Jahren so ausschließlich von seinem Hof in Anspruch genommen, dass er kaum mehr Gelegenheit gefunden hatte, sich um die übrige Welt zu kümmern. Von ihr nun konnte ihm der neue Freund eine Menge berichten. Er tat es auf so fesselnde Weise, dass Vater und Tochter gleichermaßen gespannt seinen Worten lauschten, wenn er Geschichten aus seiner Pionierzeit in Kalifornien zum Besten gab. Er erzählte, dass ihm in jenen fernen wilden Tagen, als er als Pfadfinder in die Welt hinauszog, Glücksgüter wie gewonnen, so zerronnen waren. Dann hatte er sich als Jäger, Silbergräber und Viehzüchter seinen Lebensunterhalt verdient. Wo immer es ein aufregendes Abenteuer zu bestehen galt, war Jefferson Hope dabei gewesen. Der Farmer gewann den jungen Feuerkopf sehr lieb und lobte seinen Mut und sein Können auf so vielen Gebieten über den grünen Klee. Lucy saß dann ganz still da und sagte kein Wort, aber ihre heißen Wangen und glückstrahlenden Augen verrieten, dass ihr junges Herz längst ihm gehörte, von dem nun so oft die Rede war. Mochte ihr ehrbarer Vater auch diese Anzeichen noch übersehen, dem Mann, der ihre Zuneigung erobert hatte, blieben sie nicht verborgen.

An einem Sommerabend kam Jefferson über die Landstraße

geritten und hielt vor Ferriers Gartentor an. Als er Lucy in der Haustür stehen sah, warf er die Zügel über eine Zaunlatte, und sie gingen einander entgegen.

„Ich muss fort, Lucy", sagte er, indem er ihre beiden Hände in die seinen nahm und ihr zärtlich in die Augen sah. „Heute darf ich dich noch nicht mit mir nehmen. Aber wenn ich wiederkomme, wirst du dann mit mir gehen?"

„Wann wird das sein?", fragte sie scheu.

„In ein paar Monaten bin ich zurück", versprach er. „Und dann, mein Liebling, will ich um dich freien. Dann kann uns niemand auf der Welt mehr trennen."

„Und Vater?", entgegnete sie bang.

„Hat seine Einwilligung schon gegeben, vorausgesetzt, dass wir es schaffen, etwas aus diesen Silberminen herauszuholen, um derentwillen ich dich jetzt verlassen muss."

„Ja? Oh, das ist gut! Wenn ihr euch einig seid, Vater und du, dann brauche ich mein Jawort gar nicht mehr zu geben", flüsterte sie lächelnd und barg ihr Gesicht an seiner breiten Brust.

„Dem Himmel sei Dank!", stieß er heiser hervor. Er beugte sich zu ihr herab, küsste sie auf den Mund und besiegelte damit ihr Bündnis. „So leb denn wohl, mein Liebes, Einziges! Denn je länger ich bei dir bleibe, umso schwerer wird mir der Abschied. Auf Wiedersehen! In zwei Monaten, auf Wiedersehen!"

Noch im Sprechen riss er sich von ihr los, schwang sich aufs Pferd und galoppierte eilends davon. Nicht einmal sich nach ihr umzusehen wagte er, als fürchtete er, noch schwankend zu werden in seinem Entschluss und unfähig, sie zurückzulassen. Sie aber stand am Tor und schaute ihm nach, bis auch nicht ein Punkt mehr von ihm zu sehen war. Dann erst ging sie zurück ins Haus als das glücklichste Mädchen von ganz Utah.

Der Zorn des Propheten

Drei Wochen waren seither vergangen. Beim Gedanken an Jefferson Hopes Rückkehr wurde John Ferrier das Herz schwer; denn es bedeutete ja, dass er sein Pflegekind an diesen jungen Mann verlieren sollte. Jedoch die Seligkeit, die über Lucys Gesicht schwebte, söhnte ihn mit ihrem Verlöbnis aus und überzeugte ihn mehr, als tausend Erwägungen es vermocht hätten, dass es damit recht bestellt war. Tief im Innersten hatte er sich ja immer geschworen, dass er das Mädchen niemals einem Mormonen zur Frau geben werde. Eine solche Heirat betrachtete er nicht als Ehe, sondern als Entehrung und Schmach. Was immer er sonst von der mormonischen Lehre halten mochte, in diesem einen Punkt blieb er unbeugsam. Er musste jedoch seine abweichende Ansicht streng für sich behalten; denn es war damals im Lande der Heiligen äußerst gefährlich, „ketzerische" Meinungen zu äußern.

Ja, so gefährlich war es, dass sogar die Treuesten in diesem Glauben über Dogmatisches nur zu flüstern wagten, aus Furcht, es könne ihnen ein Wort falsch ausgelegt werden und die Vergeltung lauere irgendwo in einem Winkel. Die Opfer der Verfolgung waren nun ihrerseits zu den grausamsten Verfolgern geworden.

Weder die spanische Inquisition noch das mittelalterliche Femegericht in Deutschland, noch die italienischen Geheimgesellschaften wandten in ihrer Ahndung schlimmere Methoden an als die dunkle Schreckensherrschaft im Staate Utah. Obgleich man von dieser Organisation weder etwas hörte noch sah, schien sie allwissend und allmächtig zu sein. Jeder, der gegen die Gebote der mormonischen Kirche verstieß, verschwand eines Tages. Niemand ahnte auch nur, wohin er gegangen, geschweige denn, was aus ihm geworden war. Frauen und Kinder warteten zu Hause, aber kein Vater kehrte zu ihnen zurück. Sie erfuhren niemals, welches grauenhafte Schicksal die geheimen Richter über ihn verhängt hatten. Ein rasch hingesagtes Wort, eine einzige unüberlegte Handlung zogen unausbleiblich Vernichtung nach sich. Und doch wusste niemand, auf welche Weise die teuflische Macht dem nächsten Sünder den Garaus machen würde. Kein Wunder, dass die Menschen zitternd vor Furcht umhergingen und nicht einmal in der tiefen Wüste Zweifel, die sie befielen, flüsternd zu äußern wagten.

Anfangs kam dieses ungewisse, entsetzliche Verhängnis nur über die Abtrünnigen, das heißt solche, die den Mormonenglauben verändern oder ihm entraten wollten. Bald jedoch erweiterte sich der Bereich dieser fürchterlichen Macht. Da die Polygamie gesetzlich eingeführt war, reichte die Zahl der weiblichen Wesen aus der eigenen Bevölkerung nicht mehr aus. Merkwürdige Gerüchte waren im Umlauf. Gerüchte von ermordeten Einwanderern, von Überfällen in der Einöde, wo man Indianer nie gesichtet hatte. Neue Frauen tauchten im Hause der Ältesten auf. Sie weinten und grämten sich, und die Spuren der Schmerzen waren auf ihren Gesichtern unauslöschlich eingegraben. Wanderer, die noch spät unterwegs gewesen, berichteten, dass in den Bergen Banden bewaffneter Männer, die Masken trugen, lautlos in der Dunkelheit an ihnen vorübergehuscht seien. Derlei Sagen und Gerüchte nahmen nur zu bald greifbare Gestalt an. Wieder und wieder wurden sie von unwiderlegbaren Ereignissen bestätigt. Noch heutigen Tages lebt auf den einsamen Gehöften des Westens die schreckliche Erinnerung an die „Danitischen Banden" und die „Rächenden Engel" fort.

Je mehr den Leuten vom grauenhaften Walten dieser finsteren Mächte zu Ohren kam, umso größer wurden Angst und Schauder in den Gemütern. Man wusste ja nie, wer im Geheimen an dieser ruchlosen Gesellschaft beteiligt war. Und keiner kannte die Namen derer, die unter dem Deckmantel der Religion ihre Gräueltaten begingen. Zweifel an der Mission des Propheten durfte man auch dem besten Freund gegenüber nicht laut werden lassen. Denn vielleicht war er selbst einer von ihnen, die des Nachts kamen, um mit Feuer und Schwert ihre blutige Vergeltung zu üben. Daher fürchtete jeder seinen Nachbarn, und niemand sprach über das, was sein Herz am meisten bedrängte. Als Ferrier eines Morgens eben aufs Feld gehen wollte, hörte er, wie das Gittertor ins Schloss fiel. Durchs Fenster sah er einen feisten hellblonden Mann auf dem Gartenweg daherkommen. Das Herz klopfte ihm bis zum Halse, denn es war kein Geringerer als der große Brigham Young in eigener Person. Bebend vor angstvoller Erregung – denn er ahnte, dass dieser Besuch nichts Gutes bedeutete – eilte der Farmer zur Haustür, um das Oberhaupt der Mormonen mit gebührender Untertänigkeit zu empfangen. Der Gewaltige jedoch nahm von seinen Begrüßungsworten kaum Notiz, sondern folgte mit finsterer Miene seinem Gastgeber in dessen Wohnzimmer, wo er sogleich Platz nahm. Unter seinen weißblonden, buschigen Brauen hervor heftete er den Blick durchdringend auf den Farmer und begann: „Bruder Ferrier, die wahren Gläubigen waren dir gute Freunde. Als du dem Hungertod preisgegeben warst, haben wir dich in der Wüste aufgelesen. Wir teilten unsere Vorräte mit dir und brachten dich sicher in das Tal der Verheißung. Wir gaben dir ein gutes Stück Land und haben es zugelassen, dass du unter unserem Schutz reich wurdest. Gibst du das zu?“

„So ist es“, bestätigte John Ferrier.

„Als Gegenforderung stellten wir eine einzige Bedingung, und die war, dass du den wahren Glauben annehmen und in allem gemäß seinen Geboten leben solltest. Das zu tun, versprachst du und hast dein Gelübde, wenn die allgemeinen Behauptungen stimmen, nicht eingehalten.“

„Worin hätte ich meine Pflichten vernachlässigt?“, fragte Ferrier und hob beschwörend die Hände. „Habe ich nicht immer für die Gemeindekasse gespendet? Bin ich nicht zum Gottesdienst in den Tempel gegangen? Habe ich nicht …?“

„Wo sind deine Frauen?“, unterbrach ihn ungeduldig der Mormone und sah im Zimmer umher. „Rufe sie herbei, damit ich sie begrüße!“

„Es ist wahr, ich habe nicht geheiratet“, erwiderte Ferrier. „Aber es waren nur wenige Mädchen da, und es gab viele Männer, die mehr Anspruch darauf hatten als ich. Zudem bin ich ja nicht allein, sondern habe eine Tochter, die mir das Haus führt und mich versorgt.“

„Gerade wegen deiner Tochter möchte ich mit dir sprechen“, versetzte der Mormonenhäuptling. „Sie ist schön, und man heißt sie die ‚Blume von Utah'. Bei vielen, die in unserem Land hohes Ansehen genießen, hat sie Wohlgefallen erregt."

Des Farmers Herz krampfte sich zusammen.

„Mir sind da Geschichten zu Ohren gekommen, die ich lieber nicht glauben will. Man erzählt, sie sei einem Heiden versprochen. Das kann doch wohl nur belangloses Geschwätz sein. Wie heißt das dreizehnte Gebot im Sittenkodex des heiligen Joseph Smith? ‚Jede Maid, die sich zum wahren Glauben bekennt, soll einen Auserwählten heiraten; denn so sie sich einem Heiden vermählte, beginge sie eine schwere Sünde.' Du, als Anhänger des wahren Glaubens, der die Gebote kennt, wirst also unmöglich dulden, dass deine Tochter sie übertritt."

John Ferrier antwortete nicht, nervös spielte er mit seiner Reitpeitsche.

„Deine Überzeugung soll in dieser Hinsicht jetzt auf die Probe gestellt werden. So wurde es im heiligen Rat der Vier beschlossen. Das Mädchen ist jung und braucht keinen Graubart zu heiraten. Bis zu einem gewissen Grad lassen wir ihr sogar freie Wahl. Wir Älteren haben ja viele Färsen*, aber wir müssen auch für unsere Nachkommen vorsorgen. Stangerson und Drebber haben jeder einen Sohn. Jeder von ihnen würde mit Freuden deine Tochter in seinem Haus willkommen heißen. Lass sie wählen zwischen den beiden! Sie sind jung, reich und haben den wahren Glauben. Was hast du dazu zu sagen?"

Der Farmer saß eine Weile still mit gerunzelter Stirn da.

„Lasst uns etwas Zeit", erwiderte er schließlich. „Meine Tochter ist fast noch ein Kind. Sie steht kaum im heiratsfähigen Alter."

„Sie soll vier Wochen Bedenkzeit haben. Nach Ablauf dieser Frist wird sie sich entscheiden", erklärte Young und stand auf. In der Tür wandte er sich noch einmal um. Sein Gesicht glühte, als er mit flammenden Augen und Donnerstimme verkündete: „Besser wär's für dich und auch für sie gewesen, John Ferrier, eure Skelette bleichten droben auf der Sierra Blanca, als dass dein schwacher Wille sich jetzt auflehnte gegen die Befehle der heiligen Vier!"

---

* Heber C. Kemball spielt in einer seiner Predigten mit dieser zärtlichen Bezeichnung auf seine hundert Frauen an.

Mit drohender Miene ging er davon. Ferrier hörte den Kies knirschen, als würde etwas zermalmt unter diesen schweren Schritten.

Vornübergebeugt, die Ellenbogen auf die Knie gestützt, so saß er noch grübelnd da, als er eine sanfte Hand auf seiner Schulter fühlte. Lucy war plötzlich neben ihm, und in ihrem blassen, erschrockenen Gesicht stand geschrieben, dass sie alles mit angehört hatte.

„Ich kann nichts dafür", erwiderte sie auf die Frage in seinem Blick. „Seine Stimme hallte ja durch das ganze Haus. Ach, Vater, Vater, was sollen wir nur tun?"

„Hab keine Furcht!", beruhigte er sie. Er zog das Mädchen an sich und strich zärtlich mit seiner rauen großen Hand über ihr kastanienbraunes Haar. „Auf irgendeine Art werden wir es schon schaffen. Hast du deinen Burschen noch immer genauso lieb?"

Ihre einzige Antwort waren ein Schluchzen und ein Händedruck.

„Natürlich, ich wusste es ja. Und bin auch ganz damit einverstanden. Denn ich glaube, er ist edel und gut. Dazu ein Christ, und das bestimmt mehr als dies Volk hier herum, mag es noch so viel beten und predigen. Morgen geht ein verlässlicher Trupp nach Nevada hinüber. Dem will ich eine Botschaft für ihn mitgeben. Er soll wissen, dass wir in der Klemme sitzen. Und wenn ich ihn richtig einschätze, deinen Bräutigam, dann wird er so geschwind hier sein wie ein Telegramm."

Bei diesem Vergleich ihres Vaters lachte Lucy herzlich unter Tränen und sagte: „Ganz sicher wird er Rat wissen, wenn er erst kommt. Aber um dich ist mir so bang, Lieber. Immer wieder hört man, wie entsetzlich es denen ergeht, die sich dem Propheten nicht fügen."

„Aber wir haben uns ihm ja bisher nicht widersetzt", wandte ihr Vater ein. „Wenn es so weit ist, bleibt noch Zeit, nach Sturmwolken Ausschau zu halten, und bis dahin liegen volle vier Wochen vor uns. Wenn die um sind, tun wir allerdings wohl am besten daran, ganz von hier wegzugehen."

„Fort aus Utah?"

„So dachte ich."

„Und deine Farm?"

„Die machen wir, so weit das möglich ist, zu Geld. Den Rest

lassen wir fahren. Aufrichtig gesagt, Lucy, es ist nicht das erste Mal, dass mir dieser Gedanke kommt. Ich mag nicht mehr auf den Knien rutschen – vor wem auch immer –, wie es die Leute hier vor ihrem verdammten Propheten tun. Als frei geborener Amerikaner habe ich so etwas nie gekonnt. Und jetzt bin ich wohl zu alt, da noch umzulernen. Wenn der wieder hier auf meinem Hof herumlungert, kann es geschehen, dass er von ungefähr eine Schrotladung, die aus der entgegengesetzten Richtung abgefeuert wurde, in den Bauch bekommt."

„Aber sie lassen uns nicht fort!", entgegnete die Tochter.

„Warte du nur, bis Jefferson kommt; dann werden wir gemeinsam einen Plan schmieden. Einstweilen quäl dich aber nicht, mein Herz, und weine dir nicht die Augen wund! Sonst zieht dein Freund über mich her, wenn er dich so sieht. Wir brauchen gar keine Angst zu haben. Noch droht nicht die geringste Gefahr."

So versuchte John Ferrier in sehr zuversichtlichem Ton seine geliebte Pflegetochter zu trösten. Trotzdem entging es ihr nicht, dass er mit ungewöhnlicher Sorgfalt am Abend die Türen verschloss. Auch beobachtete sie, wie er die alte, rostige Flinte in seinem Schlafzimmer von der Wand nahm, sie umständlich putzte und lud.

Flucht

Gleich am nächsten Morgen besuchte Ferrier in der Stadt seinen Bekannten, der nach Nevada reisen wollte, und vertraute ihm einen Brief für Jefferson Hope an. In dieser Botschaft schilderte er dem jungen Mann die drohende Gefahr und legte ihm nahe, doch sofort zurückzukehren. Erleichtert machte er sich dann wieder auf den Heimweg.

Doch wie überrascht war er, als er sich seinem Hause näherte und dort, an die beiden Torpfeiler festgebunden, zwei Pferde erblickte. Noch größer wurde sein Erstaunen beim Betreten seines Wohnzimmers, in dem sich zwei junge Männer häuslich niedergelassen hatten. Der eine, ein langschädeliger, blasser Jüngling, räkelte sich im Schaukelstuhl; die Füße hatte er auf den Ofen gelegt. Der andere, ein vierschrötiger, stiernackiger Kerl mit grobem, gedunsenem Gesicht, machte sich am Fenster breit. Die Hände hatte er in den Hosentaschen und pfiff einen Gassenhauer vor sich hin. Ihre Begrüßung bestand lediglich in einem kurzen Kopfnicken zu Ferrier hin. Der im Schaukelstuhl eröffnete sogleich die Unterhaltung.

„Kann sein, dass Sie uns noch nicht kennen“, erklärte er. „Der dort ist Drebbers Sohn. Ich bin Joseph Stangerson, der mit Ihnen durch die Wüste reiste, als der Herr seine Hand ausgestreckt hatte, Sie in seine Herde heimzuholen.“

„Wie er es mit allen Völkern tun wird, wenn die Zeit dazu reif ist“, pflichtete der andere mit näselnder Stimme bei. „Gottes Mühlen mahlen langsam, aber sicher.“

John Ferrier verbeugte sich kühl. Er hatte gleich erraten, wer die zwei ungebetenen Besucher waren.

„Auf den Rat unserer Väter“, fuhr Stangerson fort, „sind wir gekommen, um Ihre Tochter zu freien. In ihrer Hand liegt es, wem von uns sie den Vorzug gibt. Da ich nur vier Frauen habe,

Bruder Drebber hingegen sieben, scheint mir, dass ich größeres Anrecht auf sie habe."

„Halt, halt, Bruder Stangerson", eiferte der andere. „Es geht nicht darum, wer mehr Frauen hat, sondern wer sich mehr von ihnen halten kann. Mein Vater hat mir jetzt seine Mühlen übergeben, und so bin ich reicher als du."

„Dafür sind meine Aussichten aber günstiger", setzte sich der Erste hitzig zur Wehr. „Wenn der Allmächtige meinen Vater zu sich nimmt, dann erbe ich die Gerberei und die Lederfabrik. Außerdem bin ich der Ältere und nehme in der Kirche einen höheren Rang ein."

„Die Maid soll entscheiden", versetzte der junge Drebber und grinste seinem Spiegelbild in der Scheibe zu. „Wir wollen das alles ihr überlassen."

Während dieses Streits stand Ferrier in der Tür und rauchte. Es fiel ihm schwer, sich zu beherrschen und den beiden Großsprechern nicht eins mit der Reitpeitsche über den Rücken zu ziehen.

„Hört einmal zu", sagte er schließlich, indem er auf sie zuschritt. „Ihr könnt dann kommen, wenn meine Tochter euch ruft. Bis dahin will ich eure Gesichter nicht mehr sehen."

Entgeistert starrten die beiden Mormonenjünglinge ihn an. War in ihren Augen dieses Wettrennen um des Mädchens Hand doch eine hohe Ehre für Vater und Tochter.

Der Farmer schrie sie zornig an: „Es führen zwei Wege aus diesem Zimmer. Welchen ihr nehmen wollt, steht euch frei, wenn ihr mir nur aus den Augen geht!"

Sein braunes Gesicht hatte einen so wilden Ausdruck, seine Hände waren so beängstigend groß und hager, dass den Jünglingen nicht mehr recht wohl in ihrer Haut zu sein schien und sie sich schleunigst aus dem Staub machten.

Der alte Mann folgte ihnen bis an die Haustür und rief ihnen von dort höhnisch nach: „Lasst mich nur wissen, wer in diesem edlen Handel gewonnen hat!"

„Dafür wirst du uns büßen!", schrie Stangerson weiß vor Wut zurück. „Du hast dem Propheten getrotzt und den Rat der Vier beleidigt. Bis zum Ende deiner Tage wirst du das bereuen!"

„Die Hand des Herrn wird schwer auf dir lasten!", brüllte der junge Drebber. „Er wird sie erheben und den Schlag gegen dich führen!"

„Nur zu. Ich fange mit dem Schlagen lieber gleich selber an!", rief Ferrier, bebend vor Zorn. Er wollte eben die Treppe hinaufstürmen und sein Gewehr holen, da hielt ihn Lucy am Arm fest. Ehe er sich loswinden konnte, hörte er am Getrappel der Pferdehufe, dass die beiden außer Reichweite waren.

„Die scheinheilige Brut", stieß er empört hervor und wischte sich den Schweiß von der Stirn. „Lieber sähe ich dich im Grab, mein Kind, denn als Frau eines dieser schwarzen Schufte!"

„Ja, Vater, lieber tot als das!", antwortete sie leidenschaftlich. „Aber Jefferson – er wird ja bald hier sein."

„Jawohl. Er kann nicht mehr lange ausbleiben. Je eher er kommt, desto besser. Denn wer weiß, was die Schurken als Nächstes im Schild führen!"

Es wurde wirklich hohe Zeit, dass der Farmer und sein Kind irgendwo Schutz und Hilfe fanden. In der gesamten Geschichte dieser Mormonensiedlung war ein ähnlicher Fall von offener Auflehnung noch nicht vorgekommen. Wenn schon geringfügige Vergehen streng bestraft wurden, was erst würde das Schicksal dieses Erzrebellen sein? Wie gut wusste Ferrier, dass ihm jetzt weder seine Stellung noch sein Reichtum etwas nützten. Waren nicht andere, wohlhabend und angesehen wie er, spurlos verschwunden, worauf ihr Hab und Gut der Kirche zufiel? Er war immer ein mutiger Mann gewesen; aber beim Gedanken an dies unausgesprochene, unheimliche Verhängnis, das über seinem Haupt schwebte, zitterte er. Jeder sicht- und greifbaren Gefahr hätte er mit Festigkeit entgegengeblickt; aber diese Ungewissheit zerrte an seinen Nerven. Trotzdem hielt er die qualvolle Besorgnis vor seiner Tochter geheim und war bemüht, die ganze Angelegenheit zu bagatellisieren. Sie jedoch sah mit dem Auge der Liebe, wie gepeinigt und bedrückt er war.

Er rechnete mit einem schriftlichen Verweis vonseiten Youngs, und er irrte sich nicht. Nur war die Art und Weise, wie ihm die Rüge erteilt wurde, sehr seltsam und unerwartet. So fand er beim Aufstehen am nächsten Morgen einen Zettel an seiner Bettdecke festgesteckt, auf dem in Blockschrift geschrieben stand:

NEUNUNDZWANZIG TAGE BLEIBEN DIR NOCH FÜR DIE REUE. DANN –

Der lange Gedankenstrich jagte ihm größeren Schrecken ein, als jede Drohung es getan hätte. Auch bereitete es ihm Kopfzerbrechen, wie diese Warnung in sein Zimmer gelangt sein mochte; denn sein Gesinde schlief ja im Nebenhaus. In seinem eigenen Haus jedoch waren alle Türen verschlossen, alle Fenster fest verriegelt gewesen. Er knüllte das Papier zusammen und erzählte seiner Tochter nichts davon. Doch legte sich der Vorfall wie eine eiserne Klammer um sein Herz. Diese neunundzwanzig Tage waren offensichtlich die Monatsfrist, welche Young ihm gesetzt hatte. Was sollten Mut und Kraft gegen einen Feind ausrichten, der diese dunkle und geheimnisvolle Macht besaß? Die gleiche Hand, die jene Nadel in seine Bettdecke steckte, hätte ebenso gut seinen Herzschlag auslöschen können, und niemand wäre je dahintergekommen, wer den Todesstreich führte.

Noch größer war die Erschütterung am nächsten Morgen. Sie hatten sich eben zum Frühstück niedergesetzt, als Lucy mit einem Aufschrei zur Decke hinaufdeutete. Dort stand – anscheinend mit einem angekohlten Stecken hingeschrieben – die Zahl 28. Das Mädchen hatte keine Ahnung, was dies bedeutete, aber er sagte wieder nichts.

Die ganze folgende Nacht blieb er auf, saß mit seinem Gewehr da und wachte. Er hörte nichts und sah nichts. Und doch war am Morgen eine 27 auf die Außenseite der Haustür gemalt.

So ging es einen Tag um den anderen weiter. Und so sicher, wie der Morgen kam, fand er eine Bestätigung vor, dass seine unsichtbaren Widersacher ihr Register stetig weiterführten. Denn an irgendeiner Stelle zeigten sie an, wie viel Tage der Gnadenfrist ihm noch vergönnt waren. Bald erschienen die Unglückszahlen an der Wand, bald auf dem Fußboden. Gelegentlich standen sie auch auf einem Stück Pappkarton, das am Gartenzaun befestigt war. Jedes Mal wenn er ihrer ansichtig wurde, überfiel ihn ein schier abergläubisches Grauen. Er wurde erschreckend mager und fand keine Ruhe mehr. Und in seine Augen trat der verstörte Ausdruck eines gehetzten Wildes. Seine letzte Hoffnung in diesem Leben war, der junge Jäger möchte aus Nevada zurückkommen.

Aus der 20 war eine 15, aus der 15 eine zehn geworden, und noch immer hatten sie von dem sehnlich Erwarteten keine Nachricht. Eine Zahl nach der anderen schwand dahin, aber er sandte kein Lebenszeichen. Klapperten die Hufe eines Reitpferdes über die Landstraße oder rief ein Kutscher seinem Gespann etwas zu, so eilte der alte Farmer ans Tor, weil er glaubte, endlich sei Hilfe eingetroffen. Schließlich, als noch fünf, dann vier, ja sogar nur drei Tage übrig waren, verzweifelte er an seiner Rettung und gab das Warten auf. Er wusste, dass er bei einem Fluchtversuch, auf sich allein angewiesen, wegen seiner mangelhaften Kenntnis der umliegenden Gebirge machtlos war. Alle Ausfallstraßen und Wege aber, die aus der Siedlung hinausführten, wurden streng überwacht und durften ohne Sondergenehmigung durch den Rat überhaupt nicht begangen werden. Wie auch immer er es drehte und wendete, es gab vor dem drohenden Verhängnis kein Entrinnen. Trotzdem wankte der alte Mann keinen Augenblick in seinem Entschluss, lieber mit dem Leben zu bezahlen, als in das einzuwilligen, was er als eine Schändung seiner Tochter ansah.

Am Abend des vorletzten Tages saß er allein auf und zermarterte sich das Hirn, wenigstens für Lucy einen Ausweg zu finden. Nicht allein, dass die grausigsten Todesvorstellungen seine Fantasie erfüllten. Noch mehr quälte ihn die Frage: Was sollte aus seiner Tochter werden, wenn er nicht mehr unter den Lebenden weilte? Gab es denn nirgendwo einen Ausweg aus diesem unsichtbaren Netz, in das sie verstrickt waren? Sein Kopf sank ihm vornüber auf die Tischplatte; und er schluchzte, weil er sich so ohnmächtig fühlte.

Doch plötzlich – was war das? – hörte er in der nächtlichen Stille ein leises, aber deutlich vernehmbares Kratzen. Es musste etwas vor der Haustür sein. Ferrier schlich auf den Flur hinaus und horchte gespannt. Nach einer Pause von wenigen Minuten wiederholte sich sachte und doch eindringlich das seltsame Geräusch. Unweigerlich war da jemand und begehrte Einlass. Womöglich ein mitternächtlicher Henker, der beauftragt war, den Mordbefehl des Geheimtribunals auszuführen. Oder nur ein Sendbote, der anzeigen sollte, dass der letzte Tag der Galgenfrist bald dämmerte? Ferrier fühlte nur noch eins: dass ein rascher

Tod jetzt besser sei als jeder Aufschub. Mit einem Satz war er an der Tür, schob den Riegel zurück und riss sie auf.

Draußen herrschte vollkommene Stille. Es war eine schöne klare Nacht, und die Sterne funkelten. Da lag der kleine Garten vor seinen Augen, umschlossen von Zaun und Gittertor. Doch weder hier noch auf der Straße war eine Menschenseele. Mit einem Seufzer der Erleichterung sah Ferrier erst nach rechts und dann nach links, bis sein Blick magnetisch von etwas angezogen wurde, das sich unmittelbar vor seinen Füßen befand. Zu seinem Erstaunen lag da ein Mann, mit dem Gesicht nach unten, ausgestreckt auf der Erde.

Entsetzt taumelte Ferrier zurück gegen die Mauer und fasste nach seiner eigenen Kehle, den Schrei zu ersticken, der sich ihr entringen wollte. Sein erster Gedanke war, dass er einen Sterbenden oder Schwerverwundeten vor sich habe. Doch dann sah er, dass dieser Mensch geschwind und lautlos wie eine Schlange auf dem Boden entlang und in die Halle hineinkroch. Drinnen im Haus aber sprang der Mann sofort auf die Füße, schloss sachte hinter sich die Tür, und der überraschte Farmer blickte in Jefferson Hopes kühnes, wild entschlossenes Gesicht.

„Großer Gott!", keuchte John Ferrier. „Hast du mich erschreckt! Warum kommst du denn auf allen vieren hier angeschlichen?"

„Hast du etwas zu essen für mich?", stieß der andere heiser hervor. „Seit vierundachtzig Stunden fand ich keine Zeit, auch nur einen Bissen zu mir zu nehmen." Er stürzte sich auf die Reste von kaltem Fleisch und Brot, die vom Abendessen noch auf dem Tisch standen, verschlang sie gierig und fragte erst dann, als er seinen Heißhunger gestillt hatte: „Wie geht es Lucy? Ist sie gesund?"

„Einigermaßen. Sie weiß nicht, wie groß die Gefahr ist", antwortete ihr Vater.

„Das ist gut so. Sie überwachen das Haus von allen Seiten. Deshalb musste ich das letzte Stück kriechen. Wenn die auch aufpassen wie die Schießhunde, so scharf abgerichtet sind sie doch nicht, dass es ihnen gelänge, einen Washoe-Jäger zu erwischen."

Nun, da er einen so starken und ergebenen Verbündeten zur

Seite hatte, fühlte sich Ferrier wie umgewandelt. Er ergriff des jungen Mannes harte Hand und drückte sie: „Du bist einer, auf den man stolz sein kann“, sagte er. „Sicher gibt es sonst kaum Menschen, die gekommen wären, Not und Gefahr mit uns zu teilen.“

„Da hast du recht, Vater“, erwiderte der junge Jäger. „Aber denk auch von mir nicht zu edel! Ich achte und schätze dich sehr, das weißt du. Trotzdem hätte ich mir's zweimal überlegt, ob ich den Kopf in dieses Hornissennest strecken sollte, wäre es allein um deinetwillen. Doch Lucys wegen konnte ich gar nicht anders. Denn eher wird Utah um einen Jefferson Hope ärmer, als dass ihr ein Leid geschieht.“

„Was sollen wir nun tun?“

„Morgen ist euer letzter Tag, und wenn ihr nicht noch heute Abend etwas unternehmt, seid ihr verloren. Ein Maultier und zwei Pferde warten in der Adlerschlucht auf uns. Wie viel Geld hast du?“

„Zweitausend Dollar in Gold und fünftausend in Banknoten.“

„Das genügt. Ich habe auch ungefähr so viel. Wir müssen quer durch die Berge und uns bis Carson City durchschlagen. Willst du jetzt Lucy wecken? Gut, dass die Knechte und Mägde nicht im gleichen Haus schlafen.“

Während Ferrier ging, seine Tochter auf die Reise vorzubereiten, packte Jefferson alle Nahrungsmittel, die er finden konnte, in ein Bündel und füllte einen irdenen Krug mit Wasser; denn er wusste aus Erfahrung, dass es nur wenige Quellen in den Bergen gab und dass es weit war bis zur nächsten. Kaum hatte er diese Vorkehrungen getroffen, als auch schon Vater und Tochter, zum Aufbruch gerüstet, wiederkamen. Innig, wenn auch sehr kurz, begrüßten sich die Liebenden. Jede Minute war kostbar, und es gab noch so viel zu tun.

„Wir müssen sofort von hier weg“, sagte Jefferson leise, aber bestimmt wie einer, der sich der drohenden Gefahr voll bewusst ist und ihr dennoch beherzt ins Auge sieht. „Vorder- und Hintertür sind umstellt. Es bleibt uns als Ausgang nur das Fenster an der Seitenfront. Dann müssen wir uns vorsichtig durch die Felder bis zur Landstraße schleichen. Sobald wir dort sind, haben wir noch zwei Meilen bis zu der Schlucht, wo die Tiere warten. Bei Tagesanbruch könnten wir den Weg durch das Gebirge zur Hälfte bewältigt haben."

„Und wenn sie uns aufhalten, was dann?", lautete Ferriers bange Frage.

Hope klopfte auf den Griff des Revolvers, der unter seinem Jagdrock steckte. „Wenn es zu viele sind, dann werden wir wenigstens zwei oder drei mit uns ins Jenseits befördern", entgegnete er mit grimmigem Lächeln.

Sie löschten alle Lichter im Haus, und von dem dunklen Fenster aus schaute Ferrier über die Felder hin. Da lag sein Eigentum vor ihm, das er nun für immer verlassen sollte. Seit Langem hatte er sich mit diesem Opfer vertraut gemacht; denn Glück und Ehre seines Kindes wogen ihm all sein verlorenes Gut wieder auf. Es sah so heiter und friedlich da draußen aus, die rauschenden Bäume und dazwischen die breiten Streifen wohlbestellter Äcker. Es war kaum glaublich, dass dahinter der Tod, ja meuchlerischer Überfall lauerte. Doch in den finster entschlossenen Zügen des jungen Jägers stand geschrieben, dass er auf seinem Weg zu des Farmers Haus genug gesehen hatte; jeder Zweifel war ausgeschlossen.

Ferrier nahm das Geld in einem Beutel zu sich, Hope die kargen Essensvorräte und den Krug; und Lucy trug ein kleines Bündel mit einigen ihrer liebsten Habseligkeiten. Leise, ganz leise und behutsam, öffneten sie das Fenster und warteten, bis eine dunkle Wolke über die Sterne hinzog. Dann kletterten sie hintereinander in den kleinen Garten hinaus und schlichen gebückt, mit angehaltenem Atem auf die Hecke zu, an der sie dann bis zu einer Lücke entlangkrochen. Durch sie wollten sie eben ins freie Kornfeld schlüpfen, als der junge Mann die beiden anderen mit einem raschen Griff zurückhielt und ins Gras niederdrückte. Hier blieben sie mäuschenstill und zitternd im Schutz der Hecke liegen, denn Jefferson hatte ein Geräusch vernommen.

Sein Ohr war durch langjährige Steppenjagd geschärft und hellhörig wie das eines Luchses geworden. Kaum hatten er und seine Freunde sich zusammengekauert, als einige Meter von ihnen entfernt der traurige Ruf eines Bergkauzes erscholl. Und gleich darauf antwortete aus einiger Entfernung ein zweiter mit dem gleichen Klagelaut. Im selben Augenblick sahen sie auch schon den Schatten eines Mannes vor der Lücke auftauchen, zu dem alsbald ein anderer trat.

„Morgen um Mitternacht", sagte eine Männerstimme, offenbar die des Anführers der Geheimbande, „wenn der Kauz dreimal gerufen hat!"

„Gut", erwiderte eine zweite Stimme. „Soll ich Bruder Drebber verständigen?"

„Ja, sag es ihm, und er soll es an die anderen weitergeben. Neun zu sieben!"

„Sieben zu fünf!", flüsterte der zweite Mann zurück, und die beiden Gestalten verschwanden in entgegengesetzten Richtungen. Wahrscheinlich war die Zahlenformel ihr Losungswort. Sobald die Schritte der Männer verhallt waren, sprang Jefferson auf und half seinen Gefährten durch die Lücke. Dann lief er mit ihnen durch die Felder, so rasch ihre Füße sie trugen. Halb stützte er das Mädchen, halb schleppte er sie mit sich, wenn ihr die Kräfte zu versagen drohten.

„Schnell, schnell!", flüsterte er keuchend von Zeit zu Zeit. „Gleich kommen wir aus ihrer Postenlinie heraus. Alles hängt davon ab, dass wir uns beeilen. Schnell!"

Auf der Landstraße kamen sie jetzt rascher voran. Einmal nur begegnete ihnen jemand. Sie konnten aber rechtzeitig ausweichen und sich in einem Getreidefeld verbergen. Kurz bevor sie die Stadt erreichten, schlug der Jäger einen Seitenpfad ein, der sie unmittelbar an das Gebirge heranführte. Zwei zerklüftete Bergriesen reckten ihre zackigen Gipfel in die Finsternis. Der Engpass dazwischen war die Adlerschlucht. Mit unfehlbarer Sicherheit fand Jefferson seinen Weg. An einem ausgetrockneten Flussbett entlang, unter überhängenden Felsblöcken hindurch, brachte er seine Freunde schließlich bis zu dem abgelegenen Winkel, wo die treuen Tiere ihrer harrten. Lucy ritt nun auf dem Maulesel weiter, während Ferrier eines der Pferde bestieg und Jefferson Hope das andere am Zügel den schmalen steilen Pfad entlangführte.

Diesen Weg zu beschreiten wäre gewiss für jeden, der nicht wie er an den Umgang mit der Natur in ihrer rauesten Gestalt gewöhnt war, ein halsbrecherisches Abenteuer geworden. Zur Rechten wuchs finster und drohend eine an die vierhundert Meter hohe Felswand in den Himmel. Die langen Basaltstreifen auf ihrer zerklüfteten Oberfläche muteten wie die Rippen eines versteinerten Urzeitungeheuers an. Das Ausweichen nach links machte ein wüster Trümmerhaufen aus Geröll und Gesteinsbrocken unmöglich. Dazwischen verlief für unsere drei Flüchtlinge nur eine Ziegenspur, die stellenweise so eng war, dass sie einzeln hintereinander herreiten mussten. Auf dem rauen Schotterboden bewältigten sie es nur, weil sie sehr geübte Reiter waren. Und dennoch wurde ihnen trotz all dieser Fährnisse und Schwierigkeiten das Herz immer leichter im Gedanken daran, dass jeder Schritt sie weiter forttrug von der Schreckensherrschaft, der sie für immer entfliehen wollten.

Bald indessen mussten sie erfahren, dass sie dem Machtbereich der Heiligen noch nicht entronnen waren. Eben angelangt im finstersten und verlassensten Teil des Passes, schrie Lucy plötzlich auf und zeigte mit der Hand nach oben. Auf einem mächtigen Felsblock, der die anderen beträchtlich überragte und sich dunkel gegen den Himmel abzeichnete, stand ein einsamer Wachtposten. Auch er hatte die herannahenden Gestalten sogleich bemerkt. „Wer da?“, schallte sein Anruf durch die Stille der Schlucht.

„Reisende nach Nevada“, erwiderte Jefferson Hope und langte nach seinem Gewehr, das am Sattel hing.

Der Posten fingerte ebenfalls an seiner Flinte herum und spähte auf die Reiter herab, als sei er von der Antwort nicht recht befriedigt.

„Mit wessen Erlaubnis?“, fragte er.

„Der heiligen Vier“, behauptete Ferrier ruhig. Seine Erfahrungen bei den Mormonen hatten ihn gelehrt, dass dies die höchste Instanz war, auf die er zurückgreifen konnte.

„Neun zu sieben!“, rief der Wachtposten, und „Sieben zu fünf!“, gab Jefferson die Parole, die er seit dem Vorfall im Garten nicht vergessen hatte, schlagfertig zurück.

„Passiert, der Herr sei mit euch!“, rief die Stimme von oben. Jenseits der Postenlinie wurde der Pfad breiter, und die Pferde konnten sich nun in Trab setzen. Als die Flüchtlinge sich noch einmal umblickten, sahen sie, wie der Grenzsoldat dastand und sich auf sein Gewehr stützte. Da wussten sie, dass sie die letzte Hürde genommen und die Landesgrenze des „auserwählten Volkes" hinter sich hatten. Vor ihnen lag die Freiheit.

Die „Rächenden Engel“

Die ganze lange Nacht ritten die Flüchtlinge durch die Engpässe und über verschlungene steinige Pfade. Mehr als einmal verirrten sie sich. Aber Hope kannte sich in den Bergen so vorzüglich aus, dass er den richtigen Weg stets wiederfand. Als der Tag anbrach, lag eine Landschaft von wunderbarer und zugleich unheimlicher Schönheit vor ihnen. Auf allen Seiten war das Tal von Bergriesen eingeschlossen, deren Gipfel ewiger Schnee bedeckte. Einer schaute immer über die Schulter des anderen, und schier endlos schien sich dieser mächtige Gürtel fortzusetzen. Zu beiden Seiten der Reitenden stiegen Felswände auf, so schroff, dass Latschen und Lärchen, mit denen sie bewachsen waren, über den Häuptern der Fliehenden schier waagerecht standen. Man hätte glauben können, ein Windstoß genüge und die Bäume würden auf sie niederstürzen. Ganz unberechtigt war eine derartige Befürchtung durchaus nicht. Denn auf dem kargen Boden dieses unfruchtbaren Tales lagen überall ausgerissene Baumstämme und Geröllblöcke umher, die wohl auf ähnliche Weise heruntergefallen sein mussten. Einmal sauste auch wirklich unmittelbar hinter ihnen ein riesiger Gesteinsbrocken mit Donnergepolter herab und rief ein solch tosendes Echo hervor, dass es die müden Pferde jäh aufscheuchte und in Galopp jagte.

Als die Sonne langsam am östlichen Horizont hochstieg, leuchteten die Kuppen der Berge nacheinander auf wie Laternen bei einem Sommerfest, bis sie alle in rote Glut getaucht waren. Dies herrliche Naturschauspiel stimmte die Herzen der drei Flüchtlinge froh und erfüllte sie mit neuem Lebensmut. An einem brausenden Gebirgsbach, der zwischen zerklüftetem Gestein hervorschoss, machten sie Rast; sie tränkten ihre Tiere und nahmen selbst einen hastigen Imbiss ein. Lucy und ihr Vater wären gern noch ein wenig länger geblieben. Aber Jefferson Hope drängte unerbittlich: „Sicherlich sind sie schon hinter uns her. Alles hängt davon ab, ob wir es schnell genug schaffen. Haben wir Carson erst einmal erreicht, so dürfen wir für den Rest unseres Lebens ausruhen."

Den ganzen Tag kämpften sie sich weiter durch Engpässe und Hohlwege. Gegen Abend wähnten sie sich etwa fünfzig Kilometer oder noch weiter von ihren Feinden entfernt. In dieser Nacht suchten sie vor dem eisigen Wind in einer Felsgrotte Schutz. Zur Erwärmung kuschelten sie sich dicht aneinander und fanden so einige Stunden lang erquickenden Schlaf. Vor Tagesanbruch jedoch waren sie schon wieder auf den Beinen und setzten ihren Weg fort. Keinerlei Anzeichen ließen auf eine Verfolgung schließen. Jefferson Hope begann allmählich zu hoffen, sie seien nun der Zone des Grauens und jener furchtbaren Organisation, deren Hass sie sich zugezogen hatten, entronnen. Ahnte er doch weder, wie weit jene Eisenklaue zu reichen vermochte, noch, wie bald sie zupacken und die Rebellen zermalmen werde.

Um die Mitte des zweiten Tages ging der spärliche Essensvorrat zu Ende. Davon ließ sich der Jäger indessen keineswegs aus der Ruhe bringen. Es gab Wild in den Bergen, das wusste er, und er hatte schon oft genug seinen Nahrungsbedarf aus selbst erlegten Tieren gedeckt. Er suchte eine geschützte Stelle auf, schichtete trockene Äste übereinander und entfachte ein loderndes Feuer, an dem seine frierenden Gefährten sich erwärmen sollten. Sie befanden sich jetzt 1500 Meter über dem Meeresspiegel, daher war die Luft schneidend herb und frostig. Er band die Pferde fest und umarmte Lucy zum Abschied. Dann schulterte er sein Gewehr und machte sich auf, etwas Essbares zu erjagen. Als er noch einmal zurückblickte, sah er, wie der alte Mann und das junge Mädchen sich über das flackernde Feuer neigten, während die Pferde und der Maulesel reglos im Hintergrund standen. Dann schoben sich Felsen zwischen den Jäger und das friedliche Bild.

Er wanderte kilometerweit ohne jeden Erfolg, obwohl er an den Baumrinden und anderen Merkmalen erkannte, dass es eine Menge Bären in dieser Gegend geben musste. Schließlich, nach zwei oder drei Stunden fruchtlosen Suchens, dachte er schon, unverrichteter Dinge wieder umkehren zu müssen, als er plötzlich etwas erspähte, das einen Freudenschauer in ihm auslöste. Da stand auf einem Grat etwa hundert Meter über ihm ein schafähnliches, aber mit zwei mächtigen Hörnern ausgestattetes Tier. Sicher war es der Wächter einer ganzen Herde, die für den Jäger unsichtbar blieb. Glücklicherweise schaute der Widder in die entgegengesetzte Richtung und hatte Jefferson nicht bemerkt. Der Jäger legte sich flach auf den Boden, stützte sein Gewehr auf einen Steinblock, indem er lange und sorgfältig visierte, und drückte ab. Der Schafbock sprang in die Luft, taumelte einen Augenblick am Grat entlang und stürzte dann in die Tiefe. Er war so schwer, dass Jefferson ihn nicht heben konnte. Deshalb begnügte er sich, einen Schenkel und ein Seitenstück abzuschneiden. Mit dieser Beute über der Schulter trat er eilends den Rückweg an, denn es dämmerte bereits. Bald jedoch wurde ihm klar, dass er sich nicht mehr zurechtfand. In seinem Jagdeifer hatte er sich über das ihm vertraute Revier hinausgewagt. Es gab hier viele Hohlwege, die sich allesamt glichen wie ein Ei dem anderen. Er konnte sie unmöglich unterscheiden. Durch einen, den er für den richtigen hielt, war er eine gute Weile fortgewandert, bis er vor einem ihm völlig fremden Gießbach stand. Da musste er einsehen, dass er die falsche Richtung eingeschlagen hatte und zur Umkehr gezwungen war. Über diesem Umherirren brach der Abend herein. Es war schon fast dunkel, als er endlich bei einer Schlucht anlangte, die er wiedererkannte. Selbst jetzt war es in der völligen Finsternis äußerst schwierig für ihn, nicht abermals vom Weg abzukommen; denn der Mond ging noch lange nicht auf. So stolperte er todmüde unter seiner schweren Bürde weiter und konnte sich nur durch den Gedanken an Lucy, der ihn ja jeder Schritt näher brachte, aufrecht halten. Zudem stärkte ihn das Bewusstsein, genügend Mundvorrat bei sich zu tragen, dass sie alle drei für den Rest der Reise keinen Hunger zu leiden brauchten.

Schließlich erreichte er auch wirklich den Eingang der Schlucht, in der er seine beiden Gefährten verlassen hatte. Wie unruhig mussten sie seiner harren, da er fast fünf Stunden ausgeblieben war. Voller Vorfreude legte er die hohlen Hände an den Mund und stieß zum Zeichen seiner glücklichen Rückkehr ein gedehntes „Hallo!“, aus. Dann schwieg er und lauschte ihm nach. Aber außer dem Echo, das mehrmals durch die Stille der öden Schluchten dröhnte, erhielt er keine Antwort. Und wieder rief er, lauter als zuvor. Doch kein Laut kam von den Lieben, die er vor so kurzer Zeit hier zurückgelassen, zu ihm. Da befiel ihn mit einem Mal namenlose Angst. Und er fing wie rasend zu rennen an, dass er vor Aufregung sogar die kostbare Beute fallen ließ. Als er um die Ecke stürmte, sah er schon die Feuerstätte vor sich. Es war nur noch ein Haufen glimmender Holzasche davon übrig. Offenbar hatte niemand neue Äste nachgelegt. Totenstille herrschte überall. Da wurde aus seiner ungewissen Furcht furchtbare Gewissheit, denn er erblickte kein lebendes Wesen mehr hier. Die Tiere, der alte Mann, das Mädchen: Sie waren verschwunden. Irgendein grässliches Geschick musste sie in seiner Abwesenheit ereilt haben. Das Verhängnis war über sie hereingebrochen und hatte sie mit sich gerissen, ohne dass auch nur eine Spur von ihnen zurückgeblieben war.

Dem jungen Jefferson wirbelte der Kopf, als sei er von einem Keulenschlag getroffen. Einen Augenblick lang schwanden ihm beinahe die Sinne, und er musste sich auf sein Gewehr stützen, um nicht zu fallen. Aber als Mann der Tat überwand er seinen Schwächeanfall sofort wieder. Er nahm ein glühendes Scheit aus dem noch schwelenden Feuer und blies es so lange an, bis es nochmals aufloderte. Mit dieser brennenden Fackel suchte er nun den Lagerplatz ab. Der Boden war von zahllosen Pferdehufen zertrampelt und zeigte damit an, dass eine große Reiterschar die Flüchtlinge eingeholt und überfallen hatte. Aus der Richtung der Tritte konnte man erkennen, dass sie wieder nach Salt Lake City zurückgekehrt sein mussten. Wahrscheinlich hatten sie ihre Gefangenen mit sich dorthin geschleppt, so sagte sich der Jäger, als sein Augenmerk auf einen niedrigen Erdhaufen etwas abseits von der Feuerstelle fiel, der sich bei seinem Aufbruch bestimmt nicht dort befunden hatte. Der Anblick machte jede Fiber des jungen Mannes erbeben. Denn was konnte dies sonst sein als ein frisches Grab? Er trat näher heran und sah ein Stück Ast in dem Hügel stecken, an dem ein Blatt Papier befestigt war. Die Inschrift lautete so kurz wie deutlich:

John Ferrier
aus Salt Lake City
gestorben am 4. August 1860

Den wackeren alten Mann, mit dem er noch ganz kurz zuvor vereint gewesen, hatten seine grausamen Verfolger umgebracht. Schon blickte Jefferson sich zutiefst aufgewühlt nach einem zweiten Grab um, fand jedoch keines. Dann war Lucy von ihnen nur abgeholt worden. Die Kerle hatten sie zurückgeschleppt, damit sie das ihr zugedachte grauenvolle Los erdulden solle, nämlich mit den anderen Frauen im Harem eines Ältesten ihr Dasein zu beschließen. Bei dieser Vorstellung und im quälenden Bewusstsein seiner eigenen Machtlosigkeit hätte der arme Bursche am liebsten selbst leblos an Ferriers Seite gelegen. Wieder jedoch siegte sein energiegeladener Geist über die Lethargie der Verzweiflung. Wenn er schon nichts mehr zu retten vermochte und man ihm das Liebste genommen hatte, so konnte er wenigstens sein Leben der Vergeltung weihen. Denn Jefferson war nicht nur zu grenzenloser Geduld und Ausdauer fähig, sondern er besaß noch vorherrschend eine andere Eigenschaft, die er sich wohl in seinem Zusammenleben mit Indianern erworben hatte: Er war rachsüchtig – und dies bis zum Äußersten. Als er so einsam bei dem beinahe erloschenen Feuer stand, wurde es ihm immer klarer, dass allein die Rache seinem trostlosen Kummer einige Linderung bringen konnte. Mit eigener Hand musste er sie seinen Feinden zufügen, blutig und ohne Gnade. Diesem einzigen Ziel wollte er fortan seine ganze Willenskraft widmen. Mit grimmig bleichem Gesicht ging er zu der Stelle, wo er seine Jagdbeute hatte fallen lassen. Er kehrte mit dem Wildbret zum Lagerplatz zurück, brachte das Feuer wieder in Gang und bereitete sich Nahrung für die nächsten Tage. Diesen Vorrat tat er in ein Bündel und machte sich trotz aller Müdigkeit auf den Rückweg. Quer durch die Berge folgte er der Spur der „Rächenden Engel".

Matt und mit wunden Füßen schleppte er sich über sämtliche Pfade, die er vor Kurzem zu Pferd zurückgelegt hatte. Des Nachts schlief er ein paar Stunden in irgendeiner Felsenhöhlung, um beim ersten Morgenlicht schon wieder weiterzuwandern. Am sechsten

Tage war er bei der Adlerschlucht angelangt, von wo sie den verhängnisvollen Ritt begonnen hatten. Von hier konnte er hinab ins Tal, auf die Heimat der „Heiligen“ niedersehen. Erschöpft stützte er sich mit der Linken auf sein Gewehr, während er die Rechte zur Faust ballte und sie drohend gegen die große schweigende Stadt schüttelte, die sich zu seinen Füßen ausbreitete. Man schien dort irgendein Fest zu begehen, denn in den Hauptstraßen war geflaggt. Als er darüber nachsann, was dies zu bedeuten habe, vernahm er das Geklapper von Pferdehufen und sah einen Mann auf sich zureiten. Er erkannte in dem Näherkommenden einen Mormonen namens Cowper, dem er früher manchen Dienst erwiesen hatte. Daher sprach er ihn an, um etwas über Lucys Schicksal zu erfahren: „Ich bin Jefferson Hope. Erinnern Sie sich meiner noch?“

Der Mormone musterte ihn mit unverhohlener Verwunderung. Es war in der Tat recht schwierig, in diesem verwilderten, zerlumpten Landstreicher mit dem eingefallenen, abgehärmten Gesicht und den aus tiefen Höhlen unheimlich hervorblickenden Augen den schmucken Jäger von einst wiederzuerkennen. Sobald der Mormone jedoch merkte, wer ihm da gegenüberstand, wandelte sich sein Staunen in Bestürzung: „Wie konnten Sie nur hierherkommen! Das ist der reine Wahnsinn!“, rief er. „Wenn man mich mit Ihnen sieht, kostet es mich selber das Leben. Die ‚heiligen Vier‘ haben einen Haftbefehl gegen Sie erlassen, weil Sie den Ferriers zur Flucht verhalfen.“

„Mich schrecken weder die ‚Vier‘ noch ihr Steckbrief“, erwiderte Hope fest. „Sicher wissen Sie Näheres, Cowper. Ich beschwöre Sie bei allem, was Ihnen teuer ist, beantworten Sie mir ein paar Fragen! Wir waren doch immer Freunde. In Gottes Namen verweigern Sie mir die Auskunft nicht!“

„Was wollen Sie denn wissen?“, fragte der Mormone unruhig. „Beeilen Sie sich! Hier haben die Berge Ohren und die Bäume Augen.“

„Was ist mit Lucy Ferrier geschehen?“

„Gestern wurde ihre Hochzeit mit dem jungen Drebber gefeiert – fassen Sie sich, Mann, so fassen Sie sich doch! Sie sind ja blass wie der Tod!“

„Lassen Sie mich nur!“, sagte Jefferson tonlos. Er war wirklich bis in die Lippen erbleicht und auf den Felsblock, an den er sich gelehnt hatte, niedergesunken. „Sie sagen, geheiratet hat sie?“

„Ja, gestern. Deshalb wurde ja die Flagge gehisst auf dem Bethaus. Erst gab es noch Streit zwischen Drebbers Sohn und dem jungen Stangerson, wer sie nun endgültig haben sollte. Beide waren unter den Verfolgern. Und Stangerson hat ihren Vater niedergeschossen, weshalb er offenbar größeres Anrecht zu haben glaubte. Aber als sie es in der Ratsversammlung aushandelten, war Drebbers Partei doch die stärkere. So sprach der Prophet sie ihm zu. Aber keiner wird sie lange haben; denn als ich sie gestern sah, war ihr Gesicht vom Tode gezeichnet. Sie glich mehr einem Geist als einer Frau aus Fleisch und Blut ... Das ist alles, was ich weiß. Machen Sie sich jetzt lieber aus dem Staub!“

„Ja, ja, ich gehe schon“, erwiderte Jefferson Hope, der sich bereits wieder erhoben hatte.

Wie aus Stein gehauen erschien sein Antlitz, so hart und erstarrt waren alle Züge darin. Nur in den Augen glühte ein unheimliches Feuer.

„Wohin wollen Sie jetzt gehen?“

„Irgendwohin“, gab der Jäger schroff zurück und hängte seine Waffe über die Schulter. So schritt er davon, abermals auf das Gebirge und seine Schluchten zu. Immer tiefer wanderte er hinein, bis dorthin, wo die wilden Tiere hausen.

Nur zu bald erfüllte sich, was der Mormone vorausgesagt hatte. Ob der schreckliche Tod ihres Vaters die Schuld daran trug oder ob es die Folge der verabscheuungswürdigen Heirat war, zu der man sie gezwungen hatte: Lucy, das arme Menschenkind, siechte gramvoll dahin und starb binnen eines Monats. Ihr Gatte, ein Trunkenbold, hatte hauptsächlich wegen ihres Vaters Besitz um sie gefreit. Seiner dickfelligen Natur bereitete dieser Verlust weiter keinen Kummer. Wer sie betrauerte, waren seine anderen Frauen, die nach mormonischem Brauch die ganze Nacht Totenwache bei ihr hielten. In den frühen Morgenstunden, als sie noch um den Sarg versammelt waren, sprang plötzlich die Tür auf, und herein stürmte ein von Wind und Wetter gezeichneter Mann. Ohne die Kauernden auch nur eines Blickes oder Wortes zu würdigen, schritt er geradewegs auf die still daliegende weiße Gestalt zu, in der einst die reine Seele der schönen Lucy Ferrier gelebt hatte. Er beugte sich über sie und drückte in ehrfürchtiger Leidenschaft seine Lippen auf die erkaltete Stirn. Dann ergriff er behutsam ihre Hand und zog den Trauring von ihrem Finger. „Damit soll sie nicht begraben werden!", rief er grimmig aus. Die Frauen waren vor Schreck wie gelähmt. Doch noch ehe sie sich besannen und um Hilfe rufen konnten, war der seltsame Eindringling über alle Berge. So rasch rollte die ganze merkwürdige Begebenheit vor ihren Augen ab, dass sie wohl an eine Halluzination geglaubt hätten, wäre hinterher nicht tatsächlich der goldene Ehering verschwunden geblieben.

Monatelang streunte Jefferson Hope im Gebirge umher und führte, halb Einsiedler, halb Vagabund, ein seltsames Dasein. Und immer mehr nahm der Rachegedanke sein gesamtes Sinnen und Trachten in Besitz. Man munkelte allerlei in der Stadt über die unheimliche Erscheinung dieses Mannes, der gelegentlich in der näheren Umgebung von Salt Lake City auftauchte, sonst meist nur in Schluchten und auf unwegsamen Gebirgspfaden umhergeisterte. Einmal pfiff eine Kugel bei Stangerson durchs Fenster und schlug um Haaresbreite neben ihm in die Wand ein. Ein andermal wurde Drebber in den Bergen beinahe von einem herunterstürzenden Geröllblock erschlagen, vor dem ihn nur seine Geistesgegenwart rettete, indem er sich platt auf die Erde warf. Die beiden Mormonen brauchten nicht lange nach der Ursache für diese Anschläge auf ihr Leben zu suchen. Wiederholt unternahmen sie im Schutz eines großen Gefolges Expeditionen in die Berge, um den erbitterten Feind lebendig zu fangen oder zu erschießen; doch ohne jeden Erfolg. Nach Einbruch der Dunkelheit wagten sie sich nicht mehr ohne bewaffnete Begleitung aus dem Haus, das sie ständig mit Wachtposten umstellten. Bald jedoch konnten sie diese Vorsichtsmaßnahmen wieder aufgeben; denn ihr Widersacher ließ sich nicht mehr sehen und machte sich auch durch keinerlei Zeichen bemerkbar. So wiegten sie sich schon in der Hoffnung, seine Rachsucht habe sich mit der Zeit abgekühlt. Sie ahnten nichts von dem eisenharten, unnachgiebigen Charakter dieses Jägers, der einzig und allein von seinem Vergeltungsgedanken erfüllt war; kein anderes Gefühl hatte daneben mehr Platz in seinem Innern. Trotzdem ließen ihn Vernunft und kluge Überlegung nie im Stich. So musste er sich sagen, dass der fortgesetzte Raubbau, den er mit seiner Gesundheit trieb, sogar seine zähe Konstitution auf die Dauer zugrunde richten würde. Der Mangel an gesunder Nahrung und die Unbilden der Witterung setzten ihm zu, wie überhaupt dieses ganze vogelfreie und schutzlose Umherschweifen. Wenn er eines Tages in den Bergen krepierte wie ein kranker, herrenloser Hund, was sollte dann aus seiner Rache werden? Lebte er aber auf die gleiche Art weiter wie bisher, dann war ein solcher Tod unausbleiblich, und seine Feinde hatten gewonnenes Spiel. Halb widerstrebend entschloss er sich daher, zu den alten Nevadaminen zurückzukehren, sich dort zu kräftigen und genügend Geld zu verdienen, um danach seinen Plan ohne Entbehrungen durchführen zu können.

Zwar war seine Absicht gewesen, höchstens ein Jahr fortzubleiben; unvorhergesehenen Umständen zufolge konnte er die Mine jedoch erst fast fünf Jahre später wieder verlassen. Nach Ablauf dieser langen Zeit war die Erinnerung an die schmachvolle Grausamkeit seiner Widersacher so frisch wie am Tage, da er an Ferriers traurigem Grab gestanden hatte; und sein Vergeltungswille war ungebrochen. Verkleidet und unter falschem Namen kam er nach Salt Lake City zurück, um Gerechtigkeit zu üben, und sollte es sein eigenes Leben kosten. Ungünstige Nachrichten empfingen ihn dort. Einige Monate zuvor war ein Schisma* innerhalb des auserwählten Volkes ausgebrochen. Einige jüngere Gemeindemitglieder hatten sich gegen die Autorität der Älteren aufgelehnt, und das Ergebnis war die Abspaltung einer Gruppe Unzufriedener, die Utah verließen und Heiden wurden. Unter ihnen befanden sich auch Drebber und Stangerson. Man erzählte, Drebber habe es erreicht, einen großen Teil seines Besitzes in Geld umzuwandeln, und er sei als sehr wohlhabender Mann fortgezogen, während sein Begleiter Stangerson verhältnismäßig mittellos geblieben sei. Wohin die beiden gegangen waren, wusste allerdings niemand.

Mancher andere Gerechtigkeitsfanatiker hätte sicher angesichts

---

* (griech.) Kirchenspaltung

dieser erschwerenden Umstände jeden Racheplan aufgegeben. Nicht so Jefferson Hope, der keinen Augenblick lang in seinem Entschluss schwankte.

Mit seinen geringen Ersparnissen reiste er kreuz und quer durch die Vereinigten Staaten, auf der Suche nach seinen Todfeinden. Er nahm Gelegenheitsarbeiten an, wann immer sie sich ihm boten. Sein Haar begann schon zu ergrauen, und noch immer zog er weiter; denn sein Geist war nach wie vor nur auf das eine Ziel ausgerichtet, das er seinem Leben gesetzt hatte. Endlich wurde seine Beharrlichkeit belohnt. Es war nur ein Gesicht, das er im Fenster eines Hauses von Cleveland im Staate Ohio erspäht hatte. Nun wusste er, dass sich hier der Mann befand, den er suchte. Fast frohgemut kehrte er in seine armselige Dachkammer zurück, denn er hatte seinen Schlachtplan genau im Kopf. Es traf sich jedoch, dass unglücklicherweise auch Drebber vom Fenster aus in dem Landstreicher drunten auf der Straße seinen Widersacher und Verfolger erkannt hatte. In Stangersons, seines jetzigen Sekretärs, Begleitung suchte er umgehend einen Friedensrichter auf und ersuchte ihn um Beistand gegen einen alten Nebenbuhler, der ihm aus Hass und Eifersucht nach dem Leben trachte. Jefferson wurde noch am gleichen Abend in Gewahrsam genommen; und da er keine Kaution zu stellen vermochte, hielt man ihn mehrere Wochen fest.

Nach seiner Freilassung hatte er nichts Eiligeres zu tun, als Drebbers Haus aufzusuchen, doch musste er feststellen, dass es leer stand, weil sein Bewohner und der Sekretär nach Europa abgereist waren.

Wieder hatte man des Rächers Plan vereitelt, und abermals trieb ihn seine Hartnäckigkeit an, die Fahndung fortzusetzen. Doch fehlten ihm jetzt gänzlich die Mittel dazu. Er musste wieder in den Minen arbeiten und seine bevorstehenden Reisekosten Dollar für Dollar zusammensparen. Als er schließlich so viel zurückgelegt hatte, dass fürs Erste seine Existenz gesichert war, setzte er nach Europa über und folgte dort von einem Ort zum anderen der Spur seiner Feinde, die einzuholen ihm jedoch nie gelingen wollte. Kam er nach St. Petersburg, so waren sie eben nach Paris abgereist; fuhr er ihnen dorthin nach, dann hörte er, dass sie gerade nach

Kopenhagen aufgebrochen waren. In der dänischen Hauptstadt kam er wieder einige Tage zu spät an, denn sie hatten sich mittlerweile nach London begeben, wo es ihm indessen eines Tages, wie wir ja wissen, tatsächlich gelang, sie ausfindig zu machen. Wie sich dann alles weiter abspielte, entnehmen wir nun wahrheitsgetreu dem Bericht des Verfolgers selbst, wie ihn uns Dr. Watson in seinem Tagebuch aufgezeichnet hat.

Dritter Teil:

Dr. Watson fährt in seinem Bericht fort

Das Geständnis

Es entsprang ganz offensichtlich keiner Feindseligkeit gegen uns persönlich, dass unser Gefangener so wütenden Widerstand leistete. Als er einsah, dass er wehrlos und unserer Überzahl ausgeliefert war, erkundigte er sich sogar mit einem entwaffnenden Lächeln, ob auch niemand eine Verletzung davongetragen habe.

„Ich nehme an, Sie wollen mich jetzt auf die Polizei bringen“, wandte er sich an Sherlock Holmes. „Meine Kutsche steht vor der Tür. Wenn Sie mir die Fessel wieder von den Beinen nehmen, kann ich allein hinuntergehen; so federleicht, wie ich einmal war, bin ich lange nicht mehr.“ Gregson und Lestrade wechselten einen misstrauischen Blick. Ihnen kam dieser Vorschlag ziemlich dreist vor. Holmes indessen verließ sich auf des Mannes Wort und löste das Handtuch, das er ihm um die Fußknöchel gebunden hatte.

Der Mann stand auf und reckte die Beine, als sei ihm noch einmal die Freiheit wiedergeschenkt. Und ich erinnere mich, dass ich insgeheim feststellte, noch kaum je sonst einem Menschen von solch kraftvollem Körperbau begegnet zu sein. Dazu zeigte sein dunkles, sonnenverbranntes Gesicht eine derart fanatische Energie und Entschlossenheit, dass es genauso furchterregend wirkte wie diese mächtige Gestalt.

„Sollte der Posten eines Polizeichefs zu vergeben sein, dann sind Sie meines Erachtens der richtige Mann!“, erklärte er und sah meinen Freund mit unverhohlener Bewunderung an. „Es war meisterhaft, wie Sie sich mir an die Fersen geheftet haben."

„Sie begleiten uns doch?", wandte Holmes sich nun an die beiden Detektive.

„Gewiss, ich kann mich dabei als Kutscher betätigen", meinte Lestrade.

„Gut so. Dann kommen Sie vielleicht mit in den Wagen, Gregson? Und Sie bitte auch, Doktor! Sie haben so rege an dem Fall Anteil genommen, dass Sie jetzt auch dazugehören und wir Ihnen das Ende nicht vorenthalten dürfen."

Dem stimmte ich mit Freuden zu, und wir gingen alle miteinander hinunter. Unser Gefangener machte ganz und gar keinen Versuch zu entwischen, sondern stieg ruhig und wie selbstverständlich in seinen Wagen. Wir folgten hinterdrein. Lestrade kletterte auf den Kutschbock, trieb das Pferd mit der Peitsche an und brachte uns sehr schnell an Ort und Stelle. In einem kleinen Vorzimmer wurden die Personalien Hopes und derer, die ermordet zu haben man ihm zur Last legte, aufgenommen. Der Polizeiinspektor war ein blasser, gänzlich unbeteiligt wirkender Beamter, der gleichsam mechanisch seine Obliegenheiten erfüllte.

„Der Gefangene wird noch im Laufe dieser Woche dem Untersuchungsrichter vorgeführt", sagte er. „Wünschen Sie vorher noch eine Erklärung abzugeben, Mr Hope? Ich muss Sie darauf hinweisen, dass jede Ihrer Aussagen zu Protokoll genommen wird und gegen Sie verwandt werden kann."

„Ja, ich habe sehr viel zu sagen", erwiderte unser Gefangener langsam. „Und Sie alle sollen es hören, meine Herren!"

„Wollen Sie damit nicht lieber bis zur Verhandlung warten?", fragte der Inspektor.

„Wahrscheinlich werde ich gar nicht verhört werden", antwortete der vermeintliche Täter ruhig. „Sie brauchen mich deshalb nicht so entgeistert anzusehen. Nicht Selbstmord ist es, woran ich denke ... Sind Sie Arzt?", fragte er plötzlich und heftete seine wilden dunklen Augen eindringlich auf mich.

„Ja, das bin ich", antwortete ich.

„Dann legen Sie bitte Ihre Hand einmal hierher!", forderte Hope mich auf, indem er mit seinen gefesselten Händen auf seine

Brust zeigte. Ich tat ihm den Gefallen und stellte erschrocken fest, wie es da drinnen heftig, so heftig klopfte und rasselte, dass der ganze Brustkorb davon erbebte, einem dünnwandigen Gehäuse gleich, in dessen Innern eine mächtige Maschine am Werk ist.

„Aber Sie haben ja eine schwere Herzgefäßerweiterung!“, rief ich.

„Ja, so nennen sie es“, erwiderte der Gefangene ungerührt. „Vorige Woche erst suchte ich deshalb einen Arzt auf und erfuhr, dass es sich höchstens noch um ein paar Tage handeln kann, bis mich der Schlag trifft. Seit Jahren habe ich dieses Übel, und es ist immer schlimmer geworden. Ich zog es mir damals durch Unterernährung und Überanstrengung in den Salt-Lake-Bergen zu. Jetzt, wo meine Aufgabe erfüllt ist, kann mir gleich sein, wann ich von dieser Erde muss. Nur möchte ich zuvor noch Bericht erstatten über das, was ich tun musste. Man soll mich nicht für einen gewöhnlichen Meuchelmörder halten.“

Der Inspektor und die zwei Detektive besprachen sich kurz, ob man ihn seine Geschichte erzählen lassen solle.

„Glauben Sie, Herr Doktor“, so fragte mich der Polizeibeamte, „dass unmittelbare Lebensgefahr droht?“

„Doch, ganz gewiss“, antwortete ich.

„In solchem Fall liegt es zweifellos im Interesse des Gerichts und ist es unsere Pflicht, seine Aussage anzuhören“, erklärte der Inspektor. „Ich mache Sie aber nochmals darauf aufmerksam, Mr Hope, dass alles, was Sie jetzt berichten, in den Akten festgehalten wird.“

„Wenn Sie gestatten, möchte ich mich gern setzen“, sagte der Gefangene. „Mein Herzschaden macht mir zu schaffen, und die Rauferei vor einer halben Stunde hat mich ziemlich müde gemacht. Ich bin am Ende – warum sollte ich Sie also anlügen? Jedes Wort, das ich sagen werde, ist die reine Wahrheit. Auf welche Weise Sie davon Gebrauch machen werden, geht mich nichts mehr an.“

Nach dieser Einleitung lehnte sich Jefferson Hope in seinem Stuhl zurück und begann mit seiner höchst bemerkenswerten Darlegung. Er sprach ruhig und gelassen, als handle es sich um ganz alltägliche Begebenheiten. Ich kann bei dem nachstehenden Bericht für meine genaue Wiedergabe bürgen, denn ich zog dabei das

Notizbuch von Lestrade zurate, der jedes Wort des Gefangenen mitstenografierte.

„Es wird für Sie belanglos sein“, so begann er, „warum ich diese Männer hasste. Es genügt, dass sie zwei Menschen, einen Vater und seine Tochter, in den Tod trieben und schon damit ihr eigenes Leben verwirkten. Da seit ihrem Verbrechen eine sehr lange Zeit verstrichen ist, war es mir unmöglich, bei irgendeinem Gericht ein Verfahren gegen die beiden Schufte anzustrengen. Ich allein wusste um ihre Schuld und nahm es auf mich, Richter, Geschworener und Henker in einer Person zu sein. Wenn Sie Männer sind, so hätten Sie an meiner Stelle das Gleiche getan.

Das Mädchen, von dem ich eben sprach, war vor zwanzig Jahren meine Braut. Man zwang sie, diesen Drebber zu heiraten, und darüber ist ihr das Herz gebrochen. Als sie im Sarg lag, zog ich ihr den Trauring vom Finger und schwor mir, dass in der Todesstunde sein brechendes Auge an diesem Goldreif haften sollte zur Erinnerung an die Gräuel, denen diese Strafe galt. Immer habe ich den Ring bei mir getragen, als ich Drebber und seinem Komplizen kreuz und quer über zwei Erdteile hin gefolgt bin, bis ich sie endlich fasste. Sie dachten mich zu foppen, die beiden, bis ich mürbe und mir mein Vorsatz leid würde. Aber das ist ihnen nicht geglückt. Wenn ich bald sterbe, was sehr wahrscheinlich ist, gehe ich mit dem Bewusstsein aus dieser Welt, dass mein Werk vollbracht ist. Beide mussten sie zugrunde gehen, und durch meine Hand. Nun bleibt mir nichts zu hoffen noch zu wünschen mehr. Sie lebten im Reichtum, ich war arm. So hatte ich es mit der Verfolgung nicht leicht. Als ich in London eintraf, waren meine Taschen fast leer, und ich musste mir ein bescheidenes Auskommen schaffen. Mit Wagen und Pferden umzugehen war für mich so selbstverständlich, wie auf meinen zwei Beinen zu laufen. Daher bewarb ich mich bei einem Droschkenunternehmer um eine Stelle und bekam sie auch. Ich musste meinem Brotherrn wöchentlich eine bestimmte Summe abliefern. Was ich darüber hinaus einnahm, durfte ich behalten. Es war dies allerdings meist sehr wenig, aber irgendwie schaffte ich es, damit auszukommen. Die größte Schwierigkeit in meinem neuen Beruf bot sich mir durch den unvorstellbaren Irrgarten dieser Metropole. Ich hatte jedoch stets einen Stadtplan bei mir. Und als mir erst einmal die wichtigsten Bahnhöfe und Hotels geläufig waren, fand ich mich ganz gut zurecht.

Es dauerte geraume Zeit, bis ich herausbekam, wo meine beiden feinen Herren wohnten. Nach zahllosen vergeblichen Erkundungszügen stieß ich endlich auf die Pension, in der sie abgestiegen waren. Sie lag in Camberwell, drüben auf der anderen Seite des Flusses. Nach dieser Entdeckung wusste ich, ihr Schicksal lag in meiner Hand. Ich hatte mir einen Bart wachsen lassen, der mich nahezu unkenntlich machte, und sie bemerkten mich nicht. In welchem Teil Londons sie sich jeweils auch herumtreiben mochten, ich blieb ihnen auf den Fersen, mit meinem Wagen oder auch zu Fuß. Doch auf Rädern war es sicherer, da konnte ich sie nicht so leicht aus den Augen verlieren. Diesmal war ich fest entschlossen, sie um keinen Preis wieder entwischen zu lassen; und ich wartete nur auf die passende Gelegenheit für mein Vorhaben. Davon war ich so in Anspruch genommen, dass mir zum Geldverdienen nur am frühen Morgen oder am späten Abend Zeit blieb. Dass ich hierbei meinem Brotherrn gegenüber ins Hintertreffen geriet, machte mir nichts aus; mich beseelte nur der einzige Gedanke, der beiden Verbrecher habhaft zu werden.

Beinahe hätten sie mir in ihrer Gerissenheit wieder ein Schnippchen geschlagen. Sie müssen wohl geahnt haben, dass sie verfolgt wurden. Denn sie gingen immer nur gemeinsam und nie nach Anbruch der Dunkelheit aus. Zwei Wochen fuhr ich nun schon hinter ihnen her, und noch kein einziges Mal hatten sie sich voneinander getrennt. Drebber war ja zumindest den halben Tag betrunken, während sich Stangerson sehr in Acht nahm und stets nüchtern blieb. Ich beobachtete die beiden von früh bis spät, ohne dass sich mir die geringste Chance gezeigt hätte. Trotzdem ließ ich mich nicht entmutigen; denn ich hatte das ganz bestimmte Gefühl, ihre Stunde habe nun bald geschlagen. Meine einzige Furcht war nur, das Ding in meiner Brust könnte den Dienst versagen und vorzeitig stillstehen, ehe ich mein Lebensziel erreichte – und meine Arbeit bliebe ungetan.

Eines Abends fuhr ich in der Torquay Terrace – so hieß die Straße, in der sie sich niedergelassen hatten – auf und ab. Da sah ich eine Droschke vor ihrer Pension halten. Gepäck wurde aus dem Haus gebracht und im Wagen verstaut. Bald darauf kamen Drebber und Stangerson herunter, stiegen in die Kutsche und fuhren davon. Ich trieb mein Pferd mit der Peitsche an und folgte ihnen in einigem Abstand. Es war mir gar nicht wohl bei dem Gedanken, dass sie möglicherweise wieder ihren Wohnsitz zu wechseln gedachten. Am Bahnhof Euston stiegen sie aus. Ich bat einen Jungen, mein Gespann zu halten, und folgte den beiden auf den Bahnsteig. Am Schalter hörte ich sie einen Zug nach Liverpool erfragen. Der Auskunftsbeamte antwortete, dass einer bereits fort sei, der nächste erst in einigen Stunden führe. Stangerson schien darüber recht ungehalten, Drebber hingegen geradezu erfreut. Ich kam in dem Gedränge so nahe an sie heran, dass ich jedes Wort, das zwischen ihnen gewechselt wurde, verstehen konnte. Drebber sagte, er müsse noch etwas Privates regeln. Stangerson solle solange auf ihn warten. Sein Gefährte machte jedoch Einwendungen, da man nun einmal beschlossen habe, immer zusammenzubleiben. Drebber gab zurück, dass es sich um eine heikle Angelegenheit handle und er deshalb allein gehen müsse. Ich überhörte, was Stangerson darauf erwiderte. Aber Drebber wurde grob und ausfallend. Er bedeutete dem anderen, dass der ja nur sein bezahlter Diener sei und sich deshalb nicht herausnehmen solle, ihm, Drebber, irgendwelche Vorschriften zu machen. Stangerson verzichtete nun darauf, die unerquickliche Debatte fortzusetzen. Er bat Drebber nur noch, zu ihm ins Halliday-Hotel zu kommen, falls er den letzten Zug versäume. Worauf Drebber versicherte, er werde vor elf Uhr wieder auf dem Perron sein. Dann verließ er den Bahnhof.

Der lang ersehnte Augenblick war für mich nun endlich da: Zu zweit hatten sich meine Feinde immer gegenseitig schützen können. Einzeln waren sie mir ausgeliefert. Ich ging jedoch auch jetzt nicht blindlings auf mein Ziel los. Im Geiste hatte ich ja alles vorbereitet. Eine Rache verleiht erst dann volle Befriedigung, wenn der Verbrecher Gelegenheit findet zu erkennen, wer den Schlag führt und welche Tat zu dieser Sühne den Anlass gab. Ich hatte in meinem Plan alles darauf angelegt, mein Opfer wissen zu lassen, welch schweres Unrecht aus alten Tagen meine Tat auslöste. Ein

Herr, der beauftragt war, die leer stehenden Wohnungen nächst der Brixton Road zu untersuchen, hatte einige Tage vorher den Schlüssel zu einem der Häuser in meinem Wagen verloren. Er wurde zwar am gleichen Abend noch reklamiert, und ich gab ihn zurück. Mittlerweile hatte ich aber einen Wachsabdruck gemacht und einen Nachschlüssel angefertigt. So fand ich einen vor Störungen sicheren Winkel in dieser Riesenstadt. Nun stand mir nur noch die schwierige Aufgabe bevor, Drebber zu bewegen, dass er mir ausgerechnet in dieses Haus folgte.

Er schlenderte die Straße hinunter und kehrte bald in einer Kneipe ein, kurz darauf in einer zweiten. In dieser blieb er dann mindestens eine halbe Stunde. Als er herauskam, schwankte er beträchtlich. Offenbar hatte er schwer geladen. Unmittelbar vor mir fuhr eine Droschke. Der winkte er und stieg ein. Und ich war mit der meinen so dicht hinter ihm, dass mein Pferd mit den Nüstern fast sein Gefährt berührte. Wir ratterten über die Waterloo-Brücke, dann meilenweit durch ein Gewirr von Straßen, bis wir zu meinem Erstaunen wieder vor seiner Pension gelandet waren. Warum er hierher zurückkehrte, konnte ich mir nicht vorstellen, fuhr jedoch mit meiner Kutsche noch etwa 120 Schritte weiter und blieb dann stehen. Er war ins Haus gegangen und hatte die Droschke fortgeschickt. – Ach, geben Sie mir doch bitte ein Glas Wasser!“, unterbrach Hope plötzlich seinen Redefluss. „Meine Kehle ist vom vielen Sprechen ganz trocken.“ Ich reichte ihm das Glas, und er leerte es in einem Zuge.

„So, jetzt geht's wieder besser“, sagte er und fuhr in seiner Erzählung fort: „Nun, ich wartete etwa eine Viertelstunde oder länger, als plötzlich streitende Stimmen in dem Haus laut wurden. Dann riss jemand die Tür auf, und zwei Männer erschienen auf der Schwelle. Der eine war Drebber, der andere ein junger Bursche, mir unbekannt. Er hielt Drebber am Kragen gefasst und versetzte ihm einen Tritt, dass der über die ganze Treppe hinunter bis mitten auf die Straße rollte. ‚Du Dreckskerl!‘, schrie ihm der junge Mensch nach und schüttelte drohend seinen Stock. ‚Ich werde dich lehren, ein anständiges Mädchen zu beleidigen.‘ Er war außer sich vor Zorn, dass ich schon fürchtete, er werde Drebber mit seinem Prügel erschlagen. Aber der Feigling stolperte davon, so rasch ihn seine Beine noch trugen. Bis zur Ecke rannte er. Dort sah er meine Kutsche, winkte mir und sprang in das Fahrzeug. ‚Zum Halliday-Hotel!', verlangte er außer Atem. Als ich ihn nun so sicher in meinem Wagen hatte, hüpfte mir vor Freude wie toll das Herz im Leib, sodass ich schon fürchtete, mein Aneurysma werde mir kurz vor dem Ziel einen Streich spielen. Ich versuchte mich zu beruhigen, indem ich langsam weiterfuhr. Und ich erwog bei mir, wie ich nun alles am besten anstellen sollte. Ich hätte ihn vor die Stadt hinausbringen können, um mich dort in einer einsamen Straße zum letzten Mal mit meinem verhassten Widersacher auseinanderzusetzen. Ehe ich jedoch einen Entschluss fassen konnte, löste er für mich das Problem. Denn es wandelte ihn bereits wieder die Lust zu trinken an, und er befahl mir, vor einem Stehausschank zu warten. Bis zur Polizeistunde blieb er drinnen, und als er endlich wieder herauskam, war er sternhagelvoll. Ich wusste, das Spiel war für mich gewonnen.

Nun dürfen Sie sich nicht vorstellen, dass ich ihn kaltblütig umlegen wollte. Auch das wäre nur gerecht gewesen, aber ich konnte mich nicht dazu entschließen. Längst hatte ich mir vorgenommen, dass das Schicksal entscheiden sollte, ob seine Uhr eher abgelaufen war als die meine. Unter den vielen Tätigkeiten, die ich in Amerika in meinen langen Wanderjahren ausgeübt hatte, war auch die eines Laboratoriumsassistenten an der New Yorker Universität gewesen. Eines Tages hielt damals der Chemieprofessor ein Kolleg über Gifte und führte seinen Studenten ein Alkaloid vor, das er aus südamerikanischen Giftpfeilen gewonnen hatte. Es war so stark, dass eine winzige Dosis davon schon den sofortigen Tod herbeiführte. Ich merkte mir die Flasche, welche das Präparat enthielt. Und als alle fort waren, entwendete ich davon eine Prise. Ich bin ein recht guter Apotheker. Daher war es mir ein leichtes, das Alkaloid zu einigen kleinen, in Wasser löslichen Pillen zu verarbeiten. Jeweils eine dieser giftigen Pillen tat ich zusammen mit einer zweiten, äußerlich ganz gleichen, aber harmlosen Pille in ein Schächtelchen. Ich hatte damals beschlossen, dass jeder meiner sauberen Herren eine solche Schachtel greifen und eine der beiden Drogen schlucken müsse. Die zweite wollte ich mir selber einverleiben. Das Gift würde sicher und tödlich wirken, nur bedeutend geräuschloser als Schüsse durch ein Taschentuch. Von jenem Tage an trug ich meine Schächtelchen beständig mit mir herum; und jetzt wollte ich davon Gebrauch machen.

Es war schon fast ein Uhr. Der Wind heulte, und es goss in Strömen. So unwirsch es da draußen war, so heiter sah es in meinem Gemüt aus. Ja, ich war froh, dass ich hätte jauchzen mögen. Stellen Sie sich vor, meine Herren, Sie hätten etwas heftig angestrebt und sich zwanzig Jahre danach gesehnt – und plötzlich steht es in Reichweite vor Ihnen! Dann können Sie gewiss meine Regungen verstehen. Ich zündete mir eine Zigarre an und rauchte, um meine aufgepeitschten Nerven zu beruhigen. Aber meine Hände zitterten, und in meinen Schläfen pochte es. Dabei war mir, als träten der alte John Ferrier und Lucy aus der Dunkelheit und lächelten mir zu. So deutlich sah ich sie mit einem Mal vor mir, wie ich jetzt Sie alle, meine Herren, mit meinen Augen in diesem hellen Raum sehe. Sie begleiteten mich die ganze Fahrt hindurch, rechts und links von meinem Pferd, bis ich vor dem Haus an der Brixton Road hielt.

Kein lebendes Wesen war hier zu erblicken und außer dem rauschenden Regen kein Laut zu hören. Als ich durchs Fenster in das Wageninnere schaute, saß Drebber in sich zusammengesackt und schnarchte. Ich rüttelte ihn am Arm: ‚Sie müssen aussteigen!', sagte ich.

‚Schon recht, Kutscher', lallte er schlaftrunken.

Vermutlich dachte er, wir seien bei dem Hotel gelandet, wohin er mich befohlen; denn er stieg ohne Weiteres aus und folgte mir in den Garten. Ich musste neben ihm hergehen und ihn stützen, denn er torkelte bedenklich. Ich schloss die Haustür auf und führte ihn in das vordere Zimmer. Ich gebe Ihnen mein Wort, dass Vater und Tochter auch jetzt noch nicht von meiner Seite wichen.

‚Höllisch finster ist's hier aber', krächzte der Betrunkene und stolperte umher.

‚Gleich werden wir Licht machen', erwiderte ich und zündete mit einem Streichholz einen Kerzenstumpf an, den ich bei mir hatte. ‚Jetzt, Enoch Drebber', wandte ich mich zu ihm, indem ich mein eigenes Gesicht anleuchtete, ‚wer bin ich?'

Er starrte mich eine kurze Weile mit blöden, betrunkenen Augen an. Dann sah ich, wie plötzlich Entsetzen in ihnen aufflackerte.

Sein ganzes Gesicht begann zu zucken und verzerrte sich: Er hatte mich erkannt. Leichenblass wurde er und taumelte rückwärts. Der Schweiß stand ihm auf der Stirn, und seine Zähne schlugen aufeinander. Ich lehnte mich gemächlich an die Tür und brach in lautes Lachen aus. Immer schon wusste ich es ja, dass die Rache süß ist. Aber ein Wonnegefühl, wie es mich da erfüllte, hätte ich mir nie vorzustellen vermocht.

‚Du Schwein!', sagte ich. ‚Von Salt Lake City bis St. Petersburg bin ich hinter dir hergejagt, und immer bist du mir durch die Lappen gegangen. Jetzt endlich ist es aus mit deinem Umherjagen. Denn nun rechnen wir miteinander ab; und einer von uns beiden wird morgen die Sonne nicht mehr aufgehen sehen!' Während ich sprach, wich er immer weiter zurück. Anscheinend meinte er, ich sei verrückt geworden. Und ich war auch wie von Sinnen in diesem Augenblick. In meinen Schläfen klopfte es wie von Schmiedehämmern. Wahrscheinlich hätte mich der Schlag gerührt, wäre mir das Blut nicht aus der Nase geströmt und hätte mir Erleichterung verschafft.

‚Denkst du jetzt an Lucy Ferrier?', brüllte ich, schloss die Tür ab und ließ den Schlüssel vor seinen Augen tanzen. ‚Spät kommt die Vergeltung, aber jetzt ist es so weit!' Des Feiglings Lippen zitterten, als ich das sagte. Er hätte gebettelt um sein Leben, aber er sah wohl ein, dass ihm das nichts mehr nützte.

‚Wollen Sie mich ermorden?', stammelte er.

‚Ermorden?', entgegnete ich. ‚Wer spricht von Mord, wenn man einem tollwütigen Hund den Garaus macht? Zeigtest du Erbarmen, als du meine Liebste von ihrem hingemordeten Vater fort in deinen schändlichen Harem schlepptest?'

‚Nicht ich habe ihren Vater getötet!', schrie er.

‚Aber ihr unschuldiges Herz hast du gebrochen!', rief ich. Dann hielt ich ihm die Schachtel unter die Nase. ‚Gott soll zwischen uns richten. Da, wähle selbst! Ich nehme, was du übrig lässt. Wir wollen sehen, ob es auf Erden Gerechtigkeit gibt oder nur blinder Zufall über uns herrscht.'

Mit abstoßendem Gewinsel und Flehen duckte er sich und suchte zu entweichen. Doch ich zog mein Messer und hielt es ihm so lange an die Kehle, bis er folgsam die Pille schluckte; die an-

dere nahm ich selbst ein … Dann standen wir eine Weile Auge in Auge einander gegenüber in Erwartung des Entscheids, wer den Tod und wer das Leben gezogen hätte. Nie werde ich diesen Blick vergessen, als ihm die erste Qual ankündigte, dass das Gift bereits verheerend in seinem Organismus wirkte.

Ich lachte, als ich das sah, und hielt ihm Lucys Trauring dicht vor die Augen. Es dauerte nur Sekunden, denn das Alkaloid arbeitete in rasender Schnelligkeit. Eine Schmerzensgrimasse verzerrte seine Züge. Er warf die Hände nach vorn und stürzte mit einem dumpfen Schrei zu Boden, auf sein Gesicht.

Mit dem Fuß drehte ich ihn um und legte die Hand auf sein Herz. Da regte sich schon nichts mehr. Er war tot.

In Strömen war mir die ganze Zeit über das Blut aus der Nase geflossen, und ich hatte es bis jetzt nicht bemerkt. Ich weiß nicht, was mich nun plötzlich bewog, damit etwas an die Wand zu schreiben. Vielleicht war es nur die mutwillige Idee, die Polizei auf eine falsche Fährte zu locken. Ich entsann mich, dass in New York ein Deutscher tot aufgefunden worden war, über dessen Leiche man RACHE an die Wand gekritzelt hatte. In den Zeitungen hieß es, vermutlich habe irgendeine Geheimgesellschaft das Attentat veranlasst. Ich dachte mir, dass auf etwas, das die New Yorker verwirrt hatte, die Londoner nicht anders reagieren würden. So tauchte ich den Zeigefinger in mein eigenes Blut und schrieb damit das Wort an die Wand. Dann verließ ich den Ort, um zu meiner Droschke zurückzukehren. Wieder erblickte ich weit und breit keine Menschenseele in der stürmischen Nacht. Ein Stück weit war ich schon gefahren, als ich mechanisch in die Tasche griff und Lucys Ring, den ich immer bei mir gehabt hatte, nicht mehr fand. Es traf mich wie ein schwerer Schlag, denn ich besaß nur dieses einzige Andenken an sie. Da fiel mir ein, ich könnte ihn verloren haben, als ich mich über Drebbers Leiche beugte. Ich machte sofort kehrt, ließ meine Kutsche in einer Seitenstraße stehen und wagte mich zum zweiten Mal bis zu dem Haus vor; denn ich hätte mein Leben darangesetzt, das geliebte Kleinod wiederzubekommen. So traf es sich, dass ich einem Polizisten in die Arme lief, als er gerade zur Tür herauskam. Ich stellte mich hoffnungslos betrunken. So gelang es mir, dem Biedermann unverdächtig zu erscheinen.

Das also war Enoch Drebbers Ende! Nun galt es noch, Stangerson aus der Welt zu schaffen und damit John Ferriers Tod zu sühnen. Ich wusste ja, dass er im Halliday-Hotel abgestiegen war, und trieb mich den ganzen Tag in dessen Umgebung herum. Aber Stangerson setzte den Fuß nicht vor die Tür. Ich glaube, als Drebber nicht mehr bei ihm auftauchte, schöpfte er Argwohn. Denn er war sehr schlau, dieser Stangerson, und immer auf der Hut. Wenn er sich jedoch einbildete, er könne mich dadurch fernhalten, dass er sich im Bau verkroch, so hatte er sich geirrt. Ich wollte schon ein Mittel finden, wie ich zu ihm gelangen würde. Sein Schlafzimmerfenster hatte ich bald ermittelt. Am nächsten Morgen, in aller Frühe, entdeckte ich eine Leiter, die nutzlos im Hinterhof herumlag. Ich lehnte sie gegen die Hauswand und kletterte zu seiner Stube hinauf. Aus den tiefsten Träumen weckte ich ihn und erklärte, die Stunde der Abrechnung sei gekommen, da er vor Jahren jene schwere Schuld, ein Menschenleben, auf sein Gewissen geladen habe. Ich beschrieb ihm Drebbers Tod und stellte ihn vor die gleiche Wahl. Er nahm die Chance, die ich ihm damit bot, überhaupt nicht wahr, sondern sprang aus dem Bett und mir an die Gurgel ... Aus Notwehr stieß ich ihm den Dolch ins Herz. Im Grunde war das auch ganz gleichgültig. Denn nie hätte die Vorsehung zugelassen, dass seine schuldige Hand nach der harmlosen Pille griff anstatt nach der für ihn bestimmten.

Nun habe ich wenig mehr zu sagen, und das ist gut so; denn ich bin am Ende meiner Kraft. Einen ganzen Tag fuhr ich noch mit meiner Droschke umher. Ich wollte eigentlich so lange weitermachen, bis ich genügend erspart hätte, um nach Amerika zurückzukehren. Ich stand gerade im Hof bei unseren Stallungen, als ein zerlumpter Halbwüchsiger angelaufen kam und nach dem Kutscher Jefferson Hope fragte. Den solle er mit seinem Gefährt zu einem Herrn in der Baker Street Nummer 221 B holen. Nichts Böses ahnend, begab ich mich sogleich hierher. Und da geschah es, dass man mir Handschellen anlegte. So fix und geschickt tat er das, dieser junge Mann, wie mir dergleichen mein Lebtag noch nicht vorgekommen ist. Nun, meine Herren, haben Sie die ganze Geschichte gehört. Wenn Sie mich auch für einen Mörder halten, ich selbst weiß, dass ich nur ein Verfechter der Gerechtigkeit bin, genau wie Sie."

Die Art, wie der Mann gesprochen hatte, war so ergreifend und seine Haltung so eindrucksvoll, dass wir alle schweigend und bewegt dasaßen. Sogar die abgebrühten Berufsdetektive schienen von dieser Geschichte eigentümlich angerührt. Als der Gefangene schwieg, wurde die Stille im Raum nur durch das Kratzen von Lestrades Bleistift unterbrochen, der sein Stenogramm noch nicht beendet hatte.

„Da ist nur noch ein Punkt, über den ich gern Klarheit hätte", ergriff Sherlock Holmes endlich nach längerer Pause das Wort. „Wer war Ihr Komplize, der auf die Anzeige hin kam, den Ring abzuholen?"

Jefferson Hope blinzelte meinem Gefährten zu. „Meine eigenen Geheimnisse kann ich ja preisgeben, wann immer ich will", antwortete er. „Aber andere Leute möchte ich nicht gern da mit hineinreißen. Als ich Ihre Anzeige sah, dachte ich mir schon: Entweder ist es eine Falle – oder es hat wirklich jemand, der nichts von alledem weiß, den Ring gefunden. Nun, mein Freund erbot sich, die Gefahr auf sich zu nehmen. Ich glaube, er hat seine Sache ausgezeichnet gemacht."

„Zweifellos", gab Holmes herzlich zu.

„Meine Herren", ließ sich der Inspektor würdevoll vernehmen, „wir müssen nun dem Gesetz Genüge tun. Am Donnerstag soll der Angeklagte vor dem Untersuchungsrichter erscheinen. Und Ihre Zeugenschaft wird dabei erforderlich sein. Bis dahin werde ich Jefferson Hope in Haft nehmen." Auf ein Klingelzeichen traten zwei Wärter ein, die den Gefangenen abführten. Mein Freund und ich verließen das Polizeigebäude und fuhren mit einer Kutsche nach Hause.

Die Gerichtsverhandlung findet nicht statt

Alle waren wir aufgefordert, am Donnerstag der Verhandlung beizuwohnen. Aber wir fanden keine Gelegenheit mehr auszusagen. Ein höherer Richter hatte den Fall in die Hand genommen und Jefferson Hope vor ein Tribunal berufen, wo ihm wirkliche und unbedingte Gerechtigkeit widerfahren sollte. Gleich in der ersten Nacht nach seiner Gefangennahme erlag er einem Herzschlag. Man fand ihn am Morgen auf dem Boden seiner Zelle ausgestreckt.

Auf seinem Gesicht stand ein friedvolles Lächeln, als habe er im Hinscheiden auf ein sinnerfülltes Leben, ein vollbrachtes Werk zurückgeblickt.

„Gregson und Lestrade werden über seinen Tod wütend sein", meinte Holmes, als wir am nächsten Abend davon sprachen. „Wo bleibt nun ihr großartiger Auftritt?"

„Aber sie haben doch mit der Gefangennahme Hopes ohnehin so gut wie nichts zu tun", entgegnete ich.

„Als ob es in dieser Welt darauf ankäme, was man getan hat!", versetzte mein Freund etwas bitter. „Wichtig ist nur, dass man den Leuten weismacht, man habe Ungeheures geleistet. – Doch Schwamm drüber", fuhr er nach einer kleinen Pause schon wieder ganz heiter fort. „Ich hätte die Untersuchung dieses Falles ja um keinen Preis missen mögen. Denn ich muss gestehen, dass mich kaum einer je derart gefesselt hat. So einfach er war, ich konnte eine Menge daraus lernen."

„Einfach?", rief ich ungläubig.

„O ja, das war er wirklich. Man kann kaum etwas anderes behaupten", erwiderte Holmes und lächelte über meine Betroffenheit. „Sehen Sie, ein schlagender Beweis für seine Unkompliziertheit ist doch allein schon, dass ich aufgrund einiger ganz gewöhnlicher

Folgerungen imstande war, den Mörder innerhalb von drei Tagen dingfest zu machen."

„Wahrhaftig!", musste ich zugeben.

„Schon einmal erklärte ich Ihnen, dass das Ausgefallene meist eher eine Hilfe als ein Hindernis darstellt. Bei der Lösung eines Problems dieser Art muss man vor allem die Fähigkeit zur Rückschau besitzen. Diese sehr nützliche und eigentlich ganz leicht zu erwerbende Gabe wird heutzutage nur selten angewandt. In den Dingen des täglichen Lebens ist es ja auch meist angebracht, den Blick nach vorn zu richten. Allerdings wird dabei die Beachtung der Vergangenheit vernachlässigt. Auf fünfzig Menschen, die synthetisch denken, kommt höchstens ein Analytiker."

„Ich gestehe", bemerkte ich, „dass ich Ihnen nicht ganz folgen kann."

„Das durfte ich auch kaum von Ihnen erwarten. Deshalb will ich versuchen, mich klarer auszudrücken. Also: Wenn Sie den Ablauf von mehreren ineinander verwobenen Ereignissen schildern, so werden die meisten Leute in der Lage sein, Ihnen das Ergebnis einigermaßen vorauszusagen. Aber nur sehr wenige Menschen gibt es, die von einem Resultat auf die Begebenheiten und Zusammenhänge schließen können, die dazu geführt haben. Gerade dieses Talent meinte ich nun, als ich von Rückschau oder einer ‚analytischen' Schlussfolgerung sprach."

„Ja, jetzt verstehe ich Sie", sagte ich.

„Dies war also ein Fall, in dem wir das Ergebnis vor uns hatten und alle Vorgänge, die dazu geführt haben, daraus ableiten mussten. Ich will mich jetzt bemühen, Ihnen die verschiedenen Stufen meines Gedankenganges aufzuzeigen. Fangen wir ganz vorn an! Ich ging, wie Sie wissen, zu Fuß und völlig unvoreingenommen zu dem Haus. Natürlich betrachtete ich zuallererst die Straße und fand da, das sagte ich Ihnen schon, etliche Spuren einer Droschke, die, wie sich aus meiner Unterhaltung mit Gregson ergab, dort in der Nacht schon vorgefahren sein musste. Es handelte sich um eine Mietdroschke, nicht um einen Privatwagen, wie ich aus den Rillen leicht ermitteln konnte. Die übliche Londoner Stadtkutsche hat nämlich eine wesentlich schmalere Spurweite als ein privater Herrenzweisitzer.

Nach dieser meiner ersten Feststellung ging ich langsam den Gartenpfad entlang. Auf seinem lehmigen Grund zeichneten sich alle Fußstapfen deutlich ab. Wahrscheinlich hat er für Sie nur wie ein recht zertrampelter Matschstreifen ausgesehen. Mein geübtes Auge hingegen unterschied jeden Tritt auf seiner Oberfläche. Es gibt in der gesamten Detektivkunde kaum einen Zweig, der so wichtig ist und gleichzeitig so missachtet wird wie die Kunst des Spurenlesens. Glücklicherweise habe ich diesem Gebiet immer große Bedeutung beigemessen und es durch ständige Übung zur Meisterschaft darin gebracht.

Ich sah die schweren Stiefelabdrücke der Polizisten, aber ebenso wenig konnten mir die Fußstapfen der zwei Männer entgehen, die vorher durch den Garten gekommen waren. Gerade an diesen zertretenen und zum Teil verwaschenen Spuren erkannte ich, dass diese Besucher vor den anderen dagewesen sein mussten. So bildete sich ganz von selbst das zweite Glied in meiner Beweiskette. Der Mann war groß, das konnte ich aus der Länge seiner Schritte schließen. Bei dem anderen ließ sich aus den modisch geschnittenen Abdrücken seiner Schuhe erkennen, dass er wohl recht elegant gekleidet war.

Diese Vermutung bestätigte sich, als ich das Haus betrat. Der Mann mit dem teuren Schuhwerk lag leblos vor mir. Sofern es sich um Mord handelte, musste ihn also der Große begangen haben. Zwar war der Körper des Toten unverletzt, der verzerrte Gesichtsausdruck jedoch wies darauf hin, dass er sein Schicksal hatte auf sich zukommen sehen, ehe es ihn ereilte. Menschen, die am Herzschlag oder aufgrund einer anderen natürlichen Ursache sterben, zeigen nie einen entsetzten Ausdruck. Ich roch an den Lippen des Toten und nahm einen leicht säuerlichen Geruch wahr. Daraus schloss ich, dass er vergiftet worden war. Dass man ihn gezwungen hatte, die Droge zu nehmen, bewies mir ebenfalls sein hass- und angsterfülltes Gesicht. Nur durch meine ‚Ausklammerungsmethode' gelangte ich zu diesem Schluss. Keine andere Hypothese hätte sich mit derlei Begleiterscheinungen gedeckt. Glauben Sie aber trotzdem nicht, dass mein Vorgehen außergewöhnlich war! Die Kriminalgeschichte kennt mehrere Fälle, in denen das Opfer gezwungen wurde, Gift zu nehmen. Jedem

Toxikologen sind ja Dolsky in Odessa und Leturier in Montpellier nur zu gut bekannt.

Nun war es so weit, dass sich die Kernfrage nach dem Motiv erhob. Von Raubmord konnte nicht die Rede sein, da gar nichts entwendet worden war. Um welchen Brennpunkt also kreiste die Vorgeschichte dieses Überfalls, um die Politik oder um eine Frau? Von Anfang an neigte ich mehr zu der zweiten Annahme. Politische Mörder ergreifen meist sofort nach der Tat schleunigst die Flucht. Dieser hingegen war planvoll und geradezu bedächtig vorgegangen. Er hinterließ im ganzen Raum seine Spuren, die andeuteten, dass er sich lange Zeit darin aufgehalten hatte. Hier musste es sich um ein Verbrechen mit privatem Hintergrund handeln, da die Abrechnung so methodisch durchdacht erfolgte. Die Entdeckung der Inschrift an der Wand überzeugte mich davon erst recht, denn sie war ein ganz offenkundiges Täuschungsmanöver. Und gar, als dann der Ring gefunden wurde, gab es überhaupt keinen Zweifel mehr: Der Mörder hatte seinem Widersacher das Schmuckstück gezeigt, um ihn in seiner letzten Stunde an eine tote oder abwesende Frau zu erinnern. Deshalb wollte ich von Gregson wissen, ob er sich im Telegramm nach Drebbers Lebenslauf erkundigt hatte. Das hatte der Detektiv leider versäumt.

Als Nächstes unternahm ich eine sorgfältige Untersuchung des Zimmers, wobei sich meine Vermutung, dass der Mörder sehr groß sei, bestätigte. Es stellte sich dabei noch einiges Zusätzliche heraus, was uns bei der Fahndung von Nutzen sein konnte. So, dass der Mann eine Trichinopolyzigarre rauchte und dass er lange Fingernägel gehabt haben muss. Außerdem wurde mir eines klar: Das Blut auf dem Fußboden rührte vom Mörder selbst her. Es war ihm allem Anschein nach aus der Nase geflossen. Nur sehr vollblütige Menschen neigen in Erregungszuständen zu Nasenbluten. Daraus wieder durfte ich schließen, dass der, den ich suchte, kräftig und von blühender Gesichtsfarbe sei. Die Tatsachen haben dann meinen Überlegungen recht gegeben. Als wir das Haus verließen, eilte ich nachzuholen, was Gregson bei seinem Kabel nicht bedacht hatte. Ich telegrafierte an das Polizeipräsidium in Cleveland und ersuchte um Auskunft über Drebbers Vergangenheit, so weit sie mit seiner Heirat in Zusammenhang stand. Die aufschlussreiche

Antwort unterrichtete mich darüber, dass Drebber schon einmal den Schutz der Justiz gegen seinen früheren Nebenbuhler, Jefferson Hope, in Anspruch genommen hatte und dass dieser sich zurzeit in Europa aufhielt. Ich wusste, nun hatte ich den Schlüssel zu unserem Geheimnis in der Hand. Es galt nur noch, ihn, dessen Namen ich jetzt kannte, ins Garn zu locken.

Für mich stand längst fest, dass der Mann, der mit Drebber in jener Nacht in das leere Haus ging, kein anderer gewesen sein konnte als der, welcher mit der Droschke dort vorgefahren war. Das nämlich ergab sich mir aus den Spuren der Pferdehufe, die in einem unregelmäßigen Kreuz und Quer anzeigten, dass das Tier eine Weile sich selbst überlassen war und den Wagen hin und her gezerrt hatte. Wo also konnte sich der Kutscher mittlerweile aufgehalten haben, wenn nicht im Haus? Es wäre auch sinnwidrig gewesen zu vermuten, dass ein geistig zurechnungsfähiger Mensch in Gegenwart eines Dritten, der ihn schließlich verraten konnte, das Verbrechen begangen hätte. Und schließlich: Welcher Beruf wäre geeigneter als der eines Droschkenkutschers, um jemanden im Gewühl einer Riesenstadt wie London aufzuspüren? All diese Erwägungen führten unweigerlich zu der Schlussfolgerung, dass Jefferson Hope unter den Droschkenkutschern der Metropole zu finden sei.

Wenn er nun wirklich diesen Beruf ausgeübt hatte, so war kein Grund vorhanden, warum er ihn nach der Tat sofort aufgeben sollte. Man konnte im Gegenteil annehmen, dass Hope eher befürchtete, durch einen jähen Wechsel in seiner Beschäftigung die Leute aufmerksam zu machen, und dass er ihr daher zumindest eine Zeit lang noch weiter nachzugehen gedachte. Dass er sich unter falschem Namen verdingte, war auch nicht wahrscheinlich. Wozu wäre ihm das in einem fremden Land, wo ihn doch niemand kannte, dienlich gewesen? Daher ließ ich meine Gassenbuben systematisch jedes Droschkenunternehmen nach dem Gesuchten durchforschen. Sie entsinnen sich ja, wie prächtig und rasch ihnen das geglückt ist. Stangersons Ermordung war zwar ein gänzlich unerwarteter Zwischenfall, hätte jedoch kaum vermieden werden können. Auch gelangte ich gerade durch ihn in den Besitz jener Pillen, denen ich bereits vorher die Todesursache zuschrieb.

Sie sehen, die ganze Angelegenheit ist eine Kette logischer Folgen; fehler- und lückenlos fügt sich ein Glied an das andere."

„Ach, großartig!", rief ich begeistert. „Man müsste Sie in aller Öffentlichkeit auszeichnen. Sie sollten einen ausführlichen Bericht über den Fall herausgeben ... Oder, besser noch, ich werde das für Sie tun!"

„Machen Sie, was Sie wollen, Doktorchen", antwortete mein Freund zerstreut und reichte mir die Zeitung herüber. „Da, schauen Sie sich das einmal an!"

Es war eine Abendausgabe des *Echo*, und die Spalte, auf die er mich hinwies, bezog sich auf unseren Fall. Ich las: „Durch das plötzliche Ableben des Verhafteten Jefferson Hope ist uns eine bedeutsame Gerichtsverhandlung entgangen. Es handelt sich um den Mörder Enoch Drebbers und Joseph Stangersons. Wahrscheinlich werden wir nie Einzelheiten über diesen seltsamen Fall erfahren. Allerdings wissen wir aus zuverlässiger Quelle, dass das Verbrechen auf ein altes, romantisch anmutendes Drama zurückzuführen ist, in dem Liebe und Mormonentum eine Rolle spielten. Anscheinend gehörten die beiden Opfer in ihrer Jugend einer Sekte an, welche sich ‚Die Heiligen der Letzten Tage' genannt hat. Der im Gefängnis verstorbene stammte ebenfalls aus Salt Lake City. Verlief der Fall durch den Tod des Angeklagten auch letztlich ergebnislos, so erwies sich bei seiner Untersuchung doch von Neuem die Vortrefflichkeit unserer Geheimpolizei. Und alle Ausländer werden die Lehre daraus ziehen, dass sie ihre Streitigkeiten lieber im eigenen Lande als auf britischem Boden austragen sollten. Es ist kein Geheimnis mehr: Die Gefangennahme des Verdächtigen, Jefferson Hope, haben wir ausschließlich dem Scharfsinn der bekannten Scotland-Yard-Beamten Mr Lestrade und Mr Gregson zu verdanken. Der Mann wurde offenbar in der Wohnung eines gewissen Sherlock Holmes, welcher selbst schon gelegentlich auf dem Gebiet der Kriminalistik Begabung zeigte, verhaftet. Es steht zu hoffen, dass dieser Amateur es unter der Anleitung der genannten hervorragenden Lehrmeister noch zu ähnlicher Könnerschaft bringen wird wie sie. Allgemein erwartet man, dass den beiden Detektiven für ihre Verdienste eine gebührende Auszeichnung zuteilwird."

„Haha!“, lachte Sherlock Holmes fröhlich. „Sagte ich es Ihnen nicht im Voraus? Das ist nun der Erfolg unserer ‚Studie in Scharlachrot‘. Den beiden da haben wir Ruhm und Ehren verschafft!“

„Na wenn schon“, erwiderte ich gleichmütig. „Wer zuletzt lacht, lacht am besten. In meinem Tagebuch habe ich alles aufgezeichnet, wie es sich wirklich abgespielt hat; und Sie können sich darauf verlassen, dass es an die Öffentlichkeit dringen wird. Bis dahin müssen Sie sich eben selber genug sein – wie jener römische Geizhals, der da gesagt hat:

*Populus me sibilat, at mihi plaudo ipse domi simul ac nummos contemplor in arca.**“

* Das Volk pfeift mich zwar aus, ich selbst aber zolle mir Beifall und betrachte zu Hause die Münzen im Kasten.

Der Hund von Baskerville

Sherlock Holmes

Sherlock Holmes stand gewöhnlich sehr spät auf, wenn er nicht – was gar nicht so selten vorkam – die ganze Nacht wach blieb. Diesmal saß er schon zeitig am Frühstückstisch. Ich stand am Kamin und nahm den Stock zur Hand, den unser Besucher gestern Abend zurückgelassen hatte. Es war ein schöner, kräftiger Stock, und er trug dicht unter dem Griff ein fingerbreites Silberband mit der Widmung JAMES MORTIMER, M.R.C.S., VON SEINEN FREUNDEN VOM C.C.H. Im Ganzen ein Stock, wie ihn altmodische Hausärzte besitzen, solide und zuverlässig.

„Na, Watson, was ersiehst du daraus?"

Holmes saß mit dem Rücken zu mir, und ich hatte mir nicht anmerken lassen, womit ich mich beschäftigte.

„Woher weißt du, was ich tue? Du hast wohl Augen im Hinterkopf."

„Das nicht, aber vor mir steht eine blanke silberne Kaffeekanne", entgegnete Holmes. „Also – was ersiehst du aus dem Stock? Unser Besucher traf uns gestern leider nicht an, und da wir keine Ahnung haben, was er wollte, wird das Andenken, das er unfreiwillig hinterließ, recht bedeutsam. Untersuche den Stock, und dann lass hören, wie du dir den Mann dazu vorstellst!"

„Ich glaube", sagte ich und bediente mich der Methode, die mein Freund in solchen Fällen anzuwenden pflegte, „ich glaube, dass er ein erfolgreicher älterer Arzt ist, ein angesehener Mann, denn man hat ihm dieses Zeichen der Wertschätzung verehrt."

„Gut", sagte Holmes, „ausgezeichnet!"

„Ich halte es auch für wahrscheinlich, dass er ein Landarzt ist, der einen großen Teil seiner Visiten zu Fuß erledigt."

„Warum?"

„Weil der Stock so mitgenommen aussieht. Ich kann mir kaum vorstellen, dass er bei einem in der Stadt praktizierenden Arzt so aussehen würde. Die dicke Eisenzwinge ist ganz abgenutzt; daraus geht hervor, dass er viel damit gelaufen ist."

„Vortrefflich!", sagte Holmes.

„Und dann ist die Rede von ‚seinen Freunden vom C. C. H.' – das klingt nach einem Jagdklub, dessen Mitgliedern er vielleicht ärztliche Hilfe geleistet hat und die ihm dafür ein kleines Geschenk machen wollten."

„Wirklich, Watson, du übertriffst dich selbst!", rief mein Freund aus, schob den Stuhl zurück und zündete sich eine Pfeife an. „Ich muss sagen, dass du in deinen Berichten von meinen bescheidenen Leistungen dein Licht unter den Scheffel stellst. Oder vielleicht bist du selbst nicht einmal ein großes Licht, kannst aber andere zur Erleuchtung bringen. Manche Menschen, die selber keine Genies sind, können das Genie in anderen wecken. Ich verdanke dir viel, mein lieber Watson."

Das hatte er noch nie zugegeben, und ich muss gestehen, dass mich seine Worte herzlich freuten, denn seine Gleichgültigkeit gegen meine Bewunderung und gegen meine Versuche, seine Leistungen der Öffentlichkeit gebührend bekanntzumachen, hatte mich oft gekränkt. Auch war ich nicht wenig stolz darauf, mir sein System so weit zu eigen gemacht zu haben, dass ich es zu seiner Zufriedenheit anzuwenden vermochte. Er nahm mir den Stock aus der Hand, untersuchte ihn ein paar Minuten mit unbewaffnetem Auge und trat dann, interessiert seine Pfeife beiseitelegend, ans Fenster. Dort musterte er den Stock mithilfe des Vergrößerungsglases abermals.

„Interessant, aber elementar", sagte er und setzte sich. „Der Stock liefert tatsächlich einige Hinweise, auf denen wir unsere Schlüsse aufbauen können."

„Habe ich etwas übersehen?", fragte ich. „Sicher ist mir nichts Wesentliches entgangen."

„Ich fürchte, mein lieber Watson, die meisten deiner Schlussfolgerungen waren falsch. Wenn ich sage, dass ich dir viel verdanke, dann meine ich, dass ich durch deine Irrtümer manchmal auf den richtigen Weg gebracht worden bin. Nicht dass du in diesem Fall vollkommen unrecht hättest. Der Besitzer dieses Stocks ist bestimmt ein Landarzt und viel zu Fuß unterwegs."

„Dann hatte ich recht."
„Nur so weit."
„Aber das war doch alles."
„Nein, bei Weitem nicht alles. Ich möchte zum Beispiel annehmen, dass ein Arzt eher von einem Krankenhaus ein Geschenk erhält als von einem Jagdklub und dass die Buchstaben ‚C. C.' vor dem ‚H.' die Bedeutung ‚Charing Cross' haben."
„Das könnte zutreffen."
„Das glaube ich auch. Und wenn wir das als Arbeitshypothese benutzen, haben wir eine neue Grundlage für die Rekonstruktion unseres unbekannten Besuchers."
„Na gut, nehmen wir an, dass ‚C. C. H.' die Abkürzung von ‚Charing Cross Hospital' ist. Welche weiteren Schlüsse können wir daraus ziehen?"
„Kommst du nicht selber darauf? Du kennst doch meine Methode. Wende sie an!"
„Ich komme nur auf den naheliegenden Gedanken, dass der gute Mann wohl in der Stadt praktiziert hat, bevor er aufs Land ging."
„Wir können uns mit unseren Vermutungen noch weiter vorwagen. Versuchen wir es einmal so – bei welcher Gelegenheit wird ihm denn wahrscheinlich das Geschenk überreicht worden sein? Wann würden Freunde zusammenlegen, um solch ein Geschenk zu kaufen? Doch wohl in dem Augenblick, in dem Dr. Mortimer das Krankenhaus verlässt, um eine eigene Praxis aufzumachen. Wir wissen, dass der Stock ein Geschenk ist. Wir nehmen an, dass ein Übergang vom Krankenhausdienst zur Landpraxis erfolgte. Wäre es eine zu kühne Kombination, wenn wir einen Zusammenhang zwischen diesen beiden Ereignissen sähen?"
„Wahrscheinlich nicht."
„Nun können wir ferner annehmen, dass er nicht zum festen Ärzteteam des Krankenhauses gehörte, denn sonst wäre er nicht aufs Land gegangen. Welche Position hatte er dann inne? Es bleibt nur die eines Assistenzarztes, der praktisch nicht viel mehr ist als ein älterer Medizinstudent. Vor fünf Jahren verließ er das Krankenhaus – die Jahreszahl steht auf dem Stock unter der Widmung. So bleibt von deinem gesetzten Landarzt mittleren Alters nichts

übrig, mein lieber Watson. Der Bursche ist ein ziemlich junger Dachs, noch unter dreißig, freundlich und zerstreut und Besitzer eines Hundes, der größer als ein Terrier und kleiner als eine Bulldogge ist."

Ich lachte ungläubig, während Sherlock Holmes sich zurücklehnte und Rauchringe blies.

„Was die letzteren Details angeht, habe ich keine Möglichkeit, dich zu widerlegen", sagte ich, „aber es ist zum Glück nicht schwer, ein paar Einzelheiten über das Alter und die berufliche Karriere des Mannes ausfindig zu machen."

Ich nahm mein Ärztehandbuch aus dem Regal und schlug nach. Es gab mehrere Mortimers darin, aber nur einen, der unser Besucher sein konnte. Ich las die Eintragungen vor.

„Mortimer, James, M. R. C. S., Jackson Preis für vergleichende Pathologie für die Arbeit ‚Ist Krankheit ein Atavismus?'. Korrespondierendes Mitglied der Schwedischen Pathologischen Gesellschaft. Verfasser von ‚Einige Fälle von Atavismus' (in *Lancet*), ‚Atavismus und Fortschritt' (in *Journal of Psychology*). Nach Assistentenzeit am Charing Cross Hospital Amtsarzt der Gemeinden Grimpen, Thorsley und High Barrow."

„Von dem Jagdklub steht nichts drin", sagte Holmes mit einem boshaften Lächeln. „Aber er ist ein Landarzt, wie du sehr richtig bemerkt hast, mein lieber Watson. Und ich glaube, ich hatte mit meinen Bemerkungen ebenfalls recht. Was meine Charakterisierung betrifft – ich sagte ‚freundlich und zerstreut', wenn ich mich recht erinnere –, so dürfte auch sie stimmen. Nach meiner Erfahrung werden in dieser Welt nur freundliche Menschen mit einem Preis ausgezeichnet. Und nur zerstreute hinterlassen einen Stock statt einer Visitenkarte, wenn sie eine Stunde lang vergeblich gewartet haben."

„Und der Hund?"

„Pflegt seinem Herrn den Stock nachzutragen. Weil es ein schwerer Stock ist, hat ihn der Hund fest in der Mitte gepackt, und die Spuren seiner Zähne sind deutlich zu sehen. Das Hundegebiss ist meiner Ansicht nach zu breit für einen Terrier und nicht breit genug für eine Bulldogge. Es könnte ein – ja, es ist ein flockenhaariger Wachtelhund!"

Holmes war aufgestanden und im Zimmer hin und her gegangen. Jetzt stand er in der Fensternische, und in seiner Stimme lag so viel Überzeugung, dass ich überrascht aufsah.

„Aber wie kannst du denn so sicher sein?"

„Weil der Hund vor unserer Tür steht. Und da klingelt schon der Besitzer. Bitte bleib, Watson! Es ist ein Kollege von dir, und deine Anwesenheit könnte nützlich sein. Ein dramatischer Moment, wenn du einen Schritt auf der Treppe hörst und du nicht weißt, ob er Gutes oder Böses bringt. Was will Dr. James Mortimer, der Mann der Wissenschaft, von Sherlock Holmes, dem Spezialisten des Verbrechens? Herein!"

Unser Besucher war für mich eine Überraschung. Ich hatte einen typischen Landarzt erwartet, aber herein kam ein sehr großer, schlanker Mann mit einer wie ein Schnabel vorspringenden Nase und zwei scharfen grauen Augen, die dicht beieinanderstanden und hinter einer goldgeränderten Brille hervorleuchteten. Er war gekleidet wie ein Arzt, hatte aber seinen Anzug vernachlässigt; der Rock sah fleckig aus, und die Hosen waren ausgefranst. Obwohl er noch jung war, zeigte sein langer Rücken schon eine Krümmung, und er ging mit vorgeschobenem Kopf und hatte eine Art neugierigen Wohlwollens an sich. Als er eintrat, fiel sein Blick auf den Stock, den Holmes noch in der Hand hielt, und er eilte mit einem freudigen Ausruf darauf zu.

„Das freut mich aber", sagte er. „Ich wusste nicht, wo ich ihn vergessen hatte. Ich möchte ihn um keinen Preis verlieren."

„Es ist ein Geschenk, wie ich sehe", sagte Holmes.

„Das stimmt."

„Vom Charing Cross Hospital?"

„Von ein paar Freunden dort, anlässlich meiner Hochzeit."

„Ach, das ist schade", meinte Holmes und schüttelte den Kopf.

Dr. Mortimer zwinkerte erstaunt. „Warum ist das schade?"

„Weil Sie unsere Überlegungen über den Haufen geworfen haben. Anlässlich Ihrer Hochzeit, sagten Sie?"

„Ja, ich heiratete und verließ das Krankenhaus, um mich selbstständig zu machen."

„Na, da hatten wir ja gar nicht so unrecht", sagte Holmes. „Und nun, Dr. Mortimer …"

„Mr Mortimer, bitte. Ich habe keinen Doktortitel und bin lediglich Mitglied des R. C. S.*"

„Und offenbar ein Mensch, der es sehr genau nimmt."

„Ich bemühe mich. Habe ich die Ehre mit Mr Sherlock Holmes?"

„Ja, und das ist mein Freund Dr. Watson."

„Sehr angenehm. Ich habe Ihren Namen in Verbindung mit dem Ihres Freundes gehört. Sie interessieren mich außerordentlich, Mr Holmes. Einen solchen dolichocephalen Schädel in so ausgeprägter supraorbitaler Entwicklung hatte ich kaum erwartet. Gestatten Sie, dass ich mal über Ihre Parietalfissur fahre? Ein Abguss Ihres Schädels würde, solange das Original nicht zur Verfügung steht, eine Zierde jedes anthropologischen Museums sein. Ich möchte wirklich nicht aufdringlich erscheinen, aber ich muss ehrlich gestehen, dass ich Ihren Schädel einfach bewundere!"

Sherlock Holmes lud unseren seltsamen Besucher mit einer Handbewegung ein, Platz zu nehmen.

„Mir scheint, Sie sind auf Ihrem Gebiet genauso ein Enthusiast wie ich auf dem meinen", sagte er. „Wie ich an Ihren Fingerspitzen sehe, drehen Sie Ihre Zigaretten selber. Genieren Sie sich nicht, rauchen Sie nach Belieben."

Mortimer zückte Tabak und Zigarettenpapier und drehte sich mit bemerkenswerter Geschicklichkeit eine Zigarette. Er hatte lange, bebende Finger, die so ruhelos wirkten wie die Fühler eines Insekts.

Holmes schwieg, aber seine flinken, huschenden Blicke verrieten sein großes Interesse an unserem Besucher.

„Ich nehme an", sagte er schließlich, „dass Sie nicht bloß zur Bewunderung meines Schädels gestern Abend und heute wieder gekommen sind."

„Nein, keineswegs, obwohl ich mich freue, auch dazu Gelegenheit gefunden zu haben. Ich komme zu Ihnen, Mr Holmes, weil ich weiß, dass ich ein unpraktischer Mensch bin, und weil ich mich plötzlich einem sehr ernsten und ungewöhnlichen Problem gegenübersehe. Es ist mir bekannt, dass Sie der zweitbeste Fachmann in Europa sind …"

---

* Royal College of Surgeons. Die Mitgliedschaft berechtigt zum Praktizieren; der Doktortitel ist dazu nicht erforderlich. Er wird aber aus Höflichkeit in der Anrede gebraucht.

„Und wer, bitte, hat die Ehre, als der Beste zu gelten?“, fragte Holmes reserviert.

„Einem wissenschaftlich denkenden Menschen muss die Leistung Monsieur Bertillons imponieren.“

„Warum gehen Sie dann nicht zu ihm?“

„Ich sagte: einem wissenschaftlich denkenden Menschen. Als Praktiker genießen jedoch Sie den höchsten Ruf. Hoffentlich habe ich nicht unabsichtlich ...“

„Fast gar nicht“, sagte Holmes. „Ich glaube, Dr. Mortimer, es ist das Beste, wenn Sie jetzt ohne Umschweife das Problem darlegen, bei dessen Lösung Sie meine Hilfe suchen.“

Der Fluch der Baskervilles

Ich habe in meiner Tasche ein Manuskript", sagte Mortimer.

„Es fiel mir auf, als Sie das Zimmer betraten", bemerkte Holmes.

„Es ist eine alte Handschrift."

„Aus dem Anfang des achtzehnten Jahrhunderts, falls sie nicht gefälscht ist."

„Wie können Sie das so bestimmt sagen?"

„Während wir uns unterhielten, habe ich ein paar Fingerbreit davon betrachten können. Ein Sachverständiger kann das Alter einer solchen Handschrift bis auf ein Jahrzehnt genau angeben. Vielleicht haben Sie meine kleine Abhandlung über dieses Thema gelesen. Ich schätze, das Manuskript stammt ungefähr aus dem Jahre 1730."

„Das genaue Jahr ist 1742." Mortimer zog das Manuskript aus der Tasche. „Dieses Familienpapier wurde mir von Sir Charles Baskerville anvertraut, dessen plötzlicher und tragischer Tod vor gut drei Monaten so viel Aufsehen in Devonshire erregte. Ich darf wohl sagen, dass ich nicht nur sein Arzt, sondern auch sein Freund war. Er war ein kluger Mensch, praktisch veranlagt und so wenig zu Einbildungen geneigt wie ich selber. Trotzdem nahm er dieses Schriftstück sehr ernst und hat genau solch einen Tod erwartet, wie er ihn tatsächlich erlitt."

Holmes streckte die Hand nach dem Manuskript aus und glättete es auf seinem Knie.

„Du wirst bemerken, Watson, dass in der Schrift das lange S mit dem kurzen S abwechselt. Das ist eines der verschiedenen Anzeichen, die erlauben, das Manuskript zu datieren."

Ich betrachtete über seine Schulter hinweg das vergilbte Papier und las auf dessen Kopf „Baskerville Hall" und darunter in großen Ziffern „1742".

„Es scheint eine Art Erzählung zu sein."

„Ja, es handelt sich um eine Sage, um eine Überlieferung der Familie Baskerville."

„Aber ich dachte, Sie wünschten meinen Rat in etwas Modernerem, in einer praktischen Angelegenheit."

„Ganz recht. Es handelt sich um eine höchst moderne Angelegenheit, die so dringend ist, dass innerhalb von vierundzwanzig Stunden etwas Entscheidendes geschehen muss. Aber das Manuskript ist nur kurz und steht in so engem Zusammenhang mit der Angelegenheit, dass ich es Ihnen vorlesen möchte."

Holmes lehnte sich in seinem Stuhl zurück, drückte die Fingerspitzen seiner Hände leicht gegeneinander und schloss die Augen mit der Miene eines Mannes, der sich in sein Schicksal ergibt. Mortimer hielt das Manuskript ans Licht und las mit hoher, krähender Stimme die folgende merkwürdige Geschichte aus alter Zeit: „Vom Ursprung des Hundes von Baskerville hat man vielerlei erzählt, aber da ich in direkter Linie von Hugo Baskerville abstamme und da die Geschichte von meinem Vater, der sie wieder von seinem Vater hörte, auf mich kam, so habe ich sie hier niedergeschrieben in der Überzeugung, dass sie sich genauso zugetragen hat, wie ich nunmehr berichten will. Und ich bitte Euch, meine Söhne, Ihr wolltet glauben, dass dieselbe Gerechtigkeit, die die Sünden bestraft, sie auch gnädig vergeben kann und dass kein Fluch so schwer ist, dass er nicht durch Gebete und Reue gesühnt werden kann. Entnehmt dieser Geschichte die Lehre, dass es nicht taugt, zu fürchten, dass die Verbrechen der Vergangenheit schlimme Früchte für Euch zeitigen könnten, weshalb Ihr darauf bedacht sein müsst, dass die verruchten Leidenschaften, die unserer Familie so schweren Schaden zugefügt haben, nicht abermals entfesselt werden.

Wisset denn, dass zur Zeit der großen englischen Revolution – deren Geschichte, von dem gelehrten Lord Clarendon aufgezeichnet, ich Eurer Aufmerksamkeit nachdrücklich empfehle – dieses Herrenhaus Baskerville bewohnt wurde von Herrn Hugo gleichen Namens, und es kann nicht verschwiegen werden, dass er ein sehr wilder, verruchter und gottloser Mann war. Dieses hätten seine Nachbarn ihm verzeihen mögen, sintemalen* in unserer Gegend

* Veralt. für: da, weil

Heilige niemals haben gedeihen wollen, aber es war in seiner Wildheit ein gewisser mutwilliger und grausamer Humor, durch den sein Name im ganzen Westen bekannt wurde. Nun begab es sich, dass dieser Hugo zu der Tochter eines Landmannes, der an der Grenze des Sitzes der Baskervilles seine Bauernstelle hatte, in Liebe entbrannte (wenn man seine finstere Leidenschaft mit einem so leuchtenden Wort bezeichnen darf). Aber die junge Maid, die züchtig war und von gutem Rufe, ging ihm aus dem Weg, denn sie fürchtete seinen bösen Ruf. Es begab sich jedoch, dass am Michaelistag dieser Hugo nebst fünf oder sechs seiner nichtsnutzigen Genossen sich in das Bauernhaus schlich und das Mädchen entführte, denn sein Vater und seine Brüder waren nicht zu Hause, wie er genau wusste. Sie brachten die Jungfrau ins Schloss und sperrten sie in eine Kammer im obersten Stockwerk. Hugo und seine Freunde setzten sich zu einem langen Zechgelage zusammen, wie sie allnächtlich zu tun pflegten. Da musste sich wohl dem armen Mädchen da oben der Verstand verdreht haben, als es das Singen und Rufen und schreckliche Fluchen hörte, das von unten heraufscholl, denn man sagte, die Worte, die Hugo Baskerville im Rausch ausstieß, brächten ihn sicher in die Hölle. Zuletzt tat das Mädchen in seiner Angst etwas, vor dem auch der tapferste und gewandteste Mann zurückgeschreckt wäre: Mithilfe des Efeugerankes, das die Mauer bedeckte (und noch heute bedeckt), kletterte es von der Höhe dicht unter dem Dach hinab auf den festen Boden und rannte über das Moor nach Hause. Der Weg vom Schloss bis zu ihres Vaters Hof war drei Meilen weit.

Und es begab sich, dass kurze Zeit darauf Hugo seine Zechgenossen verließ, um seiner Gefangenen Speise und Trank zu bringen, falls das seine einzigen Absichten waren. Da bemerkte er, dass der Käfig leer und der Vogel entflohen war. Der Teufel kam über ihn; er lief die Treppe hinunter in den Saal und sprang auf den großen Tisch, dass Flaschen und Teller herunterfielen, und er schrie laut vor seinen Kumpanen, er wolle noch in der gleichen Nacht sich mit Leib und Seele dem Bösen zu eigen geben, wenn er nur das Mädchen wieder einhole. Entsetzt starrten die Zechbrüder auf den Rasenden; einer aber, der noch verruchter oder vielleicht nur betrunkener war als die anderen, rief, man solle die Hunde auf das Mädchen hetzen. Und Hugo lief aus dem Hause und rief den Knechten zu, sie sollten sein Pferd satteln und die Hunde aus dem Zwinger lassen. Er brachte die Hunde mit einem Halstuch des Mädchens auf die Spur, und dann ging es mit lautem Gekläff im Mondschein über das Moor. Eine Zeit lang waren die Zechgenossen ganz starr vor Verblüffung und vermochten gar nicht zu begreifen, was sich mit solcher Schnelligkeit abgespielt hatte. Aber allmählich dämmerte es in ihren benebelten Gehirnen. Da erhob sich ein gewaltiger Lärm; die einen riefen nach ihren Pistolen, die anderen nach ihren Pferden und einige nach neuen Flaschen Wein. Endlich wurden sie etwas vernünftiger, und die ganze Gesellschaft, dreizehn an der Zahl, stieg zu Pferde und machte sich an die Verfolgung. Sie sprengten den Weg entlang, der zum Vaterhaus des Mädchens führte.

Sie waren eine oder zwei Meilen geritten, als sie einem der Hirten begegneten, die nachts bei den Schafen auf dem Moor sind, und sie fragten ihn, ob er den Reiter mit den Hunden gesehen habe. Der Mann war vor Furcht wie gelähmt und konnte kaum sprechen. Endlich stammelte er, dass er wirklich das unglückliche Mädchen mit den Hunden auf seiner Spur gesehen habe. ‚Aber ich habe noch mehr gesehen', sagte er, ‚denn Hugo Baskerville ritt an mir vorüber auf seinem schwarzen Pferd, und hinter ihm her rannte stumm ein Höllenhund, wie ihn Gott mir niemals auf die Fersen hetzen wolle!'

Die betrunkenen Reiter verfluchten den Schäfer und setzten ihren Weg fort. Bald jedoch überlief es sie kalt, denn es galoppierte das schwarze Pferd über das Moor herüber, mit weißem Schaum bedeckt, und der Zügel schleifte, und der Sattel war leer. Da drängten sich die Betrunkenen eng aneinander, denn große Angst kam über sie. Trotzdem ritten sie weiter, obwohl jeder von ihnen, wäre er allein gewesen, herzlich gern umgekehrt wäre. Langsam weiterreitend, trafen sie schließlich die Hunde. Diese drängten sich, obwohl wegen ihres edlen Geblüts und ihrer Tapferkeit berühmt, winselnd am Eingang eines kleinen Tals im Moor. Manche drückten sich beiseite, die anderen starrten mit gesträubtem Haar in das kleine Tal hinein, das vor ihnen lag.

Die Gesellschaft hatte Halt gemacht; die Herren waren jetzt

nüchterner als beim Aufbruch. Die meisten wollten durchaus nicht weiter, doch die drei kühnsten oder vielleicht betrunkensten von ihnen ritten in das Tal hinein. Dieses öffnete sich zu einem breiten Raum, in dem zwei jener großen Steine standen und noch stehen, die längst vergessene Leute in grauer Vergangenheit hingesetzt haben. Der Mond schien hell auf den Platz, und da in der Mitte lag das unglückliche Mädchen, wo es hingefallen war, tot vor Angst und Erschöpfung. Aber nicht der Anblick dieses Leichnams noch der Anblick des Leichnams von Hugo Baskerville war es, was den drei gottlosen Wüstlingen das Haar sträubte. Sondern über Hugo stand, ihm die Kehle zerfleischend, ein grausiges Ungeheuer, eine große schwarze Bestie von der Gestalt eines Hundes, jedoch größer als jeder Hund, den je das Auge eines Menschen erblickt hat. Vor ihren entsetzten Augen riss das Untier Hugo Baskerville die Kehle auf; dann sah es mit triefenden Lefzen und glühenden Augen auf die Reiter. Diese schrien vor Furcht und sprengten, als gelte es das Leben, über das Moor zurück. Einer, erzählt man, starb noch in der gleichen Nacht; die anderen zwei aber waren gebrochene Männer für den Rest ihres Lebens.

Dieses, meine Söhne, ist die Geschichte von der Herkunft des Hundes, der, wie man sagt, seither unsere Familie so grimmig verfolgt. Ich habe sie niedergeschrieben, weil etwas Bekanntes weniger Grauen einflößt als etwas, was einem mit Winken und Andeutungen zugetragen wird. Es lässt sich freilich nicht leugnen, dass mancher von unserer Familie eines unseligen Todes gestorben ist, auf eine plötzliche, geheimnisvolle und blutige Art. Und doch sollten wir uns der unendlichen Güte der Vorsehung anheimgeben, die niemals Unschuldige strafen wird über das dritte oder vierte Glied hinaus, wie die Drohung in der Heiligen Schrift lautet. Dieser Vorsehung, meine Söhne, empfehle ich Euch, und ich rate Euch, vorsichtig zu sein und dem Moor fernzubleiben in jenen finsteren Stunden, da die bösen Mächte ihr Spiel treiben.

Dieses schrieb Hugo Baskerville für seine Söhne Rodger und John. Sie sollen aber ihrer Schwester Elizabeth nichts davon sagen."

James Mortimer war mit dem Vorlesen dieser seltsamen Geschichte fertig. Er schob seine Brille auf die Stirn und sah Sherlock Holmes erwartungsvoll an. Dieser gähnte und klopfte seine Pfeife am Kamin aus.

„Nun?“, sagte er.

„Finden Sie die Geschichte nicht interessant?“

„O ja, für einen Märchensammler.“

Mortimer zog ein zusammengefaltetes Zeitungsblatt aus der Tasche und sagte: „Nun, Mr Holmes, ich kann Ihnen auch etwas Moderneres vorlegen. Das ist die *Devon County Chronicle* vom 14. Juni dieses Jahres. Sie enthält einen kurzen Bericht über den ein paar Tage zuvor eingetretenen Tod Sir Charles Baskervilles.“

Mein Freund beugte sich ein wenig vor, und seine Züge nahmen den Ausdruck gespannter Aufmerksamkeit an. Unser Besucher rückte seine Brille zurecht und begann: „Der soeben erfolgte plötzliche Tod Sir Charles Baskervilles, dessen Name als der des vermutlichen Kandidaten der Liberalen für die nächste Wahl in Mitteldevon genannt wurde, hat die ganze Grafschaft in Trauer versetzt. Wenn auch Sir Charles erst seit kurzer Zeit Baskerville Hall bewohnte, so hatten ihm doch sein liebenswürdiger Charakter und seine außerordentliche Großzügigkeit die Zuneigung und Achtung aller gewonnen, die mit ihm in Berührung kamen. In dieser Zeit neureicher Emporkömmlinge freut man sich, wenn es einmal dem Spross einer alteingesessenen Familie gelungen ist, aus eigener Kraft ein Vermögen zu erwerben und damit den verblichenen Glanz seines alten Geschlechts wieder aufzufrischen. Wie wohl allgemein bekannt ist, erwarb Sir Charles sein Vermögen durch Spekulationen in Südafrika. Er war weise genug, nicht so lange zu warten, bis das Glück sich gegen ihn wandte; er machte seinen Gewinn flüssig und kehrte damit nach England zurück. Es sind erst zwei Jahre vergangen, seit er sich in Baskerville Hall niederließ, und die von ihm geplanten großen Neubauten und Verbesserungen, deren Durchführung nun sein Tod verhindert, bildeten das allgemeine Gespräch in der ganzen Gegend. Da er selbst keine Kinder hatte, war es sein offen ausgesprochener Wunsch, die Bevölkerung an seinem Glück teilhaben zu lassen, und gar mancher wird sich ganz persönlich veranlasst fühlen, den vorzeitigen Tod eines Wohltäters zu beklagen. Von seinen hochherzigen

Schenkungen zu wohltätigen Zwecken ist in diesen Spalten oft die Rede gewesen.

Die Umstände des Todes sind durch die Untersuchung nicht vollständig aufgeklärt worden, doch weiß man immerhin genug, um jenen Gerüchten entgegenzutreten, deren Ursache ein verbreiteter Aberglaube ist. Nicht der geringste Grund spricht für ein Verbrechen oder lässt darauf schließen, dass der Todesfall eine übernatürliche Ursache habe. Sir Charles war Witwer und galt für einen Mann von etwas exzentrischer Geistesverfassung. Trotz seines beträchtlichen Reichtums war er sehr einfach in seinen Lebensgewohnheiten, und die im Hause wohnende Dienerschaft von Baskerville Hall bestand nur aus dem Ehepaar Barrymore; der Mann versah den Posten eines Butlers, und seine Frau war Haushälterin. Ihre Aussage, die durch das Zeugnis mehrerer Freunde des Verstorbenen bestätigt wird, lautet dahin, dass Sir Charles schon seit längerer Zeit erkrankt gewesen sei; sein schweres Herzleiden habe sich in plötzlichen Veränderungen der Gesichtsfarbe, in Atemnot und Anfällen von Gemütsdepressionen geäußert. Dr. James Mortimer, Freund und Arzt des Verstorbenen, hat im gleichen Sinn ausgesagt.

Die Tatsachen des Falles sind einfach. Sir Charles Baskerville hatte die Gewohnheit, jeden Abend vor dem Schlafengehen in der berühmten Taxusallee von Baskerville Hall spazieren zu gehen. Dies geht aus dem Zeugnis des Ehepaares Barrymore hervor. Am 4. Juni hatte Sir Charles seine Absicht geäußert, am nächsten Tag nach London zu fahren, und er hatte Barrymore befohlen, sein Gepäck vorzubereiten. Am Abend ging er wie immer aus, um seiner Gewohnheit gemäß auf seinem Spaziergang eine Zigarre zu rauchen. Er kehrte nicht wieder zurück. Als Barrymore um zwölf Uhr die Haustür noch offen fand, wurde er unruhig und ging mit einer Laterne auf die Suche nach seinem Herrn. Es hatte tagsüber geregnet, und Sir Charles' Fußspuren waren leicht die Taxusallee hinunter zu verfolgen. Auf halbem Wege befindet sich eine Pforte, die hinaus auf das Moor führt. Aus gewissen Anzeichen kann man schließen, dass Sir Charles eine kurze Zeit lang dort gestanden hat. Dann hat er seinen Spaziergang auf der Allee fortgesetzt, an deren äußerstem Ende sein Leichnam gefunden wurde. Noch unaufgeklärt ist der von Barrymore bezeugte Umstand, dass sich die Fußspuren seines Herrn von der Pforte an veränderten und dass er von dort an auf den Fußspitzen weitergegangen zu sein scheint. Ein Zigeuner namens Murphy, ein Pferdehändler, war zu jener Stunde in der Nähe auf dem Moor. Obwohl er nach eigenem Geständnis betrunken war, hörte er mehrere Schreie, konnte aber nicht feststellen, aus welcher Richtung sie kamen. Zeichen von Gewalt waren an Sir Charles' Leiche nicht zu entdecken, und obwohl nach Aussage des Arztes seine Gesichtszüge auf eine fast unglaubliche Weise verzerrt waren – derart, dass Dr. Mortimer anfangs gar nicht glauben wollte, dass es sein Freund und Patient war, der als Leiche vor ihm lag –, wurde erklärt, dass dies ein Symptom sei, das man nicht selten an Toten beobachte, die an einem Herzleiden verschieden seien. Diese Erklärung wurde durch den Sektionsbefund bestätigt, der eine langjährige organische Erkrankung zeigte. Der medizinische Befund wurde als ausreichende Erklärung der Todesursache angenommen. Das ist sehr befriedigend, denn selbstverständlich ist es von allergrößter Wichtigkeit, dass sich auch Sir Charles' Erbe in Baskerville Hall niederlässt und das so traurig unterbrochene gute Werk fortsetzt. Hätte der prosaische Befund der Leichenschau nicht endgültig die romantischen Märchen zerstört, die im Zusammenhang mit dem Fall verbreitet wurden, wäre es wohl schwerer gewesen, einen neuen Bewohner für Baskerville zu finden. Wie man hört, ist der nächste Verwandte – sofern er noch am Leben ist – Mr Henry Baskerville, der Sohn von Sir Charles' zweitjüngstem Bruder. Der junge Mann befand sich nach den letzten Nachrichten, die von ihm eintrafen, in Amerika; es sind bereits Nachforschungen nach ihm eingeleitet, damit er von der ihm zugefallenen Erbschaft unterrichtet werden kann."

Mortimer faltete das Zeitungsblatt zusammen und steckte es wieder in die Tasche.

„Das, Mr Holmes, sind die Tatsachen, die über den Tod Sir Charles Baskervilles öffentlich bekannt wurden."

„Ich danke Ihnen", sagte Sherlock Holmes, „dass Sie meine Aufmerksamkeit auf einen Fall gelenkt haben, der sicherlich manche interessante Züge hat. Mir waren seinerzeit einige Zeitungsartikel darüber aufgefallen, aber ich war damals gerade mit dem

Fall der vatikanischen Kameen beschäftigt, und in meinem Eifer, dem Papst gefällig zu sein, verlor ich die Fühlung mit verschiedenen interessanten englischen Fällen. Dieser Artikel, sagten Sie, enthält alle öffentlich bekannten Tatsachen?"

„Ja."

„Dann lassen Sie mich noch die geheimen wissen." Holmes lehnte sich zurück und nahm eine völlig unbewegte Miene an, die seine unparteiische Aufmerksamkeit zeigte.

Mortimer war augenscheinlich von starker Erregung ergriffen. Endlich sagte er: „Ich will es tun, aber ich sage Ihnen damit etwas, was ich noch keinem Menschen anvertraut habe. Ich habe es auch bei der Leichenschau verschwiegen, weil ich als Mann der Wissenschaft davor zurückschrecke, den Anschein zu erwecken, ich wollte einen Aberglauben unterstützen. Ferner hatte ich die Befürchtung, dass – wie auch die Zeitung sagt – Baskerville Hall in Zukunft leer stehen würde, wenn sich der ohnehin grausige Ruf des Hauses noch verschlimmerte. Aus diesen beiden Gründen glaubte ich das Recht zu haben, nicht alles zu sagen, was ich wusste, denn irgendeinen Nutzen hätte es nicht gebracht. Aber Ihnen gegenüber habe ich keine Ursache, nicht völlig offen zu sein.

Das Moor ist sehr dünn besiedelt; die Nachbarn sind deshalb sehr aufeinander angewiesen. So verkehrte ich denn auch viel mit Sir Charles Baskerville. Mit Ausnahme von Mr Frankland auf Lafter Hall und Mr Stapleton, dem Naturforscher, gibt es keine gebildeten Männer in der Nähe. Sir Charles lebte sehr zurückgezogen, aber seine Krankheit brachte uns zusammen, und da wir gemeinsame wissenschaftliche Interessen hatten, wurde unser Verkehr immer lebhafter. Er hatte viele wissenschaftliche Kenntnisse aus Südafrika mitgebracht, und wir verlebten manchen reizenden Abend zusammen bei Gesprächen über die anatomischen Eigentümlichkeiten der Buschmänner und der Hottentotten.

In den letzten Monaten bestärkte sich meine Überzeugung, dass Sir Charles' Nerven bis zum Zerreißen gespannt waren, immer mehr. Er nahm es mit der Sage, die ich Ihnen vorlas, außerordentlich ernst. Das ging so weit, dass er unter keinen Umständen nachts das Moor betrat, obwohl es zu seinem eigenen Grund und Boden gehörte. Es mag Ihnen unglaublich erscheinen, Mr Holmes, aber er war allen Ernstes davon überzeugt, dass ein grässliches Verhängnis über seinem Geschlecht schwebe, und was er von seinen Vorfahren erzählte, klang allerdings nicht ermutigend. Der Gedanke an ein grausiges Gespenst verfolgte ihn ständig, und mehr als einmal fragte er mich, ob ich nicht bei meinen nächtlichen Krankenbesuchen eine seltsame Erscheinung gesehen oder Hundegebell gehört hätte. Die letztere Frage richtete er mehrmals an mich, und stets zitterte dabei seine Stimme vor Erregung.

Eines Abends – ich erinnere mich des Vorfalls noch sehr gut, es war ungefähr drei Wochen vor seinem Tode – fuhr ich bei seinem Hause vor. Er stand zufällig an der Tür. Ich stieg von meinem Wagen und ging auf ihn zu. Plötzlich sah ich, wie seine Augen in furchtbarem Entsetzen über meine Schulter hinwegstarrten. Ich fuhr herum und konnte gerade noch am Rande der Auffahrt etwas bemerken, was ich für ein großes schwarzes Kalb hielt. Sir Charles war so entsetzlich aufgeregt, dass ich mich veranlasst sah, zu der Stelle, an der ich das Tier erblickt hatte, hinüberzugehen. Es war jedoch verschwunden. Die Erscheinung hatte den schlimmsten Eindruck auf Sir Charles gemacht; ich blieb den ganzen Abend bei ihm, und bei dieser Gelegenheit gab er mir, um mir seine Aufregung zu erklären, diese von einem seiner Vorfahren niedergeschriebene Erzählung. Ich erwähne den kleinen Vorfall, weil er durch die darauf folgende Tragödie eine gewisse Bedeutung erhalten hat; damals aber war ich davon überzeugt, dass die Erscheinung eine ganz harmlose Ursache haben müsse und dass seine Erregung unbegründet sei. Zu der Reise nach London entschloss sich Sir Charles auf mein Anraten. Ich kannte seinen Herzfehler, und die ständige Unruhe, in der er lebte, schadete ernstlich seiner Gesundheit. Ich glaubte, die Zerstreuungen, die eine Großstadt bietet, würden einen neuen Menschen aus ihm machen. Mr Stapleton, unser gemeinsamer Freund, der sich ebenfalls viel Sorgen um die Gesundheit von Sir Charles machte, teilte meine Ansicht. Im letzten Augenblick vor der Reise trat dann das traurige Ereignis ein.

In der Todesnacht schickte Barrymore, der den Leichnam fand, den Stallknecht Perkins zu mir, und da ich trotz der späten Stunde noch auf war, konnte ich Baskerville Hall binnen einer Stunde nach

Sir Charles' Auffindung erreichen. Ich stellte alle bei der Untersuchung vorgebrachten Einzelheiten fest. Ich verfolgte die Fußspuren in der Taxusallee, ich sah die Stelle am Pförtchen, wo Sir Charles gewartet zu haben schien, ich bemerkte die Veränderung der Fußspuren von jener Stelle an und stellte fest, dass auf dem weichen Boden keine weiteren Spuren außer denen von Barrymore vorhanden waren. Ich untersuchte sorgfältig den Leichnam, der bis zu meiner Ankunft unberührt geblieben war. Sir Charles lag auf dem Gesicht; seine Arme waren ausgestreckt, seine Finger in das Erdreich gekrallt, und seine Züge waren so furchtbar verzerrt, dass ich ihn kaum wiedererkannte. Ganz bestimmt war keine Verletzung irgendwelcher Art vorhanden. Aber eine falsche Angabe hat Barrymore doch gemacht. Er sagte, es seien auf dem Boden in der Nähe der Leiche keine Spuren vorhanden gewesen. Er bemerkte allerdings keine; aber ich sah welche, ein kleines Stück entfernt, frisch und deutlich."

„Fußspuren?"

„Fußspuren."

„Von einem Mann oder einer Frau?"

Mortimer sah uns einen Augenblick mit einem seltsamen Ausdruck an. Dann sagte er leise, fast flüsternd: „Mr Holmes, es waren die Spuren eines riesengroßen Hundes."

Das Problem

Ich gestehe, dass mich bei diesen Worten ein Schauder überlief. In Mortimers Stimme war ein eigenartiger Klang; anscheinend hatte auch ihn gepackt, was er uns erzählte. Holmes hatte sich erregt vorgebeugt; seine Augen zeigten den harten Glanz, der immer in ihnen schimmerte, wenn ihn etwas ungewöhnlich interessierte.

„Sie haben das gesehen?"

„So deutlich, wie ich Sie vor mir sehe."

„Und Sie haben nichts gesagt?"

„Welchen Zweck hätte es haben sollen?"

„Wie kam es, dass sonst niemand diese Spuren sah?"

„Diese Spuren waren etwa zwanzig Meter von der Leiche entfernt, und deshalb maß ihnen niemand eine Bedeutung bei. Auch ich hätte es wohl nicht getan, wenn mir die Sage nicht bekannt gewesen wäre."

„Gibt es viele Schäferhunde auf dem Moor?"

„Gewiss, aber die Spuren stammen nicht von einem Schäferhund."

„Sie sagten, das Tier sei groß gewesen?"

„Riesengroß."

„Aber es war nicht an den Leichnam herangekommen?"

„Nein."

„Wie war die Nacht?"

„Feucht und rau."

„Aber es regnete nicht?"

„Nein."

„Wie sieht die Allee aus?"

„Sie wird von zwei undurchdringlichen, über drei Meter hohen Taxushecken eingefasst. Der Weg dazwischen ist etwa zweieinhalb Meter breit."

„Und befindet sich etwas zwischen den Hecken und dem Weg?“

„Ja, auf jeder Seite des Weges ist noch ein etwa zwei Meter breiter Grasstreifen.“

„Wenn ich Sie recht verstanden habe, ist die Taxushecke an einer Stelle von einer Pforte durchbrochen?“

„Ja, von der Lattentür, die auf das Moor hinausführt.“

„Ist noch eine andere Öffnung vorhanden?“

„Keine.“

„Man muss also, um in die Taxusallee zu gelangen, entweder vom Haus her kommen oder durch die Seitenpforte eintreten?“

„Es gibt noch einen dritten Zugang durch das Gartenhaus am Ende der Allee.“

„Ist Sir Charles so weit gekommen?“

„Nein, er lag etwa fünfzig Meter davon entfernt.“

„Nun sagen Sie mir, Dr. Mortimer – und das ist wichtig! –, ob die Spuren, die Sie bemerkten, auf dem Weg waren oder auf dem Gras.“

„Auf dem Gras wären sie überhaupt nicht zu sehen gewesen.“

„Waren sie auf derselben Seite des Weges wie die Pforte?“

„Ja, sie waren am Wegrand auf der Seite, auf der sich die Pforte befindet.“

„Das ist hochinteressant. Nun etwas anderes. War die Pforte verschlossen?“

„Ja, mit einem Vorhängeschloss.“

„Wie hoch ist sie?“

„Knapp anderthalb Meter.“

„Dann hätte jeder drüberklettern können?“

„Ja.“

„Und was für Spuren sahen Sie in der Nähe der Pforte?“

„Keine besonderen.“

„Um Himmels willen, haben Sie denn die Stelle nicht untersucht?“

„Ich habe sie untersucht.“

„Und nichts gefunden?“

„Der Boden war sehr zertreten. Sir Charles hat sich offenbar fünf oder zehn Minuten dort aufgehalten.“

„Woher wissen Sie das?“

„Weil zweimal die Asche von seiner Zigarre abgefallen ist."

„Ausgezeichnet! Das ist ein Kollege nach unserem Herzen, mein lieber Watson. Aber die Fußspuren?"

„Seine eigenen fanden sich überall auf dem Kiesfleck vor der Pforte. Andere habe ich nicht gefunden."

Sherlock Holmes schlug sich in einer Aufwallung von Ungeduld aufs Knie.

„Wäre ich nur dort gewesen!", rief er. „Offenbar ist das ein Fall, aus dem ein wissenschaftlicher Experte außerordentlich viel hätte machen können. Die Spuren auf dem Kiesweg, aus denen ich so viel hätte lesen können, sind jetzt vom Regen verwaschen und von den Schuhen der Neugierigen zertrampelt. O Dr. Mortimer! Dass Sie mich nicht gerufen haben! Sie tragen eine große Verantwortung."

„Ich konnte Sie nicht rufen, Mr Holmes, ohne meine Entdeckungen zu enthüllen, und ich habe Ihnen die Gründe genannt, die dem entgegenstanden. Außerdem ..., außerdem ..."

„Warum stocken Sie?"

„Es gibt ein Gebiet, auf dem auch der scharfsinnigste und erfahrenste Detektiv machtlos ist."

„Sie meinen, es handle sich um etwas Übernatürliches?"

„Das habe ich nicht gesagt."

„Nein, aber Sie denken es."

„Seit jener tragischen Nacht, Mr Holmes, habe ich von verschiedenen Vorfällen gehört, die sich kaum natürlich erklären lassen."

„Zum Beispiel?"

„Ich habe festgestellt, dass vor dem schrecklichen Ereignis verschiedene Leute auf dem Moor eine Kreatur gesehen haben, die der Beschreibung des Hundes von Baskerville entspricht. Es ist ausgeschlossen, dass es sich um ein der Wissenschaft bekanntes Tier handelt. Alle stimmten überein, es sei ein riesiges gespensterhaftes Geschöpf gewesen. Ich habe die Leute scharf herangenommen; der eine war ein hartschädliger Landmann, der andere ein Hufschmied, der dritte ein Moorbauer. Alle erzählten die gleiche Geschichte von einer fürchterlichen Erscheinung, und ihre Darstellung stimmte mit den Angaben der Überlieferung überein. Ich kann Ihnen versichern, dass eine wahre Todesangst in der ganzen

Gegend herrscht und dass kaum jemand wagt, bei Nacht über das Moor zu gehen."

„Und Sie, ein wissenschaftlich gebildeter Mann, glauben, die Erscheinung sei übernatürlicher Art?"

„Ich weiß nicht, was ich glauben soll."

Holmes zuckte die Achseln. „Ich habe meine Nachforschungen bis jetzt auf diese Welt beschränkt. Mit meinen bescheidenen Kräften habe ich das Böse bekämpft, aber an den Vater alles Bösen selbst mich heranzuwagen wäre wohl doch ein zu ehrgeiziges Unterfangen ... Im Übrigen müssen Sie zugeben, dass die Fußspur etwas Wirkliches ist."

„Der Höllenhund war auch wirklich, denn er riss einem Menschen die Kehle auf. Und doch war er ein Teufelsgeschöpf."

„Anscheinend sind Sie ganz zu den Anhängern des Übernatürlichen übergegangen. Verraten Sie mir aber eins, Dr. Mortimer: Wenn Sie sich zu deren Ansichten bekennen, warum sind Sie dann überhaupt zu mir gekommen, um sich Rat zu holen? Sie sagen mit demselben Atemzug, dass es zwecklos sei, den Tod von Sir Charles zu untersuchen, und dass Sie es dennoch wünschen."

„Ich habe nicht gesagt, dass ich es wünschte."

„Wie kann ich Ihnen sonst helfen?"

„Indem Sie mir raten, was ich mit Sir Henry Baskerville machen soll. Er trifft in genau" – Mortimer sah auf seine Uhr – „ein und einer Viertelstunde auf dem Waterloo-Bahnhof ein."

„Er ist der Erbe?"

„Ja. Nach dem Tode von Sir Charles forschten wir nach dem jungen Mann und erfuhren, dass er Farmer in Kanada sei. Nach den uns zugegangenen Auskünften handelt es sich um einen in jeder Hinsicht ausgezeichneten jungen Mann. Ich spreche jetzt nicht als Arzt, sondern als Sir Charles' Testamentsvollstrecker."

„Sonst gibt es wohl niemanden, der Anspruch auf die Erbschaft erhebt?"

„Niemanden. Der einzige andere Verwandte, den wir ausfindig machen konnten, war Rodger Baskerville, der jüngste der drei Brüder, von denen der arme Sir Charles der älteste war. Der zweite, der früh starb, war der Vater dieses jungen Henry. Der dritte der Brüder, Rodger, war das schwarze Schaf der Familie.

Ein echter Baskerville von der wilden Sorte und, wie man mir sagte, das genaue Abbild des alten Hugo auf dem Familienporträt. In England wurde ihm der Boden zu heiß; er floh nach Mittelamerika und starb dort am gelben Fieber. Henry ist der Letzte der Baskervilles. In einer Stunde und fünf Minuten treffe ich ihn auf dem Waterloo-Bahnhof. Er hat mir ein Telegramm geschickt, dass er heute Morgen in Southampton ankomme. Nun, Mr Holmes, was kann ich Ihrer Meinung nach mit ihm anfangen?"

„Warum soll er nicht in das Haus seiner Väter ziehen?"

„Das scheint ganz natürlich zu sein, nicht wahr? Doch bedenken Sie, dass jedem Baskerville, der dorthin geht, ein furchtbares Schicksal beschieden ist. Ich bin überzeugt, dass Sir Charles, wenn er vor seinem Tode hätte mit mir sprechen können, mich gewarnt hätte, den Letzten des alten Geschlechts, den Erben des großen Vermögens, in dieses Haus des Todes zu bringen. Aber es lässt sich nicht leugnen, dass das Wohlergehen des ganzen armseligen Landstrichs von seiner Anwesenheit abhängt. Alles Gute, das Sir Charles bewirkt hat, wird verloren sein, wenn Baskerville Hall keinen Bewohner hat. Ich fürchte, ich bin von dem natürlichen Interesse, das ich an der Sache habe, beeinflusst und trage Ihnen deshalb den Fall vor. Bitte geben Sie mir Ihren Rat."

Holmes dachte eine Weile nach und sagte dann: „In klaren Worten ausgedrückt, liegt die Sache so: Ihrer Meinung nach ist im Moor eine höllische Macht am Werke, die es zu einem unsicheren Ort für einen Baskerville macht. Ist das Ihre Ansicht?"

„Jedenfalls möchte ich sagen, dass einige Anzeichen vorhanden sind, dass es so sein könnte."

„Ganz recht. Aber eins scheint doch sicher: Wenn Ihre Annahme, dass übernatürliche Kräfte am Werke sind, richtig sein sollte, dann könnten sie dem jungen Mann ebenso gut in London wie in Devonshire etwas Böses antun. Einen Teufel mit örtlich beschränkter Macht kann ich mir nicht gut vorstellen."

„Sie nehmen die Sache scherzhaft, Mr Holmes, aber das würden Sie gewiss nicht tun, wenn Sie mit solchen Dingen in persönliche Berührung kämen. Wenn ich Sie richtig verstanden habe, meinten Sie eben, der junge Mann sei in Devonshire genauso sicher wie in London. Er kommt in fünfzig Minuten. Was würden Sie mir empfehlen?"

„Nehmen Sie sich eine Droschke, stecken Sie Ihren Hund hinein, der an meiner Haustür kratzt, und fahren Sie zum Bahnhof, um Sir Henry Baskerville abzuholen."

„Und dann?"

„Dann werden Sie ihm absolut nichts sagen, bis ich mir über die Sache klar geworden bin."

„Wie lange brauchen Sie dazu?"

„Vierundzwanzig Stunden. Ich würde mich sehr freuen, Dr. Mortimer, wenn Sie mich morgen Vormittag um zehn hier wieder aufsuchen würden, und es wird mir eine wesentliche Hilfe sein, wenn Sie Sir Henry Baskerville mitbringen."

„Das werde ich tun, Mr Holmes." Mortimer kritzelte die Verabredung auf die Manschette seines Oberhemds und eilte in seiner sonderbaren, zerstreuten Art zur Tür. Ein Ruf von Holmes hielt ihn zurück.

„Nur noch eine Frage, Dr. Mortimer. Sie sagen, vor Sir Charles Baskervilles Tod hätten mehrere Leute die Gespenstererscheinung auf dem Moor gesehen?"

„Ja, es waren drei Leute."

„Und hat hinterher jemand etwas gesehen?"

„Nicht dass ich wüsste."

„Danke. Guten Morgen, Dr. Mortimer."

Holmes kehrte zu seinem Stuhl zurück. Seine Miene zeigte die innere Befriedigung über eine Aufgabe, die seiner würdig war.

„Gehst du aus, Watson?"

„Nur wenn ich dir nicht helfen kann."

„Nein, mein Lieber, erst wenn es zu handeln gilt, werde ich dich um Hilfe bitten. Dieser Fall ist prachtvoll, in mancher Hinsicht geradezu einzig. Wenn du bei Bradley vorbeikommst, dann lass mir ein Pfund vom stärksten Shagtabak schicken. Es wäre recht gut, wenn du es einrichten könntest, nicht vor dem Abend zurückzukehren. Umso mehr Vergnügen wird es mir dann machen, mich mit dir über das interessante Problem zu unterhalten."

Ich wusste, Abgeschlossenheit und Einsamkeit waren meinem Freund sehr notwendig in den Stunden der höchsten Konzentration, in denen er die Tatsachen nach ihrer Bedeutung bewertete, verschiedene Theorien gegeneinander abwog und sich darüber schlüssig wurde, was an einem Fall wichtig und was unwesentlich war. Ich verbrachte deshalb den Tag in meinem Klub und kehrte erst abends in die Baker Street zurück. Es war fast neun Uhr, als ich unser Wohnzimmer wieder betrat.

Als ich die Tür öffnete, war mein erster Eindruck der, ein Feuer sei ausgebrochen, denn das Zimmer war so voller Rauch, dass kaum das Licht der Lampe hindurchdrang. Als ich im Zimmer war, erkannte ich aber, dass es nur der beißende Rauch starken Tabaks war, der mir in die Kehle drang, sodass ich husten musste. Durch den Dunst erkannte ich undeutlich die Gestalt meines Freundes, der, mit einem Schlafrock bekleidet, im Lehnstuhl saß. Mehrere Papierrollen lagen um ihn herum.

„Hast du dich erkältet, Watson?“, fragte er.

„Nein, es ist nur die Pestluft hier.“

„Jetzt wo du davon sprichst, glaube ich selbst, dass sie ziemlich dick ist.“

„Dick? Sie ist unerträglich.“

„Dann öffne doch das Fenster! Du bist, wie ich bemerke, den ganzen Tag im Klub gewesen.“

„Bester Holmes!“

„Habe ich recht?“

„Gewiss, aber wie …“

Er lachte über meine Verwirrung.

„Du hast eine entzückende Unschuld an dir, Watson, es ist ein Vergnügen für mich, meine schwachen Fähigkeiten an dir zu üben. Jemand geht an einem trüben, regnerischen Tag aus. Am Abend, als er zurückkommt, sieht er wie aus dem Ei gepellt aus. Also ist er den ganzen Tag an einem geschützten Ort gewesen. Enge Freunde hat er nicht. Wo kann er also gewesen sein? Ist es nicht selbstverständlich?“

„Gewiss, es ist ziemlich selbstverständlich.“

„Die Welt ist voller selbstverständlicher Dinge, auf die kein Mensch je achtet. Wo, glaubst du, bin ich gewesen?“

„Den ganzen Tag zu Hause.“

„Im Gegenteil, ich war in Devonshire.“

„Im Geiste?"

„Ganz recht. Mein Leib ist in diesem Lehnstuhl geblieben und hat, wie ich zu meinem Bedauern bemerke, in meiner Abwesenheit zwei große Kannen Kaffee und eine unglaubliche Menge Tabak verbraucht. Als du weg warst, habe ich mir von Stanford die Generalstabskarte von diesem Teil des Moors holen lassen, und mein Geist hat den ganzen Tag darüber geschwebt. Ich glaube, dass ich mich jetzt dort allein zurechtfinden könnte."

„Es ist eine Karte in großem Maßstab?"

„In sehr großem Maßstab!" Er rollte eins der Blätter auf und breitete es über seine Knie. „Hier hast du die Gegend, die uns angeht. In der Mitte ist Baskerville Hall."

„Mit dem Wald rundherum?"

„Ganz recht. Ich nehme an, die Taxusallee geht hier an dieser Linie entlang, wenn sie auch nicht als Allee markiert ist. Das Moor liegt rechts davon, wie du siehst. Diese kleine Ansammlung von Häusern ist das Dörfchen Grimpen, wo unser Freund Dr. Mortimer wohnt. In großem Umkreis sind, wie du siehst, nur ein paar ganz vereinzelte Gebäude vorhanden. Hier ist Lafter Hall, es wurde in der Erzählung erwähnt. Hier ist ein Haus angegeben, in dem der Naturforscher wohnen könnte – Stapleton hieß er, wenn ich mich recht erinnere. Dort sind zwei Moorbauernhäuser, High Tor und Foulmire. Und da, vierzehn Meilen entfernt, liegt das große Zuchthaus von Princetown. Zwischen diesen weit verstreuten Punkten und rings um sie herum erstreckt sich das trost- und leblose Moor. Das ist also der Schauplatz, auf dem sich die Tragödie abgespielt hat und vielleicht mit unserer Hilfe weiter abwickeln wird."

„Es muss eine schaurige Gegend sein."

„Ja, sie passt zu einem großen Verbrechen, und wenn der Teufel je den Wunsch hätte, sich in menschliche Angelegenheiten zu mischen …"

„Du neigst also selber zu einer übernatürlichen Erklärung?"

„Des Teufels Werkzeuge können ja von Fleisch und Blut sein, nicht wahr? Wir müssen von zwei Fragen ausgehen. Ist überhaupt ein Verbrechen begangen worden? Und zweitens: Worin bestand das Verbrechen, und wie wurde es ausgeführt? Natürlich, wenn

Dr. Mortimers Vermutung richtig ist, dass wir es mit Mächten zu tun haben, die außerhalb der Naturgesetze stehen, hat unsere Untersuchung ein Ende. Aber wir haben die Pflicht, allen anderen Hypothesen bis zu Ende zu folgen, ehe wir eine übernatürliche Erklärung gelten lassen. Wenn es dir recht ist, wollen wir das Fenster wieder schließen. Es ist merkwürdig, aber ich finde, eine konzentrierte Atmosphäre verhilft zu gedanklicher Konzentration. Ich bin noch nicht so weit, dass ich zum Zweck des Nachdenkens in eine Kiste krieche, aber das wäre das logische Resultat meiner Überlegung. Hast du im Laufe des Tages über den Fall nachgedacht?"

„Ja, ich habe viel daran denken müssen."

„Und was hältst du davon?"

„Ein sehr verwirrender Fall."

„Ja, er ist ganz eigenartig. Er bietet außerordentliche Punkte, die Veränderung der Fußspuren zum Beispiel. Wie erklärst du das?"

„Mortimer sagte, der Mann sei auf den Fußspitzen den letzten Teil der Allee hinuntergegangen."

„Er wiederholte nur, was irgendein Dummkopf bei der Untersuchung gesagt hatte. Warum soll ein Mann auf den Fußspitzen gehen?"

„Was war es also?"

„Er rannte, Watson, rannte um sein Leben, voller Todesangst, bis ihn ein Herzschlag ereilte und er tot niederfiel."

„Aber vor was rannte er denn davon?"

„Da liegt unser Problem. Es gibt Anzeichen, dass er vor Angst die Besinnung verloren hatte, schon ehe er zu laufen begann."

„Wie kannst du das wissen?"

„Ich nehme an, dass die Ursache seines Schreckens über das Moor auf ihn zukam. Wenn das der Fall war, und alle Wahrscheinlichkeit spricht dafür, dann konnte nur ein Mann, der nicht mehr bei Sinnen war, vom Hause weglaufen statt darauf zu. Wenn die Aussage des Zigeuners stimmt, rannte er, um Hilfe rufend, in diejenige Richtung, aus der Hilfe am wenigsten zu erwarten war. Und weiter: Auf wen wartete er in jener Nacht, und warum wartete er auf ihn in der Taxusallee statt in seinem Hause?"

„Du glaubst, er wartete auf jemand?"

„Der Mann war alt und krank. Es lässt sich verstehen, dass er trotzdem einen Abendspaziergang machte. Aber der Boden war feucht und das Wetter unfreundlich. Ist es natürlich, dass er unter diesen Umständen fünf oder zehn Minuten stehenbleibt? Das hat nämlich Dr. Mortimer mit einer besseren Beobachtungsgabe, als ich sie ihm zugetraut hätte, aus der verlorenen Zigarrenasche gefolgert."

„Aber er machte jeden Abend seinen Spaziergang."

„Ich halte es für unwahrscheinlich, dass er jeden Abend an dem Pförtchen zum Moor stehen blieb. Im Gegenteil, es heißt, dass er das Moor mied. An jenem Abend wartete er dort. Es war der Abend vor seiner Abreise nach London. Das Ding nimmt Gestalt an, Watson, es tritt ein Zusammenhang auf. Darf ich bitten, mir meine Geige herüberzugeben? Wir wollen alles weitere Nachdenken über die Sache bis morgen verschieben, bis uns Dr. Mortimer und Sir Henry Baskerville mit ihrem Besuch zu Hilfe kommen."

Sir Henry Baskerville

Unser Frühstückstisch war schon zeitig abgeräumt, und Sherlock Holmes wartete auf den Besuch. Seine Klienten waren pünktlich, denn die Uhr hatte gerade zehn geschlagen, als Dr. Mortimer mit dem jungen Baronet eintrat. Dieser war ein kleiner lebhafter, dunkelhaariger Mann von ungefähr dreißig Jahren, sehr stämmig, mit buschigen schwarzen Augenbrauen und einem gut geschnittenen, kampflustigen Gesicht. Er trug einen bräunlichen Tweedanzug und hatte die braune Gesichtsfarbe eines Mannes, der sich viel im Freien aufhält. In seinem festen Blick und in der ruhigen Sicherheit seines Auftretens lag etwas, was den geborenen Gentleman verriet.

„Das ist Sir Henry Baskerville“, sagte Mortimer.

„Ja, da bin ich, Mr Holmes“, sagte er, „und das Seltsame dabei ist, dass ich auch von selbst gekommen wäre, wenn mein Freund hier den Besuch nicht vorgeschlagen hätte. Ich höre, dass Sie ein großer Rätselrater vor dem Herrn sind, und mir ist heute eins aufgegeben worden, das mir zu schwer ist.“

„Nehmen Sie bitte Platz, Sir Henry. Wenn ich Sie recht verstehe, haben Sie seit Ihrer Ankunft in London ein seltsames Erlebnis gehabt?“

„Nichts von großer Bedeutung, Mr Holmes. Höchstwahrscheinlich war es nur ein Scherz. Es handelt sich um diesen Brief. Ich bekam ihn heute früh.“

Er legte einen Briefumschlag auf den Tisch, und wir traten alle heran, um ihn anzusehen. Es war ein Umschlag aus grauem Papier von minderer Qualität. Die Anschrift SIR HENRY BASKERVILLE, NORTHUMBERLAND HOTEL bestand aus plumpen Großbuchstaben, der Poststempel lautete CHARING CROSS, und die Marke war am Abend vorher abgestempelt worden.

„Wer wusste eigentlich, dass Sie ins Northumberland Hotel gehen wollten?", fragte Holmes.

„Kein Mensch kann es gewusst haben. Wir entschieden uns für dieses Hotel erst, nachdem ich Dr. Mortimer getroffen hatte."

„Aber Dr. Mortimer wohnte doch zweifellos schon dort?"

„Nein, ich hatte bei Bekannten gewohnt", sagte Mortimer. „Nichts konnte jemanden auf die Vermutung bringen, dass wir in dieses Hotel gehen wollten."

„Jemand scheint sich sehr für Ihr Verhalten zu interessieren."

Holmes zog aus dem Umschlag einen doppelt gefalteten Bogen Papier. Er öffnete ihn und legte ihn flach auf den Tisch. In der Mitte des Blattes stand ein einziger Satz, der aus aufgeklebten gedruckten Wörtern bestand. Er lautete:

WENN SIE WERT AUF IHR LEBEN ODER IHREN VERSTAND LEGEN, DANN BLEIBEN SIE DEM MOOR FERN. Das Wort „Moor" war mit Tinte geschrieben.

„Nun", sagte Sir Henry Baskerville, „vielleicht können Sie mir sagen, Mr Holmes, was, zum Kuckuck, das bedeutet und wer sich so eifrig um meine Angelegenheiten kümmert?"

„Was halten Sie davon, Dr. Mortimer? Sie werden zugeben müssen, dass wenigstens dieser Brief nichts Übernatürliches ist."

„Nein, das nicht, aber er könnte von jemandem stammen, der davon überzeugt ist, dass es sich bei der Angelegenheit um etwas Übernatürliches handelt."

„Was sagen Sie?", fragte Sir Henry scharf. „Mir scheint, Sie alle wissen viel mehr über meine Angelegenheiten als ich selber."

„Sie sollen in alles eingeweiht werden, bevor Sie dieses Zimmer verlassen, Sir Henry, ich verspreche es Ihnen", sagte Sherlock Holmes. „Wir wollen uns mit Ihrer Erlaubnis zunächst auf dieses interessante Dokument beschränken, das gestern Abend zusammengesetzt und zur Post gegeben worden sein muss. Hast du die *Times* von gestern, Watson?"

„Sie liegt da in der Ecke!"

„Darf ich dich darum bitten? Das innere Blatt bitte, mit den Leitartikeln!" Er überflog rasch die Spalten. „Ein ausgezeichneter Artikel über den Freihandel! Erlauben Sie mir, Ihnen ein paar Sätze daraus vorzulesen. ‚Wenn manche Leute sich auch einbilden, der Wert unseres Handels und unserer Industrie werde durch einen Schutzzoll erhöht, so werden doch derartige Maßnahmen sehr gefährlich. Es handelt sich um unser wirtschaftliches Leben oder Sterben, und wir hoffen, unser gerühmter gesunder Verstand sieht ein, dass eine solche Wirtschaftspolitik auf die Dauer sogar unserem Wohlstand schaden würde. Wenn wir die Nachteile der Schutzpolitik rechtzeitig erkennen, dann bleiben wir von ihren verheerenden Folgen verschont.‘ Ist das nicht entzückend, Watson?“, rief Holmes und rieb sich begeistert die Hände. „Was hältst du davon?“

Mortimer sah Holmes mit beruflich interessierter Miene an, und Sir Henry Baskerville wandte mir seine dunklen Augen mit einem fragenden Blick zu.

„Ich verstehe nicht viel von Schutzzoll und dergleichen Sachen“, sagte er. „Aber mir scheint, wir sind etwas vom Thema abgekommen.“

„Im Gegenteil, ich bin der Meinung, wir sind der Sache auf der Spur. Watson hier kennt meine Methoden besser als Sie, aber ich fürchte, auch er hat die Bedeutung des Zeitungsartikels nicht recht begriffen.“

„Nein, ich gestehe, dass ich keinen Zusammenhang entdecken kann.“

„Und doch, mein lieber Watson, ist ein enger Zusammenhang vorhanden, denn die Wörter des Briefes sind aus dem Artikel herausgeschnitten. ‚Wenn‘, ‚Wert‘, ‚Leben oder‘, ‚Verstand‘, ‚dann bleiben‘ – sehen Sie jetzt, woher die Wörter stammen?“

„Donnerwetter, Sie haben recht! Das nenne ich tüchtig!“, rief Sir Henry.

„Wenn überhaupt noch Zweifel bestünden, würden sie durch die Tatsache behoben, dass ‚Leben oder‘ und ‚dann bleiben‘ in einem Stück herausgeschnitten sind.“

„Wahrhaftig, so ist es.“

„Wirklich, Mr Holmes, das übersteigt, was ich mir vorgestellt habe“, sagte Mortimer und starrte meinen Freund erstaunt an. „Ich könnte verstehen, dass jemand sagt, die Wörter seien aus einer Zeitung, aber dass Sie den Namen der Zeitung nennen und erklären, sie stammten aus einem Leitartikel, ist sicherlich eine der erstaunlichsten Sachen, die ich erlebt habe. Wie haben Sie das angefangen?"

„Ich nehme an, Dr. Mortimer, dass Sie auf den ersten Blick den Schädel eines Negers von dem eines Eskimos unterscheiden können?"

„Natürlich."

„Und warum?"

„Weil es mein besonderes Steckenpferd ist. Die Unterschiede sind auffällig. Die Augenbrauenwülste, der Gesichtswinkel, die Kieferformen, die ..."

„Nun, und das hier ist mein Steckenpferd, und die Unterschiede sind genauso auffällig. Zwischen der durchschossenen Schrift eines *Times*-Artikels und der unsauberen Schrift eines Groschenblattes besteht genauso ein Unterschied wie zwischen dem Neger und dem Eskimoschädel. Die Unterscheidung der verschiedenen Drucktypen gehört zum Elementarwissen für den kriminalistischen Fachmann, obwohl ich zugeben muss, dass ich in meiner frühesten Jugend einmal den Druck des *Leeds Mercury* mit dem der *Western Morning News* verwechselt habe. Aber ein *Times*-Leitartikel ist gar nicht zu verwechseln, diese Wörter konnten keiner anderen Zeitung entnommen sein. Da der Brief gestern angefertigt worden ist, war es sehr wahrscheinlich, dass wir die Wörter in der gestrigen Ausgabe finden würden."

„So weit ich Ihnen folgen kann, Mr Holmes", sagte Sir Henry Baskerville, „hat jemand diese Wörter mit einer Schere ..."

„... mit einer Nagelschere ausgeschnitten", sagte Holmes. „Sie können sehen, dass es eine sehr kurze Schere war, denn für die Wörter ‚dann bleiben' war ein zweimaliges Zuschneiden nötig."

„Richtig. Es schnitt also jemand die Wörter mit einer Nagelschere aus und klebte sie mit Kleister ..."

„... mit Gummiarabikum", sagte Holmes.

„... mit Gummiarabikum auf den Briefbogen. Ich möchte nur wissen, warum das Wort ‚Moor' mit der Hand geschrieben ist."

„Weil er das Wort nicht gedruckt finden konnte. Die anderen Wörter waren alle sehr einfach, sodass sie in jeder beliebigen Zeitungsnummer zu finden wären. Das Wort ‚Moor' ist aber weniger häufig."

„Eine überzeugende Erklärung. Haben Sie sonst etwas aus dem Brief herausgelesen, Mr Holmes?"

„Es sind nur ein paar Hinweise darin enthalten, obwohl sich der Absender die größte Mühe gegeben hat, das zu vermeiden. Die Adresse ist, wie Sie sehen, mit unbeholfenen Großbuchstaben geschrieben, aber die *Times* ist ein Blatt, das man eigentlich nur in den Händen sehr gebildeter Leute findet. Wir können deshalb annehmen, dass der Brief von einem gebildeten Manne verfasst worden ist, der den Anschein erwecken wollte, er gehöre nicht zu den gebildeten Menschen. Seine Bemühung, die Handschrift zu verstellen, legt den Schluss nahe, dass er Ihnen bekannt sein oder werden könnte. Sie werden auch bemerken, dass die Wörter nicht in einer geraden Linie stehen, sondern manche von ihnen sind viel höher aufgeklebt als andere. ‚Leben oder' steht ganz außer der Reihe. Das kann auf Unachtsamkeit deuten oder darauf, dass der Absender in Aufregung oder Eile war. Im großen Ganzen neige ich zu der letzteren Auffassung, denn der Brief war für den Absender offenbar eine wichtige Sache, und aus diesem Grunde ist Unachtsamkeit unwahrscheinlich. War er aber in Eile, so führt das zu der interessanten Frage, warum er in Eile war, da jeder Brief, der in den frühen Morgenstunden eingeworfen worden wäre, auf jeden Fall Sir Henry erreicht hätte, ehe er das Hotel verließ. Fürchtete der Absender, bei seiner Arbeit überrascht zu werden – und von wem?"

„Wir verlieren uns ziemlich weit in das Gebiet der Vermutungen", bemerkte Mortimer.

„Sagen Sie lieber, in das Gebiet, wo wir die verschiedenen Möglichkeiten abwägen und uns für die wahrscheinlichste entscheiden. Wir machen einen wissenschaftlichen Gebrauch von unserer Fantasie und gehen bei unseren Spekulationen immer von einer Tatsache als Grundlage aus. Sie werden jetzt denken, ich verließ mich aufs Raten, aber ich bin fast überzeugt, dass diese Adresse in einem Hotel geschrieben worden ist."

„Warum nehmen Sie das an?"

„Wenn Sie den Umschlag genau ansehen, dann werden Sie bemerken, dass der Schreiber Schwierigkeiten mit Feder und Tinte hatte. Die Feder hat zweimal in einem einzigen Wort gestreikt, und die Tinte ist beim Schreiben der kurzen Adresse nicht weniger als dreimal ausgegangen, ein Beweis, dass wenig Tinte im Tintenfass war. In einem Privathaus lässt man es selten so weit kommen, dass sich Feder und Tintenfass in einem so traurigen Zustand befinden; vor allem wird nur ganz selten beides zur gleichen Zeit so mangelhaft sein. Aber Sie kennen ja die Verhältnisse in den Hotels! Ja, ich sage ohne Bedenken, dass der Absender dieser einzigartigen Mitteilung ohne Weiteres zu finden wäre, wenn wir die Papierkörbe der Hotels in der Nähe von Charing Cross untersuchen würden, um das verstümmelte Exemplar der *Times* zu entdecken ... Hallo, was ist das?“ Er untersuchte den Bogen mit den aufgeklebten Wörtern, indem er ihn dicht vor die Augen hielt.

„Nun?“

„Nichts“, sagte er und legte das Blatt hin. „Es ist ein gewöhnliches unbeschriebenes Blatt Papier, nicht einmal ein Wasserzeichen ist darin. Ich glaube, wir haben aus dem Brief so viele Anhaltspunkte gewonnen, wie das überhaupt möglich ist. Und nun, Sir Henry, noch eine Frage: Ist Ihnen sonst etwas Bemerkenswertes begegnet, seit Sie in London sind?“

„Nein, Mr Holmes, ich glaube nicht.“

„Sie haben niemanden bemerkt, der Sie beobachtete oder Ihnen folgte?“

„Ich scheine ja direkt in einen Kolportageroman geraten zu sein“, sagte unser Besucher. „Warum sollte mir jemand nachgehen oder mich beobachten?“

„Darauf kommen wir noch. Sie haben uns also nichts weiter zu berichten, ehe wir uns mit der Sache selbst beschäftigen?“

„Es käme darauf an, was Sie für berichtenswert halten.“

„Ich meine damit alles, was vom gewöhnlichen Gang des alltäglichen Lebens abweicht.“

Sir Henry lächelte. „Ich kenne noch nicht viel vom englischen Alltag, denn ich habe fast mein ganzes Leben in den Vereinigten Staaten und in Kanada verbracht. Aber ich hoffe, es ist hier nichts Alltägliches, dass man einen seiner Schuhe verliert.“

„Sie haben einen Ihrer Schuhe verloren?“

„Mein lieber Herr“, rief Mortimer, „er ist bloß verlegt! Sie werden ihn wiederfinden, wenn Sie ins Hotel zurückkehren. Was hat es für einen Zweck, Mr Holmes damit zu behelligen?“

„Er fragte mich ja nach allem, was ungewöhnlich ist."

„Ganz recht, mag es auch noch so albern erscheinen", sagte Holmes. „Sie haben also einen Ihrer Schuhe verloren?"

„Oder meinetwegen verlegt. Ich habe gestern Abend beide vor die Tür gestellt, und heute Morgen war nur einer da. Aus dem Mann, der sie zu putzen hat, war kein gescheites Wort herauszubringen. Am meisten hat mich geärgert, dass ich die Schuhe erst gestern Abend gekauft hatte. Sie waren noch nie getragen."

„Warum haben Sie die Schuhe dann zum Putzen hinausgestellt?"

„Es waren braune, die recht empfindlich sind, und ich wollte sie einkremen lassen."

„Sie gingen also gestern sofort nach Ihrer Ankunft in London ein Paar Schuhe kaufen?"

„Ich habe überhaupt eine ganze Menge eingekauft. Dr. Mortimer hat mich begleitet. Wenn ich da draußen den Gutsbesitzer spielen soll, muss ich mich danach anziehen, und ich bin in dieser Hinsicht im Wilden Westen ein bisschen nachlässig geworden. Einer dieser Einkäufe waren die braunen Schuhe. Sie waren ziemlich teuer, und nun wird mir der eine davon gestohlen, ehe ich sie auch nur einmal tragen konnte!"

„Der Diebstahl eines einzelnen Schuhs erscheint mir ungewöhnlich sinnlos", sagte Holmes. „Ich möchte Dr. Mortimers Ansicht teilen, dass es nicht lange dauern wird, bis sich der verlorene Schuh wiederfindet."

„Und nun, meine Herren", sagte Sir Henry Baskerville mit Entschiedenheit, „habe ich, wie mir scheint, genug von dem bisschen gesprochen, was ich weiß. Es wird Zeit, dass Sie Ihr Versprechen halten und mir einen vollständigen Bericht über all diese rätselhaften Vorgänge geben."

„Ihr Wunsch ist sehr berechtigt", sagte Holmes. „Dr. Mortimer, ich glaube, Sie können nichts Besseres tun, als Ihrem Freunde zu erzählen, was Sie uns vorgetragen haben."

Auf diese Aufforderung hin zog Mortimer seine Papiere aus der Tasche und stellte mit ihrer Hilfe den Fall genauso dar wie am Morgen zuvor. Sir Henry Baskerville hörte aufmerksam zu und ließ gelegentlich einen Ausruf der Überraschung hören.

„Da scheine ich ja auch gleich eine ganze Gespensterrache geerbt zu haben", sagte er, als der lange Bericht zu Ende war. „Von dem Hund habe ich natürlich schon durch das Kindermädchen gehört, es ist die Lieblingsgeschichte der Familie. Nie zuvor ist es mir eingefallen, sie ernst zu nehmen. Aber die Sache mit dem Tode meines Onkels – wissen Sie, es geht mir alles im Kopf durcheinander. Sie scheinen sich auch noch keine feste Meinung darüber gebildet zu haben, ob es ein Fall für die Polizei oder für die Geistlichkeit ist."

„Ganz recht."

„Nun kommt dazu noch die Geschichte mit dem anonymen Brief, den ich erhielt. Ich vermute, er hängt damit zusammen."

„Es scheint daraus hervorzugehen, dass irgendjemand über die Vorgänge auf dem Moor besser Bescheid weiß als wir", sagte Mortimer.

„Und auch", sagte Holmes, „dass Ihnen dieser Jemand nicht übelwill, da er Sie warnt."

„Es könnte aber sein, dass er mich ängstigen will, damit ich fortbleibe, weil ich andernfalls seinen Absichten im Wege stehe", sagte Sir Henry Baskerville.

„Das kann natürlich auch sein. Ich bin Ihnen zu größtem Dank verpflichtet, Dr. Mortimer, dass Sie mich mit einem so interessanten Problem bekannt gemacht haben. Aber nun müssen wir uns zunächst über einen wichtigen Punkt schlüssig werden, Sir Henry. Ist es für Sie ratsam, nach Baskerville Hall zu gehen?"

„Warum nicht?"

„Es scheint Gefahr damit verbunden zu sein."

„Meinen Sie Gefahr von unserem Familiengespenst oder Gefahr durch menschliche Wesen?"

„Das müssen wir eben herausfinden."

„Mag dem sein, wie ihm wolle, meine Antwort steht fest. Mr Holmes, kein Teufel in der Hölle und kein Mensch auf Erden können mich hindern, in dem Haus meiner Väter zu wohnen, und das ist mein letztes Wort." Seine dunklen Augenbrauen zogen sich zusammen, und das Blut stieg ihm ins Gesicht. Anscheinend war die Unbändigkeit der Baskervilles auch im Letzten ihres Geschlechts noch nicht erloschen. „Indessen habe ich noch kaum Zeit gehabt, über all das nachzudenken, was Sie mir mitgeteilt haben. Es ist zu viel verlangt, alles zu verstehen und sich darüber schlüssig zu werden. Ich will darüber nachdenken. Es ist jetzt halb zwölf, Mr Holmes, und ich gehe ins Hotel zurück. Wollen Sie und Ihr Freund Dr. Watson nicht mit uns um zwei essen? Dann werde ich Ihnen genauer sagen können, welchen Eindruck die ganze Geschichte auf mich macht."

„Passt dir das, Watson?"

„Aber sicher."

„Dann können Sie uns um zwei erwarten. Soll ich eine Droschke kommen lassen?"

„Ich möchte lieber zu Fuß gehen, denn bei dieser Geschichte ist mir doch etwas schwül geworden."

„Ich werde mich mit Vergnügen diesem Spaziergang anschließen", sagte Mortimer.

„Also treffen wir uns um zwei. Auf Wiedersehen!"

Wir hörten die Schritte unserer Besucher die Treppe hinabgehen und die Haustür zuschlagen. In diesem Augenblick wurde aus dem ruhig nachdenkenden Holmes ein Mann voll Energie und Tatkraft.

„Deinen Hut, Watson, rasch! Wir haben keinen Augenblick zu verlieren!" Er stürzte in sein Zimmer und erschien nach wenigen Sekunden wieder, zum Ausgehen bereit. Wir eilten die Treppe hinunter und betraten die Straße. Mortimer und Baskerville waren noch zu sehen. Sie gingen in etwa zweihundert Meter Entfernung in Richtung der Oxford Street.

„Soll ich vorauslaufen und ihnen sagen, dass sie auf uns warten sollen?"

„Um Gottes willen nicht, mein lieber Watson. Deine Gesellschaft genügt mir vollkommen. Unsere beiden Freunde tun sehr recht, zu Fuß zu gehen, es ist wirklich ein schöner Tag für einen Spaziergang."

Er beschleunigte seinen Schritt, bis wir die uns trennende Entfernung ungefähr auf die Hälfte vermindert hatten. In diesem Abstand folgten wir ihnen in die Oxford Street und dann in die Regent Street. Einmal blieben sie stehen und betrachteten ein Schaufenster, woraufhin Holmes das Gleiche tat. Einen Augenblick später stieß er einen leisen Ausruf der Befriedigung aus; ich folgte seinem raschen Blick und sah eine Droschke mit einem Fahrgast darin auf der anderen Straßenseite, wo sie gehalten hatte, langsam weiterfahren.

„Das ist unser Mann, Watson! Los, wir wollen ihn uns wenigstens genau ansehen, wenn wir schon nicht mehr tun können.“

Im gleichen Augenblick bemerkte ich im Seitenfenster der Droschke einen buschigen schwarzen Bart und stechende Augen, die sich auf uns richteten. Dann rief der Mann etwas, und die Droschke raste die Regent Street hinunter. Holmes sah sich eifrig nach einer anderen Droschke um, aber es war keine leere zu finden. Dann machte er sich zu Fuß an die Verfolgung, aber natürlich vergebens.

„Da haben wir's!“, sagte Holmes bitter, als er nach Atem ringend und blass vor Zorn wieder aus dem Verkehrsgewühl auftauchte. „So ein Pech und so eine Dummheit meinerseits! Watson, wenn du gewissenhaft bist, musst du auch das berichten und gegen meine Erfolge aufrechnen!“

„Wer war der Mann?“

„Keine Ahnung.“

„Der Verfolger Baskervilles?“

„Nach allem was wir gehört haben, ist Baskerville seit seiner Ankunft in London offenbar sehr genau überwacht worden. Wie hätte der Betreffende sonst so schnell erfahren, dass Baskerville im Northumberland Hotel abgestiegen ist? Wenn er am ersten Tag überwacht wurde, würde man ihm auch am zweiten Tag nachgehen, vermutete ich. Vielleicht ist dir aufgefallen, dass ich zweimal ans Fenster getreten bin, während Dr. Mortimer vorlas?“

„Ja, ich erinnere mich.“

„Ich sah nach, ob vielleicht jemand auf der Straße herumlungerte, konnte aber niemand entdecken. Wir haben es mit einem sehr geschickten Mann zu tun, Watson. Die Sache ist ernst. In allem spüre ich Kraft und Entschlossenheit. Als unsere Besucher fortgingen, folgte ich ihnen sofort, in der Hoffnung, den Unbekannten zu entdecken, der sie überwacht. Er ist so geschickt, dass er sich nicht auf seine Beine verlässt, sondern eine Droschke benutzt, sodass er hinter ihnen herfahren oder sie überholen kann, ohne ihre Aufmerksamkeit zu erregen. Sein Verfahren hat außerdem noch den Vorteil, dass er ihnen folgen kann, wenn sie selber einen Wagen nehmen. Es hat aber auch einen großen Nachteil."

„Man kann die Droschkennummer feststellen."

„Sehr richtig."

„Wie schade, dass wir sie nicht haben!"

„Aber mein lieber Watson, so dumm bin ich nun doch nicht. Natürlich habe ich sie. Es war die Droschke 2704. Leider nützt uns das im Augenblick nichts."

„Ich sehe nicht ein, wie du mehr hättest tun können."

„Ich hätte, als ich die Droschke bemerkte, sofort umkehren und in entgegengesetzter Richtung gehen sollen. Dann hätte ich in aller Ruhe selber eine Droschke genommen und wäre der anderen in angemessener Entfernung gefolgt. Besser noch wäre ich zum Northumberland Hotel gefahren und hätte dort gewartet. Wäre unser Unbekannter dem jungen Baskerville nachgefahren, hätten wir leicht feststellen können, wohin er sich begeben hätte. So aber haben wir uns durch unseren Übereifer verraten, und der Unbekannte hat äußerst rasch und geschickt darauf reagiert. Zunächst haben wir ihn verloren."

Während dieses Gesprächs gingen wir langsam die Regent Street entlang, und Mortimer und sein Begleiter waren längst unseren Blicken entschwunden.

„Es hat keinen Zweck, dass wir ihnen noch weiter nachgehen", sagte Holmes. „Der Verfolger ist verschwunden und wird nicht wiederkommen. Wir müssen uns jetzt überlegen, was für Trümpfe wir noch in der Hand haben und wie wir sie ausspielen können. Kannst du dich auf das Gesicht des Mannes in der Droschke besinnen?"

„Mit Sicherheit könnte ich nur den Bart beschreiben."

„Ich auch – und daraus folgere ich, dass es wahrscheinlich ein falscher war. Ein kluger Mensch benutzt bei einem solchen heiklen Unternehmen einen Bart nur, um seine Züge zu verbergen. Komm mit hier hinein, Watson!"

Er betrat eins der Büros der Expressbotengesellschaft und wurde vom Chef mit großer Herzlichkeit begrüßt.

„Ah, Wilson, ich sehe, Sie haben den kleinen Fall nicht vergessen, bei dem ich Ihnen beistehen konnte."

„Nein, Sir, gewiss nicht. Sie haben mein Ansehen und vielleicht mein Leben gerettet."

„Sie übertreiben, mein Bester. Soweit ich mich erinnere, haben Sie unter Ihren Boten einen gewissen Cartwright, der sich als recht anstellig erwies."

„Ja, Mr Holmes, der ist noch bei uns."

„Könnten Sie ihn mal kommen lassen? Ich wäre Ihnen auch sehr dankbar, wenn ich für diese fünf Pfund Kleingeld bekommen könnte."

Ein vierzehnjähriger Junge mit aufgewecktem Gesicht war auf ein Klingelzeichen seines Vorgesetzten erschienen und stand jetzt ehrfürchtig vor dem berühmten Detektiv.

„Geben Sie mir bitte freundlicherweise das Hoteladressbuch!", sagte Holmes. „Danke! Hier, Cartwright, sind die Namen von dreiundzwanzig Hotels, die alle in der Nähe von Charing Cross liegen. Siehst du sie?"

„Ja, Sir."

„Du wirst sie eins nach dem anderen aufsuchen."

„Ja, Sir."

„Überall gibst du zuerst dem Portier an der Tür einen Shilling. Hier sind dreiundzwanzig Shilling."

„Ja, Sir."

„Dann sagst du dem Portier, du möchtest die Papierabfälle von gestern sehen. Du sagst, du suchtest ein wichtiges Telegramm, das falsch zugestellt worden sei. Verstanden?"

„Ja, Sir."

„Aber was du in Wirklichkeit suchst, ist ein Mittelblatt der *Times* von gestern, in das mit einer Schere kleine Löcher geschnitten sind. Hier ist eine *Times*. Es handelt sich um diese Seite. Du würdest sie doch leicht wiedererkennen?"

„Ja, Sir."

„In jedem Fall wird der Portier draußen an der Tür den Portier von der Hotelhalle rufen, dem du ebenfalls einen Shilling geben musst. Hier sind noch dreiundzwanzig Shilling. In zwanzig von den dreiundzwanzig Fällen wirst du wahrscheinlich hören, dass das fortgeworfene Papier von gestern schon verbrannt oder fortgebracht worden ist. In drei Fällen wird man dir einen großen

Haufen Papier zeigen, indem du nach diesem bestimmten Blatt der *Times* suchen musst. Die Chance, dass du es findest, ist äußerst gering. Hier sind weitere zehn Shilling für unvorhergesehene Ausgaben. Schick mir heute noch vor dem Abend einen telegrafischen Bericht nach der Baker Street. Und nun, Watson, brauchen wir uns nur noch nach der Droschke Nummer 2704 zu erkundigen, dann gehen wir in die Kunstsalons in der Bond Street, um uns die Zeit zu vertreiben, bis wir ins Hotel müssen."

Drei Fäden zerreißen

Sherlock Holmes besaß in bemerkenswertem Maße die Gabe, seine Gedanken abschalten zu können. In den nächsten zwei Stunden hatte er den rätselhaften Fall, der uns beschäftigte, scheinbar völlig vergessen und widmete sich der Betrachtung von Werken der modernen Kunst. Selbst als wir die letzte Galerie verlassen hatten, sprach er, bis wir im Hotel angelangt waren, über nichts als moderne Kunst, von der er die merkwürdigsten Vorstellungen hatte.

„Sir Henry Baskerville erwartet Sie oben“, sagte der Empfangschef. „Er bat mich, Sie sofort hinaufführen zu lassen.“

„Haben Sie etwas dagegen, wenn ich vorher mal einen Blick in das Fremdenbuch werfe?“, fragte Holmes.

„Nicht das Geringste.“

Aus dem Buch ergab sich, dass auf den Namen Baskerville nur zwei weitere Eintragungen folgten. Die eine lautete „Theophilus Johnson und Familie, Newcastle“, die andere „Mrs Oldmore und Zofe, High Lodge, Alton“.

„Dieser Mr Johnson ist bestimmt ein alter Bekannter von mir“, sagte Holmes zum Empfangschef. „Ein Rechtsanwalt, nicht wahr, mit grauen Haaren, und er hinkt ein bisschen?“

„Nein, Sir, das ist Mr Johnson, der Bergwerksbesitzer, und er ist ein sehr rüstiger Herr und nicht älter als Sie selber.“

„Sie irren sich nicht in Bezug auf seinen Beruf?“

„Nein, Sir, er steigt seit vielen Jahren hier ab und ist uns sehr gut bekannt.“

„Ah so, dagegen ist nichts mehr zu sagen. Nun noch Mrs Oldmore – mir ist, als erinnerte ich mich ihres Namens. Verzeihen Sie meine Neugier, aber wenn man einen neuen Bekannten besucht, findet man oft alte Bekannte wieder.“

„Mrs Oldmore ist eine kränkliche alte Dame; ihr Gemahl war

früher Bürgermeister von Gloucester. Sie kommt stets zu uns, wenn sie in London ist."

„Danke; wie es scheint, kann ich keinen Anspruch auf ihre Bekanntschaft machen."

„Wir haben durch meine Fragen eine sehr wichtige Tatsache erfahren, Watson", fuhr er leise fort, als wir die Treppe hinaufstiegen. „Wir wissen jetzt, dass die Leute, die so sehr um Sir Henry bemüht sind, sich nicht im Hotel niedergelassen haben. Das bedeutet, dass sie sich nicht nur Mühe geben, ihn zu beobachten, sondern auch, selber nicht von ihm gesehen zu werden. Daraus lässt sich viel entnehmen."

„Was denn?"

„Ich schließe daraus – hallo, mein lieber Herr, was ist denn nur los?"

Wir waren oben an der Treppe mit Sir Henry Baskerville zusammengestoßen. In der Hand hielt er einen staubigen alten Schuh, und sein Gesicht war dunkelrot vor Zorn. Er war so wütend, dass er kaum sprechen konnte, und als er dann endlich sprach, klang das Amerikanische viel deutlicher heraus als am Morgen.

„Die denken in diesem Hotel anscheinend, sie können mich für dumm verkaufen!", rief er. „Aber da sind sie an den Falschen geraten! Wenn der Kerl meinen fehlenden Schuh nicht findet, schlage ich Krach. Ich kann bestimmt einen Spaß vertragen, Mr Holmes, aber das wird mir doch zu viel!"

„Sie suchen noch immer Ihren Schuh?"

„Ja, und ich will ihn wiederhaben."

„Aber Sie sagten doch, es sei ein neuer brauner?"

„War es auch. Und jetzt ist es ein alter schwarzer."

„Was! Sie wollen doch nicht sagen ..."

„Jawohl, das will ich sagen. Ich hatte überhaupt bloß drei Paar Schuhe, die neuen braunen, die alten schwarzen und die Lackschuhe, die ich anhabe. Gestern Abend nahmen sie einen von den braunen weg, heute einen von den schwarzen. Na, haben Sie ihn endlich? Heraus mit der Sprache, machen Sie doch den Mund auf!"

Ein aufgeregter deutscher Kellner war neben uns erschienen.

„Nein, Sir, ich habe mich im ganzen Hotel danach erkundigt, aber niemand weiß etwas davon."

„Hören Sie zu: Entweder ist bis heute Abend der Schuh wieder da, oder ich ziehe aus!"

„Der Schuh wird sich finden, Sir. Ich verspreche Ihnen, wenn Sie etwas Geduld haben, wird er gefunden werden."

„Nehmen Sie sich in Acht, denn es ist das letzte Mal, dass mir in dieser Räuberhöhle etwas abhandenkommt! Mr Holmes, entschuldigen Sie bitte, dass ich Sie mit solchen Lappalien aufhalte ..."

„Oh, ich halte es gar nicht für eine Lappalie."

„Sie machen ja ein ganz ernstes Gesicht dazu."

„Wie erklären Sie sich die Sache?"

„Ich versuche gar nicht, sie mir zu erklären. Es ist die verrückteste und sonderbarste Sache, die mir je vorgekommen ist."

„Die sonderbarste, das mag sein", sagte Holmes nachdenklich.

„Was halten Sie selber davon?"

„Ich kann nicht sagen, dass ich sie schon verstehe. Ihr Fall ist sehr verwickelt, Sir Henry. In Verbindung mit dem Tod Ihres Onkels gewinnt er eine kriminelle Bedeutung, welche die der meisten Fälle, mit denen ich mich befasst habe, übertrifft. Aber wir haben verschiedene Fäden in der Hand, und es besteht Aussicht, dass der eine oder andere von ihnen uns zur Wahrheit führt. Wir werden vielleicht Zeit damit verlieren, dass wir einer falschen Spur folgen, aber früher oder später müssen wir zur richtigen kommen."

Die Unterhaltung beim Essen war recht angeregt; von der Angelegenheit, die uns zusammengeführt hatte, wurde nicht viel gesprochen. Erst als wir nach dem Essen im anstoßenden Salon saßen, fragte Holmes Sir Henry, welche Absichten er habe.

„Ich fahre nach Baskerville Hall."

„Und wann?"

„Ende dieser Woche."

„Im großen Ganzen", sagte Holmes, „halte ich Ihren Entschluss für vernünftig. Ich habe den Beweis, dass hier in London Ihre Schritte überwacht werden, und in dieser Millionenstadt lässt sich nur schwer herausfinden, wer diese Leute sind und was sie wollen. Wenn sie böse Absichten haben, könnte Ihnen etwas zustoßen, das ließe sich nicht verhindern. Wussten Sie, Dr. Mortimer, dass Sie verfolgt wurden, als Sie mein Haus verließen?"

Mortimer fuhr in die Höhe und rief: „Verfolgt? Von wem?“

„Das kann ich Ihnen leider nicht sagen. Kennen Sie bei sich zu Hause einen Mann mit einem dichten schwarzen Bart?“

„Nein … oder doch, ja, Barrymore, Sir Charles’ Butler. Er trägt einen schwarzen Vollbart.“

„Da hätten wir’s! Wo ist Barrymore?“

„Er befindet sich in Baskerville Hall.“

„Wie wollen uns lieber vergewissern, ob er wirklich dort ist und nicht etwa in London.“

„Wie wollen Sie das anfangen?“

„Geben Sie mir ein Telegrammformular. ‚Ist alles bereit für Sir Henry?‘ Das genügt. Adresse: Barrymore, Baskerville Hall. Wo ist das nächste Postamt? Grimpen? Sehr gut, wir schicken ein zweites Telegramm an den Amtsvorsteher der Post in Grimpen: ‚Telegramm an Barrymore nur an diesen aushändigen. Falls abwesend, Drahtantwort an Sir Henry Baskerville, Northumberland Hotel.‘ Dadurch können wir noch vor heute Abend erfahren, ob Barrymore auf seinem Posten ist.“

„Sie haben recht“, sagte Baskerville. „Übrigens, Dr. Mortimer, was ist dieser Barrymore eigentlich für ein Mann?“

„Er ist der Sohn des früheren, jetzt verstorbenen Hausmeisters. Die Familie kümmert sich schon in der vierten Generation um das Haus. Soviel ich weiß, gelten er und seine Frau als eins der respektabelsten Ehepaare der ganzen Gegend.“

„Aber es ist natürlich klar“, sagte Baskerville, „dass, solange niemand in Baskerville Hall wohnt, die guten Leute eine fabelhafte Unterkunft und keine Arbeit haben.“

„Das stimmt allerdings.“

„Hat Barrymore irgendeinen Vorteil von Sir Charles’ Testament?“, fragte Holmes.

„Er und seine Frau bekamen je fünfhundert Pfund.“

„Ah! Und wussten sie, was sie kriegen würden?“

„Ja, Sir Charles sprach mit Vorliebe von seinem Testament.“

„Das ist sehr interessant.“

„Ich hoffe“, sagte Mortimer, „dass Sie nicht jeden, dem Sir Charles in seinem Testament etwas ausgesetzt hat, mit argwöhnischen Augen betrachten, denn ich habe tausend Pfund geerbt.“

„Was Sie nicht sagen! Und wer ist sonst noch bedacht?"

„Es haben viele Personen kleinere Beträge bekommen, ebenso alle möglichen Wohlfahrtseinrichtungen. Der ganze Rest fiel an Sir Henry."

„Und wie viel betrug dieser Rest?"

„Siebenhundertvierzigtausend Pfund."

Holmes zog überrascht die Augenbrauen hoch und sagte: „Ich hatte keine Ahnung, dass es sich um eine solche Riesensumme handelte."

„Sir Charles galt als reich, aber wir wussten selbst nicht, wie reich er wirklich war, bis wir seine Wertpapiere sahen. Der Gesamtwert des Nachlasses belief sich auf eine Million."

„Donnerwetter! Das ist ein Einsatz, der jemanden zu einem verzweifelten Spiel verleiten kann. Noch eine Frage, Dr. Mortimer. Angenommen, unserem jungen Freund hier stieße etwas zu – verzeihen Sie diese unangenehme Hypothese, Sir Henry –, wer würde dann das Vermögen erben?"

„Da Sir Charles' jüngster Bruder Rodger unverheiratet starb, würde das Vermögen auf die Desmonds fallen, die entfernt verwandt sind. James Desmond ist ein älterer Geistlicher in Westmorland."

„Danke. Alle diese Einzelheiten sind von großer Bedeutung. Kennen Sie Mr James Desmond persönlich?"

„Ja, er kam einmal zu Sir Charles zu Besuch. Er ist ein Mann von ehrwürdiger Erscheinung, der ganz nach der Bibel lebt. Ich erinnere mich, dass er sich weigerte, von Sir Charles eine Rente anzunehmen, obwohl dieser sie ihm geradezu aufdrängte."

„Und dieser schlichte Gottesmann würde also das Riesenvermögen erben?"

„Er würde Erbe des Landbesitzes werden, weil dieser Familiengut ist. Er würde auch das Geld erben, aber das könnte der gegenwärtige Eigentümer jemand anderem vermachen, denn er kann natürlich frei darüber verfügen."

„Und haben Sie Ihr Testament gemacht, Sir Henry?"

„Nein, Mr Holmes, das habe ich nicht getan. Ich hatte dazu noch keine Zeit, denn ich erfuhr erst gestern, wie die Verhältnisse liegen. Aber meiner Ansicht nach sollte das Geld an den fallen, der den Titel und den Landbesitz erhält. Das war jedenfalls die Idee meines armen Onkels. Wie sollte der Besitzer von Baskerville Hall den alten Glanz der Familie wiederherstellen, wenn er nicht Geld genug hat, um den Besitz instand zu halten? Haus, Land und Geld gehören zusammen."

„Ganz recht. Nun, Sir Henry, ich bin ganz Ihrer Meinung, dass Sie nach Baskerville Hall fahren sollten. Ich mache nur eine Einschränkung: Sie dürfen keinesfalls allein bleiben."

„Dr. Mortimer kehrt mit mir zurück."

„Aber Dr. Mortimer muss sich um seine Praxis kümmern, und sein Haus liegt weit entfernt. Beim allerbesten Willen würde er vielleicht nicht imstande sein, Ihnen zu helfen. Nein, Sir Henry, Sie müssen jemand mitnehmen, einen zuverlässigen Mann, der nicht von Ihrer Seite weicht."

„Wäre es möglich, dass Sie selber mitkämen, Mr Holmes?"

„Bei einer gefährlichen Entwicklung würde ich mich bestimmt bemühen, selbst anwesend zu sein. Aber Sie werden begreifen, dass ich in Anbetracht meiner ausgedehnten Praxis und der vielen Hilferufe, die mir von allen Seiten zugehen, nicht auf unbeschränkte Zeit von London fernbleiben kann. Gerade im Augenblick wird einer der ehrwürdigsten Namen in England von einem Erpresser bedroht, und ich denke, ich kann einen unheilvollen Skandal verhindern. Sie sehen wohl ein, dass ich Sie unmöglich begleiten kann."

„Wen würden Sie mir dann empfehlen?"

Holmes legte seine Hand auf meine Schulter und sagte: „Wenn mein Freund einverstanden wäre, könnten Sie in einem Augenblick der Gefahr keinen besseren Mann an Ihrer Seite haben. Das kann niemand zuversichtlicher behaupten als gerade ich."

Der Vorschlag kam mir ganz unerwartet, aber ehe ich Zeit hatte, etwas zu sagen, ergriff Baskerville meine Hand und schüttelte sie herzlich.

„Das ist wirklich sehr freundlich von Ihnen, Dr. Watson", sagte er. „Sie wissen, wie es um mich steht, und Sie haben von der Sache ebenso viel Ahnung wie ich. Wenn Sie mit mir nach Baskerville kommen und mir dort beistehen wollen, werde ich Ihnen das nie vergessen."

Die Aussicht auf Abenteuer hat mich stets verlockt. Außerdem schmeichelten mir Holmes' Anerkennung und der Eifer, mit dem Sir Henry Baskerville mich als Beschützer akzeptiert hatte. „Ich komme mit Vergnügen", sagte ich. „Ich wüsste nicht, wie ich meine Zeit besser verwenden könnte."

„Und Sie werden mir sehr sorgfältig Bericht erstatten", sagte Holmes. „Wenn eine Krise naht – und ich bin sicher, dass es zu einer solchen Krise kommt –, werde ich Ihnen Anweisungen geben, wie Sie sich verhalten müssen. Ich nehme an, dass Sie Sonnabend reisefertig sein können?"

„Wäre das Dr. Watson recht?"

„Aber sicher."

„Also, dann treffen wir uns, wenn ich nichts anderes von Ihnen höre, am Sonnabend zum Zug um 10.30 Uhr auf dem Bahnhof Paddington."

Wir waren aufgestanden, um uns zu verabschieden, als Sir Henry Baskerville einen triumphierenden Ruf ausstieß, in eine der Zimmerecken stürzte und einen braunen Schuh unter einem Schrank hervorzog.

„Der vermisste Schuh!", rief er.

„Mögen sich alle Rätsel so schnell und leicht aufklären!", sagte Sherlock Holmes.

„Aber das ist doch eine sehr sonderbare Sache", meinte Mortimer. „Ich habe noch vorhin den Raum genau durchsucht."

„Ich auch", sagte Baskerville. „Jeden Winkel!"

„Dann muss ihn der Kellner gebracht haben, als wir aßen."

Der deutsche Kellner wurde gerufen, beteuerte aber, er wisse von nichts. Zu den kleinen Rätseln hatte sich ein neues gesellt. Abgesehen von der schaurigen Geschichte von Sir Charles' Tod hatten wir nun eine ganze Serie ungeklärter Geschehnisse, die sich alle innerhalb von zwei Tagen zugetragen hatten. Dazu gehörten der anonyme Brief, der schwarzbärtige Verfolger in der Droschke, der Verlust des neuen braunen Schuhs, der Verlust des alten schwarzen Schuhs und nun die Rückkehr des neuen braunen. Als wir in die Baker Street zurückfuhren, schwieg Holmes, und ich sah an den zusammengezogenen Brauen, dass er genau wie ich versuchte, eine Verbindung zwischen diesen seltsamen und scheinbar zusammenhanglosen Ereignissen zu finden. Zu Hause saß er dann den ganzen Nachmittag in Tabakqualm gehüllt und in Gedanken verloren.

Kurz vor dem Abendbrot erhielten wir zwei Telegramme. Das erste lautete: ERFAHRE SOEBEN, DASS BARRYMORE IN BASKERVILLE HALL IST. BASKERVILLE. Und das zweite: DREIUNDZWANZIG HOTELS BESUCHT. *TIMES*-BLATT MIT AUSSCHNITTEN NICHT GEFUNDEN. CARTWRIGHT.

„Da reißen zwei von meinen Fäden, Watson. Aber nichts regt den Geist so an, als wenn alles schiefgeht. Wir müssen uns nach einer anderen Spur umsehen."

„Wir haben noch die Nummer der Droschke, mit der Baskerville verfolgt wurde."

„Allerdings. Ich habe mich an die Zentrale gewandt und erwarte deren Auskunft. Es würde mich nicht wundern, wenn wir damit weiterkämen."

In diesem Augenblick klingelte es. Dann ging die Tür auf, und herein kam ein etwas vierschrötiger Mann, ganz offenbar der Gesuchte.

„Ich bekam Bescheid von der Zentrale", sagte er, „dass hier ein Herr wohnt, der nach mir gefragt hat. Ich fahre meine Droschke nun schon sieben Jahre, und es hat nie eine Beschwerde gegeben. Deshalb frage ich Sie ins Gesicht, was Sie gegen mich haben."

„Ich habe absolut nichts gegen Sie, mein guter Mann", sagte Holmes. „Im Gegenteil, ich habe einen halben Sovereign für Sie, wenn Sie mir ein paar Fragen beantworten können."

„Na, das ist ja ein guter Tag", sagte der Mann schmunzelnd. „Was wollen Sie wissen, Sir?"

„Zuerst Ihren Namen und Ihre Wohnung, falls ich Sie noch einmal brauche."

„John Clayton, Turpey Street Nummer 3. Mein Stand ist Shipley's Yard in der Nähe vom Waterloo-Bahnhof."

Sherlock Holmes notierte es sich.

„Und nun, Clayton, berichten Sie mir alles, was Sie von dem Mann wissen, der heute Morgen um zehn in Ihrer Droschke in der Nähe dieses Hauses wartete und Sie dann hinter den beiden Herren die Regent Street entlangfahren ließ."

Der Mann war verdutzt und wurde etwas verlegen.

„Da kann ich Ihnen wohl nicht viel sagen, denn Sie scheinen genauso viel davon zu wissen wie ich selbst. Außerdem sagte mir der Herr, er sei Detektiv und ich dürfe niemandem etwas über ihn sagen."

„Mein lieber Mann, es handelt sich um eine sehr ernste Sache, und Sie können in eine schwierige Lage kommen, wenn Sie versuchen sollten, mir etwas zu verheimlichen. Sie sagten, Ihr Fahrgast habe Ihnen erzählt, er sei Detektiv?"

„Ja, das tat er."

„Wann sagte er das?"

„Als er ausstieg."

„Hat er noch etwas gesagt?"

„Er erwähnte seinen Namen."

Holmes warf mir einen triumphierenden Blick zu.

„Oh, er nannte seinen Namen! Das war unvorsichtig. Was war das denn für ein Name?"

„Sein Name war Sherlock Holmes."

Nie habe ich meinen Freund verblüffter gesehen als bei dieser Antwort. Er saß völlig starr. Dann brach er in ein herzliches Gelächter aus und rief: „Eine Abfuhr, Watson – eine unleugbare Abfuhr! Ich bin an eine Klinge geraten, die genauso rasch und geschmeidig ist wie meine eigene. Er hat diesmal wirklich sehr hübsch pariert. Sein Name war also Sherlock Holmes, sagten Sie?"

„Ja, Sir, so nannte er sich."

„Ausgezeichnet! Sagen Sie mir, wo er eingestiegen ist und was sich sonst noch zugetragen hat."

„Er gab mir um halb zehn auf dem Trafalgar Square ein Zeichen. Er sagte, er sei Detektiv, und er bot mir zwei Pfund, wenn ich den ganzen Tag genau täte, was er verlangte, und keine Fragen stellte. Natürlich griff ich zu. Wir fuhren zuerst zum Northumberland Hotel und warteten dort, bis zwei Herren herauskamen und in eine der Droschken am Halteplatz stiegen. Wir fuhren ihrem Wagen nach, bis er hier irgendwo in der Nähe hielt."

„Vor meiner Tür", sagte Holmes.

„Das kann ich nicht genau sagen, aber mein Fahrgast wusste

jedenfalls Bescheid. Ein Stück weiter hielten wir ebenfalls und warteten anderthalb Stunden. Dann kamen die zwei Herren an uns vorbei; sie gingen zu Fuß, und wir folgten ihnen die Baker Street entlang, und dann …"

„Ich weiß schon", sagte Holmes.

„… bis wir die Regent Street drei Viertel entlanggefahren waren. Dann rief mir plötzlich mein Fahrgast zu, ich solle so schnell wie möglich zum Waterloo-Bahnhof fahren, und ich schaffte es in kaum zehn Minuten. Dort bezahlte er mich wie vereinbart. In dem Augenblick, als er in den Bahnhof ging, drehte er sich noch rasch um und sagte: ‚Vielleicht interessiert es Sie zu hören, dass Sie Sherlock Holmes gefahren haben.' Auf diese Weise erfuhr ich den Namen."

„Ich verstehe. Und weiter haben Sie nichts von ihm gehört oder gesehen?"

„Nicht, nachdem er im Bahnhof verschwunden war."

„Könnten Sie Mr Sherlock Holmes etwas beschreiben?"

„Tja, er war eigentlich nicht so ein Herr, der sich leicht beschreiben lässt. Ich schätze ihn auf etwa vierzig Jahre, mittelgroß, etwas kleiner als Sie. Er war sehr gut angezogen und hatte einen schwarzen Bart, der unten breit abgeschnitten war, und ein blasses Gesicht. Weiter wüsste ich nichts zu sagen."

„Was für eine Farbe hatten seine Augen?"

„Das weiß ich nicht."

„Sonst können Sie sich auf nichts besinnen?"

„Nein, Sir, auf nichts."

„Na, hier ist Ihr halber Sovereign, und ein anderer wartet auf Sie, wenn Sie mir weitere Auskünfte bringen können. Guten Abend!"

„Guten Abend, Sir, und vielen Dank."

John Clayton ging schmunzelnd, und Sherlock Holmes wandte sich mit einem Achselzucken und einem etwas schiefen Lächeln zu mir um.

„Nun ist auch der dritte Faden kaputt, und wir sind nicht weiter als am Anfang", sagte er. „Dieser raffinierte Schurke! Er kannte unsere Hausnummer, wusste, dass Sir Henry Baskerville mich konsultiert hatte, und erriet in der Regent Street, wer ich war. Er vermutete, dass ich mir die Droschkennummer merken würde, und dachte sich diese Frechheit aus. Ich sagte dir schon, Watson, diesmal haben wir einen Gegner, der unserer Klinge würdig ist. In London bin ich matt gesetzt. Ich kann dir nur besseres Glück in Devonshire wünschen. Aber das macht mir große Sorgen."

„Was denn?"

„Dass ich dich hinschicke. Es ist eine hässliche Geschichte, Watson, eine hässliche und gefährliche Geschichte. Je mehr ich davon zu sehen bekomme, umso weniger gefällt sie mir. Ja, du magst darüber lachen, aber ich sage dir, ich werde froh sein, wenn ich dich wieder heil und gesund hier habe."

Baskerville Hall

Sir Henry Baskerville und Mortimer waren am verabredeten Tage reisefertig, und wir wollten uns am Bahnhof treffen. Sherlock Holmes begleitete mich zum Bahnhof und gab mir noch letzte Anweisungen und Ratschläge.

„Ich will dich nicht mit Vermutungen und Verdachtsgründen beeinflussen, Watson“, sagte er. „Von dir will ich nichts weiter als objektive und vollständige Tatsachenberichte. Das Theoretisieren kannst du mir überlassen.“

„Was für Tatsachen soll ich berichten?“, fragte ich.

„Alles, was in irgendeinem, wenn auch noch so losen Zusammenhang mit dem Fall zu stehen scheint. Vor allem interessieren mich die Beziehungen zwischen dem jungen Baskerville und seinen Nachbarn sowie neue Tatsachen im Zusammenhang mit dem Tod von Sir Charles. Ich habe in den letzten Tagen selbst einige Erkundigungen eingezogen, aber das Resultat war leider negativ. Ganz sicher scheint nur eines zu sein: James Desmond, der nächste Erbe, ist ein ganz reizender älterer Herr, sodass von ihm diese Nachstellungen nicht ausgehen werden. Ich glaube, wir können ihn ganz aus unseren Überlegungen streichen. Es bleiben die Leute, die tatsächlich zur Umgebung Sir Henrys in Baskerville Hall gehören werden.“

„Wäre es nicht gut, wenn zunächst das Ehepaar Barrymore abgeschoben würde?“

„Um Gottes willen nicht! Einen größeren Fehler könnten wir gar nicht machen. Sind sie unschuldig, dann wäre es eine furchtbare Ungerechtigkeit, und sind sie schuldig, dann würden wir jede Chance verlieren, sie zu überführen. Nein, sie müssen bleiben und gelten zunächst als verdächtig. Außer ihnen befindet sich noch ein Stallknecht in Baskerville Hall, wenn ich mich recht erinnere. Ferner gibt es in der Nähe zwei Moorbauern. Dann sind da unser

Freund Dr. Mortimer, den ich für absolut einwandfrei halte, und seine Frau, von der wir gar nichts wissen, ferner der Naturforscher Stapleton und dessen Schwester, die eine hübsche junge Dame sein soll. Ein unbekannter Faktor ist Mr Frankland auf Lafter Hall, und es gibt noch ein oder zwei unbekannte Nachbarn. Das sind die Leute, auf die du ganz besonders achten musst."

„Ich werde mein Bestes tun."

„Du bist doch bewaffnet?"

„Ja. Ich hielt es für besser."

„Ganz bestimmt! Du musst Tag und Nacht eine Pistole zur Hand haben und darfst niemals in deiner Wachsamkeit nachlassen."

Unsere Bekannten hatten bereits ein Abteil erster Klasse belegt und erwarteten uns auf dem Bahnsteig.

„Nein, wir haben nichts Neues zu berichten", antwortete Mortimer auf eine Frage meines Freundes. „Aber eins kann ich beschwören: In den letzten beiden Tagen sind wir nicht beobachtet worden. Wir haben genau aufgepasst, wenn wir unterwegs waren, und hätten es bestimmt gemerkt."

„Sie sind wahrscheinlich immer zusammen ausgegangen?"

„Mit Ausnahme von gestern Nachmittag. Wenn ich in London bin, widme ich gewöhnlich einen Tag reinen Vergnügungszwecken. Und deshalb ging ich ins Museum der Chirurgischen Gesellschaft."

„Und ich habe mir ein bisschen den Trubel im Hydepark angesehen", sagte Baskerville. „Aber wir hatten nicht die geringsten Unannehmlichkeiten."

„Es war trotzdem unvorsichtig", sagte Holmes und schüttelte mit besorgter Miene den Kopf. „Ich bitte Sie, Sir Henry, künftig nicht allein auszugehen. Wenn Sie es doch tun, wird Ihnen ein großes Unglück zustoßen. Haben Sie den anderen Schuh wiederbekommen?"

„Nein, der ist hoffnungslos verschwunden."

„Tatsächlich! Na, das ist sehr interessant. Also, dann gute Reise!", sagte Holmes, da der Zug sich in Bewegung setzte. „Beherzigen Sie, Sir Henry, einen der Sätze der alten Geschichte, die uns Dr. Mortimer vorgelesen hat, und meiden Sie das Moor in den

Stunden der Finsternis, in denen die Mächte des Bösen ihr Spiel treiben!"

Ich blickte noch einmal zum Bahnsteig zurück, als wir ihn schon weit hinter uns gelassen hatten, und sah die große, ernste Gestalt meines Freundes reglos dastehen und uns nachstarren.

Die Reise verlief schnell und angenehm. Ich benutzte sie, um mit meinen beiden Begleitern vertrauter zu werden und mit Mortimers Hund Freundschaft zu schließen. Nach ein paar Stunden wurde die braune Erde rötlich, statt der Ziegelhäuser sah man solche aus Granit, und rotbraune Kühe weideten auf den von Hecken eingefassten Wiesen, deren saftiges, üppiges Grün auf ein milderes, wenn auch feuchteres Klima deutete. Der junge Baskerville sah fleißig aus dem Fenster und stieß einen Ruf des Entzückens aus, als er die vertraute Landschaft Devonshires wiedererkannte.

„Ich habe ein gutes Stück von der Welt gesehen, seit ich von hier fortging, Dr. Watson, aber nie sah ich ein Fleckchen Erde, das sich mit diesem vergleichen lässt."

„Und ich sah noch nie einen Mann aus Devonshire, der nicht auf seine Heimat geschworen hätte", sagte ich.

„Das liegt genauso an diesem Menschenschlag wie an den Reizen des Landes", bemerkte Mortimer. „Ein Blick auf unseren Freund hier zeigt, dass er den runden Schädel der Kelten besitzt, die für ihre Begeisterung und Anhänglichkeit berühmt sind. Der Schädel des armen Sir Charles gehörte zu einem sehr seltenen Typ, die Kennzeichen waren zur Hälfte gälisch, zur Hälfte irisch. Aber Sie waren wohl noch sehr jung, als Sie zum letzten Mal in Baskerville Hall waren?"

„Als mein Vater starb, war ich noch ein ganz junger Bursche und habe Baskerville Hall nie gesehen, denn wir wohnten in einem kleinen Landhaus an der Südküste. Von dort ging ich direkt zu einem Freund nach Amerika. Für mich ist alles so neu wie für Dr. Watson, und ich bin sehr gespannt auf das Moor."

„Wirklich? Ihr Wunsch ist schnell erfüllt. Von hier aus können Sie es schon sehen", sagte Mortimer und wies aus dem Wagenfenster.

Über den grünen Wiesen und einem niedrigen Wald erhob sich

in der Ferne ein grauer Hügel mit seltsam zerklüftetem Gipfel, unwirklich wie in einem Traum. Baskerville hielt lange Zeit die Augen auf dieses Bild geheftet, und ich las auf seinem Gesicht, wie tief ihn der erste Anblick der Landschaft rührte, wo seine Vorfahren so lange geherrscht und so tiefe Spuren hinterlassen hatten. Da saß der junge Mann mit seinem Tweedanzug und seinem amerikanischen Akzent in der Ecke eines Eisenbahnabteils, und doch: Als ich in sein dunkles, ausdrucksvolles Gesicht sah, fühlte ich mehr denn je, dass er ein echter Spross der vielen Generationen heißblütiger, feuriger Menschen war. Stolz, Tapferkeit und Kraft sprachen aus seinen dichten Brauen, seinen beweglichen Nasenflügeln und den großen braunen Augen. Wenn auf diesem abschreckenden Moor ein schwer und nur unter Gefahren zu lösendes Rätsel unser harrte, dann war dieser junge Mann gewiss ein Kamerad, für den man sich in Gefahr begeben konnte, denn man durfte sicher sein, dass er sie tapfer teilen würde.

Der Zug hielt an einer Zwischenstation, und wir stiegen aus. Draußen wartete jenseits des niedrigen weißen Zauns ein zweispänniger Jagdwagen. Unsere Ankunft war offenbar ein großes Ereignis, denn der Stationsvorsteher und die Kofferträger drängten sich heran, um für das Gepäck zu sorgen. Es war ein hübscher ländlicher Ort, aber ich bemerkte zu meiner Überraschung, dass am Ausgang zwei Männer in dunklen Uniformen standen, die sich auf ihre Gewehre stützten und uns scharf ansahen, als wir vorübergingen. Der Kutscher, ein knorriger kleiner Mann mit harten Gesichtszügen, begrüßte Sir Henry Baskerville, und ein paar Minuten später fuhren wir schnell die breite Straße entlang. Wiesen mit wogendem Gras lagen zu beiden Seiten, und alte Häusergiebel ragten hinter dichtem Laubwerk hervor. Dunkel hob sich gegen den Abendhimmel die düstere Linie des Moors ab, hier und da von Hügeln überragt.

Der Wagen bog in eine Seitenstraße ein, und wir fuhren bergan auf Straßen, in die sich seit Jahrhunderten die Räder immer tiefer eingegraben hatten. Auf beiden Seiten lagen mit Moos und Hirschfarn bedeckte Wälle. Immer langsam bergauf fahrend, kamen wir über eine schmale Steinbrücke, unter der brausend ein starker Bach zwischen Felsblöcken dahinschoß. Die Straße führte an dem Bach entlang durch ein Tal, das mit Eichen und Kieferngestrüpp angefüllt war. Bei jeder Wegbiegung brach der junge Baskerville in neue Freudenrufe aus, sah sich entzückt um und stellte unzählige Fragen. In seinen Augen war alles schön, für mich aber lag über der Landschaft, die schon herbstlich wurde, eher etwas Schwermütiges. Gelbe Blätter bedeckten die Wege und sanken von den Bäumen auf uns herab. Das Rollen der Räder erstarb in dem dichten Teppich toter Blätter, ein trauriger Empfang, den die Natur dem heimkehrenden Erben der Baskervilles bereitete.

„Hallo!“, rief plötzlich Mortimer. „Was ist denn das?“

Eine steile Anhöhe, ein mit Heidekraut bedeckter Ausläufer des Moors, lag gerade vor uns. Darauf hielt, scharf und klar sich abhebend wie ein Denkmal auf einem Sockel, ein Soldat zu Pferde, den Karabiner schussfertig im Arm. Er beobachtete die Straße, auf der wir fuhren.

„Was bedeutet das, Perkins?“, fragte Mortimer.

„Aus Princetown ist ein Sträfling ausgebrochen, Sir. Er ist seit drei Tagen flüchtig. Alle Straßen und alle Bahnhöfe werden bewacht, aber sie haben ihn noch nicht wieder gefasst. Den Bauern hier ist das gar nicht recht, Sir.“

„Ich denke doch, sie erhalten fünf Pfund, wenn sie einen Hinweis geben können.“

„Ja, Sir, aber die Aussicht, dass einem die Kehle durchgeschnitten wird, ist viel größer als die Chance, fünf Pfund zu kriegen. Es handelt sich nicht um einen gewöhnlichen Sträfling, sondern um einen, der vor nichts zurückschrecken würde.“

„Wer ist es denn?“

„Selden, der Mörder von Notting Hill.“

Ich erinnerte mich seines Falles sehr gut, denn Holmes hatte sich dafür interessiert, weil es ein ungewöhnlich grausames Verbrechen gewesen war. Der Mörder hatte eine so sinnlose Brutalität bewiesen, dass das Todesurteil in eine lebenslängliche Zuchthausstrafe abgewandelt wurde, denn es waren Zweifel an seiner Zurechnungsfähigkeit aufgetaucht.

Unser Wagen war oben auf einer Anhöhe angelangt, und vor uns lag die weite Fläche des Moors mit wirren Steinhaufen und spitzen kleinen Hügeln. Ein kalter Wind wehte darüber und ließ uns erschauern. Irgendwo in dieser trostlosen Ebene lauerte der teuflische Mörder und verbarg sich wie ein wildes Tier in einer Höhle, das Herz voll Bosheit gegen die Menschen, die ihn aus ihrer Gemeinschaft ausgestoßen hatten. Dieser Gedanke hatte mir gerade noch gefehlt, um das schaurige Gefühl zu vervollständigen, das der Anblick des öden Moors, der kalte Wind und die beginnende Dämmerung einflößten. Sogar Baskerville wurde still und hüllte sich fester in seinen Mantel.

Das fruchtbare Land lag jetzt tiefer hinter uns. Als wir darauf zurückblickten, verwandelte die untergehende Sonne die Wasserläufe in Bäche von Gold und brachte die frisch gepflügte rote Erde zwischen den dunklen Waldflecken zum Erglühen. Der Weg führte uns zwischen rötlichbraunen und grüngrauen Abhängen, auf denen riesige Steinbrocken lagen, an ein paar einzeln liegenden Häusern von Moorbauern vorbei, Häusern mit steinernen Wänden und steinernen Dächern, deren harte Umrisse von keinem Pflanzengrün gemildert wurden. Plötzlich erblickten wir eine muldenförmige Vertiefung, die mit sturmzerzausten, verkrüppelten Eichen und Kiefern bewachsen war. Über die Bäume erhoben sich zwei hohe, schmale Türme. Der Kutscher wies mit dem Peitschenstiel darauf und sagte: „Baskerville Hall."

Sir Henry war aufgestanden und starrte mit blitzenden Augen und geröteten Wangen auf die Türen. Ein paar Minuten später erreichten wir das Tor, eine prachtvolle altertümliche Schmiedearbeit zwischen zwei verwitterten bemoosten Steinpfeilern, die von den Eberköpfen des Wappens der Baskervilles gekrönt waren. Das Torwächterhaus war eine Ruine aus schwarzem Granit und nackten Dachsparren, aber dieser Ruine gegenüber erhob sich ein halb fertiges neues Gebäude, dessen Entstehung ganz offenbar dem südafrikanischen Gold von Sir Charles zu verdanken war.

Durch das Parktor gelangten wir in die Schlossallee. Wieder rollten die Räder über abgefallenes Laub, und über unseren Häuptern schlossen sich die Zweige der Bäume zu einem düsteren Gewölbe zusammen. Baskerville überlief ein Schauder, als er am Ende der Allee das Haus geisterhaft durch die Bäume schimmern sah.

„War es hier?", fragte er leise.

„Nein, die Taxusallee ist auf der anderen Seite."

Der junge Mann sah sich mit verdüsterter Miene um.

„Es ist kein Wunder", sagte er, „dass mein Onkel an solch einem Ort das Gefühl eines drohenden Verhängnisses hatte. Hier kann wohl jedem Menschen unheimlich werden. Ich werde so schnell wie möglich hier draußen elektrisches Licht anbringen lassen, und Sie werden den Platz nicht wiedererkennen, wenn vor dem Portal eine Tausendwattlampe strahlt!"

Die Allee mündete in eine breite Rasenfläche. Vor uns lag das Haus. In der Dämmerung konnte ich nur erkennen, dass das mächtige Mittelstück mit Efeu bewachsen war, der nur die Fenster und ein paar Wappenschilder freiließ. Aus der Front des Hauses sprang ein Portal vor, und rechts und links erhoben sich die beiden alten zinnengekrönten und mit Schießscharten versehenen Türme. An die Türme schlossen sich neuere Gebäudeflügel aus schwarzem Granit an. Schwaches Licht fiel aus einigen der altertümlichen Fenster, und aus einem der Schornsteine, die sich über das steile Giebeldach erhoben, stieg eine dunkle Rauchwolke.

„Willkommen, Sir Henry! Willkommen auf Baskerville Hall!" Ein großer Mann war aus dem Dunkel des Portals getreten, um den Wagenschlag zu öffnen. Die Gestalt einer Frau hob sich gegen das gelbe Licht ab, das aus der Halle fiel. Sie trat heraus und half dem Mann, unser Gepäck vom Wagen zu heben.

„Sie haben doch nichts dagegen, wenn ich gleich nach Hause fahre, Sir Henry?", fragte Mortimer. „Meine Frau erwartet mich."

„Aber bleiben Sie doch zum Abendessen!"

„Nein, ich muss gehen. Wahrscheinlich werde ich allerhand Arbeit vorfinden. Ich würde sonst bleiben, um Ihnen das Haus zu zeigen, aber Barrymore ist sowieso ein besserer Führer als ich. Leben Sie wohl, und lassen Sie mich unbedenklich bei Tag und Nacht holen, wenn ich Ihnen von Nutzen sein kann."

Das Rasseln der Räder verhallte, während Sir Henry und ich die Halle betraten. Mit einem dumpfen Schlag fiel hinter uns die Tür ins Schloss. Wir befanden uns in einem schönen, weiten und hohen Raum mit einer schweren Decke aus altersschwarzen Eichenbalken. In dem großen alten Kamin hinter den hohen eisernen Feuerböcken prasselte und knackte ein Holzfeuer. Sir Henry und ich wärmten uns die Hände, denn uns fror nach der langen Fahrt. Dann sahen wir uns um: ein hohes, schmales Fenster aus altem buntem Glas, eichene Wandtäfelung, an den Wänden Hirschgeweihe und Wappenschilder, und das alles im gedämpften Licht des in der Mitte herabhängenden Leuchters.

„Es ist genauso, wie ich es mir vorgestellt habe", sagte Sir Henry. „Das alte Heim einer alten Familie! Wenn ich daran denke, dass in dieser Halle fünfhundert Jahre lang meine Vorfahren gelebt haben! Es stimmt mich feierlich."

Und ich sah, wie jugendliche Begeisterung sein dunkles Gesicht erhellte. Er stand im vollen Schein des Lichtes, aber lange Schatten bedeckten die Wände und hingen wie ein schwarzer Baldachin über ihm. Barrymore war eingetreten, nachdem er das Gepäck auf unsere Zimmer geschafft hatte. Er stand in der Haltung eines gut erzogenen Dieners vor uns, ein auffallend angenehm wirkender Mann, groß und stattlich, mit einem breiten schwarzen Bart und blassen, wohlgeformten Zügen.

„Wünschen Sie gleich zu speisen, Sir?"

„Ist das Essen fertig?"

„In ein paar Minuten, Sir. Warmes Wasser finden Sie auf Ihren Zimmern. Meine Frau und ich werden glücklich sein, bei Ihnen zu bleiben, Sir Henry, bis Sie sich eingerichtet haben, aber unter den neuen Verhältnissen wird der Haushalt eine beträchtliche Dienerschaft erfordern."

„Was für neue Verhältnisse meinen Sie?"

„Ich wollte nur sagen, dass Sir Charles sehr zurückgezogen lebte und dass wir ausreichten, für ihn zu sorgen. Sie werden natürlich nicht so abgeschlossen leben wollen, und deshalb werden Veränderungen im Haushalt nötig sein."

„Wollen Sie damit sagen, dass Ihre Frau und Sie kündigen möchten?"

„Nur, wenn es Ihnen recht ist, Sir."

„Aber Ihre Familie ist doch seit mehreren Generationen bei uns gewesen, nicht wahr? Es würde mir leidtun, mein Leben hier damit zu beginnen, eine so alte Verbindung zu lösen."

Mir schien, dass Zeichen der Rührung das weiße Gesicht des Butlers überliefen.

„Ich fühle genauso, Sir, und meine Frau auch. Aber um die Wahrheit zu sagen, wir waren beide Sir Charles sehr zugetan, sein Tod ging uns sehr nahe, und seitdem weckt diese Umgebung in uns schmerzliche Erinnerungen. Ich fürchte, uns wird in Baskerville Hall nie wieder leicht ums Herz sein können."

„Aber was wollen Sie denn tun?"

„Wir werden irgendein Geschäft eröffnen. Sir Charles' Freigebigkeit hat uns die Mittel dazu verschafft. Und nun, Sir, werde ich Ihnen am besten Ihre Zimmer zeigen."

Um die Halle lief eine Galerie, die über eine Doppeltreppe zugänglich war. Von dieser Galerie aus erstreckten sich zwei lange Flure, an denen alle Schlafzimmer lagen, über die ganze Länge des Gebäudes. Mein Zimmer befand sich fast Tür an Tür mit dem Sir Henrys. Die Zimmer waren offenbar viel moderner als der Mittelteil des Schlosses, und helle Tapeten und viele brennende Kerzen taten das Ihre, um das düstere Gefühl zu verscheuchen, das sich bei der Ankunft meiner bemächtigt hatte.

Aber der Speisesaal, der neben der Halle lag, war so düster und bedrückend wie diese. Es war ein langer Raum mit einem erhöhten Ende, wo die Familie gespeist hatte; eine Stufe führte zu dem für das Personal bestimmten Teil des Raumes hinab. An einem Ende befand sich eine Galerie, von der aus die Barden vorgetragen hatten. Schwarze Balken zogen sich über unseren Köpfen unter der rauchdunklen Decke hin. Von brennenden Fackeln erhellt, von der Heiterkeit bunter Farben und eines großen Gelages erfüllt, mochte der Saal nicht so traurig gewirkt haben. Jetzt aber saßen zwei einsame schwarz gekleidete Herren in dem kleinen Lichtkreis einer beschirmten Lampe, und da sank die Stimme von selbst zu einem Flüstern herab, und die Stimmung wurde gedämpft. Eine Reihe von Ahnenbildern in allen möglichen Kostümen von der Zeit Elisabeths bis zu der des Prinzregenten starrte aus der Halbdämmerung auf uns herab und bedrückte uns durch ihre schweigende Gesellschaft. Wir sprachen wenig, und ich war froh, als wir gegessen hatten und uns in das moderne Billardzimmer zurückziehen konnten, wo wir eine Zigarette rauchten.

„Wahrhaftig, das ist kein sehr lustiges Haus", sagte Sir Henry. „Ich glaube schon, dass man sich daran gewöhnen kann, aber vorläufig fühle ich mich noch fremd hier. Ob nicht mein Onkel ein bisschen wunderlich wurde, als er ganz allein in so einem Haus wohnte? Doch wenn es Ihnen recht ist, wollen wir heute früh zu Bett gehen. Vielleicht sieht morgens alles anders aus."

Ehe ich mich zu Bett legte, zog ich die Vorhänge auf und sah aus dem Fenster. Es ging auf den Rasenplatz vor dem Portal hinaus. Im Hintergrund rauschten und stöhnten zwei Baumreihen im anschwellenden Nachtwind. Der Halbmond war in den Lücken der eilig ziehenden Wolken zu sehen. In seinem kalten Licht sah ich hinter den Bäumen Felsklippen und die weite Fläche des öden Moors. Ich zog die Vorhänge wieder zu; dieser Anblick stimmte mit meinen bisherigen Gefühlen nur zu gut überein.

Und doch war es nicht der letzte Eindruck. Trotz meiner Müdigkeit konnte ich nicht einschlafen und warf mich unruhig hin und her. Der Schlaf wollte nicht kommen. In der Ferne schlug jede Viertelstunde eine Glocke; sonst war es totenstill. Dann plötzlich, im Grabesschweigen der Nacht, drang ein Laut an mein Ohr, ein klarer, unverkennbarer Laut. Es war das Schluchzen einer Frau, das unterdrückte, aber unbeherrschbare Schluchzen eines Menschen, der von einem Schmerz zerrissen wird. Ich setzte mich auf und lauschte. Das Geräusch kam aus der Nähe, ganz gewiss aus dem Hause selbst. Eine halbe Stunde lang wartete ich unter Anspannung aller Nerven, aber kein anderer Ton ließ sich hören als der Glockenschlag und das Rascheln des Efeus an der Wand.

Die Stapletons

Der schöne frische Morgen des nächsten Tages trug dazu bei, den düsteren ersten Eindruck von Baskerville Hall etwas zu mildern. Als Sir Henry und ich am Frühstückstisch saßen, strömte das Sonnenlicht durch die hohen Bogenfenster herein und warf bunte Farbflecke von den Wappen, mit denen die Scheiben bemalt waren, auf Boden, Tisch und Wände. Das dunkle Holzgetäfel glänzte in den goldenen Strahlen wie Bronze, und wir konnten uns kaum vorstellen, dass wir in demselben Raum saßen, der uns am Abend zuvor so trübe gestimmt hatte.

„Ich glaube, wir selber waren daran schuld und nicht das Haus", sagte Sir Henry. „Wir waren müde von der Reise und durchfroren von der langen Wagenfahrt, und deshalb erschien uns das Haus so deprimierend. Jetzt sind wir frisch und munter, und das Haus wirkt ganz heiter."

„Und doch lag es nicht nur an unserer Stimmung", antwortete ich. „Haben Sie nicht zum Beispiel jemanden – ich glaube, es war eine Frau – in der Nacht schluchzen gehört?"

„Sonderbar, was Sie da sagen, denn ich bilde mir ein, ich hätte so etwas gehört, als ich im Halbschlaf war. Ich habe ziemlich lange gewartet, aber ich hörte nichts weiter. Deshalb dachte ich, ich hätte es nur geträumt."

„Ich habe es ganz genau gehört und bin sicher, dass es das Schluchzen einer Frau war."

„Wir müssen uns sofort danach erkundigen."

Er läutete und fragte Barrymore, ob er darüber Aufschluss geben könne. Mir schien, dass die bleichen Züge des Butlers noch etwas blasser wurden, als er Sir Henrys Frage hörte.

„Es sind nur zwei Frauen im Haus, Sir Henry", antwortete er, „ein Hausmädchen, das im anderen Flügel schläft, und meine Frau, und dass diese es nicht war, weiß ich bestimmt."

Und doch log er, als er das sagte, denn zufällig begegnete ich seiner Frau auf dem Flur, wo ihr das Sonnenlicht ins Gesicht fiel. Sie war eine große Frau mit unbewegten grob geschnittenen Zügen. Doch ihre Augen waren gerötet und sahen mich aus geschwollenen Lidern an. Also war sie es gewesen, die in der Nacht geweint hatte, und das hätte ihr Mann wissen müssen. Er aber hatte es gewagt, eine so leicht zu entdeckende Lüge zu sagen. Warum? Und warum hatte sie so bitterlich geweint? Schon umschwebte diesen angenehm wirkenden Mann eine geheimnisvolle Atmosphäre. Er war es gewesen, der den Leichnam von Sir Charles entdeckt hatte; auf seiner Darstellung beruhte all unsere Kenntnis, die wir von den Umständen von Sir Charles' Tod hatten. War es vielleicht doch Barrymore gewesen, den wir in der Droschke in der Regent Street gesehen hatten? Der Bart konnte derselbe sein. Nach der Beschreibung des Kutschers war der Unbekannte etwas kleiner gewesen, aber in dieser Hinsicht war leicht ein Irrtum möglich. Wie konnte ich völlige Klarheit erlangen? Offenbar dadurch, dass ich den Postvorsteher in Grimpen besuchte und mich vergewisserte, ob das Telegramm an Barrymore wirklich diesem selbst übergeben worden war. Wie die Antwort auch immer ausfallen mochte, auf jeden Fall hatte ich bereits etwas, worüber ich Sherlock Holmes berichten konnte.

Sir Henry musste sich nach dem Frühstück mit einigen geschäftlichen Angelegenheiten befassen, sodass die Zeit für mein Vorhaben günstig war. Es war ein angenehmer Spaziergang am Rande des Moors entlang, der mich nach etwa anderthalb Stunden in das kleine Dörfchen führte. Zwei größere Häuser, das Gasthaus und Mortimers Haus, überragten die anderen. Der Postvorsteher, der zugleich Besitzer des Kaufladens war, erinnerte sich noch deutlich an das Telegramm.

„Allerdings, Sir", sagte er, „das Telegramm habe ich genau nach Anweisung Mr Barrymore zustellen lassen."

„Wer hat es hingebracht?"

„Mein Sohn hier. James, du hast doch letzte Woche das Telegramm Mr Barrymore gebracht?"

„Ja, Vater."

„Haben Sie es Mr Barrymore persönlich gegeben?", fragte ich.

„Na ja, er war in diesem Augenblick gerade auf dem Boden, so habe ich es Mrs Barrymore gegeben, und sie hat versprochen, es gleich ihrem Mann auszuhändigen."

„Haben Sie Mr Barrymore gesehen?"

„Nein, Sir, ich sagte Ihnen ja, er war auf dem Boden."

„Wenn Sie ihn nicht gesehen haben, wie können Sie dann wissen, dass er auf dem Boden war?"

„Na, seine eigene Frau musste doch wohl wissen, wo ihr Mann war", sagte der Postvorsteher gereizt. „Hat er das Telegramm nicht bekommen? Wenn etwas nicht stimmt, dann ist es doch Mr Barrymores Sache, sich zu beschweren."

Es schien hoffnungslos, das Verhör weiter fortzusetzen. Eins war jedenfalls klar: Trotz Sherlock Holmes' List hatten wir keinen Beweis, dass Barrymore nicht doch in London gewesen war. Angenommen, es war so, angenommen, derselbe Mann, der als letzter Sir Charles lebendig gesehen hatte, wäre der Erste gewesen, der hinter seinem neuen Herrn hergespürt hatte, als dieser nach England zurückgekehrt war. Was dann? Handelte er im Auftrag anderer, oder hatte er selbst einen Plan? Welches Interesse konnte er haben, die Familie Baskerville zu verfolgen? Mir fiel die seltsame Warnung ein, die jemand aus dem Leitartikel der *Times* ausgeschnitten hatte. War das sein Werk oder das eines anderen, der seine Pläne durchkreuzen wollte? Das einzige denkbare Motiv war das von Sir Henry angedeutete: Die Barrymores konnten sich eine fürstliche Unterkunft dadurch schaffen, dass sie alle Mitglieder der Familie Baskerville verscheuchten. Aber eine derartige Annahme reichte bei Weitem nicht aus, um die offenbar durchdachten und sorgfältig angelegten Machenschaften zu erklären, mit denen Sir Henry wie mit einem unsichtbaren Netz umsponnen worden war. Holmes selber hatte gesagt, dass ihm ein komplizierterer Fall während seiner ereignisreichen Tätigkeit kaum vorgekommen war. Als ich den einsamen Weg zurückging, sandte ich Stoßgebete zum Himmel, mein Freund möge sich bald von allen anderen Aufträgen freimachen und herkommen, um die schwere Last der Verantwortung von meinen Schultern zu nehmen.

Plötzlich wurde ich in meinen Gedanken durch rasche Schritte hinter mir und eine Stimme gestört, die meinen Namen rief. Ich drehte mich um in der Erwartung, Mortimer zu sehen, aber zu meiner Überraschung war es ein Fremder, der mir nachlief. Er war klein und mager, mit einem glatt rasierten Gesicht, hellblond und hohlwangig, dreißig bis vierzig Jahre alt und in einen grauen Anzug gekleidet. Dazu trug er einen Strohhut, über der Schulter eine Botanisiertrommel an einem Riemen und in der Hand ein grünes Schmetterlingsnetz.

„Entschuldigen Sie den Überfall, Dr. Watson", sagte er, als er mich keuchend eingeholt hatte. „Hier auf dem Moor machen wir nicht viel Umstände und warten eine förmliche Vorstellung nicht ab. Vielleicht haben Sie meinen Namen schon von Dr. Mortimer gehört. Ich bin Stapleton, Merripit House."

„Das hätten mir schon Ihr Netz und Ihre Büchse sagen können, denn ich weiß, dass Sie Naturforscher sind. Aber wie haben Sie mich erkannt?"

„Ich besuchte Dr. Mortimer, und er zeigte Sie mir vom Fenster aus, als Sie vorbeigingen. Da wir den gleichen Weg haben, dachte ich, ich könnte Sie einholen und mich vorstellen. Ich nehme an, dass Sir Henry die Reise gut bekommen ist?"

„Ja, danke."

„Wir befürchteten alle, dass nach dem schaurigen Tod von Sir Charles der neue Baronet vielleicht nicht hier würde wohnen wollen. Es ist von einem reichen Mann viel verlangt, sich in einer solchen Gegend lebendig zu begraben, aber ich brauche Ihnen wohl nicht zu sagen, dass es für diese Gegend sehr wichtig ist. Sir Henry kennt doch wohl keine abergläubische Furcht?"

„Das halte ich nicht für wahrscheinlich."

„Sie kennen natürlich die Familiensage von dem Höllenhund?"

„Ich habe davon gehört."

„Es ist unvorstellbar, was für ein leichtgläubiges Volk die Bauern hier sind! Alle sind bereit zu schwören, dass sie ein solches Geschöpf auf dem Moor gesehen haben." Er sagte es mit einem Lächeln, doch ich glaubte seinen Augen anzusehen, dass er die Sache ernster nahm. „Die Geschichte hat Sir Charles sehr beschäftigt, und ich bezweifle nicht, dass sie zu seinem tragischen Ende führte."

„Aber wie denn?"

„Seine Nerven waren so zerrüttet, dass der Anblick irgendeines Hundes auf sein krankes Herz tödlich wirken konnte. Meiner Meinung nach hat er in der Unglücksnacht etwas Derartiges in der Taxusallee gesehen. Ich fürchtete schon längst, dass ihm etwas zustoßen würde, denn ich hatte den alten Herrn sehr gern und wusste, dass sein Herz schwach war."

„Woher wussten Sie das?"

„Mein Freund Mortimer erzählte es mir."

„Sie glauben also, ein Hund verfolgte Sir Charles, und er starb aus Angst vor dem Tier?"

„Wissen Sie eine bessere Erklärung?"

„Ich habe mir noch keine Meinung gebildet."

„Hat Mr Sherlock Holmes eine Meinung?"

Das verschlug mir für einen Augenblick den Atem, aber ein Blick in das unbefangene Gesicht und die ruhigen Augen meines Begleiters zeigte mir, dass er keine Überrumpelung beabsichtigt hatte.

„Wir können nicht leugnen, dass Sie uns bekannt sind, Dr. Watson", sagte er. „Die Berichte von den Leistungen Ihres Freundes sind auch zu uns gedrungen, und Sie konnten ihn nicht berühmt machen, ohne zugleich selber bekannt zu werden. Als Mortimer mir Ihren Namen nannte, konnte er nicht bestreiten, dass Sie der Gefährte von Mr Holmes sind. Wenn Sie sich hier aufhalten, liegt die Vermutung nahe, dass Mr Holmes sich für die Sache interessiert, und natürlich bin ich neugierig und möchte gern wissen, was er davon hält."

„Diese Frage kann ich Ihnen leider nicht beantworten."

„Darf ich fragen, ob er uns mit seinem persönlichen Besuch beehren wird?"

„Zurzeit kann er nicht aus London fort. Er ist mit anderen Fällen beschäftigt."

„Wie schade! Er hätte vielleicht etwas Licht in die Sache gebracht. Aber wenn ich Ihnen bei Ihren eigenen Nachforschungen von Nutzen sein kann, so bitte ich Sie, über mich zu verfügen. Wenn ich wüsste, in welcher Richtung sich Ihr Verdacht bewegt oder wie Sie Ihre Untersuchungen zu führen gedenken, könnte ich Ihnen vielleicht schon jetzt mit Rat und Tat zur Seite stehen."

„Ich versichere Ihnen, ich bin hier einfach zu Besuch bei meinem Freund Sir Henry, und ich brauche keinen Rat."

„Ausgezeichnet!", sagte Stapleton. „Sie tun völlig recht, verschwiegen und vorsichtig zu sein. Sie haben mir für meine wirklich unentschuldbare Zudringlichkeit eine wohlverdiente Zurechtweisung erteilt, und ich verspreche Ihnen, die Sache nicht wieder zu erwähnen."

Wir waren an eine Stelle gelangt, an der ein schmaler, grasbewachsener Pfad abzweigte und gewunden über das Moor lief. Zur Rechten lag ein steiler, mit Felsblöcken übersäter Hügel, der früher als Steinbruch gedient hatte. Die uns zugewandte Seite bildete eine dunkle Felswand, in deren Spalten Farn und Brombeerbüsche wuchsen. In der Ferne stieg eine dünne graue Rauchfahne auf.

„Ein kurzer Spaziergang diesen Weg entlang bringt uns nach Merripit House", sagte Stapleton. „Wenn Sie eine Stunde Zeit haben, könnte ich Sie meiner Schwester vorstellen."

Mein erster Gedanke war, dass ich eigentlich an Sir Henrys Seite gehörte. Aber dann erinnerte ich mich des Stoßes von Papieren und Rechnungen, der seinen Schreibtisch bedeckte. Ich war überzeugt, dass ich ihm dabei nicht helfen konnte, und Holmes hatte ausdrücklich gesagt, ich solle mich mit den Nachbarn auf dem Moor befassen. Ich nahm also Stapletons Einladung an, und wir gingen den schmalen Weg entlang.

„Es ist eine wunderbare Gegend, dieses Moor", sagte er und ließ seinen Blick über die langen grünen Hügelwellen mit ihren zerrissenen Kronen aus grauem Granit hinschweifen. „Das Moor wird niemals langweilig. Sie glauben gar nicht, was für wunderbare Geheimnisse es birgt. Es ist so weit und so wüst und geheimnisvoll."

„Sie kennen es wohl genau?"

„Ich bin erst seit zwei Jahren hier. Für die Einheimischen bin ich noch ein Neuling. Wir kamen, kurz nachdem sich Sir Charles hier niedergelassen hatte. Meine Neigungen führten mich dazu, jedes Fleckchen dieser Gegend genau zu erforschen, und ich glaube, dass es wenige Leute gibt, die sie besser kennen als ich."

„Ist es schwer, sich hier zurechtzufinden?"

„Sehr schwer. Sehen Sie zum Beispiel die große Ebene da nach dem Norden hin, wo die eigentlichen Hügel sich erheben? Bemerken Sie etwas Auffälliges daran?"

„Es wäre ein ausgezeichneter Platz für einen Galopp."

„Der Gedanke liegt nahe, und er hat schon manchem das Leben gekostet. Bemerken Sie die hellgrünen Flecken, mit denen die Fläche dicht übersät ist?"

„Ja, sie scheinen fruchtbarer zu sein als die Umgebung."

Stapleton lachte. „Das ist das große Grimpener Loch, ein Sumpf, in dem ein falscher Schritt für Mensch und Tier den Tod bedeutet. Erst gestern sah ich eins von den Moorponys hineingeraten. Es kam nie wieder empor. Sein Kopf ragte noch eine Zeit lang aus dem Schlamm, aber dann wurde das Tier hinabgesogen. Sogar in den trockenen Jahreszeiten ist es gefährlich, aber nach den Herbstregen ganz fürchterlich. Trotzdem finde ich den Weg zu den verborgensten Stellen und kehre lebendig zurück. Mein Gott, da ist schon wieder eins von den unseligen Ponys!"

Etwas Braunes wälzte sich in den grünen Binsen. Dann streckte sich in Todesangst ein langer Hals empor, und ein furchtbarer Schrei hallte herüber. Mich überlief es kalt vor Entsetzen, aber mein Begleiter schien stärkere Nerven zu besitzen.

„Weg ist es!", sagte er. „Der Sumpf hat es verschlungen. Zwei Stück in zwei Tagen, und vielleicht sind es noch viel mehr, denn sie streifen bei trockenem Wetter überall herum und können Sumpf nicht von festem Boden unterscheiden, bis sie einmal der Sumpf gepackt hat und nicht wieder loslässt. Gefährlich, das Grimpener Loch, sehr gefährlich!"

„Und Sie sagen, Sie können sich hineinwagen?"

„Ja, es sind ein paar Fußpfade vorhanden, die ein sehr gewandter Mann benutzen kann. Ich habe sie aufgespürt."

„Aber warum gehen Sie in ein so gefährliches Gelände?"

„Sehen Sie den Hügel dahinter? Es sind richtige Inseln, von allen Seiten vom Sumpf umschlossen. Dort findet man die seltensten Pflanzen und Schmetterlinge, wenn man hinzugelangen weiß."

„Da werde ich nächstens auch mal mein Glück versuchen."

Er sah mich verdutzt an und rief: „Schlagen Sie sich das um Gottes willen aus dem Kopf! Ihr Blut würde über mein Haupt kommen. Ich versichere Ihnen, Sie hätten nicht die geringste Aussicht, lebendig zurückzukehren. Auch ich kann es nur, wenn ich mich an sehr schwer zu erkennende Merkmale halte."

„Hallo!", rief ich. „Was ist denn das?"

Ein langes, tiefes Stöhnen, das unbeschreiblich traurig klang, schwebte über das Moor. Es erfüllte die ganze Luft; man konnte nicht sagen, woher es kam. Es schwoll zu einem lauten Brüllen an und verhallte wieder zu einem Stöhnen. Stapleton sah mich mit einem eigentümlichen Gesichtsausdruck an und sagte: „Sonderbarer Ort, dieses Moor!"

„Aber was ist es denn?"

„Die Bauern sagen, es sei der Hund von Baskerville, der nach seinem Opfer ruft. Ich habe es schon zweimal gehört, aber nie so laut."

Ein Angstgefühl ergriff mein Herz. Ich blickte rings auf die gewaltige, von grünen Flecken übersprenkelte Ebene. Nichts regte sich darauf als ein paar Raben, die laut krächzend auf einer Felsspitze hinter uns saßen.

„Sie sind ein gebildeter Mensch. Glauben Sie an diesen Unsinn?", fragte ich. „Was ist Ihrer Meinung nach die Ursache des seltsamen Geräusches?"

„Morastlöcher bringen manchmal seltsame Geräusche hervor. Es kommt vom herabsinkenden Schlamm oder vom aufsteigenden Wasser oder ähnlichem."

„Nein, das war die Stimme eines lebendigen Wesens."

„Nun, vielleicht war es das. Haben Sie schon einmal eine Rohrdommel schreien gehört?"

„Nein, noch nie."

„Sie ist ein sehr seltener Vogel, in England jetzt fast ausgestorben. Aber auf dem Moor ist alles möglich. Es sollte mich wundern, wenn das nicht der Schrei einer der letzten Rohrdommeln war."

„Ich habe nie im Leben so etwas Geisterhaftes gehört."

„Ja, es ist hier recht unheimlich. Sehen Sie mal nach der Hügelreihe dort! Was sehen Sie da?"

Der ganze steile Abhang war mit mindestens zwanzig grauen Steinringen bedeckt.

„Was ist das? Schafhürden?"

„Nein, es sind die Reste von Häusern unserer werten Vorfahren. In der vorgeschichtlichen Zeit war das Moor dicht besiedelt, und da später niemand mehr dort gewohnt hat, finden wir alles noch so vor, wie es früher war. Das da sind die Wigwams ohne die Dächer. Sie können sogar noch die Herde und die Lagerstätten sehen, wenn Sie hineingehen."

„Das ist ja eine ganze Stadt! Wann war sie denn bewohnt?"

„In der jüngeren Steinzeit – Datum unbekannt."

„Was taten die Menschen hier?"

„Sie weideten ihr Vieh auf diesen Abhängen und lernten nach Zinn graben, als das Bronzeschwert das Steinbeil zu verdrängen begann. Sehen Sie die Grube auf dem gegenüberliegenden Hügel? Die stammt daher. Ja, Dr. Watson, Sie werden viele absonderliche Sachen auf dem Moor finden. Oh, entschuldigen Sie mich einen Augenblick. Das ist gewiss ein Cyclopides."

Ein kleiner Falter war über den Weg geflattert, und Stapleton rannte hinter ihm her. Zu meinem Schrecken flog das Ding über den Sumpf hin, doch Stapleton sprang, ohne sich zu besinnen, von einem Grasbüschel zum anderen, dass sein grünes Netz nur so flatterte. Mit seinem grauen Anzug und der Art, wie er sich fortbewegte, war er selber einem großen Falter ähnlich. Ich bewunderte seine Behändigkeit, aber das Gefühl war mit der Furcht vermischt, er könnte in dem tückischen Sumpf einen Fehltritt tun. Plötzlich hörte ich Schritte und sah, als ich mich umdrehte, eine Frau auf dem Weg vor mir. Sie war aus der Richtung gekommen, in der eine Rauchfahne Merripit House angezeigt hatte, aber eine Bodenerhebung hatte sie verborgen, bis sie ganz dicht herangelangt war.

Ich hatte keine Zweifel, dass es sich um Miss Stapleton handelte, von der ich schon gehört hatte, denn weibliche Wesen gab es nur wenige auf dem Moor, und ich erinnerte mich, dass jemand sie eine Schönheit genannt hatte. Die auf mich zukommende Frau war zweifellos schön, und zwar auf eine ganz eigene Art. Man konnte sich einen größeren Gegensatz zwischen Bruder und Schwester nicht vorstellen, denn Stapleton hatte helles Haar und graue Augen, sie dagegen war die dunkelste Brünette, die mir bis dahin in England begegnet war, eine schlanke, große, elegante Erscheinung. Ihr stolzes, fein geschnittenes Gesicht war so regelmäßig, dass man es für ausdruckslos gehalten hätte, wären nicht die schönen Lippen und die lebhaften dunklen Augen gewesen. Mit ihrer Schönheit und ihrer eleganten Kleidung war sie in der Tat eine seltsame Erscheinung auf dem einsamen Moorpfad. Ihre Augen folgten ihrem Bruder, als ich mich zu ihr umdrehte; dann beschleunigte sie ihren Schritt und kam auf mich zu. Ich lüftete meinen Hut und wollte sie ansprechen, aber was sie sagte, lenkte alle meine Gedanken in eine neue Bahn.

„Reisen Sie ab!“, sagte sie. „Fahren Sie sofort wieder nach London zurück!“

Ich starrte sie völlig verblüfft an. Sie stampfte ungeduldig mit dem Fuß auf.

„Warum sollte ich abreisen?“

„Erklärungen kann ich nicht geben.“ Sie sprach rasch und leise, mit einem eigentümlichen Lispeln. „Aber um Himmels willen, tun Sie, was ich sage! Reisen Sie ab, und setzen Sie nie wieder den Fuß auf das Moor!“

„Aber ich bin doch gerade erst gekommen.“

„Mensch, verstehen Sie denn nicht? Können Sie nicht auf eine Warnung hören, die zu Ihrem Besten dient? Kehren Sie nach London zurück! Fahren Sie noch heute! Entfernen Sie sich um jeden Preis! Still, mein Bruder kommt. Kein Wort von dem, was ich Ihnen gesagt habe ... Pflücken Sie mir die Orchideen dort zwischen dem Zinnkraut? Es gibt viele Orchideen auf dem Moor. Aber Sie kommen etwas zu spät in der Jahreszeit, um alle Schönheiten dieser Landschaft zu sehen.“

Stapleton hatte seine Jagd aufgegeben und kam mit heißen Wangen und immer noch nach Luft ringend zu uns zurück.

„Sieh da, Beryl!“, sagte er, und mir schien seine Begrüßung nicht ganz freundlich.

„Na, Jack, du bist ja ganz außer Atem.“

„Ich war hinter einem Cyclopides her. Er ist sehr selten, besonders im Spätherbst. Schade, dass ich ihn nicht fangen konnte.“ Er sprach unbeteiligt; seine hellen Augen wanderten unablässig zwischen dem Mädchen und mir hin und her.

„Du hast dich selbst bekannt gemacht, wie ich sehe.“

„Ja. Ich sagte gerade zu Sir Henry, er sei etwas zu spät gekommen, um das Moor noch in seiner ganzen Schönheit zu erleben."

„Sir Henry? Für wen hältst du diesen Herrn?"

„Für Sir Henry Baskerville."

„Nein!", rief ich. „Ich bin ein schlichter Bürgerlicher, aber sein Freund. Mein Name ist Dr. Watson."

Sie errötete vor Ärger.

„Unsere Unterredung war ein Missverständnis", sagte sie.

„Na, zu einem Gespräch hattest du ja nicht viel Zeit", bemerkte ihr Bruder mit einem fragenden Blick.

„Ich sprach mit Dr. Watson, als wolle er sich hier niederlassen, statt bloß einen Besuch zu machen", sagte sie. „Ihm kann es ja gleichgültig sein, ob die Jahreszeit früh oder spät für die Orchideen ist. Sie kommen doch mit nach Merripit House?"

Es war nur ein kurzes Stück bis zu dem einfachen Moorlandhaus, das früher wohl der Sitz eines reichen Viehzüchters gewesen war. Jetzt war es ausgebessert und in ein modernes Wohnhaus verwandelt worden. Es lag in einem Obstgarten, aber wie überall auf dem Moor waren die Bäume verkümmert und verkrüppelt, und das Ganze wirkte ungemütlich und melancholisch. Der alte Diener in einer schlechten Livree, der uns empfing, passte zum Gesamteindruck. Die großen Räume waren allerdings mit viel Geschmack, vermutlich dem der jungen Dame, eingerichtet. Als ich durch das Fenster einen Blick auf das unendliche, mit Steinbrocken übersäte Moor warf, fragte ich mich unwillkürlich, was den gebildeten Mann und seine schöne Schwester veranlasst haben konnte, sich eine solche Gegend als Wohnsitz auszusuchen.

„Ein sonderbarer Wohnsitz, nicht wahr?", fragte er, als hätte er meine Gedanken gelesen. „Trotzdem fühlen wir uns hier ganz glücklich, nicht, Beryl?"

„Sehr glücklich", sagte sie nicht sehr überzeugend.

„Ich hatte eine Schule", sagte Stapleton, „weiter oben im Norden. Für einen Mann meines Temperaments war die Arbeit zu mechanisch und uninteressant, aber ich empfand es doch als ein großes Glück, täglich mit jungen Menschen umzugehen, ihre Seelen zu formen und mit meinen eigenen Idealen zu erfüllen. Leider war uns das Schicksal feindlich gesinnt. Eine gefährliche

Epidemie brach aus, und drei der Jungen starben. Von diesem Schlag konnte sich die Schule nicht wieder erholen, und der größte Teil meines Kapitals war unwiederbringlich verloren. Wenn mir nicht der Verlust des Umgangs mit den Jungen leidtäte, möchte ich mich über mein Unglück freuen, denn ich finde hier ein unbegrenztes Arbeitsfeld für mein Interesse an Botanik und Zoologie, und meine Schwester liebt die Natur genauso wie ich. Diese lange Rede, Dr. Watson, ist über Sie hereingebrochen, weil Sie so nachdenklich auf das Moor hinaussahen."

„Es ging mir allerdings durch den Kopf, dass es hier etwas langweilig sein könnte, weniger vielleicht für Sie als für Ihre Schwester."

„O nein, ich langweile mich nie", sagte sie rasch.

„Wir haben Bücher, wir haben unsere Studien, und wir haben interessante Nachbarn. Dr. Mortimer ist in seiner Art ein hochgelehrter Herr. Der arme Sir Charles war ebenfalls ein prächtiger Gesellschafter; wir kannten ihn gut und vermissen ihn mehr, als ich Ihnen sagen kann. Glauben Sie, ich käme ungelegen, wenn ich heute Nachmittag nach Baskerville Hall ginge und mich Sir Henry vorstellte?"

„Im Gegenteil, er würde sich sehr freuen."

„Dann erwähnen Sie doch bitte, dass ich die Absicht habe. Wir können vielleicht dazu beitragen, ihm die Eingewöhnung in der neuen Umgebung zu erleichtern. Wollen Sie mit hinaufkommen und sich meine Schmetterlingssammlung ansehen? Ich glaube, sie ist die vollständigste im Südwesten von England. Wenn Sie damit fertig sind, wird das Essen wohl so weit sein."

Ich hatte es aber eilig, wieder zu meinem Schutzbefohlenen zurückzukehren. Die Melancholie der Moorlandschaft, der Tod des armen Ponys, der geisterhafte Ton im Zusammenhang mit der Sage vom Hund von Baskerville – all das gab meinen Gedanken eine traurige Richtung. Zu alldem war noch Miss Stapletons unmissverständliche Warnung gekommen; sie hatte mit solcher Eindringlichkeit gesprochen, dass ohne Zweifel ernstzunehmende Gründe dafür vorhanden waren. Ich lehnte deshalb trotz allen Drängens die Einladung ab und machte mich auf den Heimweg.

Ich ging auf dem grasbewachsenen Weg, auf dem wir gekommen waren. Es musste aber noch eine Abkürzung geben, denn als ich die Straße erreichte, sah ich zu meiner Verwunderung Miss Stapleton auf einem Stein am Straßenrand sitzen. Ihr Gesicht war vom Laufen gerötet, und sie hielt die Hand aufs Herz gepresst.

„Ich bin den ganzen Weg gerannt, um Sie zu überholen, Dr. Watson", sagte sie. „Lange darf ich mich nicht aufhalten, sonst merkt mein Bruder, dass ich fort bin. Ich wollte Ihnen sagen, wie leid es mir tut, dass ich Sie für Sir Henry hielt. Bitte vergessen Sie, was ich Ihnen aufgrund der Verwechslung sagte, und legen Sie meinen Worten keine Bedeutung bei."

„Aber ich kann sie nicht vergessen, Miss Stapleton", sagte ich. „Ich bin Sir Henrys Freund, und sein Wohlergehen liegt mir sehr am Herzen. Sagen Sie mir doch, warum Sie so sehr wünschen, dass Sir Henry nach London zurückkehrt."

„Weiberlaunen, Dr. Watson. Wenn Sie mich besser kennenlernen, werden Sie verstehen, dass ich nicht immer imstande bin, für meine Worte und Taten Gründe anzugeben."

„Nein! Der Ton Ihrer Stimme liegt mir noch in den Ohren, Ihr Blick steht mir noch vor Augen. Ich bitte Sie, Miss Stapleton, seien Sie offen zu mir, denn seit ich hier bin, fühle ich mich von seltsamen Schatten umgeben. Das Leben kommt mir jetzt so vor wie der große Grimpener Sumpf mit den unzähligen grünen Morastflecken, in denen man ohne einen Führer, der einem den Weg zeigt, versinken kann. Bitte, sagen Sie mir, was Ihre Worte bedeuteten, und ich verspreche Ihnen, Ihre Warnung an Sir Henry weiterzugeben."

Ein Ausdruck von Unentschlossenheit breitete sich einen Augenblick lang über ihre Züge, aber ihre Augen hatten wieder ihren harten Glanz angenommen, als sie mir antwortete.

„Sie legen meinen Worten eine zu große Bedeutung bei, Dr. Watson. Meinem Bruder und mir ging der Tod von Sir Charles sehr nahe. Sein Lieblingsspaziergang führte über das Moor zu unserem Hause. Der Fluch, der auf seiner Familie lag, beeindruckte ihn sehr stark, und als er dann zu Tode kam, glaubte ich, dass seine Befürchtungen begründet gewesen sein mussten. Als ein anderes Mitglied der Familie hier wohnen wollte, bekam ich Angst und glaubte, vor der drohenden Gefahr warnen zu müssen. Das war alles, was ich wollte."

„Aber worin besteht die Gefahr?"

„Sie kennen die Geschichte von dem Hund?"

„An solchen Unsinn glaube ich nicht."

„Aber ich! Wenn Sie Einfluss auf Sir Henry haben, dann bringen Sie ihn weg von einer Gegend, die seinem Geschlecht stets verhängnisvoll geworden ist. Die Welt ist so groß. Warum muss er denn gerade an einem so gefährlichen Ort leben?"

„Eben weil der Ort gefährlich ist. Das ist Sir Henrys Natur. Ich fürchte, wenn Sie mir keine bestimmtere Auskunft geben können, werde ich ihn nicht zum Fortgehen bewegen können."

„Etwas Bestimmtes kann ich Ihnen nicht sagen, denn ich weiß nichts Bestimmtes."

„Ich möchte noch eine Frage an Sie richten, Miss Stapleton. Wenn Sie mit den ersten Worten, die Sie mir sagten, nur eine unbestimmte Warnung beabsichtigten, warum waren Sie dann so besorgt, dass Ihr Bruder nichts hörte? Es hätte doch niemand etwas gegen diese Worte einwenden können."

„Meinem Bruder liegt sehr viel daran, dass Baskerville Hall bewohnt ist, weil er glaubt, das sei zum Vorteil der armen Leute auf dem Moor. Er würde sehr böse werden, wenn er wüsste, dass ich etwas gesagt habe, was Sir Henry zum Fortgehen veranlassen könnte. Aber ich habe jetzt meine Pflicht getan und will nichts weiter sagen. Ich muss nach Hause, sonst merkt er, dass ich fort war. Und dann wird er glauben, dass ich mit Ihnen gesprochen habe. Leben Sie wohl!"

Sie drehte sich um und war in ein paar Minuten hinter den Steinblöcken verschwunden. Ich dagegen setzte meinen Weg nach Baskerville Hall fort, das Herz von unbestimmten Befürchtungen erfüllt.

Erster Bericht von Dr. Watson

Von jetzt an will ich dem Gang der Ereignisse anhand meiner an Sherlock Holmes gerichteten Briefe folgen, die vor mir auf dem Tisch liegen. Ein Blatt fehlt, sonst aber teile ich die Berichte genauso mit, wie sie geschrieben wurden, denn sie geben meine Gefühle und die Verdachtsgründe, die ich im Laufe der Zeit hatte, getreuer wieder, als es meinem Gedächtnis möglich ist, obwohl auch dieses eine deutliche Erinnerung an die tragischen Ereignisse bewahrt.

Baskerville Hall, den 13. Oktober

Lieber Holmes,
meine bisherigen Briefe und Telegramme haben Dich ziemlich auf dem Laufenden gehalten, und Du weißt wohl alles, was in diesem gottverlassenen Winkel vorgeht. Je länger man hierbleibt, desto mehr drückt sich einem der Geist des Moors in die Seele ein, und man wird zum Opfer seiner Öde und seines schaurigen Reizes. Wenn man die Fläche des Moors betritt, lässt man alle Spuren des modernen England hinter sich und lernt dafür die Wohnstätten und die Leistungen des vorgeschichtlichen Menschen kennen. Wohin man geht, stößt man auf die Häuser dieser längst vergessenen Einwohner, auf ihre Gräber und die großen Steine, die ihre Tempel bezeichnet haben sollen. Sieht man ihre grauen Steinhäuser an den Hügeln, so vergisst man die Zeit, in der man selber lebt, und käme aus der niedrigen Tür ein in Fell gehüllter behaarter Mann herausgekrochen, der einen Pfeil mit Feuersteinspitze auf die Sehne seines Bogens legte, dann würde man das viel natürlicher finden als die eigene Anwesenheit. Das Sonderbarste ist, dass sie so dichtgedrängt auf einem Boden leben konnten, der immer unfruchtbar gewesen sein muss. Ich bin kein Fachmann, aber ich möchte annehmen, dass sie ein unkriegerisches, geplagtes

Volk waren, das mit dem zufrieden sein musste, was niemand sonst begehrte. Doch all das hat nichts mit dem Auftrag zu tun, den Du mir erteilt hast. Vermutlich ist es Dir mit Deiner praktischen Einstellung auch sehr gleichgültig, genau wie es Dir auch gleichgültig war, ob sich die Sonne um die Erde oder die Erde um die Sonne bewegt. Ich will mich deshalb den mit Sir Henry Baskerville zusammenhängenden Tatsachen zuwenden.

Wenn Du in den letzten Tagen keinen Bericht erhalten hast, so ist das darauf zurückzuführen, dass sich nichts Bedeutendes ereignete. Dann erlebte ich eine Überraschung, von der ich Dir noch berichten will. Zuerst muss ich Dich aber mit einigen anderen Tatsachen bekannt machen.

Eine davon ist die von mir bisher nur flüchtig erwähnte Entweichung eines Gefangenen des Zuchthauses von Princetown. Er hatte das Moor erreicht, aber es besteht jetzt Grund zu der Annahme, dass er es wieder verlassen hat, zur beträchtlichen Erleichterung der einsam wohnenden Landleute. Seit seiner Flucht sind vierzehn Tage vergangen, während deren man ihn weder gehört noch gesehen hat. Es scheint unvorstellbar, dass er sich zwei Wochen lang auf dem Moor hat halten können. Verbergen konnte er sich natürlich mit der größten Leichtigkeit. Jede beliebige Steinhütte konnte ihm als Versteck dienen. Aber er hätte nichts zu essen gefunden, es sei denn, er hätte sich ein Moorschaf gefangen und geschlachtet. Deshalb glauben wir, dass ihn der Hunger vertrieben hat, sodass nun die Bauern wieder viel besser schlafen.

Wir im Schloss sind rüstige Männer, könnten uns also eines Überfalls leicht erwehren, aber ich gestehe, dass ich mir wegen der Stapletons Sorgen gemacht habe. Sie wohnen meilenweit von jeder Hilfe entfernt. In ihrem Hause sind ein Dienstmädchen, ein alter Diener, die Schwester und der Bruder, der kein sehr kräftiger Mann ist. Gegen einen Verzweifelten wie den entflohenen Sträfling wären sie hilflos, sobald er sich Eintritt verschafft hätte. Sir Henry war genauso besorgt wie ich und schlug vor, der Stallknecht Perkins solle im Haus der Stapletons schlafen, aber Stapleton wollte davon nichts hören.

Unser Freund, der Baronet, beginnt ziemlich viel Interesse an unserer schönen Nachbarin zu zeigen. Das ist nicht verwunderlich, denn einem so an Tätigkeit gewöhnten jungen Mann muss hier in der Einsamkeit die Zeit lang werden, und sie ist sehr schön und bezaubernd. Sie hat etwas Tropisches und Exotisches an sich, das sie von ihrem kühlen und bedächtigen Bruder eigenartig unterscheidet. Doch auch bei ihm meint man manchmal verborgenes Feuer zu spüren. Er übt auf sie gewiss einen sehr bedeutenden Einfluss aus, denn ich habe bemerkt, dass sie beim Sprechen fortwährend ihn ansieht, als wolle sie sich bei jedem Wort, das sie sagt, seines Einverständnisses versichern. Ich will nur hoffen, dass er sie gut behandelt. In seinen Augen liegt ein harter Glanz, und seine dünnen Lippen haben einen festen Zug, was beides auf einen bestimmten und vielleicht strengen Charakter schließen lässt. Für Dich wäre er ein interessantes Studienobjekt.

Schon am ersten Tag machte er Sir Henry einen Besuch, und am nächsten Morgen führte er uns an die Stelle, wo der Sage nach der verruchte Hugo sein Ende fand. Der Weg führte uns ein paar Meilen über das Moor, und die Stelle machte einen so trostlosen Eindruck, dass man das Entstehen der Sage ohne Weiteres begreift. Zwischen schroffen Felsen führt ein kurzes Tal auf einen offenen, mit weißem Wollgras bewachsenen Platz, in dessen Mitte sich zwei große, verwitterte Steine mit scharfen Spitzen wie die Fangzähne eines riesigen Raubtiers aus dem Boden erheben. Die Szenerie entspricht in jeder Hinsicht der Beschreibung in der Sage. Sir Henry war sehr interessiert und fragte Stapleton mehr als einmal, ob er wirklich glaube, dass sich übernatürliche Mächte in die Geschicke des Menschen einmischen könnten. Er sagte das scherzend, aber es war ihm anzumerken, dass es ihm mit seiner Frage vollkommen ernst war. Stapleton war in seinen Antworten vorsichtig, er hielt sich offenbar zurück und sagte nicht alles, was er dachte, er nahm Rücksicht auf Sir Henrys Gefühle. Er erzählte von ähnlichen Fällen, in denen Familien unter einem Fluch gelitten hatten, und wir haben den Eindruck, dass er den Volksglauben in dieser Sache teilt.

Auf dem Rückweg kehrten wir zu einem Imbiss in Merripit House ein, und bei dieser Gelegenheit machte Sir Henry Miss Stapletons Bekanntschaft. Vom ersten Augenblick an schien er sich stark zu ihr hingezogen zu fühlen, und ich müsste mich sehr irren, wenn das nicht auf Gegenseitigkeit beruhte. Auf dem Heimweg fing er immer wieder an, von ihr zu sprechen, und seitdem ist kaum ein Tag vergangen, an dem wir das Geschwisterpaar nicht gesehen haben. Heute Abend sind sie zum Essen hier, und es ist davon die Rede, dass wir nächste Woche zu ihnen eingeladen werden. Man sollte denken, so eine gute Partie müsste Stapleton willkommen sein, aber ich habe mehr als einmal auf seinem Gesicht den Ausdruck schärfster Missbilligung gesehen, wenn sich Sir Henry seiner Schwester widmete. Stapleton ist ihr zweifellos sehr zugetan und würde ohne sie sehr einsam sein, aber es wäre doch der Gipfel des Egoismus, wenn er ihr bei einer so glänzenden Heirat Steine in den Weg legen wollte. Nun, trotzdem glaube ich, er will nicht, dass sich aus dem freundschaftlichen Umgang Liebe entwickelt, und ich habe mehrmals bemerkt, dass er sich bemüht, ein Zusammensein der beiden unter vier Augen zu verhindern. Übrigens wird Deine Anweisung, Sir Henry nie allein zu lassen, sich als sehr schwierig erweisen, wenn zu allen anderen Schwierigkeiten noch eine Liebesgeschichte dazukommt. Meine Beliebtheit würde bald schwinden, wollte ich Deiner Vorschrift allzu wörtlich gehorchen.

Neulich – um genau zu sein: am Donnerstag – war Dr. Mortimer zum Essen bei uns. Er hat in Long Down einen Grabhügel untersucht und einen prähistorischen Schädel gefunden, der ihn mit großer Freude erfüllt. Einen so einseitigen Enthusiasten wie ihn habe ich noch nie erlebt! Nach dem Essen kamen auch die Stapletons, und der gute Mortimer ging mit uns allen zu der Taxusallee, wo er auf Sir Henrys Bitten genau erklärte, wie sich in der verhängnisvollen Nacht der Vorgang abgespielt hat. Die Taxusallee ist ein langer öder Weg zwischen den gestutzten Hecken; ein schmaler Grasstreifen befindet sich an jeder Seite. Am fernen Ende steht ein altes, baufälliges Sommerhäuschen, auf halbem Wege befindet sich die Moorpforte, wo der alte Herr die Zigarrenasche hinterließ. Die Pforte ist eine weiße Lattentür, mit einem Riegel verschlossen. Dahinter erstreckt sich das weite Moor. Ich erinnerte mich der von Dir geäußerten Vermutung über den Vorgang und versuchte, ihn mir zu rekonstruieren. Als der alte Herr an der Pforte stand, sah er etwas über das Moor kommen, was ihn in solchen Schrecken versetzte, dass er den Verstand verlor und davonrannte, bis er tot vor Angst und Entsetzen hinfiel. Was verfolgte ihn? Ein Schäferhund vom Moor? Oder ein schwarzer, schweigender, riesiger Gespensterhund? Waren Menschen dabei im Spiel? Wusste der blasse, wachsame Barrymore mehr, als er sagen wollte? Alles ist unklar an dieser Sache, aber immer steht der dunkle Schatten eines Verbrechens hinter diesem Rätsel.

Seit ich meinen letzten Brief schrieb, habe ich noch einen anderen Nachbarn kennengelernt, Mr Frankland von Lafter Hall, der etwa vier Meilen von uns entfernt in südlicher Richtung wohnt. Er ist ein älterer Herr mit rotem Gesicht, weißem Haar und von cholerischem Temperament. Seine Leidenschaft ist das britische Recht, und er hat viel Geld für Prozesse ausgegeben. Er kämpft aus Lust am Kampf, es ist ihm ganz gleich, welchen Standpunkt er in einer Auseinandersetzung einnimmt, und deshalb ist es kein Wunder, dass es ihn viel Geld gekostet hat. Manchmal verbietet er, irgendeinen Weg zu benutzen, und fordert die Gemeinde heraus, ihn zur Freigabe des Weges zu zwingen. Oder er zerstört eigenhändig ein Tor, das einem anderen gehört, und erklärt, dass seit undenklichen Zeiten dort ein öffentlicher Weg bestanden habe, sodass der aufgebrachte Eigentümer gezwungen ist, ihn zur Rechenschaft zu ziehen. In alten Gutsherren- und Gemeinderechten ist er sehr bewandert, und er wendet diese Kenntnisse manchmal zugunsten der Einwohner von Fernworthy an und manchmal gegen sie, sodass entweder er im Triumph die Dorfstraße entlanggetragen oder eine Strohpuppe, die ihn darstellen soll, öffentlich verbrannt wird, je nachdem, welchen Einfall er gerade verwirklicht hat. Gegenwärtig soll er sieben Prozesse schweben haben, die wahrscheinlich den Rest seines Vermögens verschlingen werden; dann wird ihm wohl der Stachel genommen, und er wird in Zukunft ein harmloser alter Mann sein. Von seiner Prozesssucht abgesehen, wirkt er wie ein freundlicher, gutmütiger Mensch, und ich erwähne ihn nur, weil Du eine Beschreibung der Leute in unserer Umgebung wünschtest. Gegenwärtig hat er eine sonderbare Beschäftigung: Er ist Amateur der Astronomie geworden und besitzt ein ausgezeichnetes Fernrohr, mit dem er den ganzen Tag auf dem Dach liegt und auf das Moor hinaussieht in der Hoffnung, den entflohenen Sträfling zu entdecken. Wenn er sich darauf beschränken wollte, wäre alles schön und gut, aber es geht leider das Gerücht um, dass er Dr. Mortimer wegen der Ausgrabung des vorgeschichtlichen Schädels in Long Down Schwierigkeiten machen will, weil er ohne Zustimmung der Angehörigen ein Grab geöffnet habe. Mr Frankland bringt Abwechslung in unser eintöniges Dasein hier und sorgt für etwas Heiterkeit, die wir dringend benötigen.

Und nun, nachdem ich Dir über den entflohenen Zuchthäusler, die Stapletons, Dr. Mortimer und Mr Frankland alles berichtet habe, lass mich Dir zum Schluss das Wichtigste schreiben und etwas über die Barrymores melden, besonders eine überraschende Wendung, die sich in der letzten Nacht ergeben hat. Zunächst das Telegramm, das Du von London aus hierhergeschickt hast, um festzustellen, ob Barrymore wirklich hier war. Ich habe schon erklärt, dass nach der Aussage des Postvorstehers gar nichts bewiesen ist, weder in dieser noch in der anderen Hinsicht. Ich sagte Sir Henry, wie die Sache stehe, und in seiner geraden, offenen Art ließ er sofort Barrymore kommen und fragte ihn, ob er das Telegramm selber in Empfang genommen habe. Barrymore bejahte die Frage.

„Hat es Ihnen der Junge persönlich in die Hand gegeben?“, fragte Sir Henry.

Barrymore machte ein überraschtes Gesicht und dachte eine Weile nach.

„Nein“, sagte er. „Ich war gerade in dem Kofferraum auf dem Boden, und meine Frau brachte es mir herauf.“

„Haben Sie es selbst beantwortet?“

„Nein, ich sagte meiner Frau, was zu antworten sei, und sie ging hinunter, um es aufzuschreiben.“

Am Abend kam Barrymore von selber auf die Sache zurück. „Ich konnte nicht recht verstehen, welcher Absicht Ihre Fragen heute Morgen dienten, Sir Henry“, sagte er, „es sollte doch wohl nicht bedeuten, dass Sie glauben, ich hätte Ihr Vertrauen getäuscht?“

Sir Henry musste ihm versichern, das sei nicht der Fall, und er gab ihm schließlich, um ihn zu besänftigen, einen beträchtlichen Teil seiner alten Garderobe – die neue aus London war inzwischen eingetroffen.

Mrs Barrymore interessiert mich. Sie ist eine derbe, untersetzte Person, sehr beschränkt, durch und durch ehrenwert und mit einer Neigung zum Puritanismus; alles andere als rührselig. Und doch muss ich Dir berichten, dass ich sie in der ersten Nacht meines Aufenthalts schluchzen hörte, und seitdem habe ich mehr als einmal Tränenspuren auf ihrem Gesicht bemerkt. Irgendein großer Kummer nagt an ihrem Herzen. Manchmal frage ich mich, ob sie von schlechtem Gewissen geplagt wird, manchmal habe ich Barrymore im Verdacht, ein Haustyrann zu sein. Von Anfang an hatte ich das Gefühl, dass sein Charakter seltsam und fragwürdig ist, nun gibt mein Erlebnis in der vorigen Nacht meinem Argwohn eine bestimmte Richtung.

Die Sache mag Dir ganz unbedeutend vorkommen. Du weißt, dass ich einen leichten Schlaf habe, und seit ich hier das Haus beobachte, ist er leichter denn je. Heute Nacht gegen zwei Uhr morgens wurde ich durch das Geräusch verstohlener Schritte auf dem Flur vor meiner Tür geweckt. Ich stand auf, öffnete die Tür einen Spalt und sah hinaus. Ein langer schwarzer Schatten schwebte den Gang entlang. Es war ein Mann, der mit einer Kerze in der Hand behutsam den Korridor durchschritt. Er war in Hemd und Hose, seine Füße waren bloß. Ich konnte nur seinen Umriss sehen, aber nach der Größe zu urteilen, war es Barrymore. Er ging sehr leise und vorsichtig, und seine Erscheinung hatte etwas unbeschreiblich Schuldbewusstes und Scheues an sich.

Wie ich Dir bereits schrieb, wird der Korridor von der Galerie unterbrochen, die um die Halle läuft, setzt sich aber jenseits derselben fort. Ich wartete, bis Barrymore verschwunden war, und ging ihm dann nach. Als ich an der Galerie vorbei war, hatte er bereits das Ende des anderen Korridors erreicht, und an dem Lichtschein, der aus einem offenen Zimmer herausfiel, konnte ich sehen, dass er in eins dieser Zimmer eingetreten war. Da diese Räume alle unmöbliert und unbewohnt sind, wurde sein Vorhaben für mich immer rätselhafter. Der Lichtschein bewegte sich nicht, woraus ich schloss, dass Barrymore stillstand. Ich schlich so geräuschlos wie möglich den Gang entlang und sah in das Zimmer hinein.

Barrymore hockte am Fenster und hielt sein Licht an die Scheibe. Sein Profil war mir halb zugewandt, und das Gesicht war an-

gespannt; er starrte in die Finsternis des Moors hinaus. Mehrere Minuten lang wartete er, dann stieß er einen tiefen Seufzer aus und löschte mit einer ungeduldigen Bewegung das Licht. Ich kehrte sofort in mein Zimmer zurück, und gleich darauf kamen wieder die verstohlenen Schritte an meiner Tür vorbei. Lange danach, als ich in einen leichten Schlummer gefallen war, hörte ich einen Schlüssel sich irgendwo in einem Schloss drehen, aber ich wusste nicht, wo. Was das alles bedeutet, weiß ich nicht, aber irgendetwas Rätselhaftes geht in diesem Hause vor, und früher oder später werden wir dahinterkommen. Ich verzichte darauf, Dich mit Theorien zu behelligen, denn Du hast mich gebeten, Dir bloß Tatsachen mitzuteilen. Ich habe heute Morgen eine lange Unterredung mit Sir Henry gehabt, und wir entwarfen einen Feldzugsplan aufgrund meiner Beobachtungen in der letzten Nacht. Ich will heute nichts mehr darüber sagen, außer dass mein nächster Bericht bestimmt sehr interessant sein wird.

Das Licht auf dem Moor (Zweiter Bericht von Dr. Watson)

Baskerville Hall, den 15. Oktober

Lieber Holmes,
wenn ich auch in den ersten Tagen genötigt war, Dich mit spärlichen Nachrichten abzuspeisen, so musst Du doch zugeben, dass ich das Versäumte jetzt nachhole, denn die Ereignisse jagen einander. Der Höhepunkt meines letzten Berichts war die Entdeckung Barrymores am Fenster, und heute habe ich einen ganzen Berg von Neuigkeiten, von denen ich annehmen darf, dass sie Dich nicht wenig überraschen werden. Die Dinge haben sich in einer Weise entwickelt, die sich nicht vorhersehen ließ. Die Verhältnisse sind in mancher Hinsicht in den letzten achtundvierzig Stunden viel klarer, in mancher Hinsicht aber auch viel verworrener geworden. Aber ich will Dir das Ganze berichten, sodass Du selbst urteilen kannst.

Ehe ich mich am anderen Morgen an den Frühstückstisch setzte, ging ich den Korridor hinunter und untersuchte das Zimmer, in dem Barrymore in der Nacht zuvor gewesen war. Das Fenster, durch das er ins Dunkel hinausgestarrt hatte, geht nach Westen und unterscheidet sich von allen anderen Fenstern des Hauses durch eine besondere Eigentümlichkeit: Man hat von ihm aus einen vollkommenen Überblick über das Moor. Zwischen zwei Bäumen hindurch sieht man es ganz nahe, während man von den anderen Fenstern aus nur ferne Teile des Moors erkennt. Barrymore muss also, da nur dieses Fenster dafür geeignet war, irgendetwas auf dem Moor gesucht haben. Die Nacht war sehr finster, sodass ich nicht begreifen kann, wie er hoffen konnte, etwas zu sehen. Mir war der Gedanke gekommen, es könne sich vielleicht um ein Liebesabenteuer handeln, denn das hätte sein verstohlenes Herumschleichen und die gedrückte Stimmung seiner Frau erklärt. Der Mann sieht sehr gut aus und könnte wohl einem Landmädchen den Kopf verdrehen, sodass mir diese Erklärung nicht unwahrscheinlich erschien. Das Türöffnen, das ich nach der Rückkehr in mein Zimmer gehört hatte, ließ sich damit erklären, dass Barrymore zu einem heimlichen Rendezvous hinausgegangen war. Mit diesen Gedanken beschäftigte ich mich den Morgen über, und ich wollte Dir meinen Verdacht doch jedenfalls mitteilen, wenn sich auch inzwischen ergeben haben dürfte, dass er unbegründet war. Aber wie auch Barrymores nächtliche Wanderung zu erklären sein mochte, ich hatte das Gefühl, dass die Verantwortung, das Rätsel für mich zu behalten, bis ich es lösen konnte, zu schwer auf mir lasten würde. Ich suchte also nach dem Frühstück Sir Henry in seinem Arbeitszimmer auf und teilte ihm mit, was ich gesehen hatte. Er war weniger überrascht, als ich erwartet hatte.

„Ich weiß, dass Barrymore nachts umgeht, und ich wollte mit ihm darüber sprechen", sagte er. „Zwei- oder dreimal habe ich ihn zu der von Ihnen genannten Zeit im Korridor gehört."

„Vielleicht sucht er dieses Fenster jede Nacht auf."

„Vielleicht. Wenn es der Fall ist, könnten wir ihm ja heimlich nachgehen und beobachten, was er treibt. Was würde Ihr Freund Holmes tun, wenn er hier wäre?"

„Vermutlich genau dasselbe, was Sie soeben anregten", sagte ich. „Er würde Barrymore folgen und ihn beobachten."

„Dann wollen wir zusammen gehen."

„Aber er würde uns bestimmt hören."

„Barrymore ist ziemlich schwerhörig. Wir müssen es eben darauf ankommen lassen. Wir wollen heute Abend aufbleiben und in meinem Zimmer warten, bis er vorbeikommt." Sir Henry rieb sich angeregt die Hände; er freute sich über die Abwechslung in dem ihm zu ruhigen Leben auf dem Moor.

Sir Henry hat sich mit dem Architekten, der die Pläne für Sir Charles entworfen hat, und auch mit einer Londoner Baufirma in Verbindung gesetzt; wir können deshalb schon bald mit großen Veränderungen rechnen. Es waren auch Tapezierer und Möbellieferanten aus Plymouth hier, und aus allem geht hervor, dass sich unser Freund mit großen Plänen trägt und weder Geld noch

Mühe zu scheuen gedenkt, um den alten Glanz seiner Familie wiederherzustellen. Wenn das Haus renoviert und neu eingerichtet ist, fehlt nur noch eine Frau, um es vollständig zu machen. Unter uns gesagt: Auch daran wird es nicht fehlen, wenn nur die Dame einwilligt, denn ich habe selten jemanden so verliebt gesehen, wie er es in unsere schöne Nachbarin, Miss Stapleton, ist. Es geht jedoch mit der Liebe nicht so glatt, wie man es den Umständen nach erwarten sollte. Heute zum Beispiel kam etwas ganz unerwartet in die Quere, was unseren Freund beträchtlich überrascht und geärgert hat.

Nach der soeben geschilderten Unterhaltung über Barrymore setzte sich Sir Henry seinen Hut auf und machte sich zum Ausgehen fertig. Natürlich tat ich dasselbe.

„Was, gehen Sie auch aus, Watson?“, fragte er und sah mich merkwürdig an.

„Das hängt weitgehend davon ab, ob Sie aufs Moor hinausgehen“, sagte ich.

„Ja, das tue ich.“

„Nun, Sie kennen meine Vorschriften. Es tut mir leid, mich so aufzudrängen, aber Sie haben ja selbst gehört, wie energisch Holmes darauf bestand, dass ich nicht von Ihrer Seite weiche, und besonders, dass ich Sie nicht allein auf das Moor hinausgehen lasse.“

Sir Henry legte mit einem freundlichen Lächeln seine Hand auf meine Schulter und sagte: „Lieber Freund, Holmes hat in all seiner Weisheit gewisse Dinge nicht vorausgesehen, die sich seit meiner Anwesenheit entwickelt haben. Sie verstehen mich! Ich bin gewiss, dass Sie kein Spielverderber sein wollen. Ich muss allein gehen.“

Das brachte mich in eine sehr unangenehme Lage. Ich wusste nicht, was ich sagen oder tun sollte, und ehe ich mit mir im Reinen war, hatte er seinen Stock ergriffen und war gegangen.

Als ich mir dann die Sache überlegte, plagte mich mein Gewissen, dass ich ihn aus den Augen gelassen hatte. Ich malte mir aus, mit welchen Gefühlen ich Dir vor die Augen treten würde, wenn ich Dir bekennen müsste, es hätte sich durch meine Missachtung Deiner Vorschriften ein Unglück zugetragen. Ich kann Dir sagen, schon bei dem Gedanken errötete ich! Vielleicht war es noch nicht zu spät, ihn einzuholen; ich machte mich deshalb sofort in der Richtung nach Merripit House auf den Weg.

So schnell ich konnte, eilte ich die Straße entlang, bemerkte aber nichts von Sir Henry, bis ich an die Stelle kam, wo der Moorpfad von der Straße abweicht. Dort überfiel mich die Befürchtung, ich sei auf dem falschen Weg, und deshalb bestieg ich einen Hügel, um mir Überblick zu verschaffen – es ist derselbe Hügel, in dem sich der Steinbruch befindet. Von dort aus erblickte ich ihn sofort. Er ging ungefähr eine Viertelmeile entfernt auf dem Moorweg, und in seiner Begleitung befand sich eine junge Dame, die nur Miss Stapleton sein konnte. Offenbar hatten sie sich auf Verabredung getroffen. In ihr Gespräch vertieft, gingen sie langsam weiter. Sie machte kleine rasche Handbewegungen, als wenn sie etwas mit besonderem Nachdruck sagte; er dagegen hörte ihr aufmerksam zu und schüttelte zweimal in energischer Verneinung den Kopf. Hinter einem Felsblock verborgen beobachtete ich sie, unentschlossen, was ich tun sollte. Ihnen nachzugehen und mich in ihre vertrauliche Unterhaltung einzumischen, wäre mir als unverzeihliche Taktlosigkeit erschienen, meine Pflicht aber war, ihn keinen Augenblick aus den Augen zu lassen. Einem Freund nachzuspionieren ist eine abscheuliche Aufgabe. Ich fand jedoch keinen anderen Ausweg, als ihn von meinem Hügel aus zu beobachten und ihm das hinterher zu gestehen. Wäre er von einer plötzlichen Gefahr bedroht worden, dann wäre ich zu weit von ihm entfernt gewesen, um von Nutzen zu sein; Du wirst aber zugeben, dass die Situation sehr schwierig und eine andere Handlungsweise nicht möglich war.

Sir Henry und die Dame waren stehen geblieben und hatten offenbar über ihrem Gespräch alles um sich herum vergessen. Plötzlich bemerkte ich, dass ich nicht der einzige Zeuge ihrer Zusammenkunft war. Etwas Grünes bewegte sich auf dem Moor, und als ich genauer hinsah, erkannte ich, dass das Grüne an einem Stock befestigt war und dass diesen Stock ein Mann trug. Es war Stapleton mit seinem Schmetterlingsnetz. Er war dem Paar viel näher als ich und schien darauf zuzusteuern. In diesem Augenblick zog plötzlich Sir Henry Miss Stapleton an sich. Er hielt sie mit dem Arm umschlungen, aber es schien mir, dass sie sich mit abgewandtem Gesicht von ihm loszumachen versuchte. Er beugte sein Gesicht herunter, und sie hob eine Hand, wie um ihn abzuwehren. Im nächsten Augenblick sah ich sie auseinanderfahren und sich schnell umdrehen. Stapleton war der Störenfried. Er sprang in wilden Sätzen auf sie zu, wobei das alberne Netz hinter ihm herflatterte. Er gestikulierte und tanzte aufgeregt vor ihnen herum. Die Bedeutung des ganzen Vorgangs konnte ich mir nicht erklären, aber mir schien, dass Stapleton Sir Henry beschimpfte. Dieser gab anscheinend Erklärungen ab und wurde dann ärgerlich, als der andere nichts davon hören wollte. Die Dame stand in stolzem Schweigen dabei. Zuletzt drehte sich Stapleton kurz um und winkte mit einer herrischen Gebärde seiner Schwester, die sich nach einem unentschlossenen Blick auf Sir Henry an der Seite ihres Bruders entfernte. Aus den ärgerlichen Gesten Stapletons ließ sich erkennen, dass er auch mit seiner Schwester unzufrieden war. Sir Henry sah ihnen etwa eine Minute lang nach und ging dann mit gesenktem Kopf langsam den Weg zurück, den er gekommen war, ein Bild tiefster Niedergeschlagenheit.

Die Bedeutung des Vorfalls war mir, wie gesagt, unklar, aber ich schämte mich ungemein, ohne Wissen meines Freundes einem nicht für Zeugen bestimmten Auftritt beigewohnt zu haben. Ich eilte daher den Hügel hinunter und traf unten mit Sir Henry zusammen. Sein Gesicht war von Ärger gerötet, und seine Brauen waren zusammengezogen, als sei er unentschlossen, was er tun solle.

„Hallo, Watson! Wo kommen Sie denn hergeschneit?“, rief er. „Sie sind mir doch nicht etwa trotz allem nachgegangen?“

Ich erklärte ihm alles: dass es mir unmöglich gewesen sei zurückzubleiben, dass ich ihm gefolgt sei und den ganzen Vorfall miterlebt hätte. Zuerst sah er mich wütend an, aber meine Offenheit entwaffnete ihn, und er brach in ein allerdings ziemlich klägliches Gelächter aus.

„Man sollte doch denken, dass man mitten auf diesem Moor ungestört seinen Privatangelegenheiten nachgehen könne, aber die ganze Nachbarschaft scheint auf den Beinen zu sein, um meine Liebesgeschichte mitzuerleben – die noch dazu mit einer Blamage endete! Welchen Platz hatten denn Sie?“

„Ich war da oben auf dem Hügel."

„Also dritter Rang. Aber ihr Bruder hatte erstes Parkett. Haben Sie ihn auf uns zufahren sehen?"

„Ja, ganz genau."

„Haben Sie je den Eindruck gehabt, dass er eventuell verrückt sein könnte?"

„Das kann ich nicht sagen."

„Ich auch nicht. Ich hielt ihn bis heute für ziemlich vernünftig, aber glauben Sie mir, entweder er oder ich, einer von uns gehört in eine Zwangsjacke. Wie steht es denn mit mir? Sie haben mich jetzt mehrere Wochen lang erlebt, Watson. Sagen Sie mir ganz offen: Ist an mir etwas, was mich hindern würde, einer Frau, die ich liebe, ein guter Ehemann zu sein?"

„Das kann man wirklich nicht behaupten."

„Gesellschaftlich kann er nichts gegen mich haben, also muss ihm etwas Persönliches nicht recht sein. Was hat er gegen mich? Ich habe meines Wissens zeitlebens weder Mann noch Weib etwas zuleide getan. Und dabei will er mich nicht einmal ihre Fingerspitzen anrühren lassen."

„Sagte er das?"

„Das und noch viel mehr. Wissen Sie, Watson, ich kenne sie erst ein paar Wochen, aber ich habe vom ersten Augenblick an gefühlt, dass sie wie geschaffen für mich ist, und auch sie – sie war glücklich, wenn sie mit mir zusammen war, darauf will ich schwören. In einem Frauenauge ist ein gewisser Glanz, der deutlicher spricht als Worte. Aber er ließ uns nie zusammenkommen, heute war es mir zum ersten Mal möglich, ein paar Worte mit ihr unter vier Augen zu sprechen. Sie freute sich, mich zu treffen, aber als wir uns sprachen, wollte sie nichts von Liebe hören, geschweige denn selbst davon reden. Fortwährend erklärte sie, dass die Gegend gefahrvoll sei und dass sie nicht eher glücklich sein werde, als bis ich die Gegend verlassen hätte. Ich sagte ihr, seit ich sie gesehen, eilte es mir mit der Abreise nicht, und wenn sie wirklich wünschte, dass ich ginge, so gebe es kein anderes Mittel, als mit mir zu gehen. Ich bat sie in beredten Worten regelrecht um ihre Hand, aber ehe sie antworten konnte, kam ihr Bruder wie ein Verrückter auf uns zugesprungen. Er war kreideweiß vor Wut, und seine hellen Augen schleuderten Blitze. Was machte ich da mit seiner Schwester? Wie könnte ich ihr Aufmerksamkeiten erweisen, die ihr nicht willkommen seien! Glaubte ich, bloß weil ich ein Baronet sei, könne ich tun, was mir einfalle? Wäre er nicht der Bruder, dann hätte ich ihm die passende Antwort erteilt. So begnügte ich mich damit, ihm zu sagen, meine Gesinnung gegen seine Schwester sei von einer Art, dass ich mich ihrer nicht zu schämen brauchte, und ich hoffte, sie werde mir die Ehre erweisen, meine Frau zu werden. Diese Erklärung schien die Sache nicht besser zu machen, so verlor auch ich die Geduld und antwortete ihm hitziger, als ich es vielleicht hätte tun dürfen, da sie neben uns stand. Es endete damit, dass sie mit ihm fortging, wie Sie gesehen haben, und hier stehe ich nun und bin mit meinem Witz am Ende. Sagen Sie mir um Gottes willen, Watson, was das alles bedeutet, und ich werde tief in Ihrer Schuld stehen."

Ich versuchte ein paar Erklärungen zu geben, war aber selbst zu verblüfft. Der Adelstitel unseres Freundes, sein Vermögen, sein Alter, sein Charakter und seine Erscheinung sprachen alle zu seinen Gunsten, und ich weiß nicht, was man gegen ihn anführen könnte, es sei denn das düstere Vermächtnis, das seine Familie verfolgt. Dass sein Antrag so schroff zurückgewiesen wird, ohne dass die Dame sich selbst dazu äußern kann, und dass sie das ohne Widerrede geschehen lässt, ist doch sehr überraschend. Wir wurden indes der Beschäftigung mit unseren Vermutungen bald enthoben, da Stapleton selbst noch am gleichen Nachmittag einen Besuch machte. Er kam, um sich wegen seiner Unhöflichkeit am Vormittag zu entschuldigen, und das Ergebnis einer langen Unterredung mit Sir Henry in dessen Arbeitszimmer ist eine vollständige Aussöhnung, zu deren Bekräftigung wir am Freitag nach Merripit House zum Essen eingeladen sind.

„Ich will jetzt nicht behaupten, dass er nicht verrückt ist", sagte Sir Henry. „Ich kann den Ausdruck in seinen Augen nicht vergessen, als er heute Vormittag auf mich losstürzte, aber ich muss zugeben, dass niemand eine bessere Entschuldigung vorbringen konnte, als er es getan hat."

„Gab er eine Erklärung für sein Benehmen?"

„Er sagte, seine Schwester sei sein Ein und Alles. Das ist ja auch ganz natürlich, und ich freue mich sogar darüber, dass er sie so zu schätzen weiß. Sie sind immer zusammen gewesen, und er war, wie er sagte, immer sehr einsam und hatte nie eine andere Gesellschaft als sie, sodass der Gedanke, sie zu verlieren, ihm wirklich schrecklich sein muss. Er habe nichts davon gemerkt, dass sich eine Verbindung zwischen uns anbahnte, und als er es mit eigenen Augen gesehen habe und ihm zum Bewusstsein gekommen sei, dass sie ihm vielleicht schon genommen sei, habe ihm das einen solchen Schock versetzt, dass er eine Zeit lang nicht gewusst habe, was er sagte oder tat. Der ganze Vorfall tue ihm sehr leid, und er habe erkannt, wie töricht und egoistisch es von ihm gewesen sei, sich einzubilden, er könne ein so schönes Mädchen wie seine Schwester ihr ganzes Leben lang für sich behalten. Wenn sie ihn doch einmal verlassen müsste, dann wäre es ihm lieber, ein Nachbar wie ich bekäme sie als sonst jemand. Aber jedenfalls sei es ein Schlag für ihn, und er brauche Zeit, sich damit abzufinden. Er wolle auf jeden weiteren Widerstand verzichten, wenn ich ihm verspräche, die Angelegenheit für drei Monate ruhen zu lassen und mich damit zu begnügen, mir die Freundschaft seiner Schwester zu erhalten, ohne um ihre Liebe zu werben. Das versprach ich ihm, und somit ist die Sache vorläufig erledigt."

Damit ist eins der kleinen Rätsel gelöst. Es ist schon etwas, in dem Morast, in dem wir uns bewegen, wenigstens an einer Stelle festen Boden gefunden zu haben. Wir wissen jetzt, warum Stapleton mit so scheelen Blicken auf den Freier seiner Schwester sah, obwohl dieser Freier ein so begehrenswerter Mann ist wie Sir Henry. Und nun komme ich zu dem anderen Faden, den ich aus der verwirrten Strähne herausgezogen habe: das Geheimnis des nächtlichen Schluchzens, der Tränen in Mrs Barrymores Gesicht und der verstohlenen Wanderungen des Butlers zu dem Fenster, von dem aus das Moor so gut zu sehen ist. Gratuliere mir, mein lieber Holmes, und sage mir, dass ich Dich nicht enttäuscht habe, dass Dir das Vertrauen nicht leidtut, mit dem Du mich hierhergeschickt hast. Alle diese dunklen Punkte sind durch die Arbeit einer Nacht vollkommen aufgeklärt.

Ich sagte „durch die Arbeit einer Nacht", aber in Wirklichkeit brauchten wir zwei Nächte dazu, denn in der ersten war unsere

Mühe vergebens. Ich saß mit Sir Henry in dessen Zimmer bis gegen drei Uhr morgens, aber wir hörten keinen Laut außer dem Schlagen der Uhr auf dem Korridor. Es war eine höchst trübselige Nachtwache, die damit endete, dass wir beide in unseren Sesseln einschliefen. Zum Glück waren wir durch diesen Misserfolg nicht entmutigt und beschlossen, noch einen Versuch zu machen. Am nächsten Abend schraubten wir die Lampe niedrig und saßen Zigaretten rauchend absolut lautlos da. Die Stunden schlichen unglaublich langsam dahin, doch half uns eine Art geduldiger Neugier, wie sie wohl der Jäger empfindet, der die Falle beobachtet, in die seine Beute wandern soll. Es schlug eins, es schlug zwei, und wir hätten beinahe zum zweiten Mal verzweifelt aufgegeben, als wir uns plötzlich beide kerzengerade aufrichteten, mit aufs Höchste angespannten Sinnen. Wir hörten auf dem Korridor eine Diele knarren.

Ganz leise ging jemand den Korridor entlang. Als der Schritt in der Ferne erstarb, öffnete Sir Henry vorsichtig die Tür, und wir machten uns an die Verfolgung. Unser Mann war schon bei der Galerie um die Ecke gebogen, und der Korridor lag in tiefer Finsternis. Leise schlichen wir über die Galerie und erhaschten gerade noch den Anblick der langen schwarzbärtigen Gestalt, die vorgebeugt und auf Zehenspitzen den Korridor entlangschritt. Dann trat er in dieselbe Tür ein wie das vorige Mal, und im Kerzenschein hob sich die Türöffnung vom Korridor ab. Wir tasteten uns vorsichtig dorthin und versuchten erst jede Diele, ehe wir es wagten, unser ganzes Gewicht darauf zu verlegen. Aus Vorsicht hatten wir auch unsere Schuhe ausgezogen, aber trotzdem ächzten und knarrten die alten Bretter unter unseren Schritten. Zuweilen schien es uns unmöglich, dass er unsere Annäherung überhörte. Zum Glück ist der Mann ziemlich schwerhörig, und außerdem war er ganz von seinem Tun in Anspruch genommen. Als wir endlich die Tür erreicht hatten und hineinblickten, sahen wir ihn mit der Kerze in der Hand am Fenster hocken, mit dem blassen, angespannten Gesicht an der Scheibe, in genau derselben Stellung, wie ich ihn zwei Nächte zuvor gesehen hatte.

Wir hatten uns keinen bestimmten Plan gemacht, aber Sir Henrys Art ist es, stets den geradesten Weg zu gehen. Er betrat das Zimmer, und sofort sprang Barrymore mit einem entsetzten Keuchen von seinem Platz am Fenster auf und stand bleich und zitternd vor uns. Seine dunklen Augen glühten in der Blässe seines maskengleichen Gesichts und blickten Sir Henry und mich erschrocken und überrascht an.

„Was machen Sie hier, Barrymore?"

„Nichts, Sir." Seine Aufregung war so groß, dass er kaum sprechen konnte, und er zitterte so, dass die Kerze in seiner Hand hüpfende Schatten warf. „Es war wegen des Fensters, Sir. Ich mache nachts die Runde, um zu prüfen, ob alle geschlossen sind."

„Auch hier oben?"

„Ja, Sir, alle Fenster."

„Hören Sie, Barrymore", sagte Sir Henry ernst, „wir sind entschlossen, die Wahrheit aus Ihnen herauszubekommen. Sie ersparen sich Unannehmlichkeiten, wenn Sie gleich damit herausrücken. Also vorwärts, keine Lügen! Was wollten Sie an diesem Fenster?"

Der Mann sah uns hilflos an und rang die Hände wie einer, der in schlimmsten Zweifeln und äußerst unglücklich ist.

„Ich habe nichts Böses getan, Sir. Ich habe eine Kerze ans Fenster gehalten."

„Und warum hielten Sie eine Kerze ans Fenster?"

„Fragen Sie mich nicht, Sir Henry, fragen Sie mich nicht! Ich gebe Ihnen mein Wort, Sir, dass es nicht mein Geheimnis ist und dass ich es nicht sagen kann. Wenn es nur mich beträfe, würde ich nicht versuchen, es Ihnen zu verheimlichen." Plötzlich kam mir eine Idee. Ich nahm die Kerze vom Fensterbrett, wo sie Barrymore abgestellt hatte.

„Er muss die Kerze als Zeichen ans Fenster gehalten haben", sagte ich. „Wir wollen doch mal sehen, ob es eine Antwort darauf gibt." Ich hielt das Licht genauso, wie Barrymore es gehalten hatte, und sah in die Finsternis hinaus. Undeutlich konnte ich die Baumwipfel unterscheiden und dahinter die hellere Fläche des Moors; der Mond war hinter Wolken verborgen. Dann stieß ich einen Ruf der Überraschung aus, denn ein feines gelbes Lichtpünktchen erschien plötzlich und glühte in dem dunklen schwarzen Fensterviereck.

„Da ist es!", rief ich.

„Nein, nein, Sir, es ist nichts – wirklich nichts“, fiel der Butler ein. „Ich versichere Ihnen, Sir …“

„Bewegen Sie Ihr Licht vor dem Fenster hin und her, Watson!“, rief Sir Henry. „Sehen Sie, das andere bewegt sich auch! Nun, Sie Schurke, leugnen Sie immer noch, dass es ein Signal ist? Los, heraus mit der Sprache! Wer ist Ihr Verbündeter da draußen, und was für eine Verschwörung ist hier im Gange?“

Barrymores Gesicht wurde trotzig und verschlossen. „Das ist meine Sache und nicht Ihre. Ich sage nichts.“

„Dann verlassen Sie auf der Stelle meinen Dienst.“

„Sehr wohl, Sir. Wenn es sein muss, muss es sein.“

„Und Sie gehen in Schimpf und Schande. Sie sollten sich schämen. Ihre Familie hat mit meiner über hundert Jahre unter einem Dach gelebt, und hier finde ich Sie in ein niederträchtiges Komplott gegen mich verwickelt!“

„Nein, nein, Sir, nein! Nicht gegen Sie!“

Es war die Stimme einer Frau, und als wir uns umdrehten, sahen wir Mrs Barrymore noch bleicher und verstörter, als ihr Mann es war, in der Tür stehen. Ihre vierschrötige Gestalt im Unterrock und mit einem Umschlagtuch machte einen fast komischen Eindruck, aber auf ihrem Gesicht lag der Ausdruck tiefer Angst.

„Wir müssen gehen, Eliza. Das ist das Ende vom Lied. Du kannst unsere Sachen packen“, sagte ihr Mann.

„O John, John, wohin habe ich dich gebracht? Es ist meine Schuld, Sir Henry – nur meine Schuld, Sir Henry. Er hat nichts getan, als mir einen Gefallen zu erweisen, um den ich ihn bat.“

„Dann heraus mit der Sprache! Was bedeutet das alles?“

„Mein unglücklicher Bruder irrt hungernd auf dem Moor herum. Wir können ihn nicht hier vor unserer Schwelle verhungern lassen. Das Licht ist ein Zeichen für ihn, dass wir Lebensmittel für ihn bereithalten, und sein Licht da draußen zeigt die Stelle, wohin wir sie bringen müssen.“

„Dann ist Ihr Bruder …“

„… der entsprungene Sträfling, Sir, der Verbrecher Selden.“

„Das ist die Wahrheit, Sir“, sagte Barrymore. „Ich erklärte Ihnen, es sei nicht mein Geheimnis, sodass ich es Ihnen nicht sagen konnte. Aber nun haben Sie es gehört und werden einsehen, dass die Verschwörung, wenn man sie so nennen will, nicht gegen Sie gerichtet war."

Das war also die Erklärung des heimlichen Herumschleichens in der Nacht und des Lichtes am Fenster. Sir Henry und ich starrten die Frau verdutzt an. War es möglich, diese beschränkte, aber ehrliche Frau sollte vom selben Fleisch und Blut sein wie einer der berüchtigtsten Verbrecher im ganzen Land?

„Ja, Sir, mein Mädchenname war Selden, und er ist mein jüngster Bruder. Wir verzogen ihn zu sehr und ließen ihm ständig seinen Willen, bis er zuletzt dachte, die Welt sei nur zu seinem Vergnügen da und er könne tun, was ihm gefalle. Als er dann älter wurde, trieb er sich in schlechter Gesellschaft herum, und der Teufel kam über ihn, bis meiner Mutter das Herz brach und er unserem Namen Schande machte. Von Verbrechen zu Verbrechen sank er immer tiefer, und nur die Gnade Gottes hat ihn vor dem Galgen bewahrt. Für mich aber, Sir, war er immer der kleine Junge mit dem Lockenkopf, den ich als ältere Schwester aufgezogen und betreut habe. Deshalb brach er aus dem Zuchthaus aus, Sir. Er wusste, dass ich hier war und ihm meine Hilfe nicht verweigern konnte. Als er sich eines Nachts erschöpft und verhungert hierherschleppte, seine Verfolger dicht auf den Fersen, was konnten wir da tun? Wir ließen ihn ein und gaben ihm zu essen und pflegten ihn, und dann kamen Sie hierher, Sir, und mein Bruder dachte, es wäre sicherer für ihn draußen auf dem Moor, bis der erste Lärm und die Treibjagd vorüber wären, deshalb verbarg er sich draußen. Aber jede zweite Nacht vergewisserten wir uns, ob er noch da war, indem wir das Licht ans Fenster hielten, und wenn das Zeichen beantwortet wurde, brachte ihm mein Mann Brot und Fleisch hinaus. Jeden Tag hofften wir, er wäre fort, aber solange er noch da war, konnten wir ihn nicht im Stich lassen. Das ist die Wahrheit, so wahr ich eine ehrliche Christin bin, und Sie werden einsehen, dass alle Schuld, wenn es hier eine Schuld gibt, auf mich allein fällt und nicht auf meinen Mann, der alles nur um meinetwillen getan hat."

Die Frau sprach mit solchem Ernst, dass man von der Wahrheit ihrer Worte überzeugt sein musste.

„Ist das wahr, Barrymore?"

„Ja, Sir Henry, jedes Wort."

„Nun, ich kann Sie nicht dafür tadeln, dass Sie Ihrer Frau beigestanden haben. Vergessen Sie, was ich Ihnen gesagt habe. Gehen Sie jetzt beide, morgen wollen wir weiter darüber sprechen." Als sie fort waren, sahen wir wieder aus dem Fenster. Sir Henry hatte es aufgestoßen, und der kalte Nachtwind schlug uns ins Gesicht. Weit draußen in der Nacht schimmerte noch immer das Lichtpünktchen.

„Ich wundere mich, dass er das wagt", sagte Sir Henry.

„Vielleicht hat er das Licht so aufgestellt, dass es nur von hier zu sehen ist."

„Höchstwahrscheinlich. Wie weit ist es Ihrer Meinung nach entfernt?"

„Es scheint mir bei Cleft Tor zu sein."

„Also nur eine oder zwei Meilen von hier?"

„Kaum so weit."

„Jedenfalls kann es nicht sehr weit sein, da Barrymore die Lebensmittel dorthin bringen musste. Und da draußen wartet der Schurke neben dem Licht. Donnerwetter, Watson, ich gehe hinaus und nehme den Kerl fest."

Derselbe Gedanke war auch mir gekommen. Es konnte nicht davon die Rede sein, dass die Barrymores uns ins Vertrauen gezogen hätten; das Geheimnis war ihnen mit Gewalt entrissen worden. Der Mann war eine Gefahr für die Gesellschaft, ein unbarmherziger Schurke, für den es weder Mitleid noch Erbarmen gab. Wir taten nur unsere Pflicht, wenn wir ihn dorthin zurückbrachten, wo er keinen Schaden anrichten konnte. Ließen wir diesen rohen Gewaltverbrecher entschlüpfen, würden andere dafür büßen müssen. Unsere Nachbarn, die Stapletons zum Beispiel, waren jede Nacht durch einen Angriff von ihm bedroht; vielleicht war es dieser Gedanke, der Sir Henry auf das nächtliche Abenteuer erpicht machte.

„Ich komme mit", sagte ich.

„Dann holen Sie Ihre Pistole, und ziehen Sie Ihre Stiefel an. Je eher, desto besser, denn sonst bläst der Kerl vielleicht sein Licht aus und macht sich davon."

Keine fünf Minuten später waren wir draußen. Wir eilten

durch den finsteren Garten, der Nachtwind stöhnte eintönig, und die fallenden Blätter raschelten. In der Luft lag der Geruch von Nebel und Moder. Ab und zu wurde der Mond für einen Augenblick sichtbar, aber der Himmel war dicht mit Wolken bedeckt, und gerade als wir auf das Moor hinaustraten, begann ein feiner Regen zu fallen. Das Licht brannte noch immer gerade vor uns.

„Sind Sie bewaffnet?"

„Ich habe eine Reitpeitsche."

„Wir müssen schnell über ihn herfallen, denn er soll ein verzweifelter Bursche sein. Wir werden ihn überraschen und ihn wehrlos machen, ehe er an Widerstand denken kann."

„Hören Sie mal, Watson", sagte Sir Henry, „was würde Holmes dazu sagen? Wie war das doch mit der Stunde der Finsternis, in der die Mächte des Bösen entfesselt sind?"

Gleichsam als Antwort darauf erhob sich plötzlich über der weiten düsteren Fläche des Moors jener seltsame Schrei, den ich schon einmal am Rande des großen Grimpener Lochs gehört hatte. Der Wind trug ihn durch das nächtliche Schweigen heran, ein langes, tiefes Stöhnen, dann ein ansteigendes Heulen und das grausige Seufzen, mit dem es ausklang. Immer wieder erhob sich der Laut, die ganze Luft schien von dem wilden, drohenden Klang erfüllt zu sein. Sir Henry packte mich am Ärmel, und trotz der Finsternis sah ich ganz deutlich, dass sein Gesicht leichenblass geworden war.

„Um Gottes willen, was ist das, Watson?"

„Ich weiß es nicht. Ein Geräusch, das es hier auf dem Moor manchmal gibt. Ich habe es schon gehört."

Es verstummte, und tiefes Schweigen umfing uns. Wir lauschten angestrengt, aber es war nichts mehr zu hören.

„Watson", sagte Sir Henry, „es war das Geheul eines Hundes."

Mir gefror das Blut in den Adern, denn seine Stimme hatte einen seltsamen Klang, der mir das plötzliche Entsetzen verriet, das ihn ergriffen hatte.

„Wie nennen sie diesen Laut?", fragte er.

„Wer sie?"

„Die Leute von hier."

„Ach, das ist ja unwissendes Volk, was kümmert es Sie, wie die Leute das Geräusch nennen!"

„Sprechen Sie, Watson! Was sagen sie darüber?"

Ich zögerte, konnte aber der Frage nicht ausweichen.

„Sie sagen, es sei das Geheul des Hundes von Baskerville."

Er stöhnte und schwieg einige Augenblicke.

„Ein Hund war es", sagte er schließlich, „aber das Geheul schien aus weiter Ferne zu kommen, von dort drüben, glaube ich."

„Es lässt sich schwer angeben, woher es kam."

„Seine Lautstärke schwankte mit dem Winde. Liegt in dieser Richtung nicht das Grimpener Loch?"

„Ja, das liegt dort."

„Von dorther kam es. Geben Sie es doch zu, Watson, glauben Sie nicht auch, dass es das Geheul eines Hundes war? Ich bin doch kein Kind. Sie können ohne Furcht die Wahrheit sagen."

„Ich war mit Stapleton zusammen, als ich es das erste Mal hörte. Er sagte, es könne der Ruf eines seltenen Vogels sein."

„Nein, nein, es war ein Hund. Mein Gott, sollte etwas Wahres an den alten Geschichten sein? Ist es möglich, dass wirklich eine so dunkle Gefahr mich ernstlich bedroht? Sie glauben doch nicht daran, Watson, nicht wahr?"

„Nein, nein."

„Und doch, in London konnte man darüber lachen, aber es ist etwas anderes, hier in der Dunkelheit auf dem Moor draußen zu stehen und so ein Geheul zu hören. Und mein Onkel! Neben der Stelle, wo er lag, war die Fußspur eines riesigen Hundes. Es stimmt alles zusammen. Ich glaube kein Feigling zu sein, Watson, aber bei dem Laut war es mir, als erstarre mir das Blut in den Adern."

„Morgen wird Ihnen wieder ganz wohl sein."

„Ich glaube nicht, dass mir das Geheul so schnell aus dem Kopf gehen wird. Was sollen wir Ihrer Meinung nach jetzt tun?"

„Umkehren?"

„Zum Donnerwetter, nein! Wir sind herausgekommen, um den Kerl zu fangen, und wir werden es tun. Wir sind hinter dem Sträfling her, und ein Höllenhund ist ohne Zweifel hinter uns her. Vorwärts! Wir wollen die Sache zu Ende führen, und wenn alle Teufel der Hölle auf dem Moor losgelassen wären!"

Wir tappten uns langsam in der Finsternis vorwärts, rings um uns war der schwarze Kranz der zerklüfteten Hügel und vor uns der gelbe Lichtschein. Über nichts täuscht man sich so leicht wie über die Entfernung eines Lichtes in einer pechschwarzen Nacht; manchmal schien das Licht weit am Horizont zu sein und manchmal nur meterweit vor uns. Aber zuletzt sahen wir, woher der Lichtschein kam, und da wussten wir, dass wir ganz nahe herangelangt waren. Eine tropfende Kerze stand in einem Felsspalt; das Gestein schützte die Flamme von beiden Seiten vor dem Wind und bewirkte zugleich, dass der Lichtschein nur von Baskerville Hall her zu sehen war. Ein Granitblock ermöglichte uns, ungesehen näher zu kommen; wir kauerten uns hinter dieser Deckung zusammen und spähten nach dem Signallicht. Einen seltsamen Anblick bot diese einsame Kerze in der Mitte des Moors, ohne ein Zeichen von Leben ringsum – nur diese eine gerade gelbe Flamme und der Widerschein des Lichtes zu beiden Seiten auf den Felsen.

„Was sollen wir jetzt tun?“, flüsterte Sir Henry.

„Hier warten. Er muss in der Nähe seines Lichtes sein. Wir wollen versuchen, ob wir ihn nicht zu Gesicht bekommen können.“

Ich hatte kaum diese Worte ausgesprochen, als wir ihn auch schon sahen. Über dem Felsen, in dessen Spalte das Licht brannte, erschien ein gelbes, von niederen Leidenschaften durchfurchtes Gesicht. Besudelt von Morast, von zottigem Bart und Haar umgeben, hätte es für das Gesicht eines der vorgeschichtlichen Wilden gelten können, die in den Höhlen am Hügelabhang lebten. Das unter ihm brennende Licht glitzerte in seinen kleinen schlauen Augen, die sich mit wildem Blick rechts und links in die Finsternis bohrten, wie die Augen eines listigen Raubtiers, das den Schritt des Jägers gehört hat.

Anscheinend hatte tatsächlich etwas seinen Verdacht erregt. Vielleicht hatte Barrymore ein besonderes Zeichen zu geben, das wir natürlich nicht kannten; vielleicht hatte der Mann sonst einen Grund anzunehmen, dass nicht alles in Ordnung war. Die Furcht stand deutlich auf seinem Verbrechergesicht zu lesen. Jeden Augenblick konnte er das Licht löschen und in der Dunkelheit verschwinden. Ich sprang deshalb auf ihn zu, und Sir Henry folgte meinem Beispiel. Im gleichen Augenblick stieß der Zuchthäusler einen Fluch aus und schleuderte einen großen Stein auf uns, doch zersplitterte dieser an dem Block, der uns bisher als Deckung gedient hatte. Als er auf die Füße sprang und sich zur Flucht wandte, konnte ich einen kurzen Blick auf seine kräftige, untersetzte Gestalt werfen. Glücklicherweise durchbrach in diesem Augenblick der Mond die Wolken. Wir eilten auf den Gipfel des Hügels und sahen unseren Mann mit größter Geschwindigkeit auf der anderen Seite hinunterrennen und Felsbrocken, die ihm im Wege waren, mit der Munterkeit einer Gemse überspringen. Ein gelungener Pistolenschuss hätte ihn sicher zu Boden gestreckt, aber ich hatte die Waffe nur zur Verteidigung mitgenommen und nicht, um auf einen unbewaffneten und fliehenden Menschen zu schießen.

Wir waren beide gute Läufer und kräftig, aber wir fanden bald, dass wir keine Aussicht hatten, ihn einzuholen. Lange sahen wir ihn im Mondschein vor uns herrennen, bis er endlich nur noch ein kleiner Punkt war, der sich rasch zwischen den Felsblöcken am Abhang eines entfernten Hügels hindurchwand. Wir rannten, bis uns der Atem ausging, aber der Abstand zwischen uns wurde immer größer. Schließlich gaben wir die Verfolgung auf und setzten uns keuchend auf zwei Steinblöcke; von hier aus sahen wir ihn in der Ferne verschwinden.

In diesem Augenblick ereignete sich etwas ganz Seltsames und Unerwartetes. Wir waren aufgestanden und wollten nach Hause gehen, da jede weitere Verfolgung hoffnungslos schien. Zu unserer Rechten stand der Mond ganz tief am Himmel, und die zackige Spitze eines Granitfelsens hob sich vom unteren Rand des silbernen Gestirns ab. Und in scharfen Umrissen, schwarz wie eine Ebenholzstatue vor dem leuchtenden Hintergrund, sah ich die Gestalt eines Mannes auf der Felsspitze stehen. Glaube nicht, Holmes, dass es eine Täuschung war. Ich versichere Dir, dass ich nie im Leben etwas deutlicher gesehen habe. So weit ich es erkennen konnte, war es die Gestalt eines großen, schlanken Mannes, der mit etwas gespreizten Beinen und übereinandergelegten Armen mit gesenktem Kopf dastand, als betrachte er grübelnd die riesige Einöde von Moor und Granit, die da vor ihm lag. So konnte man sich den Geist denken, der an diesem furchtbaren Ort gebot. Der Sträfling war es nicht. Der Mann stand weit von der Stelle entfernt, wo der

Sträfling verschwunden war; außerdem war er viel größer. Mit einem Ausruf der Überraschung wollte ich ihn Sir Henry zeigen, aber in dem Augenblick, in dem ich mich umgedreht hatte, um dessen Arm zu ergreifen, war der Unbekannte fort. Die scharfe Felsspitze hob sich noch immer vom unteren Rand der Mondscheibe ab, aber von der schweigenden und regungslosen Gestalt war jede Spur verschwunden.

Ich wäre gern hingegangen und hätte die Felsspitze untersucht, aber die Entfernung war ziemlich groß. Sir Henrys Nerven waren noch von dem unerklärlichen Geheul angegriffen, das ihm die düstere Geschichte seiner Familie ins Gedächtnis gerufen hatte, und er war nicht in der Stimmung, weitere Abenteuer zu suchen. Er hatte den einsamen Mann auf der Felsspitze nicht gesehen, und er hatte den Schauer nicht gefühlt, der mich beim Anblick der seltsamen Erscheinung und ihrer imponierenden Haltung durchrieselt hatte. „Sicher einer der Wachhunde“, sagte Sir Henry. „Seit der Flucht dieses Kerls hat das Moor von ihnen gewimmelt.“ Vielleicht hat er recht mit dieser Erklärung, aber es wäre mir doch lieb, Beweise dafür zu erhalten. Heute gedenken wir, den Beamten in Princetown mitzuteilen, wo sie ihren Flüchtling suchen müssen, aber es ist sehr schade, dass uns nicht der Triumph vergönnt ist, ihn als unseren Gefangenen einzuliefern. Dies sind die Abenteuer der letzten Nacht, und Du musst anerkennen, mein lieber Holmes, dass ich Dir mit meinem Bericht sehr gut gedient habe. Vieles davon wird ohne Bedeutung für Dich sein, aber ich hielt es für das Beste, Dir alle Tatsachen mitzuteilen und die Auswahl derjenigen, die für Deine Schlüsse wichtig sind, Dir zu überlassen. Wir machen ganz gewiss Fortschritte. Was die Barrymores betrifft, so haben wir das Motiv ihrer Handlungen gefunden, und das hat die Lage ganz bedeutend geklärt. Aber das Moor mit seinen Geheimnissen und seltsamen Bewohnern bleibt unergründlich. Vielleicht kann ich in meinem nächsten Brief auch diese Dunkelheit ein wenig aufhellen. Am besten aber wäre, Du kämest selbst zu uns.

Auszug aus Dr. Watsons Tagebuch

Bis hierher brauchte ich nur die Berichte abzuschreiben, die ich im Anfang meines Aufenthalts auf Baskerville Hall an Sherlock Holmes sandte. Jetzt aber bin ich an einem Punkt angelangt, an dem ich diese Methode aufgeben und mich wieder auf mein Gedächtnis verlassen muss, unterstützt von dem Tagebuch, das ich damals führte. Ein paar Auszüge daraus werden mich zu jenen Ereignissen bringen, die sich unauslöschlich mit allen Einzelheiten meinem Gedächtnis eingeprägt haben. Ich beginne mit dem Morgen, der auf unsere ergebnislose Verfolgung des Sträflings und unsere anderen seltsamen Erlebnisse auf dem Moor folgte.

16. Oktober. Ein trüber, nebliger Tag mit feinem Sprühregen. Das Haus ist in schwere Wolken gehüllt, die sich von Zeit zu Zeit lichten und dann einen Blick auf die öden Wellen der Moorlandschaft gestatten. An den Flanken der Hügel glitzern dünne Silberadern, und die Granitblöcke schimmern in der Ferne, wo das Licht auf ihre nassen Flächen fällt. Melancholische Stimmung draußen und drinnen. Sir Henry ist nach den Aufregungen der letzten Nacht schlechter Laune. Mir selber ist das Herz schwer, und ich habe das Gefühl, dass eine Gefahr droht – eine immerwährende Gefahr, die umso schrecklicher ist, als ich nicht angeben kann, worin sie besteht.

Und habe ich nicht Ursache zu solchen Befürchtungen? Wir blicken jetzt auf eine lange Folge von Ereignissen zurück, die alle darauf schließen lassen, dass eine unheimliche Macht in unserer Nähe am Werk ist. Der Tod des früheren Schlossherrn, der so genau mit den Überlieferungen der Familie übereinstimmt, die wiederholten Berichte von Landleuten, die behaupten, ein schreckliches Geschöpf auf dem Moor gesehen zu haben. Zweimal habe ich mit eigenen Ohren jenen Laut gehört, der dem fernen Gebell eines großen Hundes gleicht. Es ist unglaublich, unmöglich, dass dieser Laut übernatürlich sein soll. Einen Gespensterhund, der wirkliche Fußspuren hinterlässt und die Luft mit seinem Geheul erfüllt, gibt es nicht, kann es nicht geben. Mag Stapleton sich solchem Aberglauben hingeben und auch Mortimer, aber wenn ich über eine gute Eigenschaft verfüge, dann ist es mein gesunder Menschenverstand, und der weigert sich, etwas Derartiges zu glauben. Das hieße ja, auf das Niveau der armen Landleute hinabzusteigen, die nicht mit einem gewöhnlichen Gespenst von Hund zufrieden sind, sondern ihn als ein Tier beschreiben müssen, dem höllisches Feuer aus Maul und Augen sprüht. Von solchen Fantastereien würde Holmes nichts wissen wollen, und ich bin sein Vertreter. Aber Tatsachen bleiben Tatsachen, und ich habe zweimal das Gebell auf dem Moor gehört. Angenommen, es triebe sich wirklich ein großer Hund dort herum, dann ließe sich viel damit erklären. Aber wo könnte ein solcher Hund sich verbergen, wo bekäme er zu fressen, woher wäre er gekommen, und wie ginge es zu, dass ihn kein Mensch bei Tage gesehen hat? Ich muss zugeben, dass die natürliche Erklärung fast ebenso viel Schwierigkeiten bietet wie die übernatürliche. Und abgesehen vom Hund bleibt die Tatsache, dass in London irgendein Mensch ungeklärte Dinge angestellt hat: der Mann in der Droschke, der Brief, der Sir Henry vor dem Moor warnte. Der war wenigstens eine handgreifliche Tatsache, aber er könnte ebenso das Werk eines wohlgesinnten Freundes wie eines Feindes gewesen sein. Wo ist der Freund oder Feind jetzt? Ist er in London geblieben, oder ist er uns hierher gefolgt? War es vielleicht der Fremde, den ich auf der Felsspitze gesehen habe?

Ich habe nur einen einzigen Blick auf ihn werfen können, doch gibt es bei diesem Erlebnis verschiedene Einzelheiten, auf die ich schwören könnte. Es ist niemand, den ich hier gesehen habe, und ich kenne jetzt alle Nachbarn. Die Gestalt war größer als Stapleton und viel schlanker als Frankland. Barrymore könnte es gewesen sein, aber ihn hatten wir im Haus zurückgelassen, und ich bin sicher, dass er uns nicht hat folgen können. Also verfolgt uns hier ein Fremder, genau wie uns in London ein Fremder verfolgt hat. Wir haben ihn nicht abgeschüttelt. Wenn ich dieses Mannes habhaft würde, wären wir vielleicht am Ende aller unserer Schwierigkeiten.

Zur Erreichung dieses Zieles muss ich jetzt alle Kraft zusammennehmen.

Mein erster Gedanke war, Sir Henry von allen meinen Plänen zu berichten; mein zweiter und klügerer Gedanke war jedoch, auf eigene Faust zu handeln und so wenig wie möglich verlauten zu lassen. Sir Henry ist schweigsam und zerstreut. Seine Nerven haben einen seltsamen Schock erlitten, als er das Geheul auf dem Moor hörte. Ich will nichts sagen, was seine Ängste vermehren könnte, sondern stillschweigend meine Vorkehrungen treffen, um meinen Zweck zu erreichen.

Heute Morgen nach dem Frühstück hatten wir eine kleine Szene. Barrymore bat Sir Henry um eine Unterredung, und sie verweilten kurze Zeit unter vier Augen in seinem Arbeitszimmer. Ich saß im Billardzimmer und hörte mehrere Male, dass sie ihre Stimmen erhoben. Ich konnte mir denken, worüber sie sprachen. Nach einer Weile öffnete Sir Henry die Tür und bat mich hereinzukommen.

„Barrymore glaubt, Grund zu einer Beschwerde zu haben", sagte er. „Er meint, es sei unfair von uns, seinen Schwager zu verfolgen, nachdem er aus freiem Willen das Geheimnis mitgeteilt habe."

Der Butler stand sehr bleich, aber völlig gefasst vor uns.

„Ich mag zu heftig gesprochen haben, Sir", sagte er, „und wenn es der Fall war, bitte ich um Entschuldigung. Ich war aber sehr überrascht, als ich die beiden Herren heute Morgen zurückkommen hörte und erfuhr, dass Sie Selden verfolgt hatten. Der arme Kerl hat gerade genug durchgemacht, ohne dass ich ihm noch jemand hinterherschicke."

„Wenn Sie es uns wirklich aus freiem Willen gesagt hätten, wäre es etwas anderes", sagte Sir Henry. „Sie sprachen aber erst – oder vielmehr Ihre Frau tat es –, als Sie nicht mehr anders konnten."

„Ich glaubte aber nicht, dass Sie von der Mitteilung Gebrauch machen würden, Sir Henry – das glaubte ich wirklich nicht."

„Der Mann ist eine Gefahr für die Menschheit. Im Moor stehen einsame Häuser, und er ist ein Bursche, der vor nichts zurückschrecken würde. Man braucht nur sein Gesicht zu sehen, um das zu wissen. Nehmen Sie zum Beispiel Mr Stapletons Haus, da ist niemand außer ihm selbst, der die Bewohner verteidigen könnte. Es gibt keine Sicherheit, solange er nicht wieder hinter Schloss und Riegel sitzt."

„Er bricht in kein Haus ein, Sir. Darauf gebe ich Ihnen mein Wort. Und er wird keinem Menschen mehr in diesem Lande ein Leid antun. Ich versichere Ihnen, Sir Henry, in wenigen Tagen wird alles vorbei sein, und dann ist er auf dem Wege nach Südamerika. Um Himmels willen, Sir, ich bitte Sie, die Polizei nicht wissen zu lassen, dass er sich noch auf dem Moor befindet. Sie haben es aufgegeben, ihn dort zu suchen, und dort ist er in Sicherheit, bis sein Schiff abgeht. Sie können ihn nicht verraten, ohne meine Frau und mich in Schwierigkeiten zu bringen. Ich bitte Sie, Sir, sagen Sie nichts der Polizei."

„Was meinen Sie, Watson?"

Ich zuckte die Achseln. „Wenn er außer Landes wäre, hätten die Steuerzahler eine Last weniger."

„Aber wenn er noch jemanden überfällt, ehe er abreist?"

„So dumm ist er nicht, Sir. Wir haben ihn mit allem versorgt, was er braucht. Wenn er ein Verbrechen beginge, würde er sich damit verraten."

„Da haben Sie vollkommen recht", sagte Sir Henry. „Nun, Barrymore ..."

„Gott segne Sie, Sir, ich danke Ihnen von ganzem Herzen. Es wäre für meine arme Frau der Tod gewesen, wenn man ihn wieder ergriffen hätte."

„Ich glaube, Watson, wir machen uns der Begünstigung schuldig. Aber nach allem, was ich gehört habe, könnte ich es nicht über das Herz bringen, den Mann anzugeben, und damit Schluss! Es ist gut, Barrymore, Sie können gehen."

Barrymore stammelte ein paar Dankesworte und ging. Plötzlich aber zögerte er, kam zurück und sagte: „Sie sind so freundlich zu uns gewesen, Sir, dass ich es Ihnen gern vergelten möchte. Ich weiß etwas, Sir Henry, und sollte es vielleicht schon früher gesagt haben, aber als ich es erfuhr, war die Leichenschau längst vorbei. Ich habe bisher keiner Seele etwas gesagt. Es betrifft den Tod des armen Sir Charles."

Sir Henry und ich sprangen überrascht auf und riefen: „Wissen Sie, wie er ums Leben kam?"
„Nein, Sir, davon weiß ich nichts."
„Was wissen Sie dann?"
„Ich weiß, warum er zu dieser Zeit an der Moorpforte war. Er traf sich mit einer Frau."
„Mit einer Frau! Er?"
„Ja, Sir."
„Und wie hieß sie?"
„Den Namen kann ich Ihnen nicht nennen, wohl aber seine Anfangsbuchstaben. Sie lauten L. L."
„Woher wissen Sie das, Barrymore?"
„Nun ja, Sir Henry, Ihr Onkel bekam an jenem Morgen einen Brief. Gewöhnlich hatte er sehr viel Post, denn er war bekannt und beliebt und sehr gutherzig, sodass sich jeder, der in einer Verlegenheit war, mit Vorliebe an Sir Charles wandte. Aber an jenem Morgen war nur dieser einzige Brief gekommen, deshalb fiel er mir umso mehr auf. Er wurde in Coombe Tracey aufgegeben, und die Adresse war eindeutig von einer Frauenhand geschrieben."
„Und weiter?"
„Nun, Sir, ich dachte nicht mehr daran und hätte nie mehr daran gedacht, wenn nicht meine Frau vor ein paar Wochen Sir Charles' Arbeitszimmer aufgeräumt hätte – es war seit seinem Tode nichts darin angerührt worden. Sie fand hinter dem Kaminrost die Reste eines verbrannten Briefes. Der größte Teil war zu Asche zerfallen, aber ein kleines Stück, das Ende einer Seite, hing noch zusammen, und die Schrift war noch zu lesen, wenn auch bloß grau auf schwarzem Grund. Wir hielten es für eine Nachschrift zu dem Brief, und sie lautete: ‚Bitte, da Sie ein Gentleman sind, verbrennen Sie diesen Brief, und seien Sie um zehn an der Pforte.' Unterzeichnet war dieser Satz mit den Buchstaben L. L."
„Haben Sie dieses Papierstück aufbewahrt?"
„Nein, Sir, es zerfiel uns unter den Händen."
„Hat Sir Charles vorher andere Briefe mit derselben Handschrift erhalten?"
„Ich sah mir seine Briefe nicht besonders genau an. Ich hätte

auch auf diesen nicht geachtet, wenn es nicht zufällig der Einzige gewesen wäre."

„Sie haben keine Ahnung, wer L. L. ist?"

„Nein, Sir, sowenig wie Sie selber. Aber ich nehme an, wenn wir die Dame ausfindig machen würden, könnten wir mehr über Sir Charles' Ende erfahren."

„Ich begreife nicht, Barrymore, wie Sie einen so wichtigen Umstand verschweigen konnten."

„Nun, Sir, wir fanden den Brief gerade in den Tagen, als wir selbst durch meinen Schwager solche Schwierigkeiten hatten. Außerdem haben wir beide Sir Charles sehr gern gehabt, das konnte nach allem, was er für uns getan hatte, gar nicht anders sein. Wenn wir die Geschichte wieder aufrührten, so machte ihn das nicht wieder lebendig. Und wenn irgendwo eine Dame im Spiel ist, dann ist es besser, vorsichtig zu sein. Auch der beste Mensch …"

„Sie dachten, es könnte seinem Ruf schaden?"

„Jedenfalls dachte ich, es könnte nichts Gutes daraus entstehen. Aber jetzt sind Sie so freundlich zu uns gewesen, und es wäre nicht recht von mir, wenn ich Ihnen nicht alles gesagt hätte, was ich von der Sache weiß."

„Sehr gut, Barrymore. Sie können gehen."

Nachdem der Butler hinausgegangen war, wandte sich Sir Henry mir zu. „Nun, Watson, was halten Sie von dieser Neuigkeit?"

„Dadurch wird alles nur noch rätselhafter."

„Richtig. Aber wenn wir herausfinden könnten, wer L. L. ist, würde sich die ganze Sache aufklären. Das wissen wir jetzt. Wir wissen, dass es jemanden gibt, der die Wahrheit kennt, wir müssen ihn nur finden. Was sollen wir Ihrer Meinung nach tun?"

„Sofort Holmes davon unterrichten. Für ihn wird das die Spur sein, nach der er so lange gesucht hat. Es würde mich nicht überraschen, wenn er daraufhin herkäme."

Ich begab mich sogleich auf mein Zimmer, um einen Bericht für Holmes niederzuschreiben. Anscheinend war er in letzter Zeit mit Arbeit überhäuft gewesen, denn die Briefe, die ich, überdies selten, aus der Baker Street erhielt, waren kurz, von meinen Berichten war darin nicht die Rede, und der Auftrag, den ich in Baskerville Hall auszuführen hatte, wurde nur obenhin erwähnt. Ohne Zweifel nimmt die Erpressungsgeschichte alle seine Kräfte in Anspruch. Aber der neu hinzugekommene Umstand muss seine Aufmerksamkeit fesseln und sein Interesse an dem Fall neu beleben. Ich wäre froh, wenn er hier wäre.

17. Oktober. Heute regnete es den ganzen Tag. Die Tropfen raschelten im Efeu, und es troff aus den Dachrinnen. Ich dachte an den entsprungenen Sträfling, der obdachlos draußen auf dem einsamen kalten Moor umherirrt. Armer Kerl! Wie furchtbar auch seine Verbrechen gewesen sind, er hat gelitten und sie wenigstens teilweise gebüßt. Und dann dachte ich an den anderen, den Mann, dessen Gesicht wir in der Droschke gesehen hatten, den Mann, den ich nachts im Moor auf der Felsspitze gesehen hatte. War er auch draußen im Regen, der unsichtbare Beobachter, der Mann der Finsternis? Abends zog ich meinen Regenmantel an und wanderte voll düsterer Gedanken hinaus auf das nasse Moor. Der Regen schlug mir ins Gesicht, und der Wind pfiff mir um die Ohren. Gnade Gott denen, die jetzt in den großen Sumpf geraten, denn selbst das feste Land ist schon beinahe ein Morast. Ich fand die schwarze Felsspitze, auf deren Höhe ich den einsamen nächtlichen Beobachter erblickt hatte; ich erklomm die Zacke und schaute nun selbst von der Höhe aus über die traurige Landschaft. Regengüsse peitschten sie, und schwere schiefergraue Wolken hingen tief herab und wallten um die Flanken der Hügel. In der fernen Senke zur Linken ragten die zwei schlanken Türme von Baskerville Hall, halb vom Nebel verhüllt, über die Baumwipfel. Sie waren die einzigen Zeichen menschlichen Lebens, die ich bemerken konnte, abgesehen von den vorgeschichtlichen Bauten auf den Abhängen der Hügel. Nirgends eine Spur des einsamen Mannes, den ich zwei Nächte zuvor an derselben Stelle gesehen hatte.

Auf dem Rückweg überholte mich Dr. Mortimer mit seinem Wagen. Er kam auf dem holprigen Moorweg von dem einsam liegenden Gehöft Foulmire her. Er hat sich uns gegenüber sehr aufmerksam benommen, und es verging kaum ein Tag, ohne dass er sich auf Baskerville Hall nach dem Fortschritt unserer Nachforschungen erkundigte. Er bestand darauf, dass ich in den Wagen stieg und mich von ihm nach Hause bringen ließ. Ich fand ihn verstimmt über das Verschwinden seines Hundes. Der Hund war aufs Moor hinausgelaufen und nicht wieder zurückgekehrt. Ich tröstete ihn, so gut ich konnte, aber ich dachte an das Schicksal des Ponys, das ich im Grimpener Loch versinken gesehen hatte. Ich glaube nicht, dass Mortimer seinen kleinen Freund jemals wiedersehen wird.

„Sagen Sie doch mal, Mortimer", fragte ich, als wir den schlechten Weg entlangrumpelten, „es gibt wohl wenige Leute in dieser Gegend, die Sie nicht kennen?"

„Wohl kaum einen einzigen Menschen, glaube ich."

„Können Sie mir dann vielleicht den Namen einer Frau nennen, der die Anfangsbuchstaben L. L. hat?"

Er dachte ein paar Minuten nach. „Nein", sagte er dann. „Es gibt hier ein paar Zigeuner und Tagelöhner, mit denen ich nicht genau Bescheid weiß, aber unter dem Landvolk oder den Gebildeten gibt es niemand mit diesen Anfangsbuchstaben. Doch warten Sie einmal", fügte er nach einer kleinen Pause hinzu. „Da ist Laura Lyons – das stimmt mit den Anfangsbuchstaben überein –, aber sie wohnt in Coombe Tracey."

„Wer ist das?", fragte ich.

„Sie ist Franklands Tochter."

„Wie? Franklands, des alten Rechtsverdrehers?"

„Ja. Sie heiratete einen Maler namens Lyons, der hier aufs Moor kam, um Studien zu treiben. Es stellte sich heraus, dass er ein Lump war, und er verließ sie. Nach allem, was ich gehört habe, mag es nicht allein seine Schuld gewesen sein. Ihr Vater weigerte sich, mit ihr auch nur das Geringste zu tun zu haben, denn sie hatte gegen seinen Willen geheiratet, und vielleicht gab es auch noch andere Gründe. Sie hat deshalb mit dem alten wie mit dem jungen Sünder einen ziemlich schweren Stand gehabt."

„Wovon lebt sie?"

„Ich glaube, der alte Frankland hat ihr eine Kleinigkeit ausgesetzt, aber viel kann es nicht sein, denn seine eigenen Verhältnisse sind ziemlich schlecht. Mag sie auch an ihrem Unglück selber schuld sein, wir konnten nicht ruhig mit ansehen, dass sie ganz unter die Räder kam. Ihre Geschichte sprach sich herum, und verschiedene von den Leuten in der Umgegend halfen ihr, um ihr einen anständigen Erwerb zu ermöglichen. Stapleton tat etwas für sie und auch

Sir Charles. Ich steuerte eine Kleinigkeit bei. Sie schaffte sich eine Schreibmaschine an und lebt nun von Schreibarbeiten."

Er wollte wissen, warum ich fragte, doch es gelang mir, seine Neugier zu befriedigen, ohne ihm zu viel zu sagen, denn wir haben keinen Anlass, jemand ins Vertrauen zu ziehen. Morgen früh werde ich mich nach Coombe Tracey begeben und sehen, ob ich mit dieser etwas zweifelhaften Mrs Laura Lyons sprechen kann; das würde uns ein gutes Stück weiterbringen. Ich kann wirklich sagen, dass ich heute klug wie eine Schlange gewesen bin, denn als mir Mortimer mit seinen Fragen unbequem wurde, fragte ich ihn ganz nebenbei, zu welchem Typ Franklands Schädel gehöre, sodass ich während des Restes der Fahrt nichts als Kraniologie zu hören bekam. Ich habe nicht umsonst jahrelang mit Sherlock Holmes zusammengelebt.

Von dem heutigen stürmischen Regentag muss ich nur noch einen einzigen Vorfall berichten. Ich hatte nämlich gerade eine Unterredung mit Barrymore und bekam dabei eine Trumpfkarte in die Hand, die ich zu gegebener Zeit ausspielen werde. Mortimer blieb bei uns zu Tisch, und nach dem Essen spielten Sir Henry und er Ekarté. Ich ging in die Bibliothek und ließ mir den Kaffee vom Butler hinbringen. Bei dieser Gelegenheit richtete ich ein paar Fragen an ihn.

„Na", sagte ich, „ist Ihr kostbarer Schwager nun fort, oder haust er noch auf dem Moor?"

„Ich weiß nicht, Sir. Ich hoffe, dass er fort ist, denn er hat uns nur Schwierigkeiten bereitet. Seit ich ihm das letzte Mal Essen hinausbrachte, habe ich nichts mehr von ihm gehört, und das war vor drei Tagen."

„Haben Sie ihn wenigstens gesehen?"

„Nein, Sir, aber das Essen war verschwunden, als ich etwas später nachsah."

„Dann muss er also bestimmt dagewesen sein."

„Das sollte man annehmen, es wäre aber auch möglich, dass der andere Mann es genommen hat."

Ich wollte gerade die Kaffeetasse an meine Lippen führen, hielt aber inne und starrte Barrymore an.

„Sie wissen also, dass es noch einen anderen gibt?"

„Ja, Sir, es ist noch einer auf dem Moor."

„Haben Sie ihn gesehen?"

„Nein, Sir."

„Woher wissen Sie dann etwas von ihm?"

„Selden hat mir von ihm erzählt, Sir, vor einer Woche oder noch etwas früher. Er verbirgt sich auch, aber er ist anscheinend kein entsprungener Sträfling. Es gefällt mir nicht, Sir – die Sache gefällt mir ganz und gar nicht." Es lag plötzlich ein eindringlicher Ernst in seinem Ton.

„Nun hören Sie mal, Barrymore! Ich verfolge bei der ganzen Sache lediglich das Interesse Ihres Herrn. Zu keiner anderen Absicht bin ich hergekommen. Sagen Sie mir also ganz offen, was Ihnen an der Sache nicht gefällt."

Barrymore zögerte einen Augenblick, als bedaure er, so viel gesagt zu haben, oder als wisse er nicht die rechten Worte zu finden. Endlich rief er, mit einer Geste nach dem Moor: „All diese Geschehnisse, Sir! Da ist ein Verbrecher im Spiel, und es wird irgendein fürchterlicher Schurkenstreich ausgebrütet, darauf will ich schwören! Ich werde erst wieder froh sein, Sir, wenn Sir Henry nach London zurückkehrt."

„Aber was ist es denn, das Sie so beunruhigt?"

„Nehmen Sie nur Sir Charles' Tod! Das war schlimm genug nach allem, was bei der Leichenschau gesagt wurde. Dann die Geräusche nachts auf dem Moor. Kein Mensch würde nachts auf das Moor gehen, und wenn er dafür bezahlt würde. Und dieser Fremde, der überall herumschleicht und auf der Lauer liegt! Was sucht er? Was bedeutet das alles? Sicherlich nichts Gutes für jeden, der den Namen Baskerville trägt. Ich werde froh sein, wenn Sir Henrys neue Dienerschaft hier einzieht und ich nichts mehr damit zu tun habe."

„Aber was ist denn mit diesem Fremden?", fragte ich. „Können Sie mir irgendwas über ihn sagen? Was meinte Selden? Hat er das Versteck dieses Mannes gefunden oder herausbekommen, was er tat?"

„Er hat ihn ein- oder zweimal gesehen, aber er verriet nichts. Zuerst dachte er, es wäre einer von der Polizei, aber er merkte bald, dass der Mann seine eigenen Absichten verfolgte. Worin diese bestanden, konnte er nicht sagen, aber er meinte, es sei wohl ein feiner Herr."

„Und wo hauste dieser Mann nach Seldens Meinung?"

„In den alten Häusern am Hügel, in einer von den Steinhütten aus der alten Zeit."

„Aber wie verschafft er sich zu essen?"

„Selden bemerkte, dass er einen Jungen hat, der ihm alles besorgt. Wahrscheinlich holt er es in Coombe Tracey."

„Schön, Barrymore. Wir können gelegentlich mal wieder darüber sprechen."

Als der Butler gegangen war, trat ich an das schwarze Fenster und sah durch die beschlagene Scheibe nach den ziehenden Wolken und den Baumwipfeln, die sich im Sturm bogen. Eine unbehagliche Nacht drinnen, und wie musste sie erst draußen sein in einer der Steinhütten dort auf dem Moor! Welcher Hass muss den Mann beseelen, dass er sich zu dieser Jahreszeit in einem solchen Versteck verbirgt! Und welchen Zweck muss einer verfolgen, der sich solchen Strapazen unterzieht! Jedenfalls einen ernsten und wichtigen. Dort draußen in der Steinhütte auf dem Moor liegt der Schlüssel des Problems, das mich so quält. Ich schwöre, es soll kein Tag vergehen, ohne dass ich mein Möglichstes tue, um dem Geheimnis auf den Grund zu kommen.

Der Mann auf der Felsspitze

Der Auszug aus meinem Tagebuch, der das letzte Kapitel bildet, reicht bis zum 18. Oktober, als die seltsamen Ereignisse begannen, ihrem schrecklichen Ende entgegenzueilen. Die Vorfälle der letzten Tage haben sich unauslöschlich meinem Gedächtnis eingegraben, und ich brauche, um sie zu erzählen, nicht meine damaligen Aufzeichnungen zu benutzen. Ich beginne mit dem Tag, der auf denjenigen folgte, an dem ich zwei Tatsachen von großer Bedeutung festgestellt hatte: dass Mrs Laura Lyons in Coombe Tracey an Sir Baskerville geschrieben und sich an dem Ort und zu der Zeit mit ihm verabredet hatte, da er den Tod fand, und dass der Mann, der sich auf dem Moor aufhielt, in den Steinhäusern auf dem Hügelabhang zu finden war. In Kenntnis dieser beiden Tatsachen musste ich unbedingt das noch dunkle Rätsel aufhellen können, wenn mich nicht etwa meine Intelligenz oder mein Mut im Stich ließ, was nicht zu befürchten war.

Ich hatte keine Gelegenheit, Sir Henry gleich zu erzählen, was ich über Mrs Lyons erfahren hatte, denn Dr. Mortimer spielte mit ihm Karten bis tief in die Nacht. Beim Frühstück jedoch teilte ich ihm mit, was ich wusste, und ich fragte ihn, ob er Wert darauf lege, mich nach Coombe Tracey zu begleiten. Zuerst war er Feuer und Flamme, aber dann schien uns, das Ergebnis werde besser sein, wenn ich allein ginge. Je förmlicher der Besuch ausfiel, umso weniger würden wir dabei erfahren. Ich ließ daher, nicht ohne Gewissensbisse, Sir Henry allein und machte mich auf den Weg.

In Coombe Tracey befahl ich Perkins, die Pferde einzustellen, und erkundigte mich nach der Dame, die ich befragen wollte. Ich fand ohne Mühe ihre Wohnung, die in der Mitte des Ortes lag und gut eingerichtet war. Ein Dienstmädchen ließ mich ohne Umstände eintreten, und ich fand im Wohnzimmer eine Dame, die vor einer Remingtonmaschine saß.

Sie sprang mit einem freundlichen Lächeln auf, aber ihr Lächeln verschwand, als sie sah, dass ich ein Unbekannter war. Sie setzte sich wieder hin und fragte mich nach dem Anlass meines Besuches.

Auf den ersten Blick wirkte Mrs Lyons außerordentlich schön. Ihr Haar und ihre Augen waren dunkelbraun, ihre Wangen waren zwar etwas sommersprossig, aber mit dem köstlichen Flaum der Brünetten überhaucht, jenem zarten Rosa, das man im Herzen der gelben Rose sieht. Bewunderung war, ich wiederhole es, das erste Gefühl, das sie einflößte, dann kam aber sofort die Kritik. Etwas kaum Merkliches war mit diesem Gesicht nicht in Ordnung, vielleicht eine Unschönheit des Ausdrucks, eine Härte vielleicht des Auges, eine Schlaffheit der Lippen, was den Eindruck beeinträchtigte. Doch das waren Gedanken, die ich mir natürlich erst hinterher machte. In jenem Augenblick hatte ich nur den Eindruck einer sehr hübschen Frau. Sie fragte mich, warum ich sie besuche, und diese Frage brachte mir erst richtig zum Bewusstsein, wie heikel meine Aufgabe war.

„Ich habe das Vergnügen", begann ich, „Ihren Herrn Vater zu kennen."

Es war eine ungeschickte Einleitung, und die Dame ließ es mich denn auch gleich fühlen.

„Zwischen meinem Vater und mir bestehen keine Beziehungen", sagte sie. „Ich bin ihm nichts schuldig, und seine Freunde sind nicht meine Freunde. Wären nicht der verstorbene Sir Charles Baskerville und einige gute Menschen gewesen, dann hätte ich verhungern können – mein Vater hätte sich nicht darum gekümmert."

„Wegen des verstorbenen Sir Charles Baskerville komme ich zu Ihnen."

Mrs Lyons wurde blass.

„Was wollen Sie von mir über diesen Herrn wissen?", fragte sie, und ihre Finger spielten nervös auf den Tasten ihrer Schreibmaschine.

„Sie kannten ihn, nicht wahr?"

„Ich sagte Ihnen bereits, dass ich ihm viel verdanke. Wenn ich imstande bin, mir meinen Lebensunterhalt zu verdienen, so habe ich es vor allem ihm zu verdanken, der sich um meine unglückliche Lage kümmerte."

„Korrespondierten Sie mit ihm?"

Sie warf mir rasch einen ärgerlichen Blick zu.

„Was bezwecken diese Fragen?", sagte sie scharf.

„Ich will einen öffentlichen Skandal vermeiden. Es ist besser, ich stelle diese Fragen hier unter vier Augen, als dass die Sache in die Öffentlichkeit kommt und unserer Kontrolle entzogen ist."

Sie schwieg, und ihr Gesicht war sehr blass. Dann sah sie mit herausforderndem Trotz auf und sagte: „Gut, ich will antworten. Fragen Sie!"

„Hatten Sie mit Sir Charles einen Briefwechsel?"

„Gewiss, ich schrieb ihm ein paarmal, um ihm für sein Zartgefühl und seine Großzügigkeit zu danken."

„Wissen Sie, wann Sie diese Briefe geschrieben haben?"

„Nein."

„Sind Sie je mit ihm persönlich zusammengekommen?"

„Ja, ein- oder zweimal hier in Coombe Tracey. Er lebte sehr zurückgezogen und zog es vor, Gutes im Verborgenen zu tun."

„Aber wenn Sie ihn so selten sahen und ihm so selten schrieben, wie kommt es dann, dass er mit Ihren Angelegenheiten so gut Bescheid wusste, dass er Ihnen helfen konnte, wie es nach Ihren Worten geschah?"

Auf diesen Einwand wusste sie sofort eine Erklärung.

„Mehrere Herren kannten meine traurige Geschichte und taten sich zusammen, um mir zu helfen. Einer von ihnen war Mr Stapleton, ein Nachbar und guter Freund von Sir Charles. Er war ungewöhnlich freundlich, und durch ihn erfuhr Sir Charles von meiner Lage."

Ich wusste bereits, dass Sir Charles sich bei verschiedenen Gelegenheiten Stapletons als seines Almoseniers bedient hatte, sodass die Aussage Mrs Lyons' nicht unwahrscheinlich klang.

„Haben Sie jemals Sir Charles um eine Begegnung gebeten?", fuhr ich fort.

Mrs Lyons errötete vor Ärger.

„Das ist eine eigenartige Frage!"

„Es tut mir leid, aber ich muss sie wiederholen."

„Dann antworte ich Ihnen: nein! Ich schrieb ganz gewiss nichts dergleichen."

„Auch nicht an dem Tage, an dem Sir Charles starb?"

Die Röte war augenblicklich verschwunden, und ihr blasses Gesicht starrte mich an. Ihre trockenen Lippen vermochten kaum das „Nein" hervorzubringen, das ich mehr sah als hörte.

„Ihr Gedächtnis täuscht Sie sicherlich", sagte ich. „Ich könnte Ihnen sogar eine Stelle Ihres Briefes wörtlich zitieren. Sie lautete: ‚Bitte, da Sie ein Gentleman sind, verbrennen Sie diesen Brief, und seien Sie um zehn an der Pforte.'"

Ich glaubte, sie fiele in Ohnmacht. Sie hielt sich aber mit äußerster Anstrengung aufrecht und stöhnte: „Es gibt also keinen Gentleman?"

„Sie sind gegen Sir Charles ungerecht. Er verbrannte den Brief. Aber manchmal bleibt ein Brief noch leserlich, auch wenn er verbrennt. Sie geben also zu, den Brief geschrieben zu haben?"

„Ja, ich schrieb ihn!", rief sie, und ihre Erregung machte sich in einem Strom von Worten Luft. „Ich schrieb ihn. Warum sollte ich es leugnen? Ich brauche mich dessen nicht zu schämen. Ich wollte ihn um Hilfe bitten. Ich glaubte, wenn ich ihn sähe, könnte ich diese Hilfe erlangen, und deshalb bat ich ihn, mich zu treffen."

„Aber warum zu dieser Stunde?"

„Weil ich gerade erst erfahren hatte, dass er am nächsten Tag nach London reisen wollte und vielleicht monatelang fortbleiben würde."

„Aber warum schlugen Sie den Garten vor?"

„Glauben Sie, eine Frau könnte zu so einer Stunde das Haus eines Junggesellen betreten?"

„Nun, was geschah, als Sie an der Pforte anlangten?"

„Ich bin gar nicht hingegangen."

„Mrs Lyons!"

„Nein, ich schwöre es Ihnen bei allem, was mir heilig ist, es kam etwas dazwischen."

„Was war das?"

„Eine Privatsache. Ich kann es Ihnen nicht sagen."

„Sie geben also zu, dass Sie mit Sir Charles am Tage seines Todes eine Verabredung hatten, und sogar für die Stunde und den

Ort, wo er starb. Sie leugnen aber, die Verabredung eingehalten zu haben?“

„So ist es.“

Immer und immer wieder nahm ich sie ins Gebet, aber es gelang mir nicht, über diesen Punkt hinwegzukommen.

„Mrs Lyons“, sagte ich, als ich mich nach diesem langen und unbefriedigenden Verhör erhob, „Sie laden sich eine sehr große Verantwortung auf und bringen sich selbst in eine ganz schiefe Lage, indem Sie nicht alles freiheraus sagen, was Sie wissen. Wenn ich die Hilfe der Polizei in Anspruch nehmen muss, werden Sie feststellen, wie sehr Sie sich belastet haben. Wenn Sie vollkommen unschuldig sind, warum haben Sie dann zuerst geleugnet, Sir Charles am Tage seines Todes geschrieben zu haben?“

„Ich fürchtete, es könnte zu falschen Schlüssen Anlass geben und zu einem Skandal führen.“

„Warum drängten Sie Sir Charles, den Brief zu vernichten?“

„Wenn Sie den Brief gelesen haben, werden Sie es ja wissen.“

„Ich habe mit keinem Wort gesagt, dass ich den ganzen Brief gelesen hätte.“

„Aber Sie zitierten doch daraus.“

„Ja, die Nachschrift. Der Brief selber war, wie ich bereits sagte, verbrannt und nicht mehr leserlich. Ich frage Sie noch einmal, warum Sie Sir Charles so drängten, den Brief zu vernichten, den er an seinem Todestag erhielt.“

„Die Sache ist äußerst persönlich.“

„Umso mehr sollten Sie bemüht sein, eine öffentliche Untersuchung der Sache zu vermeiden.“

„So will ich es Ihnen denn sagen. Wenn Sie etwas von meiner unglücklichen Geschichte gehört haben, so werden Sie wissen, dass ich unbesonnen geheiratet habe und Grund hatte, diesen Schritt zu bereuen.“

„Ich habe davon gehört.“

„Seit jenem Augenblick bin ich unaufhörlich von meinem Mann, den ich verabscheue, verfolgt worden. Das Gesetz steht auf seiner Seite, und jeden Tag muss ich fürchten, dass er mich zwingt, mit ihm zusammenzuleben. Als ich Sir Charles den Brief schrieb, hatte ich erfahren, dass ich eine Aussicht hätte, meine Freiheit wiederzuerlangen, wenn ich gewisse Unkosten tragen könnte. Es hing alles für mich davon ab, Seelenruhe, Glück, Selbstachtung – alles. Ich kannte Sir Charles' Großzügigkeit und dachte, wenn er die Geschichte aus meinem eigenen Munde hörte, würde er mir gewiss helfen."

„Und warum sind Sie dann nicht gegangen?"

„Weil ich in der Zwischenzeit von einer anderen Seite Hilfe erhielt."

„Warum haben Sie das nicht Sir Charles geschrieben?"

„Ich hätte es getan, wenn ich nicht am nächsten Morgen durch die Zeitung von seinem Tod erfahren hätte."

Die Geschichte Mrs Lyons' war widerspruchsfrei, und es gelang mir nicht, sie mit meinen Fragen zu erschüttern. Ich konnte nichts weiter tun, als festzustellen, ob sie wirklich ungefähr zur Zeit der Tragödie von Baskerville Hall die Scheidungsklage eingereicht hatte.

Es war nicht wahrscheinlich, dass sie geleugnet hätte, an der Pforte der Allee von Baskerville Hall gewesen zu sein, wenn sie in Wirklichkeit dort war, denn sie hätte dazu einen Wagen gebraucht, und dieser hätte nicht vor den frühen Morgenstunden wieder in Coombe Tracey sein können. So ein Ausflug aber ließ sich nicht verheimlichen. Es war also anzunehmen, dass sie die Wahrheit oder wenigstens einen Teil der Wahrheit gesagt hatte. Ich fühlte mich niedergeschlagen. Wieder einmal stand ich vor der unüberwindlichen Mauer, die über jeden Weg führte, auf dem ich weiterzugelangen dachte. Und doch, je mehr ich an das Mienenspiel und das Benehmen von Mrs Lyons dachte, umso stärker wurde das Gefühl, dass sie mir etwas verheimlichte. Warum war sie blass geworden, warum musste ihr jedes Eingeständnis abgerungen werden? Warum war sie zur Zeit der Tragödie so zurückhaltend gewesen? Die Erklärung dieser Punkte konnte gewiss nicht so harmlos sein, wie sie mich glauben machen wollte. Im Augenblick konnte ich aber diese Spur nicht weiterverfolgen, sondern musste die andere aufnehmen, die in den Steinhütten auf dem Moor zu suchen war.

Und das war eine sehr unbestimmte Richtungsangabe. Es kam mir zum Bewusstsein, als ich zurückfuhr und bemerkte, wie Hügel um Hügel solche vorgeschichtlichen Überreste trug. Barrymore hatte mir nichts weiter sagen können, als dass der Fremde sich in einer dieser verlassenen Hütten aufhielt, und nun sah ich, dass diese zu Hunderten überall auf dem Moor verstreut lagen. Aber ich hatte einen Anhaltspunkt, denn ich hatte den Mann selber auf dem Gipfel des Black Tor stehen sehen. Von diesem Mittelpunkt musste ich ausgehen und jede der Hütten auf dem Moor untersuchen, bis ich die richtige fand. War der Mann in der Hütte, dann musste er mir – notfalls unter der Drohung meiner Pistole – gestehen, wer er war und warum er uns so lange nachgespürt hatte. Mochte er im Gedränge der Regent Street entschlüpfen, hier auf dem einsamen Moor sollte ihm das schwerfallen! Sollte ich dagegen zwar die Hütte finden, aber nicht den Mann darin, musste ich warten, bis er zurückkehrte, und wenn es noch so lange dauerte. Holmes hatte ihn in London entkommen lassen. Was für ein Triumph wäre es für mich, wenn ich den Mann erwischte!

Während aller unserer Bemühungen war uns das Glück abhold gewesen, aber nun endlich kam es mir zu Hilfe. Und der Glücksbringer war kein anderer als Mr Frankland, der graubärtig und rotgesichtig vor seiner Gartenpforte auf dem Weg stand, den ich entlangfuhr.

„Guten Tag, Dr. Watson!“, rief er mit ungewohnt guter Laune. „Sie müssen wirklich Ihren Pferden mal ein bisschen Ruhe gönnen. Ich lade Sie ein, ein Glas Wasser mit mir zu trinken und mir zu gratulieren!“

Ich war ihm alles andere als wohlgesinnt, weil ich wusste, wie er seine Tochter behandelt hatte, aber mir lag daran, Perkins mit dem Fuhrwerk nach Hause zu schicken, und die Gelegenheit war günstig. Ich stieg aus und bat den Kutscher, Sir Henry auszurichten, dass ich bis zum Essen zurück sein würde. Dann folgte ich Frankland in sein Speisezimmer.

„Heute ist ein großer Tag für mich, Sir, einer, den ich rot anstreichen werde!“, rief er und lachte. „Heute habe ich einen Doppelsieg davongetragen. Ich will den Leuten hier beibringen, dass Gesetz Gesetz ist und dass es hier einen Mann gibt, der sich nicht scheut, es anzurufen. Ich habe ein Wegerecht mitten durch den Park des alten Middleton, mittendurch, Sir, keine hundert Meter von seiner Haustür. Was sagen Sie dazu? Man muss diesen Magnaten beibringen, dass sie die Rechte der Bürgerlichen nicht einfach in den Staub treten dürfen! Und ich habe den Wald sperren lassen, den die Leute von Fernworthy immer für ihre Picknicks benutzen. Diese Brut scheint zu glauben, es gebe keine Eigentumsrechte und sie könnten überall eindringen mit ihren Bierflaschen und ihrem Butterbrotpapier. Beide Prozesse sind entschieden, Dr. Watson, und beide zu meinen Gunsten. Solch einen Tag habe ich nicht erlebt, seit ich Sir John Morland wegen widerrechtlichen Betretens fremden Eigentums verurteilen ließ, weil er in seinem Revier jagte."

„Wie in aller Welt brachten Sie denn das fertig?"

„Lesen Sie es selber nach, Sir, es lohnt sich – Frankland gegen Morland, Court of Queen's Bench. Es hat mich zweihundert Pfund gekostet, aber ich habe mein Urteil durchgesetzt."

„Hat es Ihnen was genützt?"

„Gar nichts, Sir, gar nichts. Ich sage es voll Stolz, dass ich gar kein persönliches Interesse an der Sache hatte. Ich handle nur aus Pflichtgefühl zum allgemeinen Besten. Ich zweifle zum Beispiel nicht, dass die Leute von Fernworthy mich heute Abend als Strohpuppe verbrennen werden. Als sie es das letzte Mal taten, sagte ich der Polizei, sie müsse derartig skandalöse Auftritte verhindern. Die Grafschaftspolizei taugt nichts, Sir, und hat mir nicht den Schutz gewährt, auf den ich Anspruch habe. Der Prozess Frankland contra Reginam wird die Sache an die Öffentlichkeit bringen. Ich sagte ihnen, es würde ihnen noch mal leidtun, mich so behandelt zu haben, und meine Worte haben sich schon bewahrheitet."

„Wieso?", fragte ich.

Der alte Mann machte ein geheimnisvolles Gesicht und sagte: „Weil ich ihnen etwas verraten könnte, was sie zu gern wissen möchten; aber es soll mich nichts dazu verleiten, diesen Schuften zu helfen."

Ich hatte bereits nach einem Vorwand gesucht, um mich seinem Geschwätz zu entziehen; seine letzten Worte jedoch erregten in mir den Wunsch, mehr davon zu erfahren. Ich wusste genug von dem Widerspruchsgeist des alten Mannes, um zu begreifen, dass er seine Mitteilungen sofort unterbrechen würde, wenn ich mich neugierig zeigte. Ich sagte deshalb mit gleichgültiger Miene: „Es handelt sich gewiss um irgendeine Wilddieberei?"

„Haha, mein Junge, es ist etwas viel Wichtigeres. Haben Sie von dem Sträfling auf dem Moor gehört?"

Ich fuhr in die Höhe und rief: „Sie wollen doch nicht etwa sagen, dass Sie wissen, wo er ist?"

„Ich weiß vielleicht nicht genau, wo er ist, aber ich bin sicher, dass mein Hinweis der Polizei helfen würde, ihn festzunehmen. Ist Ihnen niemals eingefallen, dass es kein besseres Mittel gibt, einen Mann zu fangen, als indem man feststellt, woher er seine Nahrungsmittel erhält? Man braucht nur dieser Spur zu folgen und hat ihn!"

Er schien in der Tat der Wahrheit in unangenehmer Weise nahe zu sein. „Zweifellos", sagte ich, „aber woher wissen Sie, dass er überhaupt auf dem Moor ist?"

„Ich weiß es, weil ich mit meinen eigenen Augen den Boten gesehen habe, der ihm das Essen bringt."

Ich bekam Angst um Barrymore. Es war keine Kleinigkeit, diesem boshaften alten Prozesshansel ausgeliefert zu sein, aber als er weitersprach, fiel mir ein Stein vom Herzen.

„Es wird Sie überraschen, wenn ich Ihnen sage, dass ihm sein Essen von einem Jungen hinausgebracht wird. Ich sehe ihn jeden Tag durch mein Fernrohr oben auf dem Dach. Er geht immer zur selben Stunde denselben Weg entlang, und zu wem sollte er gehen als zu dem Sträfling?"

Das war allerdings wirklich Glück! Doch unterdrückte ich jeden Anschein von Interesse. Ein Junge! Barrymore hatte gesagt, der Unbekannte werde von einem Jungen versorgt. Auf seine Spur und nicht auf die des Sträflings war Frankland geraten. Wenn ich ihn dazu bringen konnte, mir zu sagen, was er wusste, ersparte ich mir vielleicht das langsame und mühevolle Suchen. Um dieses Ziel zu erreichen, waren gespielte Ungläubigkeit und Gleichgültigkeit die besten Mittel.

„Meiner Meinung nach ist es wahrscheinlicher, dass der Junge der Sohn eines Moorschäfers ist, der seinem Vater das Mittagessen bringt."

Bei dem geringsten Widerspruch sprühte der alte Frankland

sofort Feuer und Flammen. Er sah mich böse an, und sein grauer Schnurrbart sträubte sich wie der eines wütenden Katers.

„Was Sie nicht sagen, Sir!“, rief er und zeigte auf das Moor. „Sehen Sie den Black Tor da drüben und den niedrigen Hügel mit dem Dornbusch dahinter? Das ist der steinigste Teil des ganzen Moors. Dort würde sich kein Schäfer aufhalten! Ihre Meinung, Sir, ist einfach albern.“

Ich antwortete kleinlaut, ich hätte das nicht gewusst. Meine Unterwürfigkeit gefiel ihm und veranlasste ihn zu weiteren Mitteilungen.

„Verlassen Sie sich darauf, ich habe meine Gründe, ehe ich mir eine Meinung bilde. Ich habe den Jungen mit seinem Bündel immer wieder gesehen, jeden Tag, und oft zweimal täglich konnte ich – aber warten Sie doch mal, Dr. Watson. Täuschen mich meine Augen, oder bewegt sich gerade in diesem Augenblick etwas den Hügel hinauf?“

Die Entfernung war groß, aber ich konnte deutlich auf dem grauen und dunkelgrünen Grund einen schwarzen Punkt erkennen.

„Kommen Sie, Sir, kommen Sie!“, rief Frankland und eilte die Treppe hinauf. „Sie sollen mit eigenen Augen sehen und dann urteilen.“

Das Fernrohr, ein großes Instrument auf einem dreibeinigen Gestell, stand auf dem flachen Dach des Hauses. Frankland legte das Auge an das Glas und stieß einen Ruf der Befriedigung aus.

„Schnell, Dr. Watson, schnell, sonst verschwindet er hinter dem Hügel!“

Richtig, da ging ein Junge mit einem Bündel auf seiner Schulter langsam den Hügel hinauf. Als er oben angelangt war, sah ich einen Augenblick lang die kleine, zerlumpte Gestalt sich gegen den kalten blauen Himmel abheben. Er sah sich mit einer scheuen Bewegung um wie einer, der fürchtet, verfolgt zu werden. Dann verschwand er jenseits des Hügels.

„Na, habe ich recht?“

„Jedenfalls ging da ein Junge, der irgendeine heimliche Besorgung zu machen hat.“

„Und was das für eine Besorgung ist, könnte sogar ein Grafschaftspolizist erraten. Aber sie sollen kein Wort von mir erfahren, und ich verlange auch von Ihnen Verschwiegenheit, Dr. Watson, kein Wort! Verstehen Sie?“

„Wie Sie wünschen.“

„Sie haben mich schändlich behandelt, einfach schändlich. Wenn die Tatsachen im Prozess Frankland contra Reginam ans Tageslicht kommen, wird – so hoffe ich wenigstens – ein Schrei der Entrüstung durchs Land gehen. Nichts kann mich dazu bringen, der Polizei in irgendeiner Weise beizustehen. Die hätte mich selber statt einer Strohpuppe verbrennen sehen können und keinen Finger dazu gerührt. Aber wie, Sie gehen doch nicht schon? Sie werden mir doch helfen, zu Ehren des großen Anlasses die Karaffe zu leeren?“

Aber ich blieb standhaft, und es gelang mir auch, ihn von der Absicht abzubringen, mich nach Baskerville Hall zu begleiten. Solange er mir mit dem Auge folgen konnte, blieb ich auf der Straße, dann aber bog ich auf das Moor ab und ging auf den Hügel zu, hinter dem der Junge verschwunden war. Alle Umstände hatten sich zu meinen Gunsten gewandt, und ich schwor mir, wenn der glückliche Zufall mir keinen Erfolg brachte, sollte es nicht an einem Mangel an Tatkraft oder Ausdauer liegen.

Die Sonne näherte sich bereits dem Horizont, als ich den Gipfel des Hügels erreichte. Seine langen Abhänge unter mir waren auf der einen Seite goldgrün, auf der anderen schattengrau. Aus dem Dunst am Horizont ragten die fantastischen Umrisse des Belliver und des Vixen Tors heraus. Auf der ganzen weiten Fläche kein Laut, keine Bewegung. Ein einziger großer grauer Vogel, eine Möwe oder ein Brachvogel, segelte hoch über mir in der blauen Luft. Er und ich schienen die einzigen Lebewesen zwischen dem Himmelsgewölbe und der Wüste darunter zu sein. Die traurige Landschaft, das Gefühl der Einsamkeit und das Rätselhafte und Dringliche meiner Aufgabe ergriffen mein Herz mit einem kalten Schauer. Der Junge war nirgends zu sehen, aber tief unter mir lagen einige der alten Steinhütten, und in ihrer Mitte bemerkte ich eine, die noch genügend Dach besaß, um gegen die Unbilden des Wetters schützen zu können. Das Herz klopfte mir, als ich sie sah. Das musste das Versteck sein, in dem der Fremde hauste. Endlich berührte mein Fuß die Schwelle seines Verstecks – ein Geheimnis lag vor mir.

Vorsichtig näherte ich mich der Hütte wie Stapleton, wenn er sich mit seinem Netz an einen Schmetterling heranschlich, der auf einer Wiese saß. Ich bemerkte, dass die Stätte wirklich als Behausung gedient hatte. Ein kaum erkennbarer Weg führte zwischen den Steinblöcken zu dem zerfallenen Eingang. Drinnen war alles still. Vielleicht hielt sich der Unbekannte dort versteckt, vielleicht streifte er auf dem Moor umher. Ich war aufs Höchste erregt, warf meine Zigarette fort, nahm meine Pistole in die Hand, ging rasch auf die Tür zu und sah hinein. Der Raum war leer.

Aber es waren viele Anzeichen vorhanden, dass ich auf der richtigen Spur war. Ganz bestimmt wohnte hier der Mann. In einen Regenmantel eingehüllt, lagen ein paar Decken auf der Steinplatte, die schon in der jüngeren Steinzeit als Ruhelager gedient hatte. Auf dem primitiven Herd lag Asche. Daneben standen einige Küchengeräte und ein halb voller Wassereimer. Ein Haufen leerer Konservendosen bewies mir, dass die Hütte schon seit einiger Zeit bewohnt wurde, und nachdem sich meine Augen an das Halbdunkel gewöhnt hatten, sah ich in der Ecke einen Trinkbecher und eine halb volle Flasche Schnaps. In der Mitte der Hütte lag ein flacher Stein, der als Tisch diente, und auf diesem lag, in ein Tuch gehüllt, ein kleines Bündel, zweifellos dasselbe, das ich durch das Fernrohr auf der Schulter des Jungen gesehen hatte. Es enthielt einen Laib Brot, eine Büchse geräucherte Zunge und zwei Dosen Pfirsiche. Ich prüfte diese Gegenstände sorgfältig, und als ich sie wieder hinlegte, bemerkte ich plötzlich mit Herzklopfen, dass unter dem Bündel ein Blatt Papier lag. Ich nahm es in die Hand und las die folgenden Worte, die unbeholfen mit Bleistift geschrieben waren: *Dr. Watson ist nach Coombe Tracey gefahren.* Eine Minute lang stand ich reglos da. Was bedeutete diese kurze Botschaft? War ich es und nicht Sir Henry, der verfolgt wurde? Der rätselhafte Fremde war mir nicht selbst gefolgt, sondern hatte einen anderen – vielleicht den Jungen – auf meine Spur gesetzt, und das war nun der Bericht. Vielleicht hatte ich seit meiner Ankunft auf dem Moor noch keinen Schritt getan, der nicht beobachtet und gemeldet worden war! Immer wieder dieses Gefühl einer unsichtbaren Macht, eines feinen, mit unendlicher Sorgfalt und Geschicklichkeit um uns gesponnenen Netzes, das uns so leicht umschloss, dass man nur in seltensten Augenblicken merkte, wie man darin verstrickt war!

Wo ein Bericht war, konnten andere sein, deshalb durchsuchte ich die Hütte danach. Ich fand nichts Derartiges und ebenso wenig ein Anzeichen, aus dem ich auf den Charakter und die Eigenschaften des Mannes hätte schließen können, der sich diese ungewöhnliche Wohnung ausgesucht hatte. Es ergab sich nur so viel, dass er ein Mann von spartanischer Bedürfnislosigkeit sein musste, der auf häusliche Bequemlichkeit wenig Wert legte. Wenn ich an die schweren Regenfälle der letzten Zeit dachte und mir die Lücken des Daches ansah, verstand ich, wie entschlossen und unerschütterlich er sein musste, um es hier auszuhalten. War er unser erbitterter Feind, oder war er vielleicht gar unser Schutzengel? Ich nahm mir vor, die Hütte nicht eher zu verlassen, als bis ich es wusste.

Draußen ging die Sonne unter, und über dem westlichen Himmel flammte es rot und golden. Der Widerschein lag in den Wasserlachen des großen Grimpener Lochs. Ich sah die beiden Türme von Baskerville Hall und die Rauchfäden von Grimpen. Zwischen diesen beiden, hinter dem Hügel, lag das Haus der Stapletons. Alles war so sanft und friedlich im goldenen Abendsonnenschein, und doch, als mein Auge umherschweifte, empfand ich nichts von dem Frieden der Natur, sondern bebte vor dem Zusammentreffen, dem mich jede Minute näher brachte. Aufgeregt, aber entschlossen saß ich in der finsteren Hütte und wartete geduldig auf die Rückkehr ihres Bewohners.

Endlich hörte ich ihn. Ein Schuh streifte einen Stein. Dann noch einmal das gleiche Geräusch und immer wieder, es kam näher. Ich wich in die dunkelste Ecke zurück und umklammerte die Pistole in meiner Tasche, entschlossen, mich nicht zu verraten, bis ich einen Blick auf den Fremden werfen konnte. Ich hörte lange nichts mehr, der Fremde war offenbar stehen geblieben. Dann kamen die Schritte wieder näher, und ein Schatten fiel quer über die Türöffnung.

„Ein schöner Abend, mein lieber Watson“, sagte eine wohlbekannte Stimme. „Ich glaube wirklich, draußen ist es schöner als drinnen.“

Tod auf dem Moor

Ein paar Augenblicke saß ich bewegungslos da; der Atem stockte mir, ich wollte meinen Ohren nicht trauen. Dann gewann ich den Gebrauch meiner Fähigkeiten wieder, und mir schien sich eine Riesenlast von der Seele zu heben. Diese kalte, schneidende, ironische Stimme konnte auf der ganzen Welt nur einem einzigen Menschen gehören.

„Holmes!“, rief ich. „Holmes!“

„Komm heraus“, sagte er, „und sei bitte vorsichtig mit deinem Schießeisen.“

Ich bückte mich unter dem rohen Steinblock, der über der Türöffnung lag, und trat hinaus. Holmes saß draußen auf einem Stein, und seine grauen Augen funkelten vor Vergnügen, als er meine erstaunte Miene sah. Er war mager und abgezehrt, aber frisch und munter, und seine scharfen Züge waren von der Sonne gebräunt. In seinem Tweedanzug sah er wie jeder andere Tourist aus, und mit seiner katzengleichen Vorliebe für persönliche Sauberkeit hatte er es fertiggebracht, dass sein Kinn so glatt und seine Wäsche so sauber war, als befände er sich in seiner Wohnung in der Baker Street.

„Nie in meinem Leben habe ich beim Anblick eines Menschen eine solche Freude empfunden“, sagte ich glückstrahlend.

„Und noch nie solches Erstaunen, wie?“

„Ja, das muss ich zugeben.“

„Die Überraschung war durchaus nicht einseitig, das kann ich dir versichern. Ich hatte keine Ahnung, dass du meinen Schlupfwinkel entdeckt hattest, und noch weniger, dass du darin saßest, als ich zwanzig Schritte von der Tür entfernt war.“

„Wahrscheinlich meine Fußspuren?“

„Nein, Watson, ich fürchte, ich bin nicht in der Lage, deine Fußspuren unter allen Fußspuren der Welt herauszufinden. Wenn du mich ernstlich täuschen willst, musst du dir eine andere Zigarettenmarke zulegen, denn wenn ich einen Zigarettenstummel finde mit dem Aufdruck ‚Bradley, Oxford Street', dann weiß ich, dass mein Freund Watson in der Nähe ist. Du kannst den Stummel dort neben dem Weg sehen. Du hast ihn sicher weggeworfen, als du die Hütte besetzen wolltest."

„Ganz recht."

„Das dachte ich mir – und da ich deine bewunderungswürdige Ausdauer kenne, war ich überzeugt, dass du mit einer Schusswaffe in Reichweite im Hinterhalt saßest und auf die Heimkehr des Hüttenbewohners lauertest. Du glaubtest also wirklich, ich sei der Verbrecher?"

„Ich wusste nicht, wer hier war, aber ich war fest entschlossen, es herauszufinden."

„Ausgezeichnet, Watson! Und wie hast du mich gefunden? Du hast mich vielleicht in der Nacht gesehen, in der ihr auf den Sträfling Jagd machtet. Ich war damals so unvorsichtig, den Mond hinter mir aufgehen zu lassen."

„Ja, ich sah dich in dieser Nacht."

„Und hast zweifellos alle Hütten durchsucht, bis du diese fandest?"

„Nein, dein Junge ist beobachtet worden, und dadurch hatte ich einen Anhaltspunkt."

„Sicher von dem alten Herrn mit dem Fernrohr. Ich wusste erst nicht, was es war, bis die Linse im Sonnenlicht blinkte." Holmes stand auf und warf einen Blick in die Hütte. „Ah, ich sehe, Cartwright hat mir wieder Vorräte gebracht. Was bedeutet dieser Zettel? Du bist also in Coombe Tracey gewesen?"

„Ja."

„Bei Mrs Laura Lyons?"

„Ganz recht."

„Ausgezeichnet! Unsere Nachforschungen liefen offenbar parallel, und wenn wir unsere Ergebnisse zusammenhalten, werden wir gewiss eine ziemlich vollständige Kenntnis des Falles besitzen."

„Jedenfalls bin ich von Herzen froh, dass du hier bist, denn die Verantwortung und das Rätselhafte der Sache waren zu viel für meine Nerven. Aber warum, in aller Welt, kamst du hierher, und was hast du hier gemacht? Ich glaubte, du wärest in der Baker Street und zerbrächest dir den Kopf über diese Erpressungsgeschichte."

„Das solltest du auch glauben."

„Dann hast du mich also für deine Zwecke benutzt und mir doch nicht getraut!", rief ich ziemlich bitter. „Ich glaube, ich habe Besseres um dich verdient, Holmes!"

„Mein lieber Junge, du bist bei diesem wie bei vielen anderen Fällen von unschätzbarem Wert für mich gewesen, und ich bitte dich, mir zu verzeihen, wenn ich dir einen kleinen Streich gespielt habe. In Wirklichkeit geschah das vor allem in deinem Interesse, und da ich die Größe der Gefahr kannte, die dich bedrohte, kam ich her, um selber den Fall zu prüfen. Wäre ich bei Sir Henry und dir gewesen, wäre mein Standpunkt der gleiche gewesen wie deiner, und meine Anwesenheit würde auch unsere durchaus nicht ungefährlichen Gegner gewarnt haben. So aber, indem ich auf eigene Faust handelte, konnte ich mich so frei bewegen, wie es nicht möglich gewesen wäre, wenn ich im Schloss gewohnt hätte. Ich bleibe ein unbekannter Faktor in der Angelegenheit und kann mich im kritischen Augenblick mit meinem ganzen Gewicht hineinwerfen."

„Aber warum ließest du mich im Dunkeln?"

„Hättest du gewusst, dass ich auf dem Moor war, hätte uns das nicht geholfen, aber möglicherweise zu meiner Entdeckung geführt. Du hättest den Wunsch gehabt, mir etwas mitzuteilen, oder hättest mir in deiner Gutherzigkeit das eine oder andere herausgebracht, und das Risiko wäre unnötig vergrößert worden. Ich habe Cartwright mitgenommen, den kleinen Burschen von der Expressbotengesellschaft, und er hat für meine einfachen Bedürfnisse gesorgt. Einen Laib Brot und einen sauberen Kragen – was braucht der Mensch mehr? An ihm hatte ich ein zweites Paar Augen und ein Paar sehr flinke Füße, und beides ist für mich von unschätzbarem Wert."

„Dann waren also alle meine Berichte nutzlos?" Meine Stimme zitterte unwillkürlich, als ich an die große Mühe dachte, die ich mir gegeben, und den Stolz, mit dem ich sie ausgearbeitet hatte. Holmes zog ein kleines Päckchen Papiere aus der Tasche und sagte: „Hier sind deine Berichte, mein Lieber, und ich habe sie gründlich durchgearbeitet, das kann ich dir versichern. Ich habe ausgezeichnete Vorkehrungen getroffen, und die Berichte sind nur mit einem einzigen Tag Verzögerung in meine Hände gelangt. Ich muss dir zu dem Eifer und der Intelligenz, die du in diesem ungewöhnlich schwierigen Fall bewiesen hast, meine größten Komplimente machen."

Ich war noch immer etwas empfindlich wegen der Komödie, die Holmes mit mir gespielt hatte, aber sein warmes Lob verscheuchte meinen Ärger. Ich fühlte auch innerlich, dass er mit dem, was er sagte, im Grunde völlig recht hatte: Es war wirklich besser gewesen, mich von seiner Anwesenheit auf dem Moor nicht zu unterrichten.

„Das ist schon besser", sagte er, als er den Schatten von meinem Gesicht verschwinden sah. „Und nun erzähle mir, was du mit deinem Besuch bei Mrs Laura Lyons ausgerichtet hast. Dass du bei ihr gewesen bist, konnte ich unschwer erraten, denn sie ist in Coombe Tracey die einzige Person, die in unserer Angelegenheit von Nutzen sein kann. Wenn du heute nicht bei ihr gewesen wärest, hätte ich mich vermutlich morgen dazu entschlossen, selber hinzugehen."

Die Sonne war untergegangen, und die Dämmerung senkte sich auf das Moor herab. Die Luft wurde kühl, und wir zogen uns in die Hütte zurück, wo es wärmer war. Dort berichtete ich Holmes von meiner Unterredung mit Mrs Lyons. Sie interessierte ihn so sehr, dass ich Teile meines Berichtes zweimal wiederholen musste, ehe er zufrieden war.

„Das ist äußerst wichtig", sagte er, als ich fertig war. „Die Lücke, die ich in diesem verwickelten Fall nicht überbrücken konnte, ist jetzt ausgefüllt. Du weißt wohl, dass zwischen dieser Dame und Stapleton eine innige Vertrautheit besteht?"

„Dass die Vertrautheit innig war, wusste ich nicht."

„Sie ist es aber unzweifelhaft. Sie kommen zusammen, sie schreiben sich, es herrscht zwischen ihnen ein vollkommenes Einverständnis. Nun, durch diese Unterredung haben wir eine sehr wirksame Waffe in die Hand bekommen. Wenn ich sie nur anwenden könnte, um seine Frau von ihm abzubringen ..."

„Seine Frau?"

„Jetzt bekommst du von mir etwas Neues zu hören im Austausch für all das, was ich durch dich erfahren habe. Die Dame, die als Miss Stapleton gilt, ist in Wirklichkeit seine Frau."

„Um Himmels willen, Holmes! Weißt du, was du sagst? Wie konnte er zulassen, dass sich Sir Henry in sie verliebte?"

„Wenn sich Sir Henry verliebte, konnte das niemandem schaden außer Sir Henry selber. Er passte sorgfältig auf, dass Sir Henry ihr seine Liebe nicht mit Handgreiflichkeiten bewies, das hast du ja selbst erlebt. Es stimmt schon, die junge Dame ist seine Frau und nicht seine Schwester."

„Aber warum diese umständliche Täuschung?"

„Weil er voraussah, dass sie ihm in der Rolle einer unverheirateten Frau viel nützlicher sein würde."

Alle meine instinktiven Verdachtsgründe nahmen plötzlich bestimmte Gestalt an und richteten sich gegen den Naturforscher. In dem leidenschaftslosen, blassen Mann mit dem Strohhut und dem Schmetterlingsnetz glaubte ich jetzt etwas Schreckliches zu erblicken – ein Geschöpf von unendlicher Geduld und Geschicklichkeit, mit einem lächelnden Gesicht und einem Mörderherzen.

„So ist er also unser Feind, so war er es, der uns in London nachspürte?"

„Das halte ich für des Rätsels Lösung."

„Und die Warnung müsste demnach von ihr gekommen sein?"

„Anzunehmen."

Eine furchtbare Schurkerei, halb gesehen, halb geahnt, trat aus der Dunkelheit hervor, die mich so lange umgeben hatte.

„Aber bist du deiner Sache auch sicher, Holmes? Woher weißt du, dass es seine Frau ist?"

„Weil er so unvorsichtig war, dir bei eurer ersten Zusammenkunft ein Stück aus seinem Leben zu erzählen, und du kannst dich darauf verlassen: Es hat ihn seither schon manches Mal gereut. Er hatte früher wirklich eine Schule in Nordengland. Nun kann man über keinen Menschen so leicht etwas erfahren wie über einen Schullehrer. Es gibt Stellenvermittlungen für Lehrer, durch die man Einzelheiten über jeden feststellen kann, der einmal diesen Beruf ausgeübt hat. Durch einige Nachforschungen brachte ich heraus, dass einmal eine Schule unter tragischen Umständen zugrunde gegangen ist und dass ihr Besitzer – dessen Name anders lautete – mit seiner Frau verschwand. Die Personenbeschreibungen stimmten überein. Als ich dann noch erfuhr, dass der geflohene Lehrer sich besonders für Schmetterlingskunde interessierte, war kein Zweifel mehr möglich."

Das Dunkel lichtete sich, aber noch immer lag viel im Schatten verborgen.

„Wenn seine angebliche Schwester tatsächlich seine Frau ist, welche Rolle spielt dann Mrs Laura Lyons?", fragte ich.

„Das ist einer der Punkte, die deine eigenen Nachforschungen aufgehellt haben. Dein Gespräch mit der Dame hat die Situation bedeutend geklärt. Ich wusste nicht, dass sich Mrs Lyons scheiden lassen wollte. Da sie Stapleton für unverheiratet hielt, rechnete sie wohl damit, dass Stapleton sie heiraten werde."

„Und wenn sie über die Täuschung aufgeklärt wird?"

„Dann werden wir in ihr vielleicht ein nützliches Werkzeug finden. Wir müssen sie gleich morgen früh aufsuchen, und zwar wir beide zusammen. Übrigens, Watson, glaubst du nicht, dass du schon ziemlich lange von deinem Posten fort bist? Dein Platz ist in Baskerville Hall."

Die letzten roten Streifen waren am westlichen Horizont verblichen, und die Nacht hatte sich auf das Moor herabgesenkt. Ein paar schwache Sterne glommen am violetten Himmel.

„Noch eine letzte Frage, Holmes", sagte ich, indem ich aufstand. „Wir brauchen doch keine Geheimnisse voreinander zu haben. Was bedeutet das alles? Was will er?"

Flüsternd antwortete Holmes: „Es ist Mord, Watson – abgefeimter, kaltblütiger Mord! Frage mich nicht nach Einzelheiten! Mein Netz schwebt über ihm, so, wie sein Netz über Sir Henry schwebt, und dank deiner Hilfe ist er mir bereits ausgeliefert. Nur eine Gefahr droht noch: dass er seinen Streich führt, ehe wir so weit sind. Noch einen Tag, höchstens zwei, und ich habe mein Beweismaterial zusammen. Bis dahin sei auf deinem Posten und halte so sorgsam Wacht wie eine Mutter bei ihrem kranken Kinde. Deine Abwesenheit heute war berechtigt, und doch wäre es mir lieber, du wärest nicht von seiner Seite gewichen. Horch – was ist das?"

Ein furchtbarer Schrei, ein langer, gellender Schrei voll Angst und Entsetzen drang aus dem Schweigen des Moores zu uns. So entsetzlich war der Schrei, dass mir das Blut in den Adern gefror.

„Mein Gott!“, stöhnte ich. „Was ist das? Was bedeutet das?“

Holmes war aufgesprungen, und ich sah die Umrisse seiner großen Gestalt sich in der Türöffnung abzeichnen. Die Schultern gebeugt, den Kopf vorgeneigt, in die Dunkelheit spähend, stand er da. „Pst!“, flüsterte er. „Pst!“

Der Schrei war laut gewesen, weil er mit großer Heftigkeit ausgestoßen wurde, aber er war aus der Ferne zu uns gedrungen. Nun erreichte ein neuer Schrei unser Ohr, näher, lauter und dringender als der erste.

„Wo ist es?“, flüsterte Holmes, und ich erkannte an dem Beben seiner Stimme, dass er, der Unerschütterliche, bis in die Tiefe seiner Seele erschrocken war. „Wo ist es, Watson?“

„Dort, glaube ich“, sagte ich und wies in die Finsternis.

„Nein, da!“

Wieder zerriss der Schrei die stille Nacht, diesmal noch lauter und näher. Und ein neuer Laut mischte sich hinein, ein tiefes, dumpfes Grollen, klangvoll und doch drohend, das stieg und fiel wie das unablässige tiefe Rauschen des Meeres.

„Der Hund!“, rief Holmes. „Komm, Watson, vorwärts! Großer Gott, wenn wir zu spät kommen!“

Er begann schnell über das Moor zu rennen. Ich folgte ihm dicht auf den Fersen. Aber auf einmal kamen irgendwo aus den vor uns liegenden Vertiefungen ein letzter verzweiflungsvoller Schrei und dann ein dumpfer, schwerer Schlag. Wir blieben stehen und lauschten. Doch kein Laut unterbrach mehr die drückende Ruhe der windstillen Nacht.

Ich sah, dass sich Holmes wie ein Wahnsinniger vor die Stirn schlug. Er stampfte mit dem Fuß auf und rief: „Er hat uns geschlagen, Watson! Wir kommen zu spät.“

„Nein, nein, gewiss nicht!“

„Narr, der ich war, dass ich nicht zuschlug! Und du, Watson, siehst die Folgen davon, dass du deinen Posten verlassen hast. Wenn das Schlimmste eingetreten ist, bleibt uns nur übrig, ihn zu rächen.“

Blindlings rannten wir durch die Finsternis, stießen uns an

Steinen, brachen uns durch die Ginsterbüsche Bahn, keuchten Hügel hinauf und sprangen mit großen Sätzen Abhänge hinab, immer in der Richtung, aus der die fürchterlichen Schreie gekommen waren. Auf jeder Anhöhe hielt Holmes rasch Umschau, aber die Schatten waren zu dicht, und nichts bewegte sich auf der öden Fläche des Moores.

„Siehst du etwas?"

„Nichts."

„Aber horch, was ist das?"

Ein leises Stöhnen war an unsere Ohren gedrungen. Da war es wieder, zu unserer Linken. Dort lief ein Felsgrat in eine steile Wand aus, die einen mit Steinen bedeckten Abhang überragte. Darauf lag etwas Dunkles. Als wir näher kamen, nahmen die unbestimmten Umrisse feste Gestalt an. Es war ein Mann, der mit dem Gesicht nach unten auf dem Boden lag, der Kopf stak in einem schrecklichen Winkel unter dem Leib, die Schultern waren gekrümmt, und der ganze Körper war so zusammengezogen, als sei der Mann im Begriff, einen Purzelbaum zu schlagen. So grotesk war seine Haltung, dass mir im ersten Augenblick gar nicht zu Bewusstsein kam, dass ich mit jenem Stöhnen das Verhauchen seiner Seele gehört hatte. Kein Flüstern, kein Röcheln gingen mehr von der dunklen Gestalt aus, als wir uns über sie beugten. Holmes berührte sie mit der Hand und hob diese sogleich mit einem Schreckensschrei in die Höhe. Er zündete ein Streichholz an; der schwache Schein fiel auf seine blutbefleckten Finger und auf die grausige Lache, die sich langsam unter dem zerschmetterten Schädel des Opfers ausbreitete. Und er fiel auch auf etwas anderes, was uns einer Ohnmacht nahe brachte – auf die Leiche von Sir Henry Baskerville!

Nur zu gut kannten wir diesen Tweedanzug, denselben, den er am ersten Morgen bei seinem Besuch in der Baker Street getragen hatte. Wir konnten nur einen flüchtigen, aber untrüglichen Blick darauf werfen; dann erlosch das Streichholz ebenso, wie die Hoffnung in unseren Herzen erloschen war. Holmes stöhnte, und ich sah trotz der Finsternis, dass sein Gesicht ganz weiß geworden war.

„Die Bestie! Die Bestie!", rief ich mit geballten Fäusten. „Oh, Holmes, ich werde mir nie verzeihen, dass ich ihn seinem Schicksal preisgegeben habe!"

„Ich bin mehr zu tadeln als du, Watson. Um meinen Fall schön abgerundet und vollständig zu haben, vergeudete ich das Leben meines Klienten. Das ist der härteste Schlag, der mich in meiner ganzen Laufbahn getroffen hat. Aber wie konnte ich wissen, wie konnte ich wissen, dass er, allen Warnungen zum Trotz, allein auf das Moor hinausgehen würde?"

„Wir hörten seine Schreie – mein Gott, was für Schreie! – und waren doch nicht imstande, ihn zu retten. Wo ist die Bestie von Hund, die ihn in den Tod trieb? Vielleicht liegt sie in diesem Augenblick zwischen den Felsen hier verborgen. Und Stapleton – wo ist er? Er soll für seine Tat einstehen!"

„Das soll er. Dafür werde ich sorgen. Onkel und Neffe sind ermordet; der eine durch den Anblick des Tieres, das er für übernatürlich hielt, zu Tode erschrocken, der andere auf einer wilden Flucht vor der Bestie ins Verderben gejagt. Aber wir müssen beweisen, dass eine Verbindung zwischen dem Mann und dem Tier besteht. Dieses haben wir zwar gehört, aber wir können seine Existenz vor Gericht nicht beschwören, denn Sir Henrys Tod ist offenbar durch einen Sturz erfolgt. Aber beim Himmel, so schlau der Bursche auch ist, ich bringe ihn zur Strecke, ehe vierundzwanzig Stunden vergangen sind!"

Die Herzen von Bitterkeit erfüllt, standen wir zu beiden Seiten des zerschmetterten Leichnams, von diesem plötzlichen und nie wiedergutzumachenden Unglück überwältigt, das unserer langen und mühseligen Arbeit ein so plötzliches Ende bereitet hatte. Dann, als der Mond aufging, kletterten wir zur Spitze des Felsens hinauf, von der unser armer Freund herabgestürzt war, und spähten über das weite Moor, auf dem silbernes Mondlicht und düstere Schatten wechselten. In weiter Ferne, in Richtung des Dorfes Grimpen, leuchtete ein einzelnes gelbes Licht. Es konnte nur das einsame Wohnhaus der Stapletons sein. Mit einem Fluch schüttelte ich meine Faust in seine Richtung.

„Warum können wir ihn nicht sofort unschädlich machen?"

„Unser Fall ist noch nicht abgeschlossen. Der Bursche ist über die Maßen vorsichtig. Es kommt nicht darauf an, was wir wissen, sondern darauf, was wir beweisen können. Wenn wir einen einzigen falschen Schritt tun, kann uns der Schurke noch entwischen."

„Was können wir tun?"

„Morgen werden wir Arbeit in Hülle und Fülle haben. Heute Abend können wir nur noch unserem armen Freund die letzten Dienste erweisen."

Wir stiegen wieder den steilen Abhang hinab und näherten uns dem Leichnam, der sich jetzt als dunkler Fleck scharf von den mondlichtübergossenen Steinen abhob. Der Anblick der im Todeskampf verrenkten Glieder trieb mir die Tränen in die Augen.

„Wir müssen Hilfe herbeiholen, Holmes. Wir können ihn nicht den ganzen Weg bis zum Schloss tragen. Gott im Himmel, bist du wahnsinnig geworden?"

Er hatte einen Schrei ausgestoßen und sich über den Leichnam gebeugt. Auf einmal sprang er im Kreise herum, lachte und schüttelte mir die Hände. War das noch mein ernster, verschlossener Freund? Ja, man konnte wohl von verborgenen Feuern reden.

„Ein Bart! Ein Bart! Der Mann hat einen Bart!"

„Einen Bart?"

„Es ist nicht Sir Henry, ist es nicht – ja, wahrhaftig, es ist mein Moorgenosse, der Sträfling!"

Mit fiebernder Hast hatten wir den Leichnam auf den Rücken gedreht, und der zottige Bart starrte zum Himmel empor. Ein Zweifel war nicht möglich; die fliehende Stirn, die tief liegenden Augen, ja, es war dasselbe Antlitz, das mich im Kerzenschein aus den Felsen angestarrt hatte, es war Selden, der Verbrecher. Und in einem Augenblick war mir alles klar. Ich erinnerte mich, dass Sir Henry mir erzählt hatte, er habe seine alten Kleider Barrymore überlassen. Dieser hatte sie an Selden weitergegeben, um ihm bei seiner Flucht behilflich zu sein. Schuhe, Hemd, die Mütze – alles hatte früher Sir Henry gehört. Die Tragödie war immer noch furchtbar genug, aber dieser Mann hatte doch wenigstens nach den Gesetzen den Tod verdient. Ich erklärte Holmes den Zusammenhang, und mein Herz strömte über von Dankbarkeit und Freude.

„Dann sind Sir Henrys Kleider das Verderben des armen Teufels geworden", sagte er. „Es ist ganz klar, dass der Hund auf Kleider, die Sir Henry getragen hat, abgerichtet ist, wahrscheinlich auf den im Hotel gestohlenen Schuh. So hat er dann diesen Mann zu

Tode gehetzt. Eins ist jedoch sonderbar: Woher wusste Selden in der Dunkelheit, dass er von dem Hund verfolgt wurde?“

„Er hörte ihn.“

„Wenn ein hartgesottener Verbrecher wie dieser Sträfling auf dem Moor einen Hund hört, dann versetzt ihn das nicht in panischen Schrecken, sodass er laut um Hilfe ruft, wodurch er Gefahr läuft, ergriffen zu werden. Nach den Schreien zu urteilen, muss er ein großes Stück gerannt sein, nachdem er bemerkte, dass das Tier ihn verfolgte. Woher wusste er es?“

„Für mich ist ein noch größeres Rätsel, warum dieser Hund, vorausgesetzt, unsere Vermutungen seien richtig …“

„Ich setze nichts voraus.“

„Nun also, warum dieser Hund nachts auf dem Moor herumläuft. Ich vermute, dass er nicht ständig losgelassen ist. Stapleton würde ihn nicht loslassen, wenn er nicht Grund zu der Annahme hätte, dass sich Sir Henry auf dem Moor befindet.“

„Von diesen beiden Schwierigkeiten ist die meinige die bei Weitem größere, denn ich glaube, deine wird sich bald aufklären, meine dagegen bleibt vielleicht für immer ein Rätsel. Die Frage ist jetzt: Was sollen wir mit der Leiche dieses armen Kerls anfangen? Wir können sie nicht als Fraß für Füchse und Krähen liegen lassen.“

„Ich schlage vor, wir schaffen sie in eine von den Steinhütten, bis wir die Sache der Polizei mitteilen können.“

„Sehr gut. Wir beide werden ihn sicher so weit tragen können. Hallo, Watson, da kommt der Mann selbst, das ist ja wahrhaftig eine haarsträubende Frechheit! Lass dir mit keinem Wort den Verdacht anmerken – mit keinem Wort, sonst sind alle meine Pläne hinfällig.“

Eine Gestalt kam über das Moor auf uns zu. Ich sah das dunkle Glühen einer Zigarre. Das Mondlicht fiel auf ihn, und ich konnte die schmächtige Gestalt und den raschen Schritt des Naturforschers erkennen. Er stutzte, als er uns sah, und kam dann auf uns zu.

„Wahrhaftig, Dr. Watson, das können Sie doch nicht sein! Sie wären der Letzte, den ich mitten in der Nacht draußen auf dem Moor erwartet hätte. Aber mein Gott, was ist denn das? Jemand verunglückt? Nein – ist das nicht unser Freund Sir Henry?“

Er eilte an mir vorbei und beugte sich über den Toten. Ich hörte, wie er pfeifend den Atem einzog. Die Zigarre fiel ihm herunter.

„Wer – wer ist das?“, stammelte er.

„Es ist Selden, der Mann, der in Princetown ausgebrochen ist.“

Stapleton wandte sich uns totenblass zu, überwand aber sein Erstaunen und seine Enttäuschung. Er sah mit einem scharfen Blick erst Holmes und dann mich an und sagte endlich: „Donnerwetter, das ist ja eine fürchterliche Geschichte! Wie ist er denn zu Tode gekommen?“

„Er scheint das Genick gebrochen zu haben, indem er von diesem Felsen abstürzte. Mein Freund und ich schlenderten über das Moor, als wir einen Schrei hörten.“

„Ich hörte auch einen Schrei. Deshalb ging ich los. Ich machte mir Sorgen wegen Sir Henry.“

„Warum denn gerade wegen Sir Henry?“, fragte ich unwillkürlich.

„Weil ich ihm vorgeschlagen hatte, zu uns herüberzukommen. Als er nicht kam, überraschte mich das, und natürlich bekam ich um ihn Angst, als ich Schreie auf dem Moor hörte. Übrigens“ – seine Augen wanderten wieder zwischen uns hin und her – „haben Sie nichts außer diesem Schrei gehört?“

„Nein“, sagte Holmes. „Und Sie?“

„Nein.“

„Was wollten Sie mit Ihrer Frage sagen?“

„Ach, Sie kennen ja die Geschichte, die das Landvolk von einem Geisterhund erzählt. Er soll nachts auf dem Moor zu hören sein. Ich fragte mich, ob heute Nacht etwas Derartiges zu hören war.“

„Wir haben nichts gehört“, sagte ich.

„Und welcher Ansicht sind Sie über den Tod des armen Kerls?“

„Ich zweifle nicht, dass ihn Angst und Gefahr den Verstand haben verlieren lassen. Er ist in einem Anfall von Verfolgungswahn über das Moor gerannt, hier abgestürzt und hat sich das Genick gebrochen.“

„Das scheint mir einleuchtend“, sagte Stapleton mit einem Seufzer, der meiner Ansicht nach ein Zeichen der Erleichterung war. „Was denken Sie darüber, Mr Sherlock Holmes?“

Mein Freund sagte mit einer Verbeugung: „Sie sind schnell im Erkennen."

„Wir haben Sie seit Dr. Watsons Ankunft erwartet. Sie kommen gerade recht, um eine Tragödie zu sehen."

„Ja, da haben Sie recht. Ich zweifle nicht, dass die Erklärung meines Freundes die Tatsachen erfasst. Ich werde morgen eine unangenehme Erinnerung mit nach London nehmen."

„Oh, Sie fahren morgen zurück?"

„Das ist meine Absicht."

„Ich hoffe, Ihr Besuch hat die Rätsel aufgehellt, die uns so viel Kopfzerbrechen gemacht haben."

Holmes zuckte die Achseln. „Man kann nicht jedes Mal Erfolg haben. Zu einer Nachforschung braucht man Tatsachen und nicht Märchen oder Gerüchte. Der Fall war unbefriedigend."

Mein Freund sprach in der offensten und freimütigsten Weise. Stapleton sah ihn scharf an. Dann wandte er sich mir zu.

„Ich würde vorschlagen, dass wir den armen Mann zu meinem Hause schafften, aber das würde meine Schwester so in Schrecken versetzen, dass ich mich nicht dazu berechtigt glaube. Es genügt wohl, dass wir etwas über sein Gesicht decken, damit er bis morgen früh unversehrt bleibt."

Dieser Vorschlag wurde ausgeführt. Wir schlugen Stapletons Gastfreundschaft aus und machten uns auf den Weg nach Baskerville Hall, während der Naturforscher allein nach Hause ging. Als wir uns einmal umwandten, sahen wir seine Gestalt langsam über das weite Moor gehen, und hinter ihm zeigte der schwarze Fleck auf dem mondhellen Abhang die Todesstätte des Mannes, der ein so grausiges Ende gefunden hatte.

„Endlich ringen wir Leib an Leib", sagte Holmes, als wir zusammen über das Moor gingen. „Was für Nerven der Bursche hat! Wie er sich zusammenriss trotz des lähmenden Schrecks, den er empfunden haben muss, als er plötzlich bemerkte, dass der verkehrte Mann seinem Anschlag zum Opfer gefallen ist. Ich habe dir schon in London gesagt, Watson, und ich sage jetzt wieder: Niemals haben wir einen Widersacher gehabt, der unserer Klinge würdiger war als er."

„Leider hat er dich gesehen."

„Mir war es anfangs auch unangenehm. Aber dagegen ließ sich nichts machen."

„Welchen Einfluss wird es deiner Meinung nach auf seine Pläne haben, wenn er weiß, dass du hier bist?"

„Vielleicht veranlasst es ihn, noch vorsichtiger zu sein. Oder es treibt ihn zu einem Verzweiflungsschritt. Wie die meisten klugen Verbrecher wird er sich zu sehr auf seine Klugheit verlassen und sich einbilden, dass er uns vollkommen hinters Licht geführt hat."

„Warum lassen wir ihn nicht sofort verhaften?"

„Mein lieber Watson, du bist der geborene Mann der Tat. Dein Instinkt treibt dich immer dazu, etwas Energisches zu tun. Aber nimm einmal an, wir ließen ihn noch in dieser Nacht festnehmen – was, in aller Welt, würde das nützen? Wir können ihm nichts nachweisen. Wenn er sich eines Menschen als Werkzeug bediente, könnten wir auf ein Zeugnis von diesem rechnen, aber wenn wir den großen Hund ans Tageslicht zerren, genügt das noch lange nicht, um seinem Herrn die Schlinge um den Hals zu legen."

„Aber wir haben doch einen gerichtsreifen Fall!"

„Hast du eine Ahnung! Alles ist nur Annahme und Vermutung. Wir selber wissen zwar, dass er ein Verbrecher ist, aber das Gericht würde uns auslachen, wenn wir mit so einer Geschichte und solchen Beweisen ankämen."

„Aber Sir Charles' Tod?"

„Er wurde ohne Anzeichen einer Verletzung tot aufgefunden. Wir beide wissen, dass er aus Angst starb, und wir wissen auch, wie ihm diese Angst eingejagt wurde. Aber wie sollen wir unsere Überzeugung zwölf dummen Geschworenen beibringen? Was für Spuren sind vorhanden, die auf einen Hund deuten? Wo sind die Spuren seiner Zähne? Wir wissen natürlich, dass ein Hund keine Leiche beißt und dass Sir Charles tot war, ehe die Bestie ihn einholte. Aber wir müssen das alles beweisen, und dazu sind wir nicht in der Lage."

„Dann aber der Vorfall von heute Abend?"

„Der bringt uns auch nicht viel weiter. Wieder ist kein unmittelbarer Zusammenhang zwischen dem Hund und dem Tod des Mannes nachzuweisen. Wir haben den Hund nicht gesehen. Wir haben ihn zwar gehört, aber wir können nicht beweisen, dass er den Mann verfolgt hat. Außerdem fehlt jegliches Motiv für diesen Mord. Nein, mein Lieber, wir müssen uns mit der Tatsache abfinden, dass noch kein abgeschlossener Fall vorliegt, der reif für das Gericht ist, und dass wir deshalb alles riskieren müssen, um einen solchen Fall zu schaffen."

„Und was gedenkst du zu diesem Zweck zu tun?"

„Ich setze große Hoffnungen darauf, dass Mrs Lyons uns beisteht, wenn wir ihr die Lage klarmachen. Außerdem habe ich noch meinen eigenen Plan. Morgen haben wir Wichtiges vor, und ich hoffe, wenn der Tag zur Neige geht, haben wir die Oberhand."

Ich konnte nichts weiter aus ihm herausbringen. Er begleitete mich gedankenverloren bis nach Baskerville Hall.

„Kommst du mit herauf?"

„Ja, ich sehe keinen Grund, warum ich mich noch länger verstecken sollte. Aber noch eins, Watson, sage nichts zu Sir Henry von dem Hund. Lass ihn Seldens Tod der Ursache zuschreiben, die uns Stapleton einreden wollte. Er wird dann stärkere Nerven für die Probe haben, die ihm morgen bevorsteht, denn wenn ich mich deines Berichtes richtig entsinne, ist er ja morgen bei diesen Leuten zum Essen eingeladen."

„Ja, und ich ebenfalls."

„Dann musst du dich entschuldigen, und er muss allein gehen. Das lässt sich leicht machen. Und nun sind wir zwar um unser Mittagessen gekommen, aber das Abendessen wollen wir uns schmecken lassen."

Das Netz zieht sich zu

Sir Henry war mehr erfreut als erstaunt, als er Sherlock Holmes erblickte, denn er hatte schon seit mehreren Tagen erwartet, dass ihn die Entwicklung der Ereignisse veranlassen würde herüberzukommen. Er wunderte sich nur, als er bemerkte, dass mein Freund keinerlei Gepäck bei sich hatte und nicht einmal versuchte, diesen Umstand zu erklären. Sir Henry und ich halfen ihm mit unseren Sachen aus. Bei dem verspäteten Abendessen teilten wir Sir Henry von den Ereignissen des Tages so viel mit, wie uns gut schien. Vorher aber hatte ich noch die unangenehme Pflicht gehabt, Barrymore und seiner Frau den unerwarteten Tod Seldens mitzuteilen. Der Mann empfand dabei wohl nur Erleichterung, die Frau aber weinte bitterlich in ihre Schürze. Für alle anderen war Selden ein viehischer Mörder gewesen, für sie blieb er immer der kleine Junge, der sich vertrauensvoll an die Hand der älteren Schwester geklammert hatte. Zu beklagen ist der Mann, um den nicht wenigstens eine Frau trauert.

„Ich habe mich im Hause gelangweilt, seit Watson heute Morgen fortging", sagte Sir Henry. „Ich verdiene wohl großes Lob dafür, denn ich habe mein Versprechen gehalten. Hätte ich nicht mein Wort gegeben, dass ich nicht allein ausgehen würde, dann hätte ich einen amüsanten Abend verbringen können, denn Stapleton lud mich ein, doch ein bisschen zu ihm herüberzukommen."

„Bestimmt hätten Sie einen amüsanten Abend verbracht", sagte Holmes trocken. „Wissen Sie übrigens, dass wir Sie bereits als Leiche mit gebrochenem Genick betrauerten?"

Sir Henry riss erstaunt die Augen auf und rief erschrocken: „Wieso denn?"

„Der arme Kerl hatte Ihre Kleider an. Ich fürchte, Ihr Diener, der sie ihm geschenkt hat, wird Schwierigkeiten mit der Polizei bekommen."

„Doch wohl kaum. Soviel ich weiß, war kein einziges von den Kleidungsstücken gezeichnet."

„Dann hat er Glück gehabt – dann haben Sie alle Glück gehabt, denn Sie alle haben in dieser Sache gegen die Gesetze verstoßen. Ich weiß nicht, ob ich nicht als gewissenhafter Staatsbürger sämtliche Hausbewohner anzeigen müsste. Watsons Berichte sind im höchsten Grade belastend."

„Aber wie steht es denn mit unserem Fall?", fragte Sir Henry. „Haben Sie die Fäden einigermaßen entwirren können? Watson und ich sind während unseres Aufenthaltes nicht viel klüger geworden."

„Ich glaube, ich werde in sehr kurzer Zeit imstande sein, Ihnen die Situation ziemlich klar darzustellen. Der Fall war äußerst schwierig und sehr verwickelt. Auch jetzt sind noch verschiedene Punkte da, die der Aufklärung harren. Aber wir werden sie erhalten."

„Wie Watson Ihnen sicherlich erzählt hat, hörten wir den Hund auf dem Moor; es ist also nicht alles bloß Aberglaube. Ich habe drüben im Wilden Westen mit Hunden zu tun gehabt und kann beurteilen, ob es auch wirklich einer ist, wenn ich ihn bellen höre. Sind Sie imstande, diesem einen Maulkorb und eine Kette anzulegen, so erkläre ich Sie zum größten Detektiv aller Zeiten."

„Ich glaube, ich werde ihm nach allen Regeln der Kunst Maulkorb und Kette anlegen, wenn Sie mir dabei helfen."

„Ich werde alles tun, was Sie mir sagen."

„Vortrefflich. Und ich möchte Sie auch gleich bitten, es blindlings zu tun, ohne nach dem Grund zu fragen."

„Wie Sie wünschen."

„Wenn Sie das tun wollen, haben wir, glaube ich, alle Aussicht, unser Rätsel gelöst zu sehen. Ich zweifle keinen Augenblick ..." Holmes schwieg mitten im Satz und starrte über mich hinweg in die Luft. Das Lampenlicht fiel auf sein scharf geschnittenes Gesicht, dessen gespannte Züge an die einer klassischen Statue, einer Verkörperung der Wachsamkeit erinnerten.

„Was ist?", riefen Sir Henry und ich wie aus einem Munde.

Als Holmes seine Augen wieder senkte, konnte ich sehen, dass er eine Erregung unterdrückte. Seine Züge behielten den ruhigen Ausdruck, aber in seinen Augen funkelte Freude.

„Entschuldigen Sie, wenn sich ein Kunstliebhaber von seiner Bewunderung hinreißen ließ“, sagte er und deutete mit der Hand auf die Porträts, die an der gegenüberliegenden Wand hingen. „Watson behauptet allerdings, ich verstünde nichts von Kunst, aber das ist nur Eifersucht, weil ich andere Ansichten habe als er. Das hier ist aber eine wirklich schöne Bildnissammlung.“

„So? Das höre ich mit Vergnügen“, sagte Sir Henry, indem er meinen Freund etwas überrascht ansah. „Ich bin kein Kunstkenner, von Pferden und Kühen verstehe ich mehr als von Bildern. Ich hätte nicht gedacht, dass Sie für die Beschäftigung mit Kunst Zeit haben.“

„Wenn ich ein Bild sehe, weiß ich, ob es gut ist oder nicht, und diese hier sind gut. Die Dame dort im blauen Seidenkleid ist ein Kneller, möchte ich wetten, und der dicke Herr da mit der Perücke bestimmt ein Reynolds. Es sind wohl lauter Familienporträts?“

„Ohne Ausnahme.“

„Wissen Sie die Namen der Dargestellten?“

„Barrymore hat sie mir eingepaukt, und ich glaube, ich kann seine Lektion ziemlich gut hersagen.“

„Wer ist der Herr mit dem Fernrohr?“

„Das ist Konteradmiral Baskerville, der unter Rodney in Westindien gedient hat. Der Mann im blauen Frack mit der Papierrolle ist Sir William Baskerville, der unter Pitt Ausschussvorsitzender im Unterhaus war.“

„Und der Kavalier mir gerade gegenüber, im schwarzen Samtrock mit Spitzenkragen?“

„Sie fragen mit Recht nach ihm. Das ist der Urheber allen Unheils, der verruchte Hugo, dem die Baskervilles ihren Höllenhund verdanken. Hugo werden wir bestimmt nicht so leicht vergessen.“

Ich drehte mich neugierig und ziemlich überrascht nach dem Bild um.

„Meine Güte“, sagte Holmes, „der sieht ja ganz sanft und ruhig aus. In seinen Augen scheint allerdings etwas Dämonisches zu liegen. Ich hatte ihn mir bloß kräftiger und viel wilder vorgestellt.“

„Es besteht kein Zweifel, dass das Bild wirklich ihn darstellt.

Sein Name und die Jahreszahl 1647 stehen auf der Rückseite der Leinwand."

Holmes sagte nicht mehr viel während des Essens, aber das Bild des alten Wüstlings schien eine merkwürdige Anziehung auf ihn auszuüben, und er sah immer wieder hin. Erst später, als sich Sir Henry auf sein Zimmer begeben hatte, kam ich seinen Gedanken auf die Spur. Er führte mich, die Kerze in der Hand, wieder in den Speisesaal zurück und beleuchtete das vom Alter dunkel gewordene Porträt an der Wand.

„Fällt dir etwas daran auf?"

Ich betrachtete genau den breiten Federhut, die langen Locken, den weißen Spitzenkragen und das dazwischen eingeschlossene lange, ernste Gesicht. Es war nicht brutal, aber spöttisch, hart und grausam, die dünnen Lippen waren fest aufeinandergepresst, und das Auge blickte kalt und herrschsüchtig.

„Erinnert dich das Bild an einen, den du kennst?"

„Das Kinn erinnert an Sir Henry."

„Ja, ein bisschen vielleicht. Aber warte mal!"

Er stieg auf einen Stuhl und verdeckte mit dem gekrümmten rechten Arm Hut und Locken, während er mit der Linken die Kerze näher an das Bild hielt.

„Lieber Gott!", rief ich erstaunt. Von der Leinwand starrte mich Stapletons Gesicht an.

„Aha, jetzt siehst du es auch. Ich habe mich darin geübt, bei einem Gesicht die Züge zu sehen und nicht das Drum und Dran. Wer einen Verbrecher aufspüren will, muss vor allen Dingen eine Verkleidung durchschauen können."

„Aber das ist ja eine märchenhafte Ähnlichkeit. Es könnte sein Porträt sein."

„Ja, es ist ein interessantes Beispiel der Wiederholungen, die die Natur zuweilen liebt. In diesem Fall scheinen nicht nur die körperlichen, sondern auch die charakterlichen Eigenschaften wiedererstanden zu sein. Eine Untersuchung von Familienporträts könnte genügen, um einen zur Theorie der Reinkarnation zu bekehren. Der Bursche ist ein Baskerville, das ist völlig klar."

„Mit Absichten auf die Erbschaft."

„Natürlich. Die zufällige Entdeckung dieses Bildes hat mir eins der wichtigsten Beweisglieder geliefert. Wir haben ihn, Watson, wir haben ihn, und ich schwöre, dass er vor morgen Abend so hilflos wie einer von seinen Schmetterlingen im Netz zappeln wird. Eine Nadel, ein Stück Kork, ein Zettelchen, und wir können ihn unserer Baker-Street-Sammlung einverleiben!"

Mit diesen Worten kehrte Holmes dem Bilde den Rücken und brach in ein Gelächter aus. Er lachte selten, und wenn er es tat, bedeutete sein Lachen nichts Gutes für den, dem es galt.

Am anderen Morgen stand ich früh auf, aber Holmes war noch zeitiger aufgestanden, denn als ich mich ankleidete, sah ich ihn über die Auffahrt in das Schloss zurückkehren.

„Ja, heute haben wir ein tüchtiges Tagewerk vor uns", bemerkte er und rieb sich die Hände. „Die Netze sind alle aufgespannt, und der letzte Akt kann beginnen. Ehe der Tag zu Ende ist, werden wir wissen, ob wir den Hecht gefangen haben oder ob er uns durch die Maschen gegangen ist."

„Bist du schon auf dem Moor gewesen?"

„Ich habe von Grimpen aus einen Bericht über Seldens Tod nach Princetown geschickt. Ich glaube versprechen zu können, dass keiner von euch mit dieser Sache behelligt werden wird. Ich habe auch meinem guten Cartwright Bescheid gesagt, der Junge hätte sich sonst vor die Schwelle meiner Hütte gelegt und wie ein Hund auf dem Grab seines Herrn gewartet, wenn ich ihn nicht über mein Schicksal beruhigt hätte."

„Was müssen wir zunächst tun?"

„Sir Henry aufsuchen. Ah, da ist er ja!"

„Guten Morgen, Holmes!", rief Sir Henry. „Sie sehen aus wie ein General, der mit seinem Stabschef den Plan einer Schlacht bespricht."

„Der Vergleich ist richtig. Watson wollte meine Befehle einholen."

„Ich auch."

„Sehr gut. Wenn ich recht verstanden habe, sind Sie heute Abend bei den Stapletons zum Essen eingeladen."

„Ich hoffe, Sie kommen auch mit. Es sind sehr gastfreundliche Leute, und sie würden sich freuen, Sie ebenfalls zu sehen."

„Ich fürchte, Watson und ich müssen nach London fahren."

„Nach London?“

„Ja, ich glaube, wir können dort jetzt mehr von Nutzen sein.“

Das Gesicht des Baronets wurde merklich länger. „Ich hoffte, Sie würden mir in dieser Sache beistehen, bis sie zu Ende ist. Das Schloss und das Moor sind kein angenehmer Aufenthalt, wenn man allein ist.“

„Mein lieber Freund, Sie müssen mir ohne Bedenken Ihr ganzes Vertrauen schenken und genau das tun, was ich Ihnen sage. Sie könnten Ihren Freunden ausrichten, dass wir gern mit Ihnen gekommen wären, aber eine dringende Sache hätte unsere Anwesenheit in London erforderlich gemacht. Wir hofften, sehr bald nach Devonshire zurückzukehren. Wollen Sie nicht vergessen, das zu sagen?“

„Wenn Sie es durchaus wünschen.“

„Ich versichere Ihnen, es ist unbedingt notwendig.“

Es war Sir Henry anzumerken, dass er unsere Abreise als Fahnenflucht betrachtete und dass sie ihn tief verletzte.

„Wann gedenken Sie zu reisen?“, fragte er gekränkt.

„Gleich nach dem Frühstück. Wir fahren nach Coombe Tracey, aber Watson lässt sein Gepäck hier. Da haben Sie ein Pfand, dass er wiederkommt. Watson, willst du Stapleton eine Zeile schreiben, dass du zu deinem Bedauern nicht kommen kannst?“

„Ich habe die größte Lust, mit Ihnen nach London zu fahren“, sagte Sir Henry. „Warum soll ich allein hierbleiben?“

„Weil hier Ihr Posten ist. Weil Sie mir Ihr Wort gegeben haben, zu tun, was ich sage. Und ich sage Ihnen, Sie müssen hierbleiben.“

„Also gut, ich bleibe.“

„Noch eins. Ich wünsche, dass Sie mit dem Wagen nach Merripit House fahren. Schicken Sie aber von dort aus Ihren Wagen zurück, und sagen Sie den Stapletons, dass Sie die Absicht haben, zu Fuß nach Hause zu gehen.“

„Zu Fuß über das Moor?“

„Ja.“

„Aber gerade davor haben Sie mich so oft gewarnt.“

„Diesmal können Sie es in aller Sicherheit tun. Wenn ich nicht volles Vertrauen zu Ihren Nerven und zu Ihrem Mut hätte, würde ich es nicht vorschlagen, aber es kommt alles darauf an, dass Sie es tun."

„Ich bin einverstanden."

„Und wenn Ihnen Ihr Leben lieb ist, dann gehen Sie nicht in beliebiger Richtung über das Moor, sondern benutzen keinen anderen Weg als den Fußweg, der von Merripit House nach der Grimpener Landstraße führt und der auch Ihr natürlichster, geradester Heimweg ist."

„Ich werde genau befolgen, was Sie sagen."

„Sehr gut. Es wäre mir lieb, so schnell wie möglich nach dem Frühstück abzufahren, damit ich nachmittags in London bin."

Ich war über Holmes' Anordnungen sehr erstaunt, obwohl er am Abend vorher schon zu Stapleton gesagt hatte, sein Besuch würde nur bis zum Morgen dauern. Ich hätte aber nicht gedacht, dass er mich nach London mitnehmen würde, und vor allem konnte ich nicht begreifen, dass wir uns beide in diesem Augenblick, den er selbst als den kritischen bezeichnet hatte, entfernen sollten. Natürlich blieb mir nichts anderes übrig, als ihm blindlings zu gehorchen. Wir verabschiedeten uns von unserem verstimmten Freund und waren ein paar Stunden später auf dem Bahnhof von Coombe Tracey. Von dort aus schickten wir den Wagen nach Baskerville Hall zurück. Ein kleiner Junge wartete auf dem Bahnsteig.

„Haben Sie Befehle für mich, Sir?"

„Du fährst mit diesem Zug nach London, Cartwright. Sobald du angekommen bist, schickst du in meinem Namen an Sir Henry Baskerville ein Telegramm: Wenn er ein Notizbuch, das ich verloren habe, findet, soll er es eingeschrieben nach der Baker Street schicken."

„Jawohl, Sir."

„Und frage hier im Stationsbüro, ob etwas für mich angekommen ist."

Der Junge kam mit einem Telegramm zurück, das Holmes mir hinreichte. Es lautete: TELEGRAMM ERHALTEN. KOMME MIT VERHAFTUNGSBEFEHL. TREFFE FÜNF UHR VIERZIG EIN. LESTRADE.

„Das ist die Antwort auf mein Telegramm von heute früh. Lestrade ist meiner Ansicht nach der tüchtigste unter den Berufspolizisten, und wir werden vielleicht seinen Beistand nötig haben.

Und nun, Watson, können wir unsere Zeit wohl nicht besser verwenden, als bei deiner Bekannten, Mrs Lyons, einen Besuch zu machen."

Sein Feldzugsplan begann mir jetzt klar zu werden. Ich war aber auch unverbesserlich, dass ich ihm immer wieder auf den Leim ging. Wenn Sir Henry den Stapletons gegenüber das aus London eingetroffene Telegramm erwähnte, musste sie das in Sicherheit wiegen. Mir war, als sähe ich bereits das Netz sich immer dichter um den gefährlichen Hecht schließen.

Mrs Laura Lyons war in ihrem Arbeitszimmer, und Sherlock Holmes eröffnete das Gespräch mit einer Freimütigkeit und Direktheit, die sie verblüfften.

„Ich untersuche die Umstände, unter denen der Tod von Sir Charles Baskerville erfolgt ist", sagte er. „Mein Freund hier, Dr. Watson, hat mir mitgeteilt, was Sie ihm darüber sagten, und auch, was Sie ihm verschwiegen."

„Was soll ich ihm verschwiegen haben?", fragte sie.

„Sie gaben zu, dass Sie Sir Charles gebeten haben, Sie um zehn Uhr an der Pforte zu erwarten. Wir wissen, dass er um diese Stunde und an diesem Ort den Tod fand. Sie haben verschwiegen, welche Verbindung zwischen diesen beiden Umständen bestand."

„Es besteht keine Verbindung."

„In diesem Fall muss das Zusammentreffen wirklich ungewöhnlich genannt werden. Aber ich glaube, wir werden den Zusammenhang doch noch feststellen. Ich möchte ganz offen zu Ihnen sein, Mrs Lyons. Unserer Ansicht nach handelte es sich um einen Mord, und in die Untersuchung wird wohl nicht nur Ihr Freund, Mr Stapleton, sondern auch seine Frau verwickelt werden."

Mrs Lyons sprang auf und rief: „Seine Frau?"

„Die Tatsache ist kein Geheimnis mehr. Die Dame, die als seine Schwester galt, ist in Wirklichkeit seine Frau."

Mrs Lyons hatte sich wieder gesetzt. Ihre Hände umkrampften die Armlehnen ihres Stuhls, und ich sah, dass ihre rosigen Fingernägel von dem Druck weiß wurden.

„Seine Frau!", wiederholte sie. „Seine Frau! Er war ja niemals verheiratet."

Sherlock Holmes zuckte die Achseln.

„Beweisen Sie es mir! Beweisen Sie es mir! Und wenn Sie das können ...!“ Der Blitz, der aus ihren Augen sprühte, sprach deutlicher als Worte.

„Ich war auf diese Forderung gefasst und habe mich darauf vorbereitet“, sagte Holmes und zog einige Papiere aus der Tasche. „Hier ist eine Fotografie des Paares, vor vier Jahren in New York aufgenommen. Auf der Rückseite steht ‚Mr und Mrs Vandeleur‘, und Sie werden ihn ohne Weiteres erkennen und sie ebenfalls, wenn sie Ihnen von Ansehen bekannt ist. Hier sind von drei zuverlässigen Zeugen Beschreibungen des Aussehens von Mr und Mrs Vandeleur, die damals die Privatschule Sankt Oliver leiteten. Lesen Sie sie, und sagen Sie mir dann, ob Sie noch zweifeln.“

Sie überflog das Schriftstück und sah uns dann mit dem starren Gesicht einer Verzweifelten an.

„Mr Holmes“, sagte sie, „dieser Mann hatte mir die Ehe versprochen, wenn ich die Scheidung von meinem Mann durchsetzen könnte. Er hat mich belogen, der Schurke, auf jede erdenkliche Weise belogen. Kein wahres Wort hat er mir gesagt. Und warum? Ich bildete mir ein, es geschehe um meinetwillen. Aber nun sehe ich, dass ich nur ein Werkzeug in seiner Hand war. Warum sollte ich jetzt noch zu ihm stehen? Warum sollte ich versuchen, ihn vor den Folgen seiner Untaten zu bewahren? Fragen Sie mich nach allem, was Sie wissen wollen, ich werde nichts verschweigen. Aber eins schwöre ich Ihnen: Als ich jenen Brief schrieb, dachte ich nicht daran, dem alten Herrn etwas zuleide zu tun.“

„Davon bin ich völlig überzeugt, Mrs Lyons“, sagte Sherlock Holmes. „Die Erzählung der ganzen Vorgänge wird Ihnen unangenehm sein; vielleicht ist es Ihnen lieber, wenn ich Ihnen sage, was geschehen ist, und wenn mir dabei ein Irrtum unterläuft, können Sie mich berichtigen. Stapleton schlug Ihnen vor, den Brief zu schreiben?“

„Er diktierte ihn.“

„Als Grund gab er vermutlich an, Sir Charles möchte Ihnen ein Darlehen geben, um die Kosten Ihrer Scheidung zu decken?“

„Ganz recht.“

„Als Sie dann den Brief abgesandt hatten, redete er Ihnen zu, die Verabredung nicht einzuhalten?“

„Er sagte mir, es kränke seinen Stolz, dass ein anderer Geld zu diesem Zweck gebe, und er, obwohl selbst arm, wolle den letzten Shilling hergeben, um die Hindernisse zu beseitigen, die uns trennten."

„Ein zielbewusster Charakter, das muss man sagen. Und dann hörten Sie nichts mehr, bis Sie den Bericht über Sir Charles' Tod in der Zeitung lasen?"

„Nein."

„Und er ließ Sie schwören, dass Sie nichts von Ihrer Verabredung mit Sir Charles sagen würden?"

„Ja. Er sagte, der Tod sei sehr rätselhaft und ich würde bestimmt in Verdacht geraten, wenn etwas von der Verabredung bekannt würde. Er schüchterte mich ein, sodass ich schwieg."

„So dachte ich es mir. Aber Sie hatten einen Argwohn?"

Sie zögerte und schlug die Augen nieder. „Ich kannte ihn", sagte sie. „Aber wenn er sein Wort gehalten hätte, dann hätte ich das meinige nie gebrochen."

„Ich glaube, Sie können von Glück sagen, dass Sie so davongekommen sind!", sagte Sherlock Holmes. „Sie haben ihn in Ihrer Gewalt gehabt, er wusste das, und Sie sind trotzdem am Leben. Sie sind monatelang dicht am Rande des Abgrunds entlanggegangen. Wir müssen uns nun verabschieden, Mrs Lyons, wahrscheinlich werden Sie bald wieder von uns hören. Guten Morgen!"

„Unser Fall rundet sich immer mehr ab, und eine Schwierigkeit nach der anderen verschwindet", sagte Holmes, als wir auf dem Bahnhof standen und den von London kommenden Schnellzug erwarteten. „Ich werde bald in der Lage sein, eins der seltsamsten und sensationellsten Verbrechen der Gegenwart zusammenhängend aufzuklären. Wer sich für Kriminalistik interessiert, wird sich ähnlicher Fälle erinnern, zum Beispiel des Verbrechens von Grodno im Jahre 1866 und der Andersonschen Morde in Nordcarolina, aber unser Fall weist einige Züge auf, die in ihrer Art ganz einzig sind. Selbst jetzt haben wir noch keinen bündigen Beweis gegen diesen schlauen Verbrecher. Aber es sollte mich außerordentlich wundern, wenn nicht heute Nacht alles vollkommen aufgeklärt ist."

In diesem Augenblick kam der Schnellzug aus London in den

Bahnhof gebraust. Als er hielt, sprang ein kleiner, kräftiger Mann aus einem Abteil der ersten Klasse. Wir schüttelten uns alle drei die Hand, und ich erkannte sofort aus der ehrerbietigen Art, mit der Lestrade meinen Freund ansah, dass er seit unserem ersten Zusammenarbeiten viel gelernt hatte. Ich erinnerte mich noch gut des Spottes, mit dem er als Praktiker die Theorien meines zum Grübeln neigenden Freundes abgetan hatte.

„Haben Sie etwas Gutes für mich?“, fragte Lestrade.

„Die größte Sache seit Jahren!“, antwortete Holmes. „Wir haben zwei Stunden Zeit, ehe wir anfangen müssen. Ich glaube, wir sollten einen Bissen essen, und dann, Lestrade, sollen Sie den Londoner Nebel aus Ihrer Kehle loswerden und dafür etwas reine Nachtluft vom Moor einatmen. Sie waren noch nie hier? Na, dann werden Sie Ihren ersten Besuch schwerlich vergessen.“

Der Hund von Baskerville

Zu Sherlock Holmes' Fehlern – wenn man es einen Fehler nennen will – gehörte, dass er eine große Abneigung dagegen hatte, von seinen Plänen vorher etwas mitzuteilen. Zum Teil beruhte es auf der Überlegenheit seiner Person, er liebte es, sich als Herr und Meister zu zeigen und seine Umgebung zu überraschen. Zum anderen Teil lag es an der ihm eigenen und in seinem Beruf fördernden Vorsicht; er wollte nichts auf unvorhergesehene Zufälle ankommen lassen. Das Ergebnis war eine Geduldsprobe für seine Helfer und Mitarbeiter. Ich habe schon oft darunter gelitten, aber nie so sehr wie während unserer langen Fahrt in der Dunkelheit. Der große Schlag stand unmittelbar bevor, endlich sollte die Entscheidung fallen, und doch hatte Holmes kein Wort gesagt, und ich konnte nur vermuten, was er beabsichtigte. Meine Nerven waren bis zur Unerträglichkeit angespannt, als mir zuletzt der kalte Wind im Gesicht und die düsteren weiten Flächen zu beiden Seiten des schmalen Weges sagten, dass wir wieder auf dem Moor angelangt waren. Mit jeder Umdrehung der Räder kamen wir dem Ende unseres Abenteuers näher.

Wir mussten unserem Gespräch Zwang antun und durften nur von gleichgültigen Dingen sprechen, da der Kutscher auf dem Bock des gemieteten Wagens jedes Wort hören konnte. Zu meiner Erleichterung fuhren wir endlich an Franklands Haus vorüber und näherten uns Baskerville Hall und dem Schauplatz der Handlung. Wir fuhren nicht vor, sondern ließen in der Nähe des Alleetors halten, wo wir den Kutscher entlohnten und nach Coombe Tracey zurückschickten. Wir selbst machten uns zu Fuß auf den Weg nach Merripit House.

„Sind Sie bewaffnet, Lestrade?"

Lächelnd antwortete dieser: „Solange ich meine Hosen anhabe,

habe ich eine Hüfttasche, und solange ich meine Hüfttasche habe, ist auch etwas drin."

„Gut! Mein Freund und ich haben uns auch gesichert."

„Sie sind ja sehr verschwiegen, Mr Holmes. Mit was für einem Spiel haben wir es denn zu tun?"

„Mit einem Geduldsspiel."

„Wahrhaftig, das scheint hier keine nette Gegend zu sein", sagte Lestrade, zog schauernd seinen Mantel zusammen und warf einen Blick auf die düstere Hügelkette und den riesigen Nebelsee, der über dem Grimpener Loch lag. „Vor uns sehe ich die Lichter des Hauses."

„Das ist Merripit House und das Ziel unserer Wanderung. Ich muss Sie ersuchen, auf den Zehenspitzen zu gehen und nur noch zu flüstern."

Vorsichtig gingen wir den Fußweg entlang auf das Haus zu, aber als wir etwa zweihundert Meter davon entfernt waren, hielt uns Holmes zurück.

„Das genügt", sagte er. „Die Felsen rechts geben ein ausgezeichnetes Versteck ab."

„Müssen wir hier warten?"

„Ja, hier wollen wir uns in den Hinterhalt legen. Gehen Sie in diese kleine Höhle hinein, Lestrade. Du bist in dem Haus gewesen, Watson. Kannst du die Lage der verschiedenen Zimmer angeben? Was sind die Gitterfenster an der Ecke dort?"

„Ich glaube, es sind die Küchenfenster."

„Und das helle Fenster da?"

„Das ist bestimmt das Speisezimmer."

„Die Vorhänge sind zurückgezogen. Du weißt hier am besten Bescheid. Schleich dich heran, und sieh nach, was sie tun – aber lass sie um Gottes willen nicht merken, dass sie beobachtet werden!"

Ich ging auf den Zehenspitzen den Pfad entlang und duckte mich dann hinter die niedrige Mauer, die den verwahrlosten Obstgarten umgab. An dieser entlangkriechend, gelangte ich an eine Stelle, von der ich ungehindert in das gardinenlose Fenster hineinsehen konnte.

In dem Zimmer befanden sich nur Sir Henry und Stapleton. Sie saßen an dem runden Tisch einander gegenüber, ich sah sie von der Seite. Beide rauchten Zigarren, und vor ihnen standen Kaffeetassen und Weingläser. Stapleton sprach lebhaft, aber Sir Henry sah blass und zerstreut aus. Vielleicht lag ihm der Gedanke an die bevorstehende Wanderung über das einsame Moor auf der Seele.

Während ich sie beobachtete, erhob sich Stapleton und verließ das Zimmer; Sir Henry füllte sein Glas, lehnte sich zurück und zog an seiner Zigarre. Ich hörte eine Tür knarren; dann knirschten Schritte auf dem Kies. Die Schritte kamen auf der anderen Seite der Mauer entlang, hinter der ich kauerte. Als sie vorbei waren, sah ich über die Mauer. Der Naturforscher stand vor der Tür eines kleinen Gebäudes in der Ecke des Obstgartens. Ein Schlüssel drehte sich im Schloss, er trat ein. Ich hörte ein eigentümliches rasselndes Geräusch in dem kleinen Gebäude. Er verweilte nur ganz kurze Zeit, und dann hörte ich ihn abschließen und zurückkehren. Als er wieder in dem Zimmer erschien, in dem Sir Henry auf ihn wartete, kroch ich leise zu meinen Gefährten zurück und berichtete, was ich gesehen hatte.

„Und die Dame saß nicht bei ihnen?“, fragte Holmes, als ich mit meinem Bericht fertig war.

„Nein.“

„Wo kann sie denn nur sein? Es ist ja in keinem anderen Raum Licht als im Speisezimmer und in der Küche.“

„Ich habe keine Ahnung.“

Wie schon erwähnt, lagerte dichter Nebel über dem Grimpener Loch. Er wälzte sich jetzt langsam in unsere Richtung und stand in einiger Entfernung wie eine niedrige weiße, scharf abgegrenzte Wand. Der Mond beschien sie, und sie glich einem großen schimmernden Gletscher. Die Felsspitzen, die daraus hervorragten, glichen den Steinblöcken, die von solchem wandernden Eis getragen werden. Holmes beobachtete diese Nebelfläche, und ich hörte ihn unwillig brummen, als sie sich allmählich immer näher an uns heranschob.

„Es kommt auf uns zu, Watson.“

„Stört das?“

„Allerdings. Es ist das Einzige auf der Welt, was meine Pläne stören könnte. Er kann jetzt nicht mehr lange bleiben, denn es ist bereits zehn Uhr. Unser Erfolg und vielleicht sein Leben hängen davon ab, dass er das Haus verlässt, ehe der Nebel den Weg bedeckt."

Der Nachthimmel stand in klarer Schönheit über uns. In der Kälte funkelten die Sterne hell, während der Halbmond die Landschaft mit einem sanften, ungewissen Licht übergoss. Vor uns lag die dunkle Masse des Hauses; das Giebeldach und die hohen Schornsteine hoben sich scharf vom sternbedeckten Himmel ab. Breite Lichtstreifen ergossen sich golden aus den Fenstern des Erdgeschosses über den Garten und das Moor. Plötzlich verschwand einer dieser Streifen. Die Dienstboten hatten die Küche verlassen. Es blieb nur noch im Speisezimmer hell, in dem die beiden Männer saßen, der mörderische Gastgeber und der ahnungslose Gast, und bei ihren Zigarren plauderten. Mit jeder Minute schob sich die weiße, wattige Fläche, die bereits die Hälfte des Moores bedeckte, näher an das Haus heran. Schon kräuselten sich die ersten feinen Ausläufer des Nebels vor dem goldenen Viereck des erleuchteten Fensters. Die rückwärtige Mauer des Obstgartens war bereits unsichtbar, und die Bäume erhoben sich aus einem brodelnden weißen Dampf. Schon wälzten sich Nebelstreifen um beide Ecken des Hauses herum und vereinigten sich zu einer dichten Wolkenbank, auf der das obere Stockwerk mit dem Dach wie ein seltsames Schiff auf einem gespenstischen Meer schwamm. Holmes schlug aufgeregt mit der Faust auf den Felsen, der uns als Versteck diente, und stampfte vor Ungeduld mit dem Fuß.

„Wenn er nicht innerhalb einer Viertelstunde draußen ist, wird der Weg mit Nebel bedeckt sein. In einer halben Stunde können wir keine Hand mehr vor Augen sehen."

„Wollen wir uns nicht etwas zurückziehen? Hinter uns steigt der Boden an."

„Ja, das wird wohl das Beste sein."

Wir wichen also vor der Nebelbank zurück, bis wir ungefähr eine halbe Meile vom Hause entfernt waren. Noch immer kroch die weiße Masse mit der mondbeglänzten Oberfläche näher an uns heran, unerbittlich immer näher.

„Wir gehen zu weit", sagte Holmes. „Wir dürfen es nicht darauf ankommen lassen, dass er eingeholt wird, ehe er an unser Versteck gelangt ist. Hier, wo wir sind, müssen wir auf alle Fälle bleiben." Er ließ sich auf die Knie nieder und hielt ein Ohr an den Erdboden. „Gott sei Dank, ich glaube, ich höre ihn."

Wirklich wurden jetzt schnelle Schritte in der Stille des Moors hörbar. An die Felsblöcke geschmiegt, beobachteten wir die Nebelbank, die vor uns lag. Die Schritte wurden lauter, und mit einem Mal trat aus dem weißen Nebel der Mann heraus, auf den wir warteten. Er sah sich überrascht um, als er sich plötzlich in einer klaren, sternbeglänzten Nacht wiederfand. Dann eilte er raschen Schrittes auf dem Pfad dahin, an unserem Versteck vorbei und den Hügel hinauf, der sich sanft ansteigend hinter uns erstreckte. Während er vorwärts eilte, sah er sich wiederholt um, wie ein Mann, der keine Ruhe hat.

„Pst!", machte Holmes plötzlich, und ich hörte, wie er seine Pistole zog. „Passt auf! Er kommt!"

In der heranschleichenden Nebelmasse hörten wir ein leises, aber deutliches und rasches Getrappel. Die Nebelbank lag fünfzig Meter vor uns, und wir starrten alle drei die weiße Fläche an. Was für ein Gräuel würde aus ihr auftauchen? Ich lag an Holmes' Seite und warf einen schnellen Blick in sein Gesicht. Er war blass, aber offenbar frohlockte er innerlich, denn seine Augen glänzten. Plötzlich aber stierte er entsetzt, und seine Lippen öffneten sich vor Erstaunen. Im gleichen Augenblick stieß Lestrade einen Schreckensschrei aus und warf sich mit dem Gesicht auf die Erde. Ich sprang auf, meine zitternde Hand umklammerte den Griff der Pistole, aber ich konnte nicht schießen, denn mein Verstand war gelähmt vom Anblick des grausigen Geschöpfes, das aus dem Nebel hervorgesprungen kam. Es war ein Hund, ein riesiger pechschwarzer Hund, aber ein Hund, wie ihn noch keines Menschen Auge gesehen hat. Feuer sprühte aus seinem offenen Rachen, die Augen glühten, Lefzen und Wamme waren von hellem Glast umloht. Ein Wahnsinniger konnte sich in seinen Träumen kein wilderes, grausigeres Untier ausmalen. Wie eine Ausgeburt der Hölle brach die Bestie aus dem Nebel hervor.

Mit langen Sätzen sprang der riesige schwarze Hund den Weg entlang, unserem Freund dicht auf den Fersen. Wir waren durch die Erscheinung so gelähmt, dass der Hund schon an uns

vorbei war, ehe wir wieder zur Besinnung kamen. Dann schossen Holmes und ich gleichzeitig, und ein schauerliches Geheul bewies uns, dass mindestens einer von uns getroffen haben musste. Doch ließ der Hund nicht von der Verfolgung ab, sondern jagte mit unverminderter Schnelligkeit weiter. In ziemlicher Entfernung sahen wir Sir Henry auf dem Weg stehen; er sah sich mit kreidebleichem Gesicht um, die Hände hatte er voller Entsetzen emporgehoben, und er starrte hilflos auf das Ungeheuer, das auf ihn lossprang.

Aber das Schmerzgeheul des Hundes nahm uns alle Furcht. Wenn er verwundbar war, war er ein Erdengeschöpf, und wenn wir ihn verwunden konnten, dann konnten wir ihn auch töten. Niemals habe ich einen Menschen so rennen sehen, wie Holmes in dieser Nacht rannte. Ich halte mich für einen guten Läufer, aber ich blieb so weit hinter meinem Freund zurück wie der kleine Lestrade hinter mir. Vor uns hörten wir Schrei auf Schrei, die gellenden Rufe Sir Henrys und dazwischen das tiefe Gebell des Hundes. Ich kam gerade rechtzeitig, um zu sehen, wie das Tier Sir Henry ansprang, ihn zu Boden warf und ihm an die Kehle fuhr. Aber in der nächsten Sekunde hatte Holmes dem Hund fünf Kugeln in die Flanke gejagt. Mit einem letzten Todesgeheul und noch einmal um sich beißend, rollte der Hund auf den Rücken, ruderte wild mit den Beinen durch die Luft und fiel dann regungslos auf die Seite. Keuchend sprang ich an das Tier heran und hielt den Lauf meiner Waffe an den fürchterlichen glimmenden Kopf. Aber ich brauchte nicht mehr abzudrücken. Der riesige Hund war tot.

Sir Henry lag bewusstlos auf der Stelle, wo er hingesunken war. Wir rissen ihm den Kragen auf, und Holmes stammelte ein Dankgebet, als wir sahen, dass keine Wunde vorhanden und unsere Hilfe noch rechtzeitig gekommen war. Schon zitterten die Augenlider unseres Freundes, und er machte einen schwachen Versuch, sich zu bewegen. Lestrade schob ihm seine Taschenflasche zwischen die Zähne, dann sahen zwei ängstliche Augen uns an.

„Mein Gott“, flüsterte er, „was war das? Was um Himmels willen war das?“

„Was es auch gewesen sein mag, es ist endgültig tot“, sagte Holmes. „Wir haben das Familiengespenst für immer zur Strecke gebracht.“

Das Tier, das ausgestreckt vor uns lag, war schrecklich in seiner Größe und Stärke. Es war kein reinrassiger Bluthund und keine reinrassige Dogge, sondern schien aus einer Kreuzung beider Rassen hervorgegangen zu sein, ein dürres, zottiges Geschöpf von der Größe einer Löwin. Noch jetzt im Tod schien von den riesigen Kiefern ein bläuliches Feuer zu triefen, und die kleinen, tief liegenden, grausamen Augen waren von Feuerringen umgeben. Ich legte meine Hand auf die glühende Schnauze, und als ich sie in die Höhe hob, rauchten meine eigenen Finger und schimmerten feurig in der Dunkelheit.

„Phosphor", sagte ich.

„Ja, ein Phosphorpräparat, und ein sehr geschickt zubereitetes", sagte Holmes und beroch den Kopf des toten Tieres. „Es ist geruchlos und kann den Spürsinn des Hundes nicht beeinträchtigen. Wir müssen Sie um Entschuldigung bitten, Sir Henry, dass wir Sie der Gefahr eines so furchtbaren Schrecks ausgesetzt haben. Ich war auf einen Hund gefasst, aber nicht auf so eine Bestie. Und infolge des Nebels hatten wir nur einen kurzen Augenblick Zeit, sie mit Schüssen zu begrüßen."

„Sie haben mir das Leben gerettet."

„Nachdem ich es erst in Gefahr gebracht hatte. Sind Sie kräftig genug, um auf den Füßen stehen zu können?"

„Geben Sie mir noch einen Schluck von dem Whiskey, und ich bin zu allem bereit. So! Würden Sie mir aufhelfen? Was wollen Sie jetzt tun?"

„Sie hierlassen. Sie sind nicht imstande, in dieser Nacht noch mehr Abenteuer zu überstehen. Wenn Sie warten wollen, kann einer von uns Sie zu dem Schloss bringen."

Sir Henry versuchte, sich aufrecht zu halten, aber er war noch immer leichenblass und zitterte an allen Gliedern. Wir führten ihn zu einem Felsen; auf diesen setzte er sich und vergrub zusammenschauernd sein Gesicht in den Händen.

„Wir müssen Sie jetzt allein lassen", sagte Holmes. „Wir wollen unsere Arbeit zu Ende bringen, und dabei kommt es auf jeden Augenblick an."

„Es ist tausend gegen eins zu wetten, dass wir den Mann nicht in seinem Haus finden", fuhr Holmes fort, als wir den Weg nach

Merripit House entlangeilten. „Die Schüsse werden ihm verraten haben, dass er die Partie verloren hat."

„Wir waren ein ziemliches Stück vom Haus entfernt, und der Nebel hat vielleicht den Schall gedämpft."

„Er folgte dem Hund, um ihn sofort abzurufen – darauf können Sie sich verlassen, Lestrade. Nein, nein, er ist jetzt längst fort! Aber wir werden zur Sicherheit das Haus durchsuchen."

Das Tor stand offen; wir stürmten hinein und eilten von Zimmer zu Zimmer, zum größten Erstaunen des vor Angst zitternden Dieners, der uns im Flur entgegenkam. Nur im Speiseraum brannte Licht, aber Holmes nahm die Lampe vom Tisch und ließ keinen Winkel des Hauses undurchsucht. Nirgends sahen wir eine Spur von dem Mann, den wir suchten. Im Oberstock war eine der Zimmertüren verschlossen.

„Es ist jemand drin!", rief Lestrade. „Ich kann eine Bewegung hören. Machen Sie die Tür auf!"

Wir hörten drinnen ein leises Stöhnen und Rascheln. Holmes sprengte die Tür mit einem Fußtritt. Pistolen in der Hand, stürzten wir alle drei ins Zimmer.

Aber statt des verzweifelten Schurken erwartete uns ein so seltsamer und unerwarteter Anblick, dass wir sprachlos und wie festgebannt stehen blieben.

Das Zimmer war zu einem kleinen Museum hergerichtet; an den Wänden hingen Glaskästen, die die Schmetterlingssammlung dieses komplizierten, gefährlichen Menschen enthielten. Mitten im Raum stand ein Holzpfeiler, der den alten, wurmzerfressenen Dachbalken stützen musste. An diesem Pfeiler war eine menschliche Gestalt festgebunden, noch dazu so sehr mit Betttüchern vermummt, dass wir im Augenblick nicht sagen konnten, ob es ein Mann oder eine Frau war. Ein Handtuch war um die Kehle geschlungen und hinter dem Pfosten verknotet. Ein zweites bedeckte die untere Hälfte des Gesichts, und über diesem starrten uns zwei dunkle Augen entgegen, Augen voll Schmerz und Scham und Angst. In einem Augenblick hatten wir die Tücher weggerissen, und Mrs Stapleton sank zu Boden. Als sich ihr schönes Haupt auf ihre Brust neigte, sah ich auf ihrem Hals scharf und deutlich die roten Striemen vom Hieb einer Peitsche.

„Der rohe Schuft!“, rief Holmes. „Hier, Lestrade, schnell Ihre Whiskeyflasche! Helfen Sie ihr auf einen Stuhl! Sie ist ohnmächtig von den Misshandlungen und vor Erschöpfung.“

Nach einer Weile schlug sie die Augen auf und fragte:

„Ist er gerettet? Hat er sich in Sicherheit bringen können?“

„Er kann uns nicht entkommen.“

„Nein, nein, ich meine nicht meinen Mann. Aber Sir Henry – ist er in Sicherheit?“

„Ja.“

„Und der Hund?“

„Der ist tot.“

„Gott sei Dank!“, rief sie mit einem Seufzer der Erleichterung. „O dieser Schuft! Sehen Sie, wie er mich behandelt hat!“

Sie streifte die Ärmel zurück, und wir sahen mit Entsetzen, dass auch ihre Arme mit Striemen bedeckt waren.

„Aber das ist gar nichts. Wie hat er erst meine Seele gefoltert und gequält! All das konnte ich ertragen, Misshandlungen, Einsamkeit, ein Leben voller Enttäuschung, alles, solange ich noch die Hoffnung hatte, dass er mich liebte. Aber jetzt weiß ich, dass er mich auch darin hintergangen hat.“ Bei diesen Worten brach sie in heftiges Schluchzen aus.

„Sie haben viel von ihm erdulden müssen“, sagte Holmes. „So sagen Sie uns denn, wo wir ihn finden können. Wenn Sie ihm je bei seinem bösen Werk beigestanden haben, so helfen Sie jetzt uns, und machen Sie es damit wieder wett.“

„Es gibt nur einen Platz, wohin er geflohen sein kann“, sagte sie. „Auf einer Insel mitten im Sumpf des Grimpener Lochs ist eine alte Zinngrube. Dort hielt er seinen Hund verborgen, und dort hat er auch eine Zuflucht vorbereitet. Dorthin muss er geflohen sein.“

Der Nebel lag dick wie weiße Watte an den Fensterscheiben. Holmes streckte die Lampe nach dem Fenster aus und sagte: „Sehen Sie, niemand könnte in dieser Nacht einen Weg durch den Grimpener Sumpf finden.“

Sie schlug lachend die Hände zusammen. Ihre Zähne blitzten, und ihre Augen funkelten, als sie rief: „Den Weg hinein findet er vielleicht, aber nie und nimmer den Weg heraus! Wie kann er heute Nacht die Stecken finden, die wir beide zusammen eingepflanzt haben? Oh, hätte ich sie nur herausreißen können! Dann wäre er rettungslos in Ihre Hände gefallen.“

Wir sahen ein, dass an eine Verfolgung nicht zu denken war, solange der Nebel über dem Moor lag. Deshalb ließen wir Lestrade in Merripit House zurück, und Holmes und ich gingen mit Sir Henry nach Baskerville Hall. Wir konnten ihm die Wahrheit über die Stapletons nicht länger verschweigen. Er betrug sich tapfer, als er die Wahrheit über die Frau erfuhr, die er liebte. Die Abenteuer dieser Nacht waren aber zu viel für seine Nerven gewesen, und ehe der Morgen anbrach, fiel er in ein heftiges Fieber, und wir mussten ihn der Pflege Mortimers anvertrauen. Es sollte erst noch eine Weile dauern, ehe Sir Henry wieder der kräftige, gesunde Mann wurde, der er gewesen war, ehe er Baskerville Hall erbte.

Und nun komme ich schnell zum Schluss dieser gewiss nicht alltäglichen Geschichte, in der ich versucht habe, den Leser an den Sorgen und Ängsten teilnehmen zu lassen, die unser Leben so lange verdüsterten und die auf so tragische Weise endeten. Am Morgen nach dem Tod des Hundes hob sich der Nebel, und Mrs Stapleton führte uns zu der Stelle, wo der Naturforscher einen schmalen Weg durch den Sumpf entdeckt hatte. Was die Frau an der Seite des Verbrechers erlitten haben musste, erkannten wir an der Bereitwilligkeit, mit der sie uns auf die Spur ihres Mannes brachte. Wir ließen sie auf dem letzten Ausläufer des festen Bodens zurück, der sich in Gestalt einer schmalen Halbinsel in den Sumpf hinein erstreckte. Von hier aus gingen wir allein weiter. Ab und zu bezeichnete ein Stecken die Windungen des Pfades zwischen mit Entengrütze bedeckten Wasserlöchern und faulenden Tümpeln. Schlanke Binsen und üppige, schleimige Wasserpflanzen rochen nach Moder und Verwesung, und mehr als einmal ließ uns ein falscher Schritt bis über das Knie in dem schwarzen, breiigen Sumpf einsinken, der meterweit um uns unter unseren Schritten bebte. Das Moor saugte an den Absätzen unserer Schuhe, während wir gingen, und wenn wir einsanken, war es, als ob uns eine heimtückische Hand in diese ekligen Tiefen hinabzöge, so fest war der Griff des Morastes. Einmal sahen wir eine Spur, die uns zeigte, dass jemand den gefährlichen Weg vor uns gegangen war. Auf einem Büschel Riedgras, der das Untersinken verhindert hatte, lag ein dunkler Gegenstand. Holmes sank bis an den Leib in den Morast, als er den Weg verließ, um diesen Gegenstand zu ergreifen, und wären wir nicht gewesen, hätte sein Fuß nie wieder festen Boden betreten. Er hielt einen alten schwarzen Schuh in der Hand. Auf der Innenseite trug er den Stempel „Meyer, Toronto".

„Der Fund ist schon ein Schlammbad wert", sagte Holmes. „Es ist der abhandengekommene Schuh unseres Freundes Sir Henry."

„Und Stapleton hat ihn auf seiner Flucht hier weggeworfen."

„Ganz recht. Er behielt ihn in der Hand, nachdem er ihn benutzt hatte, um den Hund auf die Fährte zu bringen. Auf der Flucht, als er wusste, dass das Spiel verloren war, hielt er den Schuh noch immer unbewusst in der Hand. An dieser Stelle warf er ihn von sich. Nun wissen wir wenigstens so viel, dass er bis hierher gekommen ist."

Aber mehr sollten wir über Stapletons Schicksal überhaupt nicht erfahren. Wir waren nur auf Vermutungen angewiesen. Fußspuren im Sumpf konnten wir nicht finden, denn jede Höhlung wurde sofort wieder von Schlamm ausgefüllt. Aber als wir endlich auf festeren Grund kamen, sahen wir uns eifrig nach Spuren um. Wir fanden keine. Wenn der spurenlose Erdboden uns die Wahrheit sagte, dann hatte Stapleton niemals die Rettungsinsel erreicht, nach der er sich durch den Nebel der letzten Nacht durchzuschlagen versuchte. Irgendwo mitten im großen Grimpener Loch, tief im Morast versunken, liegt für immer dieser seltsame, furchtbare Mann begraben.

Dass er oft auf der schlammumgürteten Insel geweilt haben musste, ergab sich aus mancherlei Anzeichen. Von der verlassenen Zinngrube waren noch ein großes Rad und ein halb zugeschütteter Schacht übrig, daneben standen verfallene Reste der Bergmannshäuser. In einer dieser Hütten befanden sich eine Kette und ein großer Haufen abgenagter Knochen. Dort hatte der Hund gehaust. Ein Skelett mit einigen braunen Locken daran lag zwischen diesem Unrat.

„Ein Hund!", sagte Holmes. „Mein Gott, ein flockhaariger Wachtelhund! Der arme Mortimer wird sein Hündchen nie wiedersehen. Na, ich glaube nicht, dass diese Hütte noch Geheimnisse birgt, die wir nicht schon kennen. Er konnte seinen Hund verstecken, aber nicht zum Schweigen bringen. Daher diese Laute, die auch bei Tage unheimlich waren. Im Notfall hielt er den Hund auch in der Gartenbude von Merripit, aber das war immer riskant, und erst am letzten Tag, als er alles auf eine Karte setzte, wagte er es, den Hund in der Nähe seines Hauses zu verstecken. Der Brei in dieser Büchse da ist sicher die Leuchtfarbe, mit der er den Kopf des Tieres einrieb. Er benutzte diesen Trick, um Sir Charles zu Tode zu erschrecken. Kein Wunder, dass der arme Kerl von Sträfling schrie und ausriss, genau wie es unser Freund getan hat, als er so ein Geschöpf durch die Finsternis über das Moor auf sich zukommen sah. Der Plan war raffiniert, denn welcher Bauer, dem das Erlebnis nicht bestimmt war, hätte gewagt, so ein Ungeheuer näher zu untersuchen, wenn es ihm durch Zufall begegnet wäre, wie es ja mehrfach tatsächlich geschehen ist? Ich sage es immer wieder, Watson, wir haben nie einen gefährlicheren Mann gejagt als den, der dort unten liegt!“ Holmes wies auf die grüne Fläche des Sumpfes, die sich zu unseren Füßen weit bis an das feste rötliche Moorland erstreckte.

Ein Rückblick

Es war Ende November, und Holmes und ich saßen an einem kalten und nebligen Abend nebeneinander vor dem hellen Feuer, das im Wohnzimmerkamin in der Baker Street brannte. Seit dem dramatischen Ende unseres Besuchs in Devonshire hatte er sich mit zwei Fällen von größter Bedeutung befasst; beim ersten hatte er das schändliche Betragen des Obersten Upwood im Zusammenhang mit der berühmten Falschspielaffäre im Nonpareilklub enthüllt, beim zweiten hatte er die unglückliche Madame Montpensier vor der Mordanklage im Zusammenhang mit dem Tod ihrer Stieftochter, Mademoiselle Carère, gerettet; wie man sich erinnern wird, wurde die junge Dame sechs Monate später quicklebendig und glücklich verheiratet in New York entdeckt. Die Erfolge in diesen schwierigen und wichtigen Fällen hatten meinen Freund in beste Laune versetzt, sodass ich ihn dazu verleiten konnte, auf die Einzelheiten des Falles Baskerville zurückzukommen.

„Der Verlauf der Ereignisse", sagte Holmes, „erscheint vom Standpunkt des Mannes, der sich Stapleton nannte, einfach und übersichtlich; uns jedoch, die wir anfangs die Motive seiner Handlungen nicht kannten und nur einen Teil der Tatsachen erfuhren, erschien alles äußerst kompliziert. Ich habe zwei Unterredungen mit Mrs Stapleton geführt, und der Fall ist nun so vollständig aufgeklärt, dass meiner Ansicht nach nichts Rätselhaftes mehr übrig bleibt."

„Vielleicht könntest du mir aus dem Gedächtnis einen kurzen Überblick geben."

„Gewiss, obwohl ich nicht sicher bin, dass ich mich an alle Tatsachen genau erinnere. Äußerste geistige Konzentration löscht auf eine merkwürdige Weise Erinnerungen an Vergangenes aus. Ein Anwalt, der alle Tatsachen eines Falles im Kopf hat und mit den schärfsten Gegnern schlagfertig darüber diskutieren kann, wird feststellen, dass er nach ein oder zwei Wochen, die er mit anderen Sachen vor Gericht verbracht hat, von dem früheren Fall nichts mehr weiß. So ersetzt jeder meiner Fälle den vorhergehenden, und Mademoiselle Carère hat meine Erinnerung an Baskerville Hall verdrängt. Morgen nimmt mich vielleicht ein anderes kleines Problem in Anspruch, das wiederum dieses hübsche französische Mädchen und den grässlichen Upwood verdrängen wird. Was den Fall des Hundes von Baskerville betrifft, will ich sehr gern versuchen, so richtig wie nur irgend möglich die Ereignisse darzustellen, und du kannst mich darauf aufmerksam machen, wenn ich etwas vergessen haben sollte.

Meine Untersuchung ergab einwandfrei, dass das Familienporträt nicht log und dass dieser Mann tatsächlich ein Baskerville war. Er war ein Sohn jenes Rodger Baskerville, des jüngeren Bruders von Sir Charles, der vor seinem schlechten Ruf nach Südamerika floh, wo er angeblich als Unverheirateter gestorben ist. In Wirklichkeit hat er aber geheiratet und hatte ein Kind, unseren Mann, dessen wirklicher Name wie der seines Vaters lautete. Er heiratete eines der schönsten Mädchen von Costa Rica, Beryl Garcia. Nachdem er eine beträchtliche Summe von öffentlichen Geldern veruntreut hatte, nannte er sich Vandeleur und floh nach England, wo er in Yorkshire eine Schule aufmachte. Er kam auf diese Idee, weil er auf der Reise einen kranken Lehrer kennenlernte, dessen Fähigkeiten er dann zum Vorteil des Unternehmens ausnutzte. Dieser Lehrer, Fraser, starb jedoch, und die Schule verlor völlig ihren Ruf. Die Vandeleurs hielten es für angebracht, sich fortan Stapleton zu nennen, und er brachte den Rest seines Vermögens, seine Zukunftspläne und seine Vorliebe für die Schmetterlingskunde mit nach Südengland. Ich erfuhr durch das Britische Museum, dass er eine anerkannte Autorität auf seinem Gebiet war und dass nach ihm eine Schmetterlingsart benannt ist, die er in seiner Zeit in Yorkshire als Erster beschrieben hat.

Wir kommen nun zu dem Abschnitt seines Lebens, der so interessant für uns geworden ist. Stapleton hatte offenbar Nachforschungen angestellt und herausgefunden, dass nur zwei Personen zwischen ihm und einem wertvollen Erbe standen. Als er nach Devonshire kam, waren seine Pläne wohl noch gar nicht fest umrissen, aber aus der Tatsache, dass er seine Frau gleich von Anfang an zu seiner Schwester erklärte, geht hervor, dass er etwas im Schilde führte. Die Idee, sie als Köder zu verwenden, existierte schon, wenn er auch noch nicht sicher war, wie er die Einzelheiten ausführen würde. Er war entschlossen, sich des Erbes unter allen Umständen zu bemächtigen, und war gewillt, jedes Risiko einzugehen, um dieses Ziel zu verwirklichen. Sein erster Schritt war, sich so nahe wie möglich bei dem Sitz seiner Ahnen niederzulassen, sein zweiter, sich mit Sir Charles Baskerville und den Nachbarn anzufreunden.

Sir Charles erzählte ihm die Familiensage von dem Höllenhund und bestimmte damit selbst seine Todesart. Stapleton, wie ich ihn weiterhin nennen will, wusste, dass das Herz des alten Mannes schwach war und dass ein Schock ihn töten würde. Das hatte er von Dr. Mortimer gehört. Er wusste auch, dass Sir Charles abergläubisch war und die Familiensage ernst nahm. Mit seinem Einfallsreichtum ersann er einen Weg, Sir Charles umzubringen, ohne dass es möglich sein würde, dem Mörder die Schuld nachzuweisen.

Diese Idee führte er mit beträchtlichem Raffinement aus. Ein gewöhnlicher Verbrecher hätte sich mit einem wilden Hund begnügt; ihm mit künstlichen Mitteln ein teuflisches Aussehen zu geben war Stapletons Geniestreich. Er kaufte den Hund in London bei Ross und Mangles, der Tierhandlung in der Fulham Road, und brachte ihn von einer entfernten Bahnstation zu Fuß über das Moor, um nicht aufzufallen. Auf seinen Schmetterlingsjagden hatte er schon das Grimpener Loch erforscht und kannte daher ein sicheres Versteck für den Hund. Er sperrte ihn dort ein und wartete eine günstige Gelegenheit ab.

Aber diese ließ auf sich warten. Der alte Herr war nachts nicht von seinem Grundstück fortzulocken. Mehrere Male lag Stapleton mit seinem Hund auf der Lauer. Bei diesen ergebnislosen Versuchen wurde er, oder genauer gesagt das Tier, von Landleuten gesehen, die darin eine Bestätigung der alten Sage erblickten. Er hatte gehofft, seine Frau würde bereit sein, Sir

Charles ins Verderben zu locken, aber hier stieß er auf einen unerwarteten Widerstand. Sie wollte sich nicht darauf einlassen, den alten Herrn seinem Feind auszuliefern. Drohungen und Schläge vermochten sie nicht von ihrer Haltung abzubringen. Sie wollte nichts damit zu tun haben, und eine Zeit lang war Stapleton ratlos.

Als Sir Charles, der eine Zuneigung zu ihm gefasst hatte, ihn bat, der armen Mrs Lyons seine Hilfe zu vermitteln, erkannte er eine Möglichkeit, aus diesen Schwierigkeiten herauszukommen. Er gab sich Mrs Lyons gegenüber als unverheirateter Mann aus, erlangte vollkommenen Einfluss auf sie und gab ihr zu verstehen, dass er sie heiraten werde, wenn sie die Scheidung von ihrem Mann erlangte. Da erfuhr er, dass Sir Charles auf den Rat Dr. Mortimers, zu dem er selbst Zustimmung heuchelte, Baskerville Hall verlassen werde. Er musste sofort handeln, wenn ihm sein Opfer nicht entschlüpfen sollte. Deshalb zwang er Mrs Lyons, ihren Brief zu schreiben, in dem sie den alten Mann beschwor, mit ihr noch am Abend vor seiner Reise nach London zusammenzutreffen. Dann überredete Stapleton Mrs Lyons, die Verabredung nicht einzuhalten. Damit hatte er die Gelegenheit, auf die er gewartet hatte.

Er fuhr abends von Coombe Tracey zurück, holte den Hund, behandelte ihn mit der leuchtenden Farbe und war rechtzeitig an der Pforte, wo der alte Herr wartete. Von seinem Herrn aufgemuntert, sprang der Hund über die Pforte und verfolgte den unglücklichen Sir Charles, der schreiend die Taxusallee entlangfloh. In dem dunklen Gang zwischen den Hecken muss der Hund mit seinem feurigen Maul und seinen glühenden Augen ein schrecklicher Anblick gewesen sein. Sir Charles fiel am Ende der Allee tot um, eine Folge seiner Herzkrankheit und des ausgestandenen Schreckens. Während Sir Charles auf dem Weg gelaufen war, hatte sich der Hund auf dem Grasrand gehalten, sodass nur die Spur des Mannes zu finden war. Als dieser still dalag, näherte sich ihm der Hund wahrscheinlich, um ihn zu beschnüffeln, aber als er merkte, dass er tot war, ließ er von ihm ab. Dabei hinterließ er die Spur, die dann Dr. Mortimer fand. Der Hund wurde zurückgerufen und in sein Versteck im Grimpener Loch gebracht. Der rätselhafte Todesfall verwirrte die Untersuchungsbeamten, wurde zum Gesprächsstoff der ganzen Gegend, und schließlich erfuhren wir davon.

So viel über den Tod von Sir Charles Baskerville. Der Mord war ungemein raffiniert, denn es wäre fast unmöglich gewesen, dem Mörder daraus einen Strick zu drehen. Sein einziger Komplize war ein Geschöpf, das ihn nie verraten konnte, und seine groteske, unglaubliche Aufmachung bewirkte nur, dass es erst recht den gewünschten Zweck erreichte. Die beiden Frauen, die mit dem Fall zu tun hatten, Mrs Stapleton und Mrs Lyons, hatten einen starken Verdacht gegen Stapleton. Mrs Stapleton wusste, dass er etwas gegen den alten Mann im Schilde führte und dass es den Hund gab. Mrs Lyons wusste zwar davon nichts, machte sich aber Gedanken darüber, dass der alte Mann zurzeit einer nicht widerrufenen Verabredung den Tod gefunden hatte, von der außer ihr nur noch Stapleton wusste. Beide standen aber so sehr unter seinem Einfluss, dass er nichts von ihnen zu fürchten hatte. Die erste Hälfte seines Plans war erfolgreich verwirklicht, es blieb noch die schwierigere von beiden.

Es ist möglich, dass Stapleton nichts von dem Erben in Kanada wusste. Jedenfalls erfuhr er bald davon durch seinen Freund Dr. Mortimer. Dieser teilte ihm alle Einzelheiten von der Ankunft Henry Baskervilles mit. Stapletons erster Gedanke war, dass der junge Fremde aus Kanada vielleicht schon in London umgebracht werden könnte, ohne dass er erst nach Devonshire kam. Er misstraute seiner Frau, seit sie sich geweigert hatte, den alten Mann in eine Falle zu locken, und er wagte nicht, sie lange allein zu lassen, weil er fürchtete, dann seine Macht über sie zu verlieren. Aus diesem Grunde nahm er sie mit nach London. Sie wohnten, wie ich feststellte, im Mexborough Private Hotel in der Craven Street, in einem der Hotels also, in deren Altpapier Cartwright in meinem Auftrag ein zerschnittenes Blatt der *Times* suchte. Hier hielt er seine Frau in ihrem Zimmer gefangen, während er, mit einem Bart verkleidet, Dr. Mortimer in die Baker Street, dann zum Bahnhof und in das Northumberland Hotel folgte. Seine Frau ahnte etwas von Stapletons Absichten, aber er hatte sie durch Misshandlungen so eingeschüchtert, dass sie es nicht wagte, dem Mann zu schreiben, den sie in Gefahr wusste. Schließlich kam sie auf den Gedanken, die Wörter aus einer Zeitung auszuschneiden und damit ihre Warnung zusammenzusetzen; die Adresse schrieb sie mit verstellter Handschrift. Die Warnung erreichte Sir Henry, wie du dich erinnerst.

Stapleton musste ein Kleidungsstück von Sir Henry beschaffen, damit er den Hund, falls er ihn verwenden wollte, auf Sir Henrys Spur bringen konnte. Mit charakteristischer Zielstrebigkeit machte er sich gleich an diese Aufgabe, und sicherlich hat er den Hausknecht oder das Stubenmädchen des Hotels bestochen, um sein Ziel zu erreichen. Zufällig war der erste Schuh, der in seinen Besitz gelangte, ein neuer und deshalb für seinen Zweck unbrauchbar. Er gab ihn zurück und erhielt einen anderen – ein sehr aufschlussreicher Vorgang, denn er bewies meiner Ansicht nach einwandfrei, dass wir es mit einem Hund zu tun hatten, da keine andere Annahme sein Bestreben erklären konnte, einen alten Schuh zu erhalten, obgleich er schon im Besitz eines neuen war. Je absurder und grotesker ein Vorfall ist, um so sorgfältiger muss er untersucht werden, und gerade die Tatsache, die den Fall zu komplizieren scheint, erweist sich bei sorgfältiger Behandlung und genauer Analyse als diejenige, die ihn am meisten erhellt.

Dann besuchten uns am nächsten Morgen unsere Freunde, von Stapleton in der Droschke gefolgt. Aus seiner Kenntnis meines Aussehens und aus seinem Verhalten überhaupt schließe ich, dass Stapletons Verbrecherkarriere sich keineswegs auf die Sache in Baskerville Hall beschränkt hat. Es ist auffällig, dass sich in den letzten drei Jahren vier größere Einbrüche im Westen Englands ereigneten, die niemals zur Verhaftung eines Täters geführt haben. Der letzte dieser Einbrüche – in Folkestone Court im Mai – ist besonders bemerkenswert dadurch, dass dabei ein junger Diener, der den maskierten, einzeln arbeitenden Einbrecher überraschte, kaltblütig erschossen wurde. Ich bezweifle nicht, dass Stapleton seine schwindenden Mittel auf diese Weise ergänzte. Einen Beweis seiner Kaltblütigkeit und Schlagfertigkeit erhielten wir, als er uns so geschickt entkam und uns dadurch verblüffte, dass er uns meinen eigenen Namen gleichsam als Gruß zusandte. Er begriff damals, dass ich den Fall in London übernommen hatte und dass deshalb hier keine Aussicht mehr für ihn bestand. Er kehrte nach dem Moor zurück und erwartete dort den Besuch Sir Henrys."

„Halt mal", sagte ich, „du hast den Ablauf der Ereignisse zweifellos richtig dargestellt, aber eine Sache hast du nicht erklärt. Was wurde aus dem Hund, als sein Herr in London war?"

„Ich habe mich um Aufklärung dieses Punktes bemüht, der zweifellos nicht unwichtig ist. Bestimmt hat Stapleton einen Vertrauten gehabt, wenn es auch unwahrscheinlich ist, dass er diesem alle Einzelheiten seiner Pläne anvertraute und sich so in Gefahr begab. In Merripit House war ein alter Diener namens Anthony. Seine Verbindung mit den Stapletons lässt sich über mehrere Jahre zurückverfolgen, bis in seine Schulvorsteherzeit, sodass er gewusst haben muss, dass sein Herr und seine Herrin in Wirklichkeit Eheleute waren. Dieser Mann ist verschwunden und hat das Land verlassen. Auffällig ist sein Name. Anthony ist in England selten, während in Ländern mit spanischer Sprache Antonio häufig vorkommt. Wie Mrs Stapleton sprach Anthony ein gutes Englisch, aber mit einem seltsam lispelnden Akzent. Ich selbst habe den alten Mann am Grimpener Loch auf dem Pfad schreiten sehen, den Stapleton gekennzeichnet hat. Es ist daher sehr wahrscheinlich, dass er in Abwesenheit seines Herrn für den Hund sorgte, obwohl er vielleicht nie den Zweck gekannt hat, für den der Hund bestimmt war.

Die Stapletons fuhren dann nach Devonshire, wohin Sir Henry mit dir bald folgte. Nun ein Wort davon, wie weit ich damals gelangt war. Vielleicht erinnerst du dich, dass ich das Papier, auf dem die gedruckten Wörter aufgeklebt waren, auf Wasserzeichen untersuchte und es deshalb ganz dicht vor die Augen hielt. Dabei fiel mir ein schwacher Geruch nach einem Parfüm auf, das ‚Weißer Jasmin' heißt. Es gibt fünfundsiebzig Parfüms, die der Kriminalist unbedingt voneinander unterscheiden muss, und ich habe schon mehr als einmal die Erfahrung machen müssen, wie viel davon abhängt, dass diese wichtigsten Parfüms sofort richtig erkannt werden. Der Duft wies auf die Beteiligung einer Frau hin, und meine Gedanken begannen sich schon den Stapletons zuzuwenden. So war ich mir über den Hund im Klaren und hatte den Verbrecher schon im Verdacht, ehe ich mich an den Ort des geplanten Verbrechens begab.

Meine Absicht war, Stapleton zu beobachten. Es war jedoch klar, dass ich das nicht tun konnte, wenn ich mit dir zusammen war, weil er dann auf der Hut sein würde. Ich führte deshalb alle, dich eingeschlossen, irre und begab mich heimlich hin, während man mich in London glaubte. Meine Entbehrungen waren längst nicht so groß, wie du vielleicht glaubst; außerdem dürfen solche Belanglosigkeiten niemals die Erforschung eines Falles beeinträchtigen. Die meiste Zeit blieb ich in Coombe Tracey und benutzte die Hütte auf dem Moor nur, wenn es notwendig war, mich nahe dem Schauplatz aufzuhalten. Cartwright war mit mir gefahren, und in seiner Verkleidung als Junge vom Land war er mir sehr nützlich. Er besorgte mir Essen und saubere Wäsche. Während ich Stapleton beobachtete, beobachtete Cartwright oft dich, sodass ich alle Fäden in der Hand hielt.

Ich habe dir schon gesagt, dass mich deine Berichte schnell erreichten, denn sie wurden mir sofort von der Baker Street nach Coombe Tracey nachgesandt. Sie waren von größtem Nutzen, besonders der mit dem zufällig wahren Stück aus Stapletons Lebenslauf. Ich konnte damit feststellen, wer der Mann und die Frau wirklich waren, und damit wusste ich endlich genau, woran ich mit ihnen war. Der Fall ist durch den ausgebrochenen Sträfling und die Beziehungen zwischen ihm und den Barrymores kompliziert worden, aber das hast du sehr erfolgreich aufgeklärt ... Allerdings war ich schon aus eigenen Beobachtungen zu denselben Schlüssen gelangt.

Als du mich auf dem Moor entdecktest, wusste ich bereits alles, hatte aber keine Beweise, die ein Schwurgericht überzeugt hätten. Selbst Stapletons Mordversuch an Sir Henry, den er am gleichen Abend unternahm und der mit dem Tod des unseligen Sträflings endete, hätte nichts dazu beigetragen, Stapleton der irdischen Gerechtigkeit auszuliefern. Es blieb keine andere Wahl, als Stapleton auf frischer Tat zu ertappen, und deshalb mussten wir Sir Henry allein und anscheinend ungeschützt als Köder benutzen. Dass es notwendig wurde, Sir Henry dieser Gefahr auszusetzen, spricht, wie ich zugebe, gegen die Art, in der ich den Fall behandelt habe, aber wir konnten die alle Befürchtungen übertreffende Schockwirkung des Tieres nicht voraussehen und ebenso wenig den Nebel, aus dem das Tier so überraschend und auf kurze Entfernung hervorbrach. Nun, sowohl ein Facharzt als auch Dr. Mortimer haben mir versichert, dass Sir Henry keinen dauernden Schaden an seiner Gesundheit davongetragen hat. Eine lange Reise wird unserem Freund nicht nur helfen, seine Nerven zu erholen, sondern auch seine verletzten Gefühle heilen. Seine Liebe zu der Frau, die er für Stapletons Schwester halten musste, war groß und aufrichtig, und für ihn war das Traurigste an dieser ganzen hässlichen Sache, dass er sich von ihr so betrogen fühlte.

Es bleibt nur noch, die Rolle zu erklären, die sie gespielt hat. Es kann nicht daran gezweifelt werden, dass Stapleton großen Einfluss auf sie hatte, mochte der auf ihrer Liebe oder auch auf ihrer Angst beruht haben oder möglicherweise auf beidem, da diese Gefühle durchaus nicht unvereinbar sind. Wenigstens war seine Macht unbezweifelbar. Sie gehorchte seinem Willen, als seine Schwester zu gelten, wenn sie sich auch weigerte, zur direkten Mithelferin bei dem geplanten Mord zu werden. Sie war gewillt, Sir Henry zu warnen, so weit sie es tun konnte, ohne ihren Mann zu belasten, und sie hat es immer wieder versucht. Stapleton selber scheint zur Eifersucht fähig gewesen zu sein, denn als er Sir Henry dabei entdeckte, wie er mit Mrs Stapleton zärtlich werden wollte – was an sich zum Plan gehörte –, konnte er sich nicht enthalten, heftig dazwischenzufahren, wodurch offenbar wurde, dass sich unter seinem kühlen Äußeren eine leidenschaftliche Seele verbarg. Indem er die Vertraulichkeit förderte, sicherte er sich Sir Henrys häufige Besuche in Merripit House, sodass er früher oder später die Gelegenheit erhalten musste, auf die er wartete. Am Tag der Entscheidung jedoch wandte sich seine Frau plötzlich gegen ihn. Sie hatte etwas vom Tod des Sträflings erfahren und wusste, dass sich der Hund an dem Abend, an dem Sir Henry zum Essen eingeladen war, in dem Gartenhäuschen befand. Sie beschuldigte ihren Mann des geplanten Verbrechens, und es folgte eine wilde Szene, in der er ihr zum ersten Mal verriet, dass sie eine Rivalin hatte. Ihre seit Langem allzu strapazierte Treue verwandelte sich endlich in Hass, und er erkannte, dass sie ihn verraten würde. Deshalb fesselte und knebelte er sie, sodass sie Sir Henry nicht warnen konnte. Wenn dann alle Leute den Tod Sir Henrys dem Familienfluch zuschrieben, wie sie es zweifellos getan hätten, würde er seine Frau schon dazu bringen, Stillschweigen über das zu bewahren, was sie wusste, und Sir Henrys Tod als vollendete Tatsache hinzunehmen. Darin verrechnete er sich, denn auch wenn wir nicht gewesen wären, hätte sie ihn verraten. Eine Frau von spanischem Blut vergisst nicht so leicht. Und nun, mein lieber Watson, könnte ich dir, ohne in meinen Aufzeichnungen nachzusehen, nichts weiter über diesen merkwürdigen Fall sagen. Ich glaube nicht, dass ich etwas Wesentliches unerklärt gelassen habe."

„Er konnte nicht damit rechnen, dass Sir Henry vor Schrecken starb, wie es dessen alter Onkel getan hatte."

„Das Tier war wild und halb verhungert. Wenn seine Erscheinung sein Opfer nicht schon durch Schreck tötete, dann lähmte sie wenigstens den Widerstand."

„Zweifellos. Es bleibt nur noch eine Schwierigkeit. Wenn Stapleton nach Sir Henrys Tod diesen beerbte, wie hätte er dann die Tatsache erklären können, dass er, der Erbe, unter einem falschen Namen so nahe dem Schloss gewohnt hatte? Wie konnte er seinen Erbanspruch erheben, ohne Verdacht zu erregen und eine Untersuchung auszulösen?"

„Das ist eine beträchtliche Schwierigkeit, und ich fürchte, du verlangst zu viel, wenn du von mir erwartest, dass ich das Rätsel löse. Die Vergangenheit und die Gegenwart sind meine Arbeitsgebiete, aber was ein Mann in der Zukunft tun mag, ist eine andere Frage. Mrs Stapleton sagt, ihr Mann habe verschiedentlich darüber gesprochen. Es gab drei Möglichkeiten. Er hätte den Erbanspruch von Südamerika aus erheben können, sich dort vor den britischen Behörden ausgewiesen und so das Vermögen erhalten, ohne britischen Boden zu betreten. Oder er hätte sich für kurze Zeit, die er sich in London hätte aufhalten müssen, eine undurchschaubare Verkleidung zugelegt. Oder aber er hätte sich eines Komplizen bedient, diesen mit den notwendigen Papieren ausgestattet, ihn die Erbschaft antreten lassen und dann von ihm seinen Anteil gefordert. Nach dem, was wir von ihm wissen, wäre es ihm ganz bestimmt gelungen, einen Weg zu finden. Und nun, mein lieber Watson, haben wir ein paar Wochen schwerer Arbeit hinter uns, und ich glaube, wir können einen Abend lang unsere Gedanken auf freundlichere Gegenstände richten. Ich habe eine Loge für die ‚Hugenotten'. Hast du schon De Reszkes gehört? Dürfte ich dann bitten, in einer halben Stunde fertig zu sein? Wir könnten vorher noch bei Marcini essen."

Nachwort

Sherlock Holmes! Der Ruhm des „ersten und einzigen beratenden Detektivs“ unter Ihren Majestäten Queen Victoria, King Edward VII. und King George V. ist heute noch ungeschmälert, das Werk über seine beispiellosen Ermittlungen in kaum abschätzbarer Auflage seit Generationen in der ganzen Welt beliebt.

Dennoch – einer übte immer wieder harsche Kritik an den Erzählungen: „Detektivarbeit ist – oder sollte es sein – eine exakte Wissenschaft, die demgemäß kühl und nüchtern dargestellt werden muss. Ihr fataler Hang, alles nur aus dem Gesichtswinkel der Story statt aus dem einer wissenschaftlichen Abhandlung zu betrachten, hat eine womöglich instruktive, wenn nicht gar klassische Reihe von Beweisführungen ruiniert. Sie schludern über ein Werk von größter Finesse und Feinheit hinweg, um in sensationellen Details zu schwelgen, die den Leser zwar aufreizen, aber kaum unterrichten dürften.“

Der derart Angegriffene war verbittert. „Warum schreiben Sie nicht selbst?“, fragte Dr. John H. Watson seinen Kritiker. Sherlock Holmes tat's: In einem Œuvre von vier Romanen und 56 Kurzgeschichten, die sich um seine Person drehen, ist bei akkurat zwei Fällen er der Berichterstatter – und verfährt dabei bestimmt nicht methodischer als sein „Biograf“ Watson. Wen wundert's, entfloss doch sowieso alles von A bis Z der Feder desselben Verfassers: Dr. Arthur Conan Doyle.

Den Namen ergänzt ein altehrwürdiges „Ignatius“, abgeleitet von Ignatius von Loyola, dem Gründer des Jesuitenordens. Der Herkunft nach katholischer Ire, kommt Arthur Ignatius Conan am 22. Mai 1859 als zweites Kind von Charles Altamont Doyle und Mary Foley in Edinburgh zur Welt. Sein Großvater John Doyle, ein Landjunker, war zu einem politischen Karikaturisten gediehen, sein Onkel Richard im gleichen

Metier zu einer Berühmtheit der Zeitschrift *Punch* aufgestiegen. Vater Charles, ein verträumter Mann, betätigt sich nebenberuflich ebenfalls künstlerisch: Eines künftigen Tages wird er für die erste gebundene Ausgabe von „Studie in Scharlachrot" sechs Illustrationen beisteuern, auf denen der frisch erblühte Held Sherlock stupsnasig und schnurr-, kinn- und backenbärtig sein Debüt zwischen zwei Buchdeckeln gibt. Sorglos hatte Papa Doyle die Personenbeschreibung des Filius vernachlässigt. Bald vernachlässigt er auch die Familie: Er trinkt, verliert seine Anstellung bei einer Behörde und verbringt die Jahre bis zu seinem Tod vorwiegend in Pflegeanstalten. In seiner Einsamkeit erschafft er sich dichtend und malend ein privates Zauberreich, ein bunt bebildertes „Tagebuch", beseelt von Feen und drolligen Fabelwesen.

Mary Doyle, von ihren sieben Kindern „Ma'am" gerufen, kämpft indessen mit der grauen Realität. Diese Realität heißt Armut. Ma'am hält die Familie zusammen, Ma'am bietet Schutz und Trost. Sie ist belesen, überdies eine großartige „Geschichtenerzählerin". Er verdanke diesem Umstand sein frühes Interesse an der Literatur, äußert Conan Doyle später. Zeit seines Lebens spielt Ma'am für ihn eine wichtige Rolle. Ihr tapferes und gütiges Beispiel formt seine respektvolle Einstellung den Frauen gegenüber.

Der junge Doyle wächst katholisch erzogen auf; er besucht die Public School in Stonyhurst (Lancashire), zeichnet sich beim Kricketspiel aus und zeigt bereits schriftstellerisches Talent. Nach bestandener Abschlussprüfung verbringt er ein Jahr im Jesuitengymnasium Feldkirch (Österreich), um sein Deutsch zu verbessern. Im Jahr darauf, 1876, entscheidet Doyle sich für den Arztberuf und nimmt das Studium in Edinburgh auf. Ein bemerkenswerter Mensch tritt in sein Leben, lang und schlank, mit Adlernase und Falkenblick: Dr. Joseph Bell, Chirurg an der Medizinischen Fakultät der Universität. Dr. Bell ist ein Deduktionsgenie, ein Meister treffender Schlussfolgerungen dank seiner hochentwickelten Beobachtungsgabe; er liebt es, Assistenten und Studenten zu verblüffen, wenn ihm ein neuer, x-beliebiger Patient vorgeführt wird. „Dieser Mann ist Schuster – linkshändig", sagt er beispielsweise. Und erklärt: „Beachten Sie die abgewetzten Stellen auf der Cordhose, Herrschaften, dort, wo ein Schuster den Leisten platziert. Sie sehen, die rechte Seite ist sehr viel stärker abgewetzt als die linke. Er gebraucht die linke Hand, um das Leder zu bearbeiten." – Das Auditorium staunt und bewundert Dr. Bell. Doyle staunt und macht sich Notizen. In nicht allzu ferner Zukunft staunt Dr. Watson und bewundert Sherlock Holmes.

Frühjahr 1886. In Southsea bei Portsmouth hockt ein junger Arzt – seit Kurzem verheiratet mit Louise Hawkins, der Schwester eines Patienten – am Schreibtisch seines kümmerlich besuchten Ordinationszimmers und kritzelt Stichworte auf ein Blatt Papier. „Ein verwickelter Fall", schreibt er. Streicht den Titel, ersetzt ihn durch: „Studie in Scharlachrot". – Gut. Wie wär's mit dem Namen „Ormond Sacker – aus Afghanistan"? Tja, der könnte bequem mit Sherringford Holmes zusammen in der Baker Street 221 B Quartier nehmen. Also, „Sherringford Holmes: zurückhaltend ... junger Mann mit schläfrigen Augen ... Philosoph ... Sammler seltener Violinen ... chemisches Laboratorium". Sherringford? Nein, Sherlock. Klingt besser. Sherlock Holmes. Und, äh – Ormond Sacker? Albern. Müsste ein völlig normaler Name sein wie John oder James. Und Watson vielleicht. John Watson. So – bauen wir noch ein „H" ein und verleihen ihm akademische Würden: Dr. John H. Watson. Auf geht's!

Conan Doyle schreibt sein erstes Holmes-Abenteuer in einem Rutsch; es zu verkaufen erweist sich als schwieriger. Verschiedene Verleger lehnen das Manuskript ab. Im September erwirbt es der Verlag Ward, Lock and Company für die klägliche Summe von 25 Pfund und publiziert den Roman über ein Jahr danach (1887) in Beeton's Christmas Annual. Aufsehen erregt die „Studie in Scharlachrot" nicht. Doch immerhin – der Mythos in spe, Sherlock Holmes, hat in Begleitung seines Eckermann Dr. Watson das charakteristische Domizil in der Baker Street und damit die Weltbühne betreten, umsorgt, bekocht, gerüffelt von Mrs Hudson, der langmütigen Hüterin des chaotischen Junggesellenhaushalts. Von nun an wird sie das Geigenspiel, den Tabakqualm und die ätzenden Ausdünstungen der chemischen Experimente des Sonderlings erdulden wie das permanente Treppauf-treppab-Getrappel zahlloser Klienten. Wird sie geflissentlich die Kokainspritze in Holmes' Schublade übersehen. Von nun an und für immerdar.

Schon bei der Premiere wendet Doyle durch seinen „einzigen beratenden Detektiv" die in der Praxis erprobte Dr.-Bell-Methode höchst überzeugend an. Über das literarische Vorbild in Sachen brillanter Deduktionskraft und dessen geistigen Vater, Edgar Allan Poe, lässt er Holmes schnöde sagen: „Nach meiner Ansicht war er eigentlich ein Stümper. Sicher war er ein geschickter Analytiker, wenn auch bei Weitem nicht ein solches Phänomen, wie Poe annahm." Als daraufhin Dr. Watson fragt: „Haben Sie Gaboriaus Werke gelesen? Kommt Lecoq Ihrer Vorstellung von einem Detektiv näher?", schnaubt Holmes sardonisch. Dass der französische Schriftsteller Emile Gaboriau als Erster die Verwendung von Gipsabdrücken für Fußspuren zur Sprache brachte, unterschlägt Holmes in seiner Krittelei. Und dass er, Holmes, Eugene Francois Vidocq, dem einstigen Kriminellen und späteren Chef der Sûreté, die Kunst der Maskierung abguckte, vergisst er glatt zu erwähnen.

Freilich äußerte Sherlock Holmes Ansichten, die Conan Doyle nie und nimmer vertrat. Edgar Allan Poe, Robert Louis Stevenson, Wilkie Collins, Emile Gaboriau und Jules Verne zählten zu Doyle's Vorbildern. Und wir erinnern an Walter Scott, dem Doyles Herz gehörte – wie dem Genre der historischen Unterhaltungsliteratur überhaupt. Doyle bereicherte es um hervorragende Romane, damals allesamt gepriesen, heute „museal" gescholten. Ein prähistorischer Stoff allerdings, der Abenteuerroman „Die vergessene Welt" – angesiedelt auf einem von Dinosauriern bevölkerten Urwald-Hochplateau in der Jetztzeit –, macht da die Ausnahme. Der Held, Professor George Edward Challenger, ein weiterer Prototyp, der Doyles Fantasie entsprang, reüssierte schließlich auch auf der Leinwand. Die Verfilmungen von „The Lost World" reichen von der tonlosen Kinovergangenheit bis in die tönende und technicolorierte Gegenwart. „Jurassic Park", verfasst von Michael Crichton und verfilmt von Steven

Spielberg, bildet den augenblicklichen Halte- und Höhepunkt in der Erfolgsgeschichte dieser Dino-Fabel; die Herren Crichton und Spielberg kommen zwar ohne den Namen des Doyleschen Helden aus, greifen jedoch gern auf den altbewährten Plot zurück.

Vor der „Studie in Scharlachrot“ hatte Doyle einige Kurzgeschichten verkauft. Im Jahr 1889 erscheint der historische Roman „Micah Clarke“, und der zweite Holmes-Schmöker wird geplant: während eines Dinners mit dem Herausgeber von *Lippincott's Magazine* aus Philadelphia. Unvermittelt prallen bei Tisch zwei Vertreter grundverschiedener Sphären aufeinander – Conan Doyle und Oscar Wilde. Der Dichter der Dekadenz unterschreibt den Vertrag für „Das Bildnis des Dorian Gray“; Doyle, ein Autor des bürgerlichen Milieus, annonciert sein vergleichsweise sittsames Projekt und beendet im September das Manuskript für „Das Zeichen der Vier.“ Das neue Holmes-Abenteuer, im Februar 1890 vom Magazin veröffentlicht, kommt im Herbst als Buch heraus. „Dr. Doyles Bewunderer werden den kleinen Band verschlingen“, prophezeit ein Rezensent, den Namen Sherlock Holmes unerwähnt lassend, und fährt fort: „Aber sie werden ihn bestimmt kein zweites Mal aufschlagen.“

1891 hängt Doyle den Arztkittel an den Nagel. Zwischen April und August entstehen sechs Holmes-Stories, sofort vom neu gegründeten *Strand Magazine* für 35 Pfund pro Stück erworben und abgedruckt. Sie werden ein Bombenerfolg! Quasi über Nacht sind Doyle und Holmes berühmt. Die Leser und mithin der Verleger verlangen nach mehr Folgen, und Doyle verlangt 15 Pfund mehr pro Erzählung. Im November, in einem Brief an Ma'am, listet er die Titel von fünf neuen Storys auf und resümiert munter: „Ich denke daran, Holmes in der sechsten zu erschlagen, um ein für alle Mal Schluss mit ihm zu machen. Er hält meinen Geist von besseren Dingen ab.“ – „Bessere Dinge“ sind für Doyle die historischen Romane; das Wirken seines Baker-Street-Stars ist ihm ein lästiges Nebengeschäft.

1892 druckt das *Strand Magazine* Monat für Monat die

Holmes-Serie ab. Der Verleger bekniet den Autor, weitere Erzählungen zu verfassen. Doyle fordert 1000 Pfund für ein Dutzend – in hoffnungsfroher Erwartung, Hohngelächter zu ernten. Er irrt sich gewaltig; seine Forderung wird bewilligt. 1893 stirbt Doyles Vater. Als Louise im selben Jahr an Tuberkulose erkrankt, fährt Doyle mit seiner Frau zur Kur in die Schweiz. Bei Meiringen, angesichts des wild tosenden Reichenbachfalls, bricht sich in Doyles Hirn ein teuflischer Gedanke Bahn. „Habe Holmes umgebracht!“, vertraut er seinem Tagebuch an. Und im Dezember verbreitet das *Strand Magazine* in der Schlussepisode „Das letzte Problem“ die schreckliche Kunde: Holmes weilt nicht mehr unter den Lebenden! Im tödlichen Clinch mit seinem Erzfeind, dem Oberschurken Professor Moriarty, ist er in den donnernden Schlund des Reichenbachfalls gestürzt! Die Öffentlichkeit ist erschüttert. Wütende Leser bombardieren die Redaktion und Doyle mit Briefen, ein Schreiben beginnt mit den Worten: „Sie Bestie!“ Doch Doyle atmet auf. *Requiescat in pace!*[*]

Eine Vorlesungstournee durch die Vereinigten Staaten hält Doyle 1894 davon ab, in London der Premiere seines Schauspiels „Waterloo“ beizuwohnen. Die Feldzüge Napoleons beschäftigen ihn auch weiterhin, und schon im nächsten Jahr tritt ein neuer Doylescher Serienheld im Strand Magazine auf, zwar weniger kopflastig als sein Vorgänger, dafür aber säbelbewehrt und hoch zu Ross: „Brigadier Gerard“, ein Draufgänger und Offizier der „Grande Armee“. Doch bald treten reale Kriegsschauplätze in den Vordergrund. Der zweite Burenkrieg bricht 1899 in Südafrika aus; Doyle meldet sich 1900 freiwillig als Arzt und schuftet in einem Lazarett. Heimgekehrt nach England, schreibt er: „Der Große Burenkrieg“ und im Jahr darauf „Der Krieg in Südafrika“ in Erwiderung heftiger Angriffe des Auslands über angebliche britische Kriegsverbrechen. 300 000 Exemplare sind in sechs Wochen verkauft. Doyle nimmt vom Erlös keinen Penny.

Um sich von einem Fieber zu erholen, fährt Doyle im März 1901 mit seinem Freund Fletcher Robinson nach Norfolk zum

* (lat.) Ruhe in Frieden!

Golfspielen. Eines Abends sitzen die zwei am flackernden Kaminfeuer, und Mr Robinson malt eine schaurig-schöne Legende aus, die von einem gespenstischen Riesenhund handelt. Doyle lauscht fasziniert. Wo hauste und heulte das sagenhafte Vieh? Im Dartmoor. Aha! Und bereits im April durchwandern die Herren das gottverlassene Moor und werten die Schreckensmär als Romanstoff aus. Doyle grübelt. Wäre das nicht etwas für den dahingeschiedenen Detektiv und seinen betrübten Freund? In der Tat: „Der Hund von Baskerville“ wird ihr populärster Fall. Freilich ein pfiffig „rückdatierter, bisher unveröffentlichter“, einer aus der Zeit vor dem Reichenbach-Desaster. Der Roman ist aus einem Guss, atmosphärisch und spannend. Bestechend geschildert: die bedrückende, unheilschwangere Stimmung über der Sumpfödnis, die spukhafte Erscheinung des Höllenhunds – der Gattung Gothic Novel entstammend, jagt er nächtens himmelhoch jaulend und unirdisch fluoreszierend dem auserkorenen Opfer hinterher. In der Augustausgabe des *Strand Magazine* wird der Geisterhund von der Leine gelassen.

1902, am 9. August, wird Conan Doyle von König Edward VII. geadelt. Sir Arthur erhält den Titel jedoch nicht der Vaterschaft an Sherlock Holmes wegen, sondern für seine Verdienste um das Vaterland. Das folgende Dreivierteljahr hat Sir Arthur vor seinem Plagegeist Ruhe, dann muss er – weniger reumütigen als geschäftstüchtigen Sinnes – den gemeuchelten Detektiv aus dem feuchten Grab auferstehen lassen: Im Frühjahr 1903 bietet die amerikanische Zeitschrift *Collier's Weekly* 25 000 Dollar für sechs Holmes-Stories, 3000 für acht oder 45 000 für dreizehn Fälle. Doyle antwortet per Postkarte: *In Ordnung. A. C. D.* Ferner offeriert das *Strand Magazine* eine enorme Summe. In „Das leere Haus“, der ersten Erzählung, taucht Holmes gut erholt aus der Reichenbachfall-Versenkung auf, Watson fällt in Ohnmacht, und die Leserschaft jubiliert. Bis Anfang des übernächsten Jahres löst der Wiederbelebte in bewährter Manier seine dreizehn Fälle, die in den Vereinigten Staaten von dem herausragenden Holmes-Porträtisten Frederic Dorr Steele illustriert werden. Darauf schickt Doyle den hochverdienten Gewinnbringer in den Ruhestand nach Sussex. Dort darf er nun Bienen züchten, immerhin.

1906 stirbt nach langem Leiden Doyles Frau Louise, um die er sich während ihrer Krankheit aufopfernd gekümmert hat. Jetzt kümmert er sich intensiv um einen fremden Menschen, George Edalji, der unschuldig zu sieben Jahren Zuchthaus verurteilt worden ist. Ein verwickelter Fall – Doyle entflechtet ihn, weder Zeit noch Kosten scheuend. Im Januar 1907 druckt der *Daily Telegraph* einen Teil des Dossiers in Sachen Edalji ab; die belegten Nachforschungen und Schlussfolgerungen sind eines Sherlock Holmes würdig. Edalji wird aus der Haft entlassen – ein Triumph für Doyle! Und neues Glück wird ihm zuteil: Er heiratet ein zweites Mal.

Drei Jahre später setzt sich Doyle für einen des Mordes angeklagten deutschen Juden namens Oscar Slater ein. Wieder wendet Doyle die Methoden seines Helden an, wieder bestreitet er sämtliche Ausgaben selbst, wieder kämpft er mutig und zäh und sehr lange. Erst nach 17 Jahren, 1927, kommt Slater frei. Doyles Gerechtigkeitssinn, sein Ehrgefühl erschöpft sich nicht in hohlen Phrasen. Und stets bleibt er objektiv und fair, auch einem persönlichen Gegner gegenüber oder dem Feind im Krieg.

Einen Monat vor Ausbruch des Ersten Weltkrieges macht Doyles Erzählung „Gefahr!“ Furore. Sachlich prognostiziert der an Technik überaus interessierte Schriftsteller eine moderne Seekriegführung durch Unterseeboote und Flugmaschinen, doch stößt er mit seiner Ansicht auf erhebliche Zweifel. Die Kommentare zweier hoher Marineoffiziere stehen für viele: „Ich glaube nicht, dass eine zivilisierte Nation unbewaffnete Handelsschiffe torpediert.“ – „Klingt unwahrscheinlich, mehr nach Jules Verne.“ Letztlich findet Doyle sogar Anerkennung, eine fragwürdige allerdings, denn 1916 heißt es im Deutschen Reichstag: „Die Deutschen können der Britischen Admiralität dankbar dafür sein, dass sie die Warnung von Sir Arthur Conan Doyle vor einem U-Boot-Krieg in den Wind geschlagen hat.“

Doyle beginnt 1915 mit der Arbeit an seiner „Geschichte der Britischen Feldzüge in Frankreich und Flandern“, einem Werk von sechs Bänden. Und ein frisch fabrizierter Holmes-Reißer erfreut die Fans: „Das Tal der Angst“. Zwei Jahre darauf erscheint im *Strand Magazine* die Holmes-Story „Seine

Abschiedsvorstellung", chronologisch gesehen sein letztes Abenteuer und ein zeitnahes dazu: Während des Ersten Weltkrieges schnappt er einen deutschen Agenten. Alle folgenden Erzählungen – die letzte, „Shoscombe Old Place", kommt 1927 heraus – spielen vor Sherlock Holmes' Kriegseinsatz im August 1914.

Mit der Zeit mochte der langlebige Detektiv vielleicht nicht mehr für eine Überraschung gut sein – sein Schöpfer jedoch verblüfft die Allgemeinheit immer wieder aufs Neue: Leidenschaftlich bekennt er sich 1916 zum Spiritismus. Jahr für Jahr frappiert Doyle nun die Öffentlichkeit mit irgendeiner Schrift zu diesem Thema, und er verschweigt auch keineswegs, dass in seinem eigenen Heim ständig ein arabischer Kontaktgeist namens „Pheneas" aus- und einfliegt, um direkte Verbindung zu Verstorbenen im Jenseits herzustellen. „Pheneas spricht" betitelt Doyle die außerirdischen Botschaften in Buchform. 1926 publiziert er die zweibändige „Geschichte des Spiritismus" und ein „Professor Challenger"-Abenteuer mit spiritistischem Einschlag. Seinen streng logisch denkenden Kriminologen verschont er glücklicherweise mit derlei ätherischen Affären.

1930 kommentiert Sir Arthur Conan Doyle in einem Rückblick die Erschaffung seines Helden: „Ich war ein junger Arzt, als ich Sherlock Holmes ersann ... Damals las ich einige Detektivgeschichten, und mir fiel auf, dass die Lösungen meist durch den Zufall herbeigeführt wurden – ausgenommen die glänzenden Detektivgeschichten von Edgar Allan Poe, die das Modell für alle Zeiten sind. Ich gedachte, mich auch mal an einer zu versuchen, in der ein Held den Fall so behandelt wie Dr. Bell eine Krankheit. Das Resultat war Sherlock Holmes ... Für viele ist er eine lebendige Person, und ich erhielt unzählige Briefe aus aller Welt mit den seltsamsten Anliegen, inklusive Heiratsangeboten. Sein Autogramm ist nach wie vor ungemein gefragt."

Die Öffentlichkeit vernimmt diesen Kommentar kurz nach dem Tod von Sir Arthur Conan Doyle aus seinem eigenen Mund, dennoch handelt es sich nicht um eine Stimme aus dem Jenseits: Zwei Monate vor seinem Ableben hat Conan Doyle für die Firma „His Master's Voice" einen Vortrag auf

Schallplatte gesprochen, der so zu seinem Nachruf wird. – Sir Arthur stirbt am 7. Juli in seinem Landhaus Windelsham in Sussex.

Sherlock Holmes, auf den Plan gerufen in einer weit, weit zurückliegenden Epoche, hat glanzvoll überlebt: Der Solitär der Doyleschen Werkstatt, jahraus, jahrein poliert, strahlt unveränderlich in all seiner Pracht. Er präsentiert sich nicht nur in immer neuen Buchausgaben, sondern ist auch aus gleich welchen Medien nicht mehr wegzudenken: Die Präsenz von Sherlock Holmes auf der Bühne, im Film, Funk und Fernsehen ist immens. Bildliche Darstellungen jeglicher Art, Denkmäler und scheußliche Nippesfiguren vervollkommnen die Allgegenwart des Detektivs – wenn auch mitunter auf höchst zweifelhafte Weise.

Auch die schreibende Zunft erliegt der anhaltenden Faszination von Sherlock Holmes: Bis auf den heutigen Tag werden von ernsthaften Autoren ernsthafte Abhandlungen verfasst über seine Vita, seine kriminalistische Arbeit, seine Forschungsberichte, seine Lektüre, seine diversen Tabakspfeifen und sein Lieblingskraut, seine sportlichen Betätigungen, seine Vorlieben, seine Laster, seine Schrullen, seine Misanthropie, seine Noblesse, sein Verhältnis zu den Frauen, sein Verhältnis zu Dr. Watson – sowie über Holmes' Kenntnisse auf dem Gebiet der Naturwissenschaften (speziell der Chemie), der Politik, Religion, Philosophie, Musik, der schönen Künste und der Gourmandise, mit besonderer Würdigung der Küche von Mrs Hudson. Und fleißig werden Sherlock Holmes von verschiedenen gegenwärtigen Schriftstellern brandneue Unternehmungen auf den Leib geschrieben, manchmal mehr, manchmal weniger im Sinne und Stil von Conan Doyle. In diesen „Pastiches" pflegt der Einsiedler aus der Baker Street meist Umgang mit realen Zeitgenossen, vorzugsweise Persönlichkeiten, die uns aus der Geschichte bekannt sind: George Bernard Shaw, Oscar Wilde, Hugo von Hofmannsthal, Sarah Bernhardt, Sigmund Freud, Albert Einstein, Fürst Otto von Bismarck, Karl Marx und viel Prominenz mehr. Dass der Detektiv bei Abstechern in die Unterwelt auf „Jack the Ripper" trifft, leuchtet ein. Dass er in einer abstrusen

Variation des historischen Falls selbst als der Schlitzer entlarvt wird, ist allerdings des Schlimmen zu viel.

In jüngster Vergangenheit fühlte sich ein selten gewitzter Autor bemüßigt, das Idol per Zeitmaschine in die Zukunft zu transportieren. Er hätte sich den technischen Aufwand sparen können: Wie jeder weiß, ist Sherlock Holmes zeitlos und unsterblich.

Zeus Weinstein

Arthur Conan Doyle:
STUDIE IN SCHARLACHROT / DER HUND VON BASKERVILLE

Titel der 1887 und 1902 erschienenen englischen Originalausgaben:
„A Study in Scarlet“ / „The Hound of the Baskervilles“

Ins Deutsche übertragen von Beatrice Schott („Studie in Scharlachrot“) und Heinz Kotthaus (Der Hund von Baskerville“)

MEISTERWERKE DER WELTLITERATUR

050320

Printed in Germany
ISBN 978-3-95619-262-3